KB275162

본질의 역습

이가희

세계의 길을 묻는 리더에게 건네는 33인의 나침반

우리는 지금 단 한 번의 항로 수정이 조직의 운명을 바꿀 수 있는 격랑의 시대에 살고 있다. 기술 혁명의 쓰나미는 국경과 산업의 경계를 허물었고, 인공지능(AI)은 인간의 지적 영역을 빠르게 잠식하며 새로운 '게임의 법칙'을 요구하고 있다. 기업의 수명이 급격히 짧아지고, 어제의 성공 공식이 오늘은 무용지물이 되는 이 초경쟁, 초불확실성의 시대에, 글로벌 리더들은 매 순간 길을 묻는다. 혁신을 이끌 용기는 어디서 얻어야 하는지, 기술이 지배하는 세상에서 인간의 존재 가치는 무엇인지, 그리고 어떻게 해야 단기적 성과를 넘어 영원히 기억될 유산을 남길 수 있는지에 대해서 말이다.

시카고 한국일보 특파원으로서 지난 1년여간 나는 이 질문에 답을 찾아 헤매는 33인의 시대적 '현자(賢者)'들을 만나는 특권을 누렸다. 이들은 단순한 성공 신화의 주인공이 아니다. 이들은 첨단 과학기술의 최전선(CT, MRI, PET 삼총사를 개발한 뇌과학자, 핵융합이라는 인공 태양에 도전하는 과학자), K-컬처의 폭발적인 글로벌 확산(임영웅과 뉴진스를 분석한 작가), 그리고 생명을 살리는 휴먼 테크놀로지(전원이 꺼져도 작동하는 생명의 기술을 만든 기업가)에 이르기까지 각자의 영역에서 '퀀텀 점프(Quantum Jump)'를 이룬 선구자들이다.

이들과의 만남은 단순히 지식을 습득하는 인터뷰를 넘어, 역경을 통과한 지혜가 주는 깊은 감동과 전율의 시간이었다. 나는 그들의 눈빛 속에서, '괴로워해도 24시간이 가고, 즐거워해도 24시간이 간다. 기왕이면 즐겁게 가자'고 외치는 마케팅 대가의 긍정적인 힘을 느꼈다. 또한, '약점은 극복해도 2등이지만, 강점을 살리면 바로 1등 가더라'는 뼈아픈 실전 교훈을 통해 리더십의 본질이 무엇인지를 깨달았다.

특히, 이들이 이룬 성과는 재무적 수치를 넘어선 곳에 있었다. 그것은 '기술은 결국 사람을 살리는 장치여야 한다'는 신념을 지키기 위해 거대 기업과의 15년 법정 싸움까지 불사하며 마침내 '단 하나의 생명 회로'를 낳은 한 엔지니어의 처절한 증명이었고, 평생을 바친 연구에도 안주하지 않고 후배들에게 노벨상의 꿈을 물려주고자 여든이 넘은 나이에도 현역으로 뇌의 미지의 우주를 탐험하는 석학의 우직함이었다.

이 책을 관통하는 33인의 목소리에는 시대를 초월하는 네 가지 공통적인 메시지가 흐르고 있었다. 첫째, 미래를 코딩하는 거인들(Chapter 1)은 기술이 인간의 내면과 감정(감정 시계)을 복원하는 도구임을 역설한다. 이들은 인공 태양(핵융합)과 우주를 탐험하되, 결국 기술의 속도보다 인간의 리듬과 치유를 앞세워 혁신을 완성했다. 기술이 쉴 틈 없이 밀려오는 시대에, 그들이 말하는 '인간의 마지막 영토'인 감정을 지커내는 것이야말로 가장 첨단의 과학임을 깨닫게 한다.

둘째, 경계를 허문 게임체인저(Chapter 2)들은 역발상과 정면 돌파만이 시장의 질서를 바꿀 수 있음을 증명했다. 이들은 '마케팅은 생존이다'라는 철학 아래 지식재산권이라는 무형의 자산을 K-콘텐츠의 글로벌 확산 엔진으로 삼았고, 심지어는 경력 단절의 위기를 자율주행 CEO 내공으로 승화시키는 과감한 결단력을 보여주었다. 이들에게 혁신은 유행이 아니라 경쟁자가 만들어 놓은 틀을 깨부수는 치열한 생존 전략이었다.

셋째, 영속성을 위한 설계(Chapter 3)의 리더들은 개인의 성공을 넘어 공동체의 가치에 주목한다. 이들은 재난에 취약한 도시의 안전 시스템을 설계하고, 위기 속 소상공인의 미래를 디지털 전환으로 구원하며, 환자 중심의 신념을 의료 시스템에 이식하는 등, 국가와 도시, 그리고 시스템이라는 거대한 틀을 재정비하는 리더십의 책임감(The Law of Sacrifice)을 보여주었다.

넷째, 공감을 확장하는 소프트 파워(Chapter 4)는 K-컬처와 말의 인격이 어떻게 국경을 넘어 마음의 연결망을 구축하는지를 보여준다. 이들은 '임영웅에서 뉴진스까지' 진화하는 문화적 코드를 통해 글로벌 공감을 이끌어냈고, 한복과 음악을 외교의 언어로 삼았다. 궁극적으로 AI가 흉내 낼 수 없는 인간 고유의 '말의 책임'과 '공감 능력'을 통해 조직과 사회의 품격을 높이는 휴먼 커뮤니케이션의 중요성을 강조한다.

　이 책, 『본질의 역습』은 그 33인의 지혜를 4개의 핵심 전략, 즉 ‘미래를 코딩하는 거인들’, ‘경계를 허문 게임체인저’, ‘영속성을 위한 설계’, ‘공감을 확장하는 소프트 파워’로 체계화한 ‘리더십 설계도’다. 이 책을 읽는 독자 여러분은 단편적인 성공담을 듣는 데 그치지 않고 그들이 어떻게 불확실한 시장에서 정면 돌파의 길을 택했고, 공격 시기를 놓치지 않는 결단력을 발휘했으며, ‘가장 한국적인 것(온돌, 한글, K-컬처)’이 어떻게 ‘가장 세계적인 것’이 될 수 있는지에 대한 구체적이고 실전적인 해법을 얻게 될 것이다.

　이 책이 제시하는 4대 성공 원칙은 단순한 멘토링을 넘어, 여러분이 자신의 강점을 무기 삼아 1등의 자리에 오르도록 돕는 리더십 알고리즘이 될 것이다. 세상은 이미 여러분의 다음 ‘퀀텀 점프’를 기다리고 있다. 이 책에 담긴 33개의 나침반을 들고 두려움에 맞서 흐름을 거스르는 ‘담대한 공격 시기(Time to Attack)’를 포착하라. 여러분의 삶 자체가 ‘마케팅은 생존이다’를 증명하는 가장 위대한 신화가 될 것이라 확신한다.

이 위대한 여정의 마지막 순간, 이 책의 가장 깊은 힘이 되어준 33인의 리더들에게 진심으로 감사한다. 귀한 시간을 내어주시고, 때로는 감추고 싶었을 고난과 그럼에도 지켜낸 신념을 솔직하게 나누어 주신 덕분에 이 책은 단순한 기록을 넘어 생생한 지혜의 나침반이 될 수 있었다. 여러분의 용기와 통찰이 이 책의 영혼이다. 이들의 퀀텀 점프 공식이 독자 여러분의 삶에 새로운 비상(飛上)의 엔진이 되기를 기원한다.

2025.12

이가희

프롤로그 • 3

Chapter 1 미래를 코딩하는 거인들: 과학, AI, 인간을 위한 기술 혁신 – 기술 · AI · 우주 혁신의 선도자

● 전원이 꺼져도 작동하는 생명의 기술 …………………… 14

● 뇌(腦), 그 미지의 우주를 탐험한 거인 …………………… 23

● 인공 태양을 품은 도전, 핵융합 혁신 스토리 …………………… 33

● 연구자의 혜안으로 '치유'를 입다 사람을 살리는 기업 라파로페 ⋯ 43

● AI의 미래를 말하다 …………………… 52

● 전통의 과학, 미래의 우주를 잇다 …………………… 61

● AI 마음코치 '심스페이스' , K–에듀테크의 심장을 들고 시카고로 ⋯ 69

● 가슴으로 읽는 시간, 뇌가 아닌 몸의 언어 '감정 시계' ……… 77

● 헬렌 켈러 '소망의 빛'으로 피어나는 기업을 만나다 ………… 86

● 글로벌 무대에 선 한국 바이오의 힘 …………………… 95

Chapter 2 경계를 허문 게임체인저: 시장을 재정의한 역발상
경영 – 글로벌 비즈니스의 게임체인저

- 지식재산의 미래와 K-콘텐츠의 글로벌 확산 ·················· 106
- 혁신의 힘으로 글로벌 바이오를 선도하다 ·················· 116
- 헤어웨어 혁신가 ························· 125
- 정성 한 조각, 69년째 철학을 굽는 성심당의 시간 ··········· 135
- 숙면의 별을 쏘아 올린 사나이, 온돌에 깃든 그의 꿈과 철학 ··· 145
- 광야의 개척자에서 나눔의 구루(GURU)로 ················· 155
- 마케팅은 생존이다 '역발상과 차별화'로 삶의 지평을 넓히다 ··· 165
- '대한민국의 지도를 바꾼 남자' 도시에서 미래를 설계하다 ······ 174

Chapter 3 영속성을 위한 설계: 국가 · 도시 · 시스템의 미래
지도 – 국가 · 도시 · 시스템을 혁신하는 리더십

- 2027 충청권 유니버시아드 세계 청년들의 화합과 충청권의
  새로운 도약 ························· 186
- 세계로 도약하는 과학도시 대전 ················· 193
- 한여름의 열기보다 뜨거운 '환자 중심'의 신념 ············· 203
- 바이오 인재의 '실리콘밸리'를 일구는 K-교육의 선구자 ········· 211

● 위기를 기회로 바꾸는 힘, 세계로 뻗어가는 소상공인의

　미래를 묻다 ·· 221

● 대전을 문화예술의 허브로 ··· 231

● K-바이오 수도 오송, 세계를 향해 뻗다 ················ 243

● 민주주의 정신 ·· 254

Chapter 4　공감을 확장하는 소프트 파워: K-컬처와 휴먼 커뮤니케이션–문화 · 예술 · 콘텐츠의 글로벌 리더십

● 한국 가요의 진화, 그리고 '임영웅에서 뉴진스까지' ············· 264

● 콘텐츠로 세계 무대에 서다 ·· 273

● 한복에 담은 외교의 철학과 공감의 세계 ················ 284

● 김수환 추기경 탄생 103주년 기념 '바보음악회' 지휘하다 ······ 293

● 웨딩을 예술로, 공간을 작품으로 ······························ 303

● 말은 인격입니다 ··· 312

● 마음의 언어가 이 시대에 필요한 이유 ···················· 322

에필로그 · 332

본질의 역습

Chapter 1

미래를 코딩하는 거인들

과학, AI, 인간을 위한 기술 혁신
– 기술 · AI · 우주 혁신의 선도자

전원이 꺼져도 작동하는
생명의 기술

❖ **김성수** 서오텔레콤 대표

김성수 대표는 정보통신 분야의 전문 벤처기업인 서오텔레콤을 설립하고, 178개에 달하는 기술 특허를 개발한 혁신적 기업인이다. 그는 과거 흉악범죄로 조카딸을 잃은 비극적인 경험을 계기로, 위급 상황 시 휴대전화로 긴급 구난 구조 요청을 할 수 있는 '이머전시 콜(emergency call)' 개념 및 관련 기술을 국내 최초로 고안하고 특허 출원했다. 대기업과 기술을 탈취 문제로 10년 이상 힘겨운 특허 침해 소송을 벌였으며, 이는 중소기업과 대기업 간의 기술 분쟁 선례로 널리 알려졌다. 그는 소송 과정에서 사옥과 연구소를 폐쇄하는 등 큰 어려움을 겪었으나, '중소기업도 기술만 좋으면 성공할 수 있다'는 신념으로 대기업의 횡포에 맞서 싸웠다. 김 대표는 '사람을 살리는 기술'이라는 소명을 바탕으로, 기술의 본질에 집중하여 거대 자본 앞에서도 굴복하지 않는 다윗의 뚝심을 보여주었다. 이러한 집념으로 개발한 휴대전화 비상호출 솔루션은 119와 경찰은 물론 미리 지정된 연락처로 위치 및 현장 중계 기능을 전송하며 국민 안전 지킴이 역할을 수행할 잠재력을 가진다.

전원이 꺼져도 작동하는 생명의 기술

서오텔레콤 김성수 대표

2025년 9월 25일, 서울 | 기술의 본질을 묻는 한 사람, 그에게서 내일의 답을 보다

대한민국의 지식재산이 아세안의 미래와 만나는 '2025 한·아세안 지식재산 컨퍼런스', 9월 25일, 서울 마포 나루호텔의 행사장은 미래를 선점하려는 이들의 열기로 뜨거웠다. 수많은 전문가와 기술의 향연 속에서, 본지는 유독 한 사람에게 시선이 머물렀다. 특허라는 한 우물을 파고들다 남다른 사연과 아픔을 갖게 된 남자, 서오텔레콤의 김성수 대표였다. 그는 스마트폰의 전원이 꺼지는 바로 그 절망의 순간, 생명을 구할 마지막 회로를 켜는 기술을 손에 쥐고 있었다. 그의 입에서 나온 "기술은 결국 사람을 살리는 장치여야 한다"는 한 문장은, 단순한 기술 철학을 넘어 이 시대의 무너진 사회 안전망을 향한 가장 강력하고 따뜻한 응답처럼 들렸다. 그의 이야기가 시카고와 미 중서부, 그리고 남미의 독자들에게도 희망의 빛으로 전해지길 바란다.

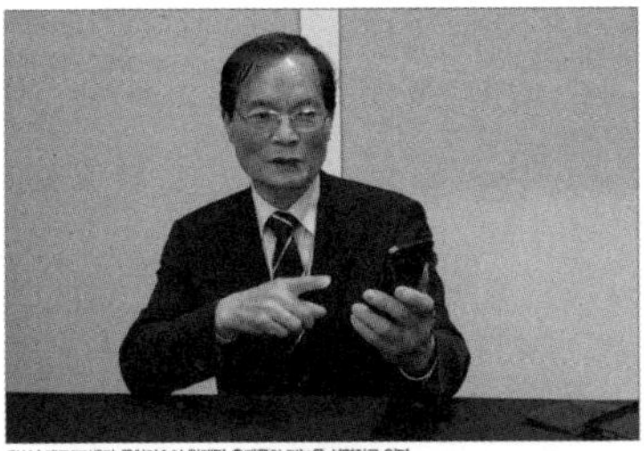

김성수대표(73세)가 특허기술이 탑재된 휴대폰의 기능을 설명하고 있다.

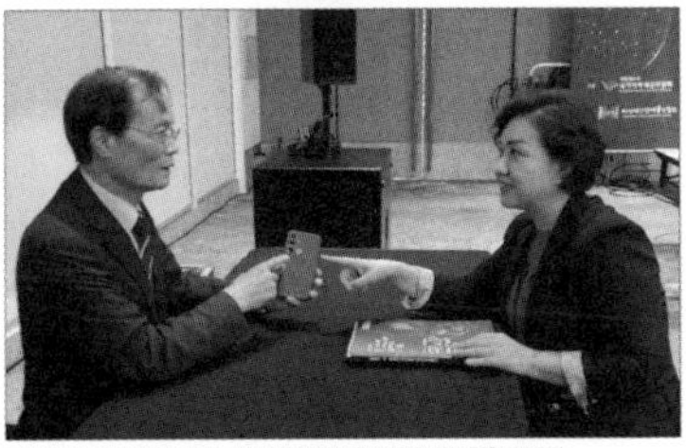

김성수대표가 본지 특파원에게 서울 마포의 한 호텔에서 특허기술에 대한 설명을 하고 있다.

꺼진 전화기에서 울리는 생명의 신호

김성수 대표의 특허는 스마트폰의 '죽음'을 '구조'의 출발선으로 바꾸는 발상의 전환에서 시작한다. 전원공급이 차단 또는 과방전 제어 신호에 의해 차단되어있거나, 화면이 잠겨 아무것도 할 수 없는 바로 그 순간, 단 한 번의 물리적 버튼 클릭으로 구조 신호가 즉시 전송되는 것. 어떻게 가능한가? 그는 통신 전력, 그리고 사용자 경험(UX) 이라는 세계의 축을 뿌리부터 다시 설계했다.

스마트폰 뒷면에 단일의 인체감지 비상버튼을 설치하여 위급시 비상버튼을 누르면 어플리케이션 구동 전원공급 스위치가 켜짐과 동시에 GPS 및 와이파이 회로를 부팅(동작) 하며, 전력은 '비상 독립군'처럼 움직인다. 일반 구동계와 완벽히 분리된 초저전력 독립 회로가 스마트폰의 모든 기능을 강제로 잠재우고 오직 "라디오만 살아 있게" 만든다. 마지막 남은 배터리 한 1%까지 신호 송출에만 집중시키는 것이다. 사용자 경험은 빨각과 오작동을 최소화하는 것을 제1원칙으로 삼는다. 그의 기술은 '전원이 꺼지면 무용지물'이라는 스마트폰의 구조적 한계를, 꺼져도 살아 있는 최소한의 생명 회로로 뒤집어 버린, 안전 기술의 가장 빛나는 혁신이다.

10초의 교감, 생존을 재설계한 UX 철학

"긴급 호출은 가장 단순하고, 가장 들키지 않는 방식이어야 합니다." 그의 철학은 기존의 모든 SOS 시스템을 부끄럽게 만든다. 현재의 방식은 잠금 해제, 화면 탐색, 여러 번의 터치라는 복잡한 과정을 거쳐야 한다. 범죄나 재난 상황에 처한 사람이 가해자 앞에서 휴대폰을 켜고 화면을 들여다보는 그 '결정적 10초'는 구조 요청의 골든타임이 아니라 오히려 생명을 위협하는 가장 위험한 시간이 될 수 있다. 김 대표의 특허는 이 모든 과정을 거꾸로 설계했다. 어두운 주머니나 가방 속에서, 점자처럼 손끝의 감각만으로 더듬어 찾을 수 있는 비가시(非可視) 버튼. 실수로 스치는 짧은 탭은 무시하고, 살고 싶다는 의지가 담긴 '길게 누름'만을 인식한다. 버튼이 눌리면 사용자는 짧은 진동 1~2회로 신호가 갔음을 알아챌 뿐, 휴대폰은 어떤 소리나 빛도 내지 않는 '무음·무광' 모드를 유지한다. 가해자에게 추가 노출을 원천 차단하는 것이다. 이 작은 디테일의 차이가 생존 확률을 극적으로 끌어올린다. 그는 UX를 편의성의 도구가 아닌, '살아남는 동선'으로 재정의했다.

5%의 약속, 48시간의 희망 '세이프 리저브'

우리 모두는 서서히 꺼져가는 배터리 잔량 표시를 보며 공포를 느껴본 적이 있다. 배터리 소진은 곧 세상과의 단절이자 무력화를 의미했다. 김 대표의 기술은 '배터리 5%'를 단순한 잔량이 아닌 '희망의 보루'로 격리시키는 '세이프 리저브(Safe Reserve)' 개념을 도입했다. 배터리가 5%에 도달하는 순간, 시스템은 일반 기능으로 가는 모든 전원을 차단하고 이 5%를 오직 긴급 신고에 필요한 최소한의 라디오와 센서를 살리는 데만 사용한다. 이 비상 전력만으로 최대 48시간 동안 긴급 신호를 유지할 수 있다. 즉, '배터리 소진 = 무력화'라는 기존의 패러다임을 완벽하게 전복시킨 것이다. "전원이 꺼져도 작동한다"는 그의 문장이 가장 확실한 기술적 약속으로 구현된 사례다.

보이지 않는 위협, 딥페이크의 심리전을 끊는 법

"엄마, 나 납치됐어." 딥페이크 기술로 조작된 자녀의 목소리가 들려오는 순간, 이성적인 판단은 마비된다. 범죄자들은 인간의 공포를 파고들어 즉각적인 신원 확인과 금전 이체를 요구한다. 김 대표는 냉정하게 말한다. "통화가 연결된 상태에서 자녀(가족)의 신변을 즉시 확인 할수 있는 기술은 아직 세상에 존재하지 않습니다." 그렇다면 무엇을 할 수 있는가? 그의 전략은 '속이는 언어 게임'에 말려드는 대신, 즉시 게임의 판을 깨고 시간을 우리 편으로 되돌리는 시스템을 구축하는 것이다. 통화 중이라도 비상 버튼을 누르면, 그 즉시 딥페이크 모드로 전환 가족과 기관에 경보가 전송되고, 금융 앱과 연동해 결제와 이체 기능이 선제적으로 차단된다. 딥페이크의 심리전을 데이터와 공권력의 회로로 차갑게 끊어내는 것, 그것이 지금 우리가 할 수 있는 최선이라고 그는 강조했다.

원전의 심장에서 다윗의 돌멩이까지, 한 엔지니어의 궤적

그의 집요함은 어디에서 비롯된 것일까. 그 뿌리를 알기 위해서는 시간을 30년 이상 거슬러 올라가야 한다. 서오텔레콤의 전신인 서오기전 시절, 그는 대한민국 산업의 심장부인 원자력발전소에 있었다. 당시 원전의 초고속 차단기 등 핵심 설비는 100% 수입에 의존하던 기술 식민의 시대였다. 그는 150여 품목을 순수 국내 기술로 대체하는 불가능에 가까운 도전에 성공하며 그 공로로 훈포장과 현대중공업으로부터 5년 연속 최우수업체 표창을 받았다. 국가의 기간 산업을 지탱하는 기술을 만든다는 자부심은 그의 엔지니어 인생의 출발점이었다.

그러나 그의 이야기는 영광의 순간에 머무르지 않는다. 2001년, 그는 자녀 보호를 위한 위치추적 및 비상호출 기술을 들고 LG를 찾았다. 기술 협력의 부푼 꿈은 2004년, LG가 유사 기능의 '알라딘폰'을 출시하며 악몽으로 변했다. 그때부터 15년이 넘는, 세상이 '다윗과 골리앗의 싸움'이라 부른 기나긴 법정 싸움이 시작됐다. 그는 이 싸움에 모든 것을 걸었다. 소송 비용으로 100억 원 가까이를 쏟아부었고, 결국 사옥과 자택까지 팔아야 했다. 헌법재판소와 대법원이 그의 특허가 유효하다고 손을 들어주었음에도, 손해배상 소송에서는 번번이 패소했고 형사 고소는 공소시효라는 벽에 막혔다. 그러나 결론은 두 기업이 상생의 길을 걷기로 합의했다.

그는 기술의 본질로 회귀했다. 거대 자본과 권력 앞에서도 결코 빼앗길 수 없는 단 하나, 바로 "사람을 살리는 기술"이라는 소명이었다. 그 억울함과 아픔이 오히려 그의 신념을 더욱 단단하게 벼려냈다. "인간이 머릿속으로 상상한 것은 현실로 만들지 못할 것이 없습니다." 원전의 심장을 지키던 한 우직한 엔지니어의 신념은, 거대 기업의 배신이라는 차가운 현실을 통과하며 더 뜨겁고 단단해졌다. 그리고 마침내, 전원이 꺼져도 작동하는 단 하나의 생명 회로를 낳았다. 그의 기술은 단순한 발명이 아니라, 그의 삶 전체가 응축된 처절한 증명이다.

안전이 시장이 될 때, 1조원의 가능성

기술의 사회적 효용이 어떻게 경제적 지속 가능성으로 이어질 수 있는가라는 질문에, 김성수 대표는 명확한 청사진을 제시한다. 그는 이 기술이 공공성과 수익성의 아름다운 동행을 이끌 것이라 확신한다. 월 2,000원에서 3,000원 수준의 안심 서비스, 월 1,500원의 딥페이크 대응 서비스와 같은 구독형 모델은 생명을 지키는 최소한의 보험료와 같다. 이것이 통신사와 결합할 경우, 연간 1조 원대의 추가 매출이 가능하다는 분석은 시장이 안전에 얼마나 목마른지를 보여준다.

이는 단순한 숫자 이상의 의미를 갖는다. 차별화된 안전 기능은 통신사의 가입자당 평균 수익(ARPU)을 높이고, 고객 이탈률은 20%까지 낮출 수 있는 강력한 무기다. 더 나아가 사회 전체의 패러다임을 바꾼다. '밤길 공포'와 같은 일상적 불안감이 줄어들면, 여성과 청소년의 이동, 학습, 노동의 선택지는 자연스럽게 확장된다. 이는 곧 사회 전체의 생산성 향상으로 이어진다. 김 대표는 선언한다. "우리 특허기술이 강력범죄로부터 안전한 사회를 만들고 국부유출을 막는 데 기여하고 싶습니다." 가장 인간적인 기술이 가장 수익성 높은 비즈니스가 될 수 있다는 것. 안전이라는 사회적 가치가 기업의 이윤으로, 다시 사회 전체의 안전망 강화로 이어지는 선순환의 고리가 그의 손에서 완성되고 있었다.

표준을 세우는 자가 인류의 안전을 지배한다

이 기술은 이미 대한민국을 넘어 세계를 향하고 있다. 여성과 아동의 안전에 대한 수요가 폭발적인 글로벌 시장에서, 이 기술을 스마트폰 단말기에 먼저 심을지, OS에 심을지, 통신사에 심을지를 두고 치열한 눈치 싸움이 시작됐다. 김 대표는 해외 유수의 기업과 구체적인 협상을 진행하고 있음을 밝히며 "세계가 먼저 원하는 기능"이라고 강조했다. 과거 애플의 팀 쿡이 말했듯, 한국에서 사라졌거나 세계화되지 못한 수많은 아이디어를 해외 기업이 재조립해 세계 표준으로 만든 사례는 너무나도 많다. "이번만큼은 원천기술을 가진 우리가 기준을 제시해야 합니다." 그의 목소리에는 비장함이 서려 있었다. 그는 마지막으로 이렇게 말했다. "누가 먼저 표준을 세우느냐가 인류의 안전 지형을 바꿀 것입니다." 안전은 특정 국가의 전유물이 아니라 인류 전체의 공공재라는 그의 관점이 선명하게 빛나는 순간이었다.

불안을 덜어낸 만큼, 우리는 더 멀리 갈 수 있다

김성수 대표의 기술은 '휴대폰이 꺼지면 모든 것이 끝'이라는 현대인의 숙명을 정면으로 거스른다. 그 단 한 번의 용감한 반역이, 누군가의 절망적인 마지막 순간을 내일의 아침으로 연장할 수 있다. 기술이 사람을 가장 앞세울 때, 시장은 제 발로 뒤따라오기 마련이다. 그리고 우리는, 우리 사회가 불안을 덜어낸 바로 그만큼 더 자유롭게, 더 멀리 걸어갈 수 있게 될 것이다. 이제 남은 일은 그의 기술을 채택하고, 표준으로 만들고, 실행하는 것이다. 한 사람의 신념으로 시작된 이 이야기가, 절망의 어둠 속에서 고통받는 모든 이들에게 따스한 햇살이 되기를 간절히 바란다.

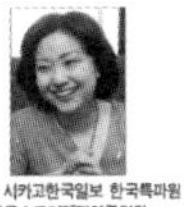

이가희 시카고한국일보 한국특파원
한국스토리텔링연구원장
시인/칼럼니스트

기술의 본질을 묻는 한 사람,
그에게서 내일의 답을 보다

대한민국의 지식재산이 아세안의 미래와 만나는 '2025 한·아세안 지식재산 컨퍼런스'. 수많은 전문가와 기술의 향연 속에서 유독 한 사람에게 시선이 머물렀다. 특허라는 한 우물을 파고들다 남다른 사연과 아픔을 갖게 된 남자, 서오텔레콤의 김성수 대표였다. 그는 스마트폰의 전원이 꺼지는 바로 그 절망의 순간, 생명을 구할 마지막 회로를 켜는 기술을 손에 쥐고 있었다. 그의 입에서 나온 "기술은 결국 사람을 살리는 장치여야 한다"는 한 문장은, 단순한 기술 철학을 넘어 이 시대의 무너진 사회 안전망을 향한 가장 강력하고 따뜻한 응답처럼 들렸다.

꺼진 전화기에서 울리는 생명의 신호

김성수 대표의 특허는 스마트폰의 '죽음'을 '구조'의 출발선으로 바꾸는 발상의 전환에서 시작한다. 전원공급이 차단 또는 과방전 제어 신호에 의해 차단되어 있거나, 화면이 잠겨 아무것도 할 수 없는 바로 그 순간, 단 한 번의 물리적 버튼 클릭으로 구조 신호가 즉시 전송되는 것. 어떻게 가능한가? 그는 통신 전력, 그리고 사용자 경험((UX) 이라는 세계의 축을 뿌리부터 다시 설계했다.

스마트폰 뒷면에 단일의 인체감지 비상 버튼을 설치하여 위급시 비상 버튼을 누르면 어플리케이션 구동 전원공급 스위치가 켜짐과 동시에 GPS 및 와이파이 회로를 부팅(동작)하며, 전력은 '비상 독립군'처럼 움직인다. 일반 구동계와 완벽히 분리된 초저전력 독립 회로가 스마트 폰의 모든 기능을 강제로 잠재우고 오직 라디오만 살아 있게 만든다. 마지막 남은 배터리 한 1%까지 신호 송출에만 집중시키는 것이다. 사용자 경험은 발각과 오작동을 최소화하는 것을 제1원칙으로 삼는다. 그의 기술은 '전원이 꺼지면 무용지물'이라는 스마트폰의 구조적 한계를, 꺼져도 살아 있는 최소한의 생명 회로로 뒤집어 버린, 안전 기술의 가장 빛나는 혁신이다.

10초의 교감, 생존을 재설계한 UX 철학

"긴급 호출은 가장 단순하고, 가장 들키지 않는 방식이어야 합니다." 그의 철학은 기존의 모든 SOS 시스템을 부끄럽게 만든다. 현재의 방식은 잠금 해제, 화면 탐색, 여러 번의 터치라는 복잡한 과정을 거쳐야 한다. 범죄나 재난 상황에 처한 사람이 가해자 앞에서 휴대폰을 켜고 화면을 들여다보는 그 '결정적 10초'는 구조 요청의 골든타임이 아니라 오히려 생명을 위협하는 가장 위험한 시간이 될 수 있다. 김 대표의 특허는 이 모든 과정을 거꾸로 설계했다. 어두운 주머니나 가방 속에서, 점자처럼 손끝의 감각만으로 더듬어 찾을 수 있는 비가시(非可視) 버튼. 실수로 스치는 짧은 탭은 무시하고, 살고 싶다는 의지가 담긴 '길게 누름'만을 인식한다. 버튼이 눌리면 사용자는 짧은 진동 1~2회로 신호가 갔음을 알아챌 뿐, 휴대폰은 어떤 소리나 빛도 내지 않는 '무음·무광' 모드를 유지한다. 가해자에게 추가 노출을 원천 차단하는 것이다. 이 작은 디테일의 차이가 생존 확률을 극적으로 끌어올린다. 그는 UX를 편의성의 도구가 아닌, '살아남는 동선'으로 재정의했다.

5%의 약속, 48시간의 희망 '세이프 리저브'

우리 모두는 서서히 꺼져가는 배터리 잔량 표시를 보며 공포를 느껴본 적이 있다. 배터리 소진은 곧 세상과의 단절이자 무력화를 의미했다. 김 대표의 기술은 배터리 5%를 단순한 잔량이 아닌 희망의 보루로 격리시키는 '세이프 리저브(Safe Reserve)' 개념을 도입했다. 배터리가 5%에 도달하는 순간, 시스템은 일반 기능으로 가는 모든 전원을 차단하고 이 5%를 오직 긴급 신고에 필요한 최소한의 라디오와 센서를 살리는 데만 사용한다. 이 비상 전력만으로 최대 48시간 동안 긴급 신호를 유지할 수 있다. 즉, '배터리 소진 = 무력화'라는 기존의 패러다임을 완벽하게 전복시킨 것이다. "전원이 꺼져도 작동한다"는 그의 문장이 가장 확실한 기술적 약속으로 구현된 사례다.

보이지 않는 위협, 딥페이크의 심리전을 끊는 법

"엄마, 나 납치됐어." 딥페이크 기술로 조작된 자녀의 목소리가 들려오는 순간, 이성적인 판단은 마비된다. 범죄자들은 인간의 공포를 파고들어 즉각적인 신원 확인과 금전 이체를 요구한다. 김 대표는 냉정하게 말한다. "통화가 연결된 상태에서 자녀(가족)의 신변을 즉시 확인할 수 있는 기술은 아직 세상에 존재하지 않습니다." 그렇다면 무엇을 할 수 있는가? 그의 전략은 '속이는 언어 게임'에 말려드는 대신, 즉시 게임의 판을 깨고 시간을 우리 편으로 되돌리는 시스템을 구축하는 것이다. 통화 중이라도 비상 버튼을 누르면, 그 즉시 딥페이크 모드로 전환 가족과 기관에 경보가 전송되고, 금융앱과 연동해 결제와 이체 기능이 선제적으로 차단된다. 딥페이크의 심리전을 데이터와 공권력의 회로로 차갑게 끊어내는 것, 그것이 지금 우리가 할 수 있는 최선이라고 그는 강조했다.

원전의 심장에서 다윗의 돌멩이까지, 한 엔지니어의 궤적

그의 집요함은 어디에서 비롯된 것일까. 그 뿌리를 알기 위해서는 시간을 30년 이상 거슬러 올라가야 한다. 서오텔레콤의 전신인 서오기전 시절, 그는 대한민국 산업의 심장부인 원자력발전소에 있었다. 당시 원전의 초고속 차단기 등 핵심 설비는 100% 수입에 의존하던 기술 식민의 시대였다. 그는 150여 품목을 순수 국내 기술로 대체하는 불가능에 가까운 도전에 성공하며 그 공로로 훈포장과 현대중공업으로부터 5년 연속 최우수업체 표창을 받았다. 국가의 기간 산업을 지탱하는 기술을 만든다는 자부심은 그의 엔지니어 인생의 출발점이었다.

그러나 그의 이야기는 영광의 순간에 머무르지 않는다. 2001년, 그는 자녀 보호를 위한 위치추적 및 비상호출 기술을 들고 LG를 찾았다. 기술 협력의 부푼 꿈은 2004년, LG가 유사 기능의 '알라딘폰'을 출시하며 악몽으로 변했다. 그때부터 15년이 넘는, 세상이 '다윗과 골리앗의 싸움'이라 부른 기나긴 법정 싸움이 시작됐다. 그는 이 싸움에 모든 것을 걸었다. 소송 비용으로 100억 원 정도를 쏟아부었고, 결국 사옥과 자택까지 팔아야 했다. 헌법재판소와 대법원이 그의 특허가 유효하다고 손을 들어주었음에도, 손해배상 소송에서는 번번이 패소했고 형사 고소는 공소시효라는 벽에 막혔다. 그러나 결론은 두 기업이 상생의 길을 걷기로 합의했다.

그는 기술의 본질로 회귀했다. 거대 자본과 권력 앞에서도 결코 빼앗길 수 없는 단 하나, 바로 '사람을 살리는 기술'이라는 소명이었다. 그 억울함과 아픔이 오히려 그의 신념을 더욱 단단하게 벼려냈다. "인간이 머릿속으로 상상한 것은 현실로 만들지 못할 것이 없습니다." 원전의 심장을 지키던 한 우직한 엔지니어의 신념은, 거대 기업의 배신이라는 차가운 현실을 통과하며 더 뜨겁고 단단해졌다. 그리고 마침내, 전원이 꺼져도 작동하는 단 하나의 생명 회로를 낳았다. 그의 기술은 단순한 발명이 아니라, 그의 삶 전체가 응축된 처절한 증명이다.

안전이 시장이 될 때, 1조 원의 가능성

기술의 사회적 효용이 어떻게 경제적 지속 가능성으로 이어질 수 있는가라는 질문에, 김성수 대표는 명확한 청사진을 제시한다. 그는 이 기술이 공공성과 수익성의 아름다운 동행을 이끌 것이라 확신한다. 월 2,000원에서 3,000원 수준의 안심 서비스, 월 1,500원의 딥페이크 대응 서비스와 같은 구독형 모델은 생명을 지키는 최소한의 보험료와 같다. 이것이 통신사와 결합할 경우, 연간 1조 원대의 추가 매출이 가능하다는 분석은 시장이 안전에 얼마나 목마른지를 보여준다.

이는 단순한 숫자 이상의 의미를 갖는다. 차별화된 안전 기능은 통신사의 가입자당 평균 수익(ARPU)을 높이고, 고객 이탈률은 20%까지 낮출 수 있는 강력한 무기다. 더 나아가 사회 전체의 패러다임을 바꾼다. 밤길 공포와 같은 일상적 불안감이 줄어들면, 여성과 청소년의 이동, 학습, 노동의 선택지는 자연스럽게 확장된다. 이는 곧 사회 전체의 생산성 향상으로 이어진다. 김 대표는 선언한다. "우리 특허기술이 강력범죄로부터 안전한 사회를 만들고 국부유출을 막는 데 기여하고 싶습니다." 가장 인간적인 기술이 가장 수익성 높은 비즈니스가 될 수 있다는 것. 안전이라는 사회적 가치가 기업의 이윤으로, 다시 사회 전체의 안전망 강화로 이어지는 선순환의 고리가 그의 손에서 완성되고 있었다.

표준을 세우는 자가 인류의 안전을 지배한다

이 기술은 이미 대한민국을 넘어 세계를 향하고 있다. 여성과 아동의 안전에 대한 수요가 폭발적인 글로벌 시장에서, 이 기술을 스마트폰 단말기에 먼저 심을지, OS에 심을지, 통신사에 심을지를 두고 치열한 눈치 싸움이 시작됐다. 김 대표는 해외 유수의 기업과 구체적인 협상을 진행하고 있음을 밝히며 "세계가 먼저 원하는 기능"이라고 강조했다. 과거 애플의 팀 쿡이 말했듯, 한국에서 사라졌거나 세계화되지 못한 수많은 아이디어를 해외 기업이 재조립해 세계 표준으로 만든 사례는 너무나도 많다. "이번만큼은 원천기술을 가진 우리가 기준을 제시해야 합니다." 그의 목소리에는 비장함이 서려 있었다. 그는 마지막으로 이렇게 말했다. "누가 먼저 표준을 세우느냐가 인류의 안전 지형을 바꿀 것입니다." 안전은 특정 국가의 전유물이 아니라 인류 전체의 공공재라는 그의 관점이 선명하게 빛나는 순간이었다.

불안을 덜어낸 만큼, 우리는 더 멀리 갈 수 있다

김성수 대표의 기술은 '휴대폰이 꺼지면 모든 것이 끝'이라는 현대인의 숙명을 정면으로 거스른다. 그 단 한 번의 용감한 반역이, 누군가의 절망적인 마지막 순간을 내일의 아침으로 연장할 수 있다. 기술이 사람을 가장 앞세울 때, 시장은 제 발로 뒤따라오기 마련이다. 그리고 우리는, 우리 사회가 불안을 덜어낸 바로 그만큼 더 자유롭게, 더 멀리 걸어갈 수 있게 될 것이다. 이제 남은 일은 그의 기술을 채택하고, 표준으로 만들고, 실행하는 것이다. 한 사람의 신념으로 시작된 이 이야기가, 절망의 어둠 속에서 고통받는 모든 이들에게 따스한 햇살이 되기를 간절히 바란다.

뇌(腦),
그 미지의 우주를 탐험한 거인

❖ **조장희** 고려대학교 석좌교수 및 뇌과학융합센터장

조장희는 1936년 황해도 연백군에서 태어나 서울대학교 전자공학과를 졸업하고 스웨덴 웁살라 대학교에서 응용물리학 박사 학위를 취득한 세계적인 뇌과학자이다. 그는 세계 최초로 원형(圓形) PET(양전자방 출단층촬영기)을 개발했으며, 이후 2.0T MRI, 7.0T MRI, PET-MRI 융합기술 개발을 주도하는 등 첨단 뇌 영상 분야에 뚜렷한 족적을 남긴 과학기술계의 거장이다. 특히 그가 개발한 원형 PET는 현재 모든 양전자 방출 단층촬영기의 기초 형태가 되며, 이 공로로 한국인 중 노벨상에 가장 근접한 인물로 손꼽힌다. 그는 스톡홀름 대학교, UCLA, UC얼바인, 컬럼비아 대학교 등 해외 명문대 교수를 역임하고, 한국과학기술한림원 종신회원 및 미국 학술원 정회원으로 선출된 세계적 권위자이다. 2004년에는 영구 귀국하여 가천대학교 뇌과학연구소 석학교수 및 소장을 지내며 한국 뇌과학 발전에 기여했으며, 7T MRI를 이용한 초고해상도 뇌지도 등 획기적인 연구 성과를 발표했다. 현재는 고려대학교 석좌교수 및 뇌과학융합센터장으로서 뇌질환 진단 및 해명 연구와 더불어, 14T MRI 개발과 양자 컴퓨터를 응용한 새로운 연구에 도전하며 왕성하게 활동한다.

뇌(腦), 그 미지의 우주를 탐험한 거인, 조장희 교수를 만나다

세계적 석학 조장희 교수 인터뷰

노벨상에 가장 근접한 한국인 과학자 조장희(89세)교수.

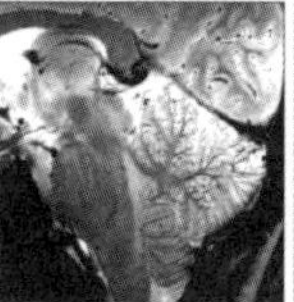

뇌간(Brain Stem) 7T MRI 영상의 예.

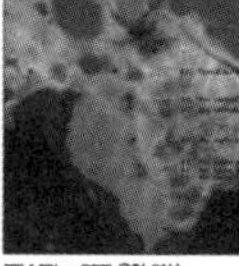

7T MRI + PET 융합 영상.

조장희교수(좌)와 본지 특파원이 교수연구실에서 인터뷰를 진행중이다.

본 특파원이 고려대학교 초청 강의로 서울 안암동 고려대학교 캠퍼스를 찾았던 지난 8월 6일, 처음 조장희 교수를 만났다. 그날의 강렬했던 첫 만남을 시작으로, 이후 몇 차례의 전화와 문자를 통한 인터뷰가 더 이어진 뒤에야 비로소 그의 깊고 거대한 삶의 궤적을 담아낼 수 있었다. 노벨상에 가장 근접한 한국인 과학자. CT, MRI, PET라는 현대 영상의학의 삼총사를 모두 개발한 세계 유일의 인물. 89세의 나이에도 여전히 현역으로 뇌라는 미지의 우주를 탐험하고 있는 석학과의 만남은 시작부터 경외심 그 자체였다. 그의 연구실은 한 평생을 바친 연구 역사가 고스란히 담긴 박물관과도 같았다. 사진 속 기기들이 지금도 전 세계 병원에서 인류의 생명을 구하고 있음을 생각하니 그의 존재가 더욱 거대하게 다가왔다. 벽면에 걸린 흑백 사진 속, 환하게 웃고 있는 젊은 과학자의 총명한 눈빛이 세월을 넘어 그의 얼굴에 그대로 포개졌다. 인자한 미소로 기자를 맞는 그에게서 시대를 개척한 거인의 향기가 났다.

호기심 많던 라디오 소년, 운명의 나사를 조립하다

세계적인 과학자의 어린 시절은 어땠을까. 그는 웃으며 말했다. "원래 '공부'과가 아니었어요. 초등학교 때는 미군 부대에서 얻은 배터리를 남대문시장에 가지고 가서 라디오 부품으로 맞바꾸는 게 저한테 훨씬 중요한 일이었죠. 밤새 라디오를 조립하느라 시간 가는 줄 몰랐지만, 심각하게 과학자가 되어야겠다고 꿈꾼 적은 한 번도 없었던 것 같아요. 그저 에디슨 같은 사람이 되면 참 좋겠구나 정도의 생각만 했지요."

운명은 소년에게 순탄한 길을 허락하지 않았다. 중학교 2학년, 한국전쟁이 터지면서 학업은 중단됐다. 피난지에서 장사를 하며 3년의 공백이 흘렀다. 다시 서울로 돌아와 장사를 하던 어느 날, 교복 입은 동기생의 모습이 그의 인생을 흔들었다. "며칠 동안 마빗속에 그 장면만 떠올라서 결국은 학교에 돌아갔어요." 머뭇거리는 그를 알아본 1학년 때 담임선생님과의 재회는 극적이었다. "만약 그때 선생님을 만나지 못했더라면 제 인생에 더 이상의 공부는 없었을지도 몰라요."

3년의 공백을 딛고 고등학교 2학년으로 복학했지만, 현실은 냉혹했다. "처음 본 시험은 거의 꼴찌였고, 수학은 빵점도 맞아봤어요." 그러나 1년 만에 중간 성적까지 따라잡았고, 모두의 만류에도 서울대학에 원서를 내밀었다. "사람에 따라 순탄한 성격을 가진 사람이 있잖아요? 제 성격이 그랬던 거 같아요. 결과가 좋았으니까 미화되는 측면도 있고요." 인생의 중요한 순간마다 그는 과감하게 도전했고, 운명은 그의 편에 서주었다.

산(山)이 가르쳐준 도전, 절벽 끝에서 길을 찾다

서울대 통신공학과에 입학했지만, 그의 청춘을 뜨겁게 달군 것은 전공 공부가 아닌 '산'이었다. "무언가에 한 번 빠지면 해야 나오는 성격인데다가, 죽기 살기로 바위 타고 그런 게 저한테 딱 맞았어요." 그는 전문 산악인을 꿈꿀 정도로 산에 미쳐 있었다. "도전할 목표가 생기면 힘이 마구 솟구친다고나 할까요?"

겨울에는 스키에 빠져 전국대회에서 은메달까지 목에 걸었다. 그는 당시를 회상하며 "공부를 못하다보니 핑계 삼아 등산과 스키에 목을 맸던 것 같습니다"라고 겸손하게 말했지만, 그 시절의 경험은 그의 인생에 깊은 흔적을 남겼다. "알게 모르게 도움이 되었으리라 믿어요. 연구를 할 때도 새로운 모험 앞에 서면 도전 욕구가 생솟고, 남이 하기 싫어하는 일도 하고 싶고 그랬으니까요." 깎아지른 절벽과 누구도 밟지 않은 설원을 해쳐 나갔던 경험은, 세계 학계의 치열한 경쟁 속에서 그만의 길을 열어가는 원동력이 되어주었다.

스웨덴의 한 스승, '살아있는 연구'에 눈을 뜨게 하다

군 복무를 마치고 돌아오자 더 이상 함께 산에 오를 친구들이 없었다. 자연스럽게 다시 책을 잡았고, 파고들수록 공부의 재미에 빠져들었다. 석사 졸업을 앞두고 우연히 발견한 해외 연수생 선발 공고는 그의 인생에 또 한 번의 극적인 전환점이 된다. 마감일에 부랴부랴 원서를 받으러 갔지만 이미 시험 시작 시간은 15분이나 지나 있었다. 허탈하게 돌아서는 그에게 시험 감독관이 "어차피 왔으니 시험이나 보고 가라"며 필기도구까지 빌려준 작은 인심이, 그를 스웨덴 웁살라 대학으로 이끌었다.

그곳에서 만난 지도교수 카이 시그반(노벨 물리학상 수상자)의 제자인 투베 교수는 '살아있는 연구'가 무엇인지를 온몸으로 보여주었다. 실험 데이터를 들고 간 조장희 박사에게, 투베 교수는 그 자리에서 직접 계산을 해보이며 이론값과 실험값의 차이를 날카롭게 지적했다. "한국에서는 경험해보지 못한 일이었어요. 모든 것을 환히 알고 있으면서 꼼꼼히 체크까지 하는 모습에 충격을 받았죠. 적당히 하면 안 되겠구나, 결심했어요." 그날 이후 그의 연구 자세는 180도 달라졌다. 주말도 휴일도 없이 연구실을 지켰고, 저녁 빵 살 시간을 놓쳐 굶기 일쑤였다. 그의 우직한 성실함을 눈여겨본 투베 교수 덕분에 그는 1년의 연수를 마치고 박사과정까지 밟을 수 있게 되었다.

'까짓것 한번 해보자!', 경솔함이 피워낸 위대한 혁신

박사 학위 후 미국으로 건너간 그는 UCLA 부교수로 재직하던 1972년, 운명적인 제안을 받는다. 당시 영국에서 막 개발된 CT는 원리조차 베일에 싸인 최첨단 기술이었다. 교수회의에서 학과장이 "우리 대학에서 CT의 비밀을 벗겨보면 어떻겠냐"고 제안했을 때, 아무도 선뜻 나서지 않았다. 그때, 그의 도전정신이 또다시 발동했다. "아무도 나서지 않기에 까짓것 하면 되지 싶어서 깊게 생각해보지도 않고 하겠다고 큰 소리를 쳐버렸죠."

연구실로 돌아온 그는 곧바로 후회했다. 연구비도 없이 무엇부터 시작해야 할지 막막했다. 하지만 그는 "지금 와서 돌이켜 생각하면, 그때 저의 경솔함에 박수를 보내고 싶어요. 너무 신중하면 새로운 연구를 시작하기가 오히려 어렵죠."라고 말한다. 그는 컴퓨터 시뮬레이션 기법을 이용해 CT의 수학적 비밀을 풀기로 결심하고 학생들과 밤낮없이 연구에 매달렸다. 석 달 만에 마침내 두개골 부분의 시뮬레이션 영상을 얻는 데 성공했고, 이는 세계 학계와 산업계를 뒤흔든 대성공이었다.

CT 연구의 성공은 세계 최초 Ring PET 개발로 이어졌다. PET는 방사선을 이용해 인체의 기능적 변화까지 촬영하는 장비로, CT와 수학적 배경이 같다는 점에서 아이디어를 얻었다. 개발에 한창 몰두하던 중, 워싱턴 대학에서도 비슷한 장치를 개발하고 있다는 소문이 들려왔다. "연구와 개발은 세계 처음이 아니면 바로 그 다음날이라도 빛을 못 보거든요." 승부욕까지 발동한 그의 팀은 주말도 밤도 반납하고 연구에 매달렸고, 마침내 세계 최초의 Ring PET를 완성했다. 완성되던 날, 그는 뢴트겐이 자신의 몸을 실험했듯 기꺼이 PET 안으로 가장 먼저 들어갔다. 화면에 떠오른 자신의 심장 사진을 보았을 때의 감격은 평생 잊을 수 없는 순간으로 남았다.

정직, 그 바보 같은 우직함이 최후의 승리를 이끈다

혁신적인 연구 성과에도 불구하고 그의 길은 순탄하지만은 않았다. 뛰어난 실적에도 불구하고 UCLA에서는 크게 환영하지 않았다. 그는 타협을 모르고 옳지 않다고 생각하는 것에는 '아니다'라고 확실하게 말하는 성격 탓에 교수 사회의 역학 관계에 적응하지 못했다. "비굴하게 사는 것보다는 손해 보더라도 당당하게 사는 게 좋다고 생각해요." 절망적인 상황이었지만 그는 좌절하지 않았다. "뭐가 잘 안 되면 더 좋은 일이 생기려고 안 되는구나, 그렇게 생각하면 마음이 편하죠." 그의 긍정적인 믿음처럼, 그는 곧 컬럼비아 대학의 정교수로 스카우트되었다. 학부 성적이 나빠 지원조차 못 했던 대학에 15년 만에 정교수로 입성한 것이다.

그의 삶을 관통하는 또 하나의 키워드는 '정직'이다. 그는 스웨덴 동료 교수의 일화를 통해 정직의 중요성을 깨달았다고 말한다. 학회 등록비를 아끼기 위해 교수를 박사 후 과정으로 등록하라고 권했던 자신을 의아하게 쳐다보던 동료의 눈빛을 잊을 수 없다고 했다. "저는 나름대로는 정직하게 살아왔다고 생각했어도, 아이를 볼 수 있다면 작은 거짓말 정도는 아무렇지 않게 하는 게 몸에 밴 사람이었던 거죠." 그는 뇌 과학적으로도 거짓말을 하면 뇌가 불필요한 에너지를 쓰게 된다며, 정작 결국 자신에게 이익이 되는 가장 효율적인 길이라고 강조한다. "바보같이 우직한 사람이 결국은 이긴다는 게 제 명제 느낀 겁니다." 남의 기계를 고쳐주느라 정작 자신의 연구는 뒷전이었던 학생을 그는 기억하고 기회가 왔을 때 추천했다. 당장의 이익을 따지는 약은 사람보다, 묵묵히 자신의 자리에서 필요한 역할을 해내는 '바보 같은' 사람이 사회에서 진정으로 성공한 사람이라는 것이 그의 지론이다.

KAIST의 스타 연구실, 후학을 향한 뜨거운 애정

컬럼비아 대학 교수로 재직하면서 그는 KAIST 교수를 겸직하며 20년간 태평양을 오갔다. 컬럼비아 대학의 10분의 1밖에 되지 않는 월급이었지만, 한국 학생들의 뜨거운 열정이 그를 고국으로 이끌었다. "카이스트 학생들은 주말도 가까이 반납하고, 국제 학술대회가 다음 주에 있으면 밤샘도 흔해요." 그의 연구실은 3교대로 24시간 불이 꺼지지 않았고, '스타 연구실'이라 불릴 정도로 학생들에게 인기가 좋았다. 그는 제자들과 함께 연구하고 토론하는 것을 진정한 가름으로 여겼다. "좋아서 하는 거고, 또 열심히 해서 학회 가서 멋뗏하게 발표해야지, 뭐 어떤 동기가 생기면 밤새는 게 그다지 어렵지 않아요." 그의 지도 아래 수많은 인재들이 성장했고, 그가 KAIST에서 일군 MRI 연구는 한국 영상의학 기술 발전의 초석이 되었다.

89세 현역의 꿈, K-뇌과학의 미래를 그리다

여든을 훌쩍 넘긴 나이에도 그는 여전히 '현역'이다. 나이가 들면 뇌 기능이 쇠퇴한다는 통념에 대해 그는 단호하게 반박한다. "나이가 들어서 그런 게 아니라 쓰지 않으니까 쇠퇴하는 거예요. 학문은 다릅니다." 그는 지금도 고려대학교 뇌과학융합센터를 이끌며 21세기 인류의 가장 큰 도전 과제인 뇌의 비밀을 풀기 위해 연구에 매진하고 있다.

인터뷰 내내 그는 자신의 업적을 내세우기보다 한국의 미래를 걱정하고 희망을 이야기했다. "21세기야말로 미지의 뇌연구가 중요합니다. 이를 위해 뇌연구 및 뇌영상 연구를 한국이 리드했으면 합니다." 그는 K-방산, K-반도체처럼 이제 한국이 영상진단장비 분야에서도 세계를 선도할 역량이 충분하다고 힘주어 말했다. 그의 마지막 꿈은 후배들이 자신을 뛰어넘어 한국에서 노벨상을 받는 것이다. "과거에는 인프라가 부족했지만 이제는 세계적으로 앞선 연구를 할 때가 되었다고 봅니다."

인터뷰를 마치고 연구실을 나서는 길, 그의 마지막 말이 귓가에 맴돌았다. 그것은 한 위대한 과학자의 개인적인 소망을 넘어, 우리 모두를 향한 격려와 희망의 메시지였다. 라디오를 조립하던 호기심 많은 소년이 인류의 뇌를 들여다보는 거인이 되기까지, 그의 삶은 '도전'과 '우직함'이라는 두 단어로 요약된다. 그의 평생에 걸친 숭고한 도전이 이제 K-뇌과학의 세계화라는 더 큰 꿈으로 영글어 가고 있다. 미지의 세계를 향한 그의 위대한 여정에, 우리가 뜨거운 응원과 지원으로 함께 답할 차례다. 그의 꿈이 현실이 되는 날, 우리는 대한민국이 낳은 또 다른 거인을 마주하게 될 것이다.

이기희 시카고한국일보 한국특파원
한국스토리텔링연구원장
시인/칼럼니스트

조장희 교수와의 인연은 8월 고려대학교 초청 강연에서 시작되었다. 이후 여러 차례 통화를 거치며 그의 삶과 연구 세계를 깊이 들여다볼 수 있었다. 노벨상에 가장 근접한 한국인 과학자. CT, MRI, PET라는 현대 영상의학의 삼총사를 모두 개발한 세계 유일의 인물. 89세의 나이에도 여전히 현역으로 뇌라는 미지의 우주를 탐험하고 있는 석학과의 만남은 시작부터 경외심 그 자체였다. 그의 연구실은 한평생을 바친 연구 역사가 고스란히 담긴 박물관과도 같았다. 사진 속 기기들이 지금도 전 세계 병원에서 인류의 생명을 구하고 있음을 생각하니 그의 존재가 더욱 거대하게 다가왔다. 벽면에 걸린 흑백 사진 속, 환하게 웃고 있는 젊은 과학자의 총명한 눈빛이 세월을 넘어 그의 얼굴에 그대로 포개졌다. 인자한 미소로 기자를 맞는 그에게서 시대를 개척한 거인의 향기가 났다.

호기심 많던 라디오 소년, 운명의 나사를 조립하다

세계적인 과학자의 어린 시절은 어땠을까. 그는 웃으며 말했다. "원래 '공부' 과가 아니었어요. 초등학교 때는 미군 부대에서 얻은 배터리를 남대문시장에 가지고 가서 라디오 부품으로 맞바꾸는 게 저한테 훨씬 중요한 일이었죠." 밤새 라디오를 조립하느라 시간 가는 줄 몰랐지만, "심각하게 과학자가 되어야겠다고 꿈꾼 적은 한 번도 없었던 것 같아요. 그저 에디슨 같은 사람이 되면 참 좋겠구나 정도의 생각만 했지요."

운명은 소년에게 순탄한 길을 허락하지 않았다. 중학교 2학년, 한국전쟁이 터지면서 학업은 중단됐다. 피난지에서 장사를 하며 3년의 공백이 흘렀다. 다시 서울로 돌아와 장사를 하던 어느 날, 교복 입은 동기

생의 모습이 그의 인생을 흔들었다. "며칠 동안 머릿속에 그 장면만 떠올라서 결국은 학교에 찾아갔어요." 머뭇거리는 그를 알아본 1학년 때 담임선생님과의 재회는 극적이었다. "만약 그때 선생님을 만나지 못했더라면 제 인생에 더 이상의 공부는 없었을지도 몰라요."

3년의 공백을 딛고 고등학교 2학년으로 복학했지만, 현실은 냉혹했다. "처음 본 시험은 거의 꼴찌였고, 수학은 빵점도 맞아봤어요." 그러나 1년 만에 중간 성적까지 따라잡았고, 모두의 만류에도 서울대학교에 원서를 내밀었다. "사람에 따라 좀 더 대담한 성격을 가진 사람이 있잖아요? 제 성격이 그랬던 거 같아요. 결과가 좋았으니까 미화되는 측면도 있고요." 인생의 중요한 순간마다 그는 과감하게 도전했고, 운명은 그의 편에 서주었다.

산(山)이 가르쳐준 도전, 절벽 끝에서 길을 찾다

서울대 통신공학과에 입학했지만, 그의 청춘을 뜨겁게 달군 것은 전공 공부가 아닌 '산'이었다. "무언가에 한 번 빠지면 헤어 나오지 못하는 성격인 데다가, 죽기 살기로 바위 타고 그런 게 저한테 딱 맞았어요." 그는 전문 산악인을 꿈꿀 정도로 산에 미쳐 있었다. "도전할 목표가 생기면 힘이 마구 솟구친다고나 할까요?"

겨울에는 스키에 빠져 전국대회에서 은메달까지 목에 걸었다. 그는 당시를 회상하며 "공부를 못하다 보니 핑계 삼아 등산과 스키에 목을 맸던 것 같습니다."라고 겸손하게 말했지만, 그 시절의 경험은 그의 인생에 깊은 흔적을 남겼다. "알게 모르게 도움이 되었으리라 믿어요. 연구를 할 때도 새로운 모험 앞에 서면 도전 욕구가 샘솟고, 남이 하기 싫어하는 일도 하고 싶고 그랬으니까요." 깎아지른 절벽과 누구도 밟지 않은 설원을 헤쳐 나갔던 경험은, 세계 학계의 치열한 경쟁 속에서 그만의 길을 열어가는 원동력이 되어주었다.

스웨덴의 한 스승, '살아있는 연구'에 눈을 뜨게 하다

군 복무를 마치고 돌아오자 더 이상 함께 산에 오를 친구들이 없었다. 자연스럽게 다시 책을 잡았고, 파고들수록 공부의 재미에 빠져들었다. 석사 졸업을 앞두고 우연히 발견한 해외 연수자 선발 공고는 그의 인생에 또 한 번의 극적인 전환점이 된다. 마감일에 부랴부랴 원서를 받으러 갔지만 이미 시험은 시작한 지 15분이나 지나 있었다. 허탈하게 돌아서는 그에게 시험 감독관이 "어차피 왔으니, 시험이나 보고 가라"며 필기도구까지 빌려준 작은 인심이, 그를 스웨덴 웁살라 대학으로 이끌었다.

그곳에서 만난 지도교수 카이 시그반(노벨 물리학상 수상자)의 제자인 투베 교수는 '살아있는 연구'가 무엇인지를 온몸으로 보여주었다. 실험 데이터를 들고 간 조장희 박사에게, 투베 교수는 그 자리에서 직접 계산을 해 보이며 이론값과 실험값의 차이를 날카롭게 지적했다. "한국에서는 경험해보지 못한 일이었어요. 모든 것을 훤히 알고 있으면서 꼼꼼히 체크까지 하는 모습에 충격을 받았죠. 적당히 하면 안 되겠구나, 결심했어요." 그날 이후 그의 연구 자세는 180도 달라졌다. 주말도 휴일도 없이 연구실을 지켰고, 저녁 빵 살 시간을 놓쳐 굶기 일쑤였다. 그의 우직한 성실함을 눈여겨본 투베 교수 덕분에 그는 1년의 연수를 마치고 박사과정까지 밟을 수 있게 되었다.

'까짓것 한번 해보자!', 경솔함이 피워낸 위대한 혁신

박사 학위 후 미국으로 건너간 그는 UCLA 부교수로 재직하던 1972년, 운명적인 제안을 받는다. 당시 영국에서 막 개발된 CT는 원리조차 베일에 싸인 최첨단 기술이었다. 교수회의에서 학과장이 "우리 대학에서 CT의 비밀을 벗겨보면 어떻겠냐"고 제안했을 때, 아무도 선뜻 나서지 않았다. 그때, 그의 도전정신이 또다시 발동했다. "아무도 나서지 않기에 '까짓것 하면 되지' 싶어서 깊게 생각해보지도 않고 하겠다고 큰소리를 쳐버렸죠."

연구실로 돌아온 그는 곧바로 후회했다. 연구비도 없이 무엇부터 시작해야 할지 막막했다. 하지만 그는 "지금 와서 돌이켜 생각하면, 그때 저의 경솔함에 박수를 보내고 싶어요. 너무 신중하면 새로운 연구를 시작하기가 오히려 어렵죠."라고 말한다. 그는 컴퓨터 시뮬레이션 기법을 이용해 CT의 수학적 비밀을 풀기로 결심하고 학생들과 밤낮없이 연구에 매달렸다. 석 달 만에 마침내 두개골 부분의 시뮬레이션 영상을 얻는 데 성공했고, 이는 세계 학계와 산업계를 뒤흔든 대성공이었다.

CT 연구의 성공은 세계 최초 Ring PET 개발로 이어졌다. PET는 방사선을 이용해 인체의 기능적 변화까지 촬영하는 장비로, CT와 수학적 배경이 같다는 점에서 아이디어를 얻었다. 개발에 한창 몰두하던 중, 워싱턴 대학에서도 비슷한 장치를 개발하고 있다는 소문이 들려왔다. "연구와 개발은 세계 처음이 아니면 바로 그 다음날이라도 빛을 못 보거든요." 승부욕까지 발동한 그의 팀은 주말도 밤도 반납하고 연구에 매달렸고, 마침내 세계 최초의 Ring PET를 완성했다. 완성되던 날,

그는 뢴트겐이 자신의 몸을 실험했듯 기꺼이 PET 안으로 가장 먼저 들어갔다. 화면에 떠오른 자신의 심장 사진을 보았을 때의 감격은 평생 잊을 수 없는 순간으로 남았다.

정직, 그 바보 같은 우직함이 최후의 승리를 이끈다

혁신적인 연구 성과에도 불구하고 그의 길은 순탄하지만은 않았다. 뛰어난 실적에도 불구하고 UCLA에서는 크게 환영하지 않았다. 그는 타협을 모르고 옳지 않다고 생각하는 것에는 '아니다'라고 확실하게 말하는 성격 탓에 교수 사회의 역학 관계에 적응하지 못했다. "비굴하게 사는 것보다는 손해 보더라도 당당하게 사는 게 좋다고 생각해요." 절망적인 상황이었지만 그는 좌절하지 않았다. "뭐가 잘 안되면 더 좋은 일이 생기려고 안되는구나, 그렇게 생각하면 마음이 편하죠." 그의 긍정적인 믿음처럼, 그는 곧 컬럼비아 대학의 정교수로 스카우트되었다. 학부 성적이 나빠 지원조차 못 했던 대학에 15년 만에 정교수로 입성한 것이다.

그의 삶을 관통하는 또 하나의 키워드는 '정직'이다. 그는 스웨덴 동료 교수의 일화를 통해 정직의 중요성을 깨달았다고 말한다. 학회 등록비를 아끼기 위해 교수를 박사 후 과정으로 등록하라고 권했던 자신을 의아하게 쳐다보던 동료의 눈빛을 잊을 수 없다고 했다. "저는 나름대로는 정직하게 살아왔다고 생각했어도, 이익을 볼 수 있다면 작은 거짓말 정도는 아무렇지 않게 하는 게 몸에 밴 사람이었던 거죠." 그는 뇌과학적으로도 거짓말을 하면 뇌가 불필요한 에너지를 쓰게 된다며, 정직이 결국 자신에게 이익이 되는 가장 효율적인 길이라고 강조한다.

"바보같이 우직한 사람이 결국은 이긴다는 게 제 평생 느낀 겁니다." 남의 기계를 고쳐주느라 정작 자신의 연구는 뒷전이었던 학생을 그는 기억하고 기회가 왔을 때 추천했다. 당장의 이익을 따지는 약은 사람보다, 묵묵히 자신의 자리에서 필요한 역할을 해내는 '바보 같은' 사람이 사회에서 진정으로 성공한 사람이라는 것이 그의 지론이다.

KAIST의 스타 연구실, 후학을 향한 뜨거운 애정

컬럼비아 대학 교수로 재직하면서 그는 KAIST 교수를 겸직하며 20년간 태평양을 오갔다. 컬럼비아 대학의 10분의 1밖에 되지 않는 월급이었지만, 한국 학생들의 뜨거운 열정이 그를 고국으로 이끌었다. "카이스트 학생들은 주말도 기꺼이 반납하고, 국제 학술대회가 다음 주에 있으니 함께 준비하자고 하면 밤샘도 흔쾌히 했어요." 그의 연구실은 3교대로 24시간 불이 꺼지지 않았고, '스타 연구실'이라 불릴 정도로 학생들에게 인기가 좋았다. 그는 제자들과 함께 연구하고 토론하는 것을 진정한 기쁨으로 여겼다. "좋아서 하는 거고, 또 열심히 해서 학회 가서 떳떳하게 발표해야지, 뭐 이런 동기가 생기면 밤새는 게 그다지 어렵지 않아요." 그의 지도 아래 수많은 인재들이 성장했고, 그가 KAIST에서 일군 MRI 연구는 한국 영상의학 기술 발전의 초석이 되었다.

89세 현역의 꿈, K-뇌과학의 미래를 그리다

여든을 훌쩍 넘긴 나이에도 그는 여전히 '현역'이다. 나이가 들면 뇌 기능이 쇠퇴한다는 통념에 대해 그는 단호하게 반박한다. "나이가 들어서 그런 게 아니라 쓰지 않으니까 쇠퇴하는 거예요. 학문은 다릅니다." 그는 지금도 고려대학교 뇌과학융합센터를 이끌며 21세기 인류의 가장 큰 도전 과제인 뇌의 비밀을 풀기 위해 연구에 매진하고 있다.

인터뷰 내내 그는 자신의 업적을 내세우기보다 한국의 미래를 더 걱정하고 희망을 이야기했다. "21세기에 미지의 뇌연구가 중요합니다. 이를 위해 뇌연구 및 뇌영상 연구를 한국이 리드했으면 합니다." 그는 K-방산, K-반도체처럼 이제 한국이 영상진단장비 분야에서도 세계를 선도할 역량이 충분하다고 힘주어 말했다. 그의 마지막 꿈은 후배들이 자신을 뛰어넘어 한국에서 노벨상을 받는 것이다. "과거에는 인프라가 부족했지만, 이제는 세계적으로 앞선 연구를 할 때가 되었다고 봅니다."

인터뷰를 마치고 연구실을 나서는 길, 그의 마지막 말이 귓가에 맴돌았다. 그것은 한 위대한 과학자의 개인적인 소망을 넘어, 우리 모두를 향한 격려와 희망의 메시지였다. 라디오를 조립하던 호기심 많은 소년이 인류의 뇌를 들여다보는 거인이 되기까지, 그의 삶은 '도전'과 '우직함'이라는 두 단어로 요약된다. 그의 평생에 걸친 숭고한 도전이 이제 K-의료기계의 세계화라는 더 큰 꿈으로 영글고 있다. 미지의 세계를 향한 그의 위대한 여정에, 이제는 우리가 뜨거운 응원과 지원으로

함께 답할 차례다. 그의 꿈이 현실이 되는 날, 우리는 대한민국이 낳은
또 다른 거인들을 마주하게 될 것이다.

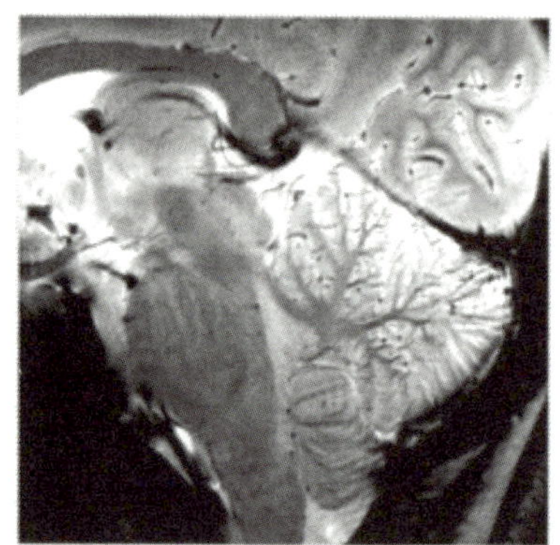

뇌간(Brain Stem) 7T MRI 영상의 예

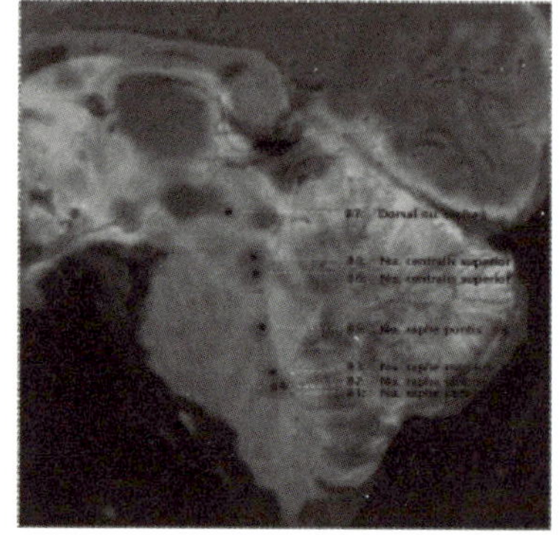

7T MRI + PET 융합 영상

인공 태양을 품은 도전,
핵융합 혁신 스토리

❖ 이경수 박사

이경수는 서울대학교 물리학과를 졸업하고 미국 텍사스대학교에서 박사 학위를 받은 30년 경력의 핵융합 전문가이다. 그는 한국의 인공태양 '케이스타(KSTAR)' 건설을 주도한 핵심 과학자로서 국내 핵융합 연구의 초석을 다진다. 국내에서는 국가핵융합연구소장을 역임하며 해당 분야를 이끌었다. 국제적으로는 국제핵융합실험로(ITER) 국제기구 부총장 및 이사회 부의장을 지내며 한국의 국제 과학기술 협력에 기여했다. 이후 과학기술정보통신부 과학기술혁신본부장(차관급)을 역임하며 정부의 과학기술 정책을 총괄했다. 최근에는 쌓아온 기술적 지식을 바탕으로 핵융합 관련 스타트업 창업에 도전하는 등 새로운 행보를 이어가고 있다.

"불가능해 보이는 도전에 나서야, 미래 세대가 희망을 가질 수 있습니다"

2023년 12월, 한국 최초의 핵융합 에너지 스타트업이 문을 열었다. 국제 핵융합 공동 프로젝트 ITER의 기술 총괄 부총장을 지낸 이경수 박사가 그 주인공이다. 34년간 핵융합 연구에 매진해 온 그는 '인공 태양'을 통해 에너지의 판도를 바꾸겠다는 도전에 나섰다.

2월 17일, 대전 유성구 엑스포로 사이언스센터 16층에 위치한 (주)인에이블퓨전 기업연구소를 찾았다. 한국 핵융합 연구의 산 증인 이경수 박사를 만나 창업의 배경, 스타트업의 성공 전략, 그리고 인류의 지속 가능한 미래를 향한 비전을 들어봤다.

한국 첫 핵융합 스타트업, 판교와 대전에서 날개를 펴다

한국 핵융합 스타트업의 역사는 2023년 12월, 인에이블퓨전의 법인 설립으로 시작됐다.

"법인이 있어야 투자도 받을 수 있기에 동료들과 함께 자리를 옮겨 시작했습니다."

이 박사는 창업 당시를 떠올리며 미소 지었다. 이듬해 4월, 대전 신사옥에서 열 사이언스센터에 연구소를 열어 본격적인 연구에 착수했다. 본사는 AI와 소프트웨어 인재가 몰려 있는 판교에 자리 잡았다.

"저에게 대전은 30년 넘게 연구해 온 익숙한 장소고, 판교는 첨단 기술의 중심지입니다. 두 거점이 시너지를 낼 수 있을 거라 확신했습니다."

핵융합은 태양의 에너지 생성 원리를 지상에 구현하는 기술로, 기후 위기와 에너지 고갈 문제를 동시에 해결할 수 있는 '궁극의 에너지원'으로 불린다. 하지만 초고온 플라즈마를 안정적으로 제어하고 경쟁성 있게 상용화하는 일은 결코 쉬운 도전이 아니다.

이 박사는 스타트업 성공의 열쇠로, 기술뿐만 아니라 통찰력을 꼽았다.

"스타트업이 성공하려면 세상을 읽는 통찰력이 필요합니다. 기술은 필요조건일 뿐, 충분조건이 아니죠. 세계의 흐름을 이해하고 변화의 방향을 읽어야 지속 가능성을 확보할 수 있습니다."

자금 관리의 중요성도 강조했다.

"임금 지급, 세금 납부, 운영비 관리 등 자금 흐름을 정확히 파악해야 합니다. 단기간 손실이 발생하더라도 장기적으로 이윤을 창출할 수 있는 비즈니스 모델이 있어야 합니다."

한국 핵융합 스타트업 생태계, 이제 막 첫발을 떼다

세계는 이미 핵융합 에너지에 주목하고 있다. 미국의 Helion Energy, Commonwealth Fusion Systems, 영국의 Tokamak Energy 등이 대표적이다. 하지만 한국은 아직 걸음마 단계다.

"지희가 한국에서 첫 번째로 핵융합 스타트업을 시작했습니다. 핵융합은 장기적인 투자가 필요한데 국내 투자자들의 다소 소극적이었죠."

이 박사는 미국 듀크대 김정삼 교수가 설립한 IonQ를 예로 들었다.

"IonQ는 양자 컴퓨팅이 개념으로만 존재하던 시기에 창업했지만, 결국 나스닥에 상장하며 성공을 거뒀습니다. 한국도 핵융합 분야에서 그런 도전 정신이 필요합니다."

변화의 움직임도 감지되고 있다.

"창업 이후 핵융합에 대한 관심이 커졌고, 올해 안에 3개 정도의 스타트업이 새로 등장할 것으로 보입니다. 이제 첫발을 뗀 만큼, 정부와 산업계의 장기적인 지원이 절실합니다."

연구에서 상용화로, 50년 계획의 전환점

이 박사가 핵융합 상용화를 향해 첫발을 내디딘 것은 1991년이었다.

"에너지 자원이 없는 한국이 독자적인 기술을 확보해야 한다는 사명감으로 50년 계획을 세웠습니다."

1999년 김영삼 대통령이 샌프란시스코 선언을 통해 국가적 핵융합 에너지 계획을 공식 화했다. 30년이 지난 지금, 한국은 세계 최고 수준의 성능을 자랑하는 KSTAR(한국형 핵융합 연구장치)를 보유한 핵융합 강국으로 성장했다. 그러나 연구 성과와 상용화의 간극은 여전히 크다.

"핵융합 발전소가 경제성을 가지려면 대량생산 체제를 구축해야 합니다. 현재까지 그런 재료를 수십만 대 생산해 단가를 낮추듯, 핵융합 플랜트도 마찬가지입니다. 그러나 아직 한국에는 관련 민간 산업이 미비합니다."

미국과 유럽에서는 50여 개의 스타트업이 120억 달러(약 17조 원) 규모의 투자를 유치하며 상용화 경쟁에 뛰어든 상황이다. 한국은 제한물 기반이 뛰어난 ICT 기술을 결합하면 충분히 경쟁력을 확보할 수 있다고 확신한다.

AI와 ICT 기술, 핵융합 상용화의 열쇠

핵융합 에너지는 태양의 에너지 생성 원리를 지상에서 구현하는 기술로, 플라즈마를 1억 도 이상의 초고온으로 가열해 핵융합 반응을 일으키는 원리에 기반한다. 그러나 이 플라즈마를 안정적으로 유지하고, 핵융합 반응을 전력 생산으로 연결하는 과정은 기술적으로 까다롭고 복잡하다.

"AI와 ICT 없이는 핵융합 에너지의 상용화가 불가능합니다. 초고온 플라즈마를 안정적으로 제어하고, 발전소의 운영 효율을 극대화하려면 첨단 기술의 융합이 필수적입니다."

이경수 박사는 핵융합 플랜트의 성공적인 상용화를 위해 디지털 기술의 중요성을 강조했다. 인공지능 기술은 플라즈마의 미세한 변화를 실시간으로 감지하고, 이를 안정적인 상태로 유지할 수 있는 통제 알고리즘을 제공한다. 플라즈마는 마치 살아 있는 유기체처럼 변화무쌍하기 때문에, 이를 통제하기 위해서는 방대한 양의 데이터를 실시간으로 분석하고 적절히 대응할 수 있는 능력이 필요하다.

(주)인에이블퓨전은 이러한 기술 과제를 해결하기 위해 최두환 박사(전 KT·포스코 사장)를 공동 창업자로 나섰다. 최 박사는 한국의 AI 및 ICT 기술 발전을 선도해 온 인물로, 현재 핵융합 플랜트 운영에 필수적인 디지털 트윈(Digital Twin) 기술 개발을 주도하고 있다.

"최 박사와 함께 한국이 보유한 AI·ICT 기술을 핵융합 에너지에 접목해, 플라즈마를 실시간으로 모니터링하고 발전소를 극대화할 계획입니다. 이제는 과학적 발전에 머물지 않고, 실질적인 에너지 생산으로 나아가야 할 때입니다."

디지털 트윈 기술은 현실의 플라즈마 반응로를 가상 환경에 동일하게 구현해, 다양한 변수와 상황을 시뮬레이션할 수 있게 해준다. 이를 통해 발생할 수 있는 위험을 사전에 감지하고, 플라즈마의 불안정성을 최소화할 수 있다.

이 박사는 AI와 ICT 기술이 핵융합 에너지 상용화의 핵심이라고 거듭 강조하며, 한국의 디지털 기술 경쟁력이 글로벌 핵융합 시장에서 중요한 역할을 할 것이라는 신념을 내비친다.

"한국은 세계적 수준의 AI 및 ICT 인프라를 갖추고 있습니다. 스마트 팩토리, 5G 통신, 반도체 등 최첨단 기술을 발전시켜 온 경험이 핵융합 플랜트 상용화에도 큰 자산이 될 것입니다. 기술이 충분히 준비된 만큼, 이제는 이들 경험을 새로운 에너지 시대를 열어야 할 때입니다."

그는 한국이 2050년 탄소중립 목표를 달성하기 위해서는 핵융합 에너지의 상용화가 반드시 필요하다고도 덧붙였다.

"핵융합은 연료를 바닷물에서 얻을 수 있는 중수소와 삼중수소를 사용합니다. 전 세계 바닷물 속에는 사실상 무한한 양의 핵융합 연료가 존재합니다. 또 핵융합 발전은 화석연료 발전과 달리 탄소를 전혀 배출하지 않는 청정에너지이기에, 기후 위기 대응을 위한 최고의 선택지입니다."

인에이블퓨전은 2045년까지 핵융합 발전을 통해 생산한 전력을 국가 전력망(그리드)에 연결해, 상업용 전력으로 공급하겠다는 계획을 세우고 있다. 전 세계 핵융합 연구소들이 2040년 전후로 '핵융합의 그리드 연결'을 목표로 하고 있는 만큼, 한국도 이에 맞춰 발 빠르게 움직이겠다는 전략이다.

"우리의 목표는 핵융합 발전소를 단순히 만드는 것에 그치지 않고, 한국이 핵융합 에너지의 글로벌 선도국으로 자리잡는 것입니다. 2045년에는 우리가 만든 핵융합 전력을 그리드에 연결해 대한민국이 기후 위기 대응의 선도국이 되도록 기여할 것입니다."

핵융합 에너지 상용화의 최종 목표는 한국의 에너지 독립이다.

"한국은 에너지 자원이 전혀 없는 나라입니다. 그러나 핵융합 에너지 기술을 통해 에너지 독립을 이룰 수 있습니다. 우리가 더는 석탄과 석유를 수입하지 않아도 되는 사회를 열고 싶습니다."

이 박사는 나아가 핵융합 플랜트의 수출 시장도 염두에 두고 있다.

"미래의 에너지 시장은 핵융합이 주도할 것입니다. 한국이 선제적으로 핵융합 플랜트를 개발하고 상용화하면, 글로벌 에너지 시장에서 주도권을 확보할 수 있습니다."

에너지 강국으로의 도약을 향한 그의 도전은 이제 막 시작됐다.

젊은 연구자들에게 보내는 도전의 메시지

이 박사는 미래 핵융합 산업을 이끌어 갈 젊은 연구자들에게도 따뜻한 조언을 남겼다.

"권유하지 않을 생각이었다면 저도 창업하지 않았겠죠. 도전만으로는 부족합니다. 세계 흐름을 이해하고 변곡점을 읽는 안목을 키워야 합니다."

한국 스타트업 생태계의 한계도 짚었다.

"미국 실리콘밸리에서는 혁신적인 아이디어만 있어도 대기업이 과감히 인수에 나섭니다. 하지만 한국은 M&A 시장이 제대로 형성되지 않아 스타트업의 성장이 쉽지 않아요."

그러면서 이제 확보를 위한 세 가지 과제를 제시했다.

"첫째, 연구 감소 대응을 해야 합니다. 연구 인재이 줄어드는 문제를 국가적 과제로 인식해야 합니다. 둘째, 연구직 대우 개선이 중요합니다. 연구자들에게 안정적이고 경쟁력 있는 근무 환경을 제공해야 합니다. 셋째, 매력적인 연구 환경이 무엇보다 중요합니다. 젊은 연구자들이 '핵융합 연구원 어쩐 멋지다'는 자부심을 가질 수 있도록 근무 환경을 세련되고 매력적으로 바꿔야 합니다."

이경수박사가 (주)인에이블퓨전 기업연구소 앞에서 포즈를 취하고 있다.

이경수박사와 이가희 특파원이 인에이블퓨전 기업연구소 회의실에서 인터뷰를 하고 있다.

(주)인에이블퓨전 기업연구소에서 일하고 있는 이경수박사.

이거희 시카고한국일보 한국특파원
한국스토리텔링연구원장
시민기자/칼럼니스트

인공 태양을 품은 도전

"불가능해 보이는 도전에 나서야, 미래 세대가 희망을 가질 수 있습니다." 2023년 12월, 한국 최초의 핵융합 에너지 스타트업이 문을 열었다. 국제 핵융합 공동 프로젝트 ITER의 기술 총괄 부총장을 지낸 이경수 박사가 그 주인공이다. 34년간 핵융합 연구에 매진해 온 그는 '인공 태양'을 통해 에너지의 판도를 바꾸겠다는 도전에 나섰다.

한국 첫 핵융합 스타트업,
판교와 대전에서 날개를 펴다

한국 핵융합 스타트업의 역사는 2023년 12월, 인에이블퓨전의 법인 설립으로 시작됐다. "법인이 있어야 투자도 받을 수 있기에 동료들과 함께 자비를 들여 시작했습니다." 이 박사는 창업 당시를 떠올리며 미소 지었다. 이듬해 4월, 대전 신세계백화점 옆 사이언스센타에 연구소를 열며 본격적인 연구에 착수했다. 본사는 AI와 소프트웨어 인재가 몰려 있는 판교에 자리 잡았다.

"저에게 대전은 30년 넘게 연구해 온 익숙한 장소고, 판교는 첨단 기술의 중심지입니다. 두 거점이 시너지를 낼 수 있을 거라 확신했습니다."

핵융합은 태양의 에너지 생성 원리를 지상에 구현하는 기술로, 기후 위기와 에너지 고갈 문제를 동시에 해결할 수 있는 '궁극의 에너지원'으로 불린다. 하지만 초고온 플라즈마를 안정적으로 제어하고 경제성 있게 상용화하는 일은 결코 쉬운 도전이 아니다.

이 박사는 스타트업 성공의 열쇠로 기술력뿐 아니라 '통찰력'을 꼽았다.

"스타트업이 성공하려면 세상을 읽는 통찰력이 필요합니다. 기술은 필요조건일 뿐, 충분조건이 아니죠. 세계적 흐름을 이해하고 변화의 방향을 읽어야 지속 가능성을 확보할 수 있습니다."

자금 관리의 중요성도 강조했다.

"임금 지급, 세금 납부, 운영비 관리 등 자금 흐름을 정확히 파악해야 합니다. 단기간 손실이 발생하더라도 장기적으로 이윤을 창출할 수 있는 비즈니스 모델이 필요합니다."

한국 핵융합 스타트업 생태계, 이제 막 첫발을 뗄 때다

세계는 이미 핵융합 에너지에 주목하고 있다. 미국의 Helion Energy, Commonwealth Fusion Systems, 영국의 Tokamak Energy 등이 대표적이다. 하지만 한국은 아직 걸음마 단계다.

"저희가 한국에서 첫 번째로 핵융합 스타트업을 시작했습니다. 핵융합은 장기적인 투자가 필수라 국내 투자자들이 다소 소극적이었죠."

이 박사는 미국 듀크대 김정삼 교수가 설립한 IonQ를 예로 들었다. "IonQ는 양자 컴퓨팅이 개념으로만 존재하던 시기에 창업했지만, 결국 나스닥에 상장하며 성공을 거뒀습니다. 한국도 핵융합 분야에서 그런 도전정신이 필요합니다."

변화의 움직임도 감지되고 있다.

"창업 이후 핵융합에 대한 관심이 커졌고, 올해 안에 3개 정도의 스타트업이 새로 등장할 것으로 보입니다. 이제 첫발을 뗀 만큼, 정부와 산업계의 장기적인 지원이 절실합니다."

연구에서 상용화로, 50년 계획의 전환점

이 박사가 핵융합 상용화를 향해 첫걸음을 내디딘 것은 1991년이었다.

"에너지 자원이 없는 한국이 독자적인 기술을 확보해야 한다는 사명감으로 50년 계획을 세웠습니다."

1995년, 김영삼 대통령이 샌프란시스코 선언을 통해 국가적 핵융합 에너지 계획을 공식화했다. 30년이 지난 지금, 한국은 세계 최고 수준의 성능을 자랑하는 KSTAR(한국형 핵융합 연구 장치)를 보유한 핵융합 강국으로 성장했다. 그러나 연구 성과와 상용화의 간극은 여전히 크다.

"핵융합 발전소가 경제성을 가지려면 대량생산 체제를 구축해야 합니다. 현대차가 그랜저를 수십만 대 생산해 단가를 낮추듯, 핵융합 플랜트도 마찬가지입니다. 그러나 아직 한국에는 관련 민간 산업이 미비합니다."

미국과 유럽에서는 50여 개의 스타트업이 129억 달러(약 17조 원) 규모의 투자를 유치하며 상용화 경쟁에 뛰어든 상황. 이 박사는 한국의 제조업 기반과 뛰어난 ICT 기술력을 결합하면 충분히 경쟁력을 확보할 수 있다고 확신했다.

AI와 ICT 기술, 핵융합 상용화의 열쇠

핵융합 에너지는 태양의 에너지 생성 원리를 지상에 구현하는 기술로, 플라즈마를 1억도 이상의 초고온으로 가열해 핵융합 반응을 일으키는 원리에 기반한다. 그러나 이 플라즈마를 안정적으로 유지하고, 핵융합 반응을 전력 생산으로 연결하는 과정은 기술적으로 까다롭고 복잡하다.

"AI(인공지능)와 ICT(정보통신기술) 없이는 핵융합 에너지의 상용화가 불가능합니다. 초고온 플라즈마를 안정적으로 제어하고, 발전소의 운영 효율을 극대화하려면 첨단 기술의 융합이 필수적입니다."

이경수 박사는 핵융합 플랜트의 성공적인 상용화를 위해 디지털 기술의 중요성을 강조했다. 인공지능 기술은 플라즈마의 미세한 변화를 실시간으로 감지하고, 이를 안정적인 상태로 유지할 수 있는 통제 알고리즘을 제공한다. 플라즈마는 마치 살아 있는 유기체처럼 변화무쌍하기 때문에, 이를 통제하기 위해서는 방대한 양의 데이티를 실시간으로 분석하고 적절히 대응할 수 있는 능력이 필요하다.

인에이블퓨전은 이러한 기술적 과제를 해결하기 위해 최두환 박사(전 KT·포스코 사장)와 공동 창업에 나섰다. 최 박사는 한국의 AI 및 ICT 기술 발전을 선도해 온 인물로, 현재 핵융합 플랜트 운영에 필수적인 디지털 트윈(Digital Twin) 기술 개발을 주도하고 있다.

"최 박사와 함께 한국이 보유한 AI·ICT 기술을 핵융합 에너지에 접목해, 플라즈마를 실시간으로 모니터링하고 발전소의 안정성을 극대화할 계획입니다. 이제는 과학적 발견에 머물지 않고, 실질적인 에너지 생산으로 나아가야 할 때입니다."

디지털 트윈 기술은 현실의 플라즈마 반응로를 가상 환경에 동일하게 구현해, 다양한 변수와 상황을 시뮬레이션할 수 있게 해준다. 이를 통해 발생할 수 있는 위험을 사전에 감지하고, 플라즈마의 불안정성을 최소화할 수 있다.

이 박사는 AI와 ICT 기술이 핵융합 에너지 상용화의 핵심이라고 거듭 강조하며, 한국의 디지털 기술 경쟁력이 글로벌 핵융합 시장에서 중요한 역할을 할 것이라는 전망을 내놨다.

"한국은 세계적 수준의 AI 및 ICT 인프라를 갖추고 있습니다. 스마트 팩토리, 5G 통신, 반도체 등 최첨단 기술을 발전시켜 온 경험이 핵융합 플랜트 상용화에도 큰 자산이 될 것입니다. 기술이 충분히 준비된 만큼, 이제는 이를 결합해 새로운 에너지 시대를 열어야 할 때입니다."

그는 한국이 2050년 탄소중립 목표를 달성하기 위해서는 핵융합 에너지의 상용화가 반드시 필요하다고 강조했다.

"핵융합은 연료를 바닷물에서 얻을 수 있는 중수소와 삼중수소를 사용합니다. 전 세계 바닷물 속에는 사실상 무한한 양의 핵융합 연료가 존재합니다. 또 핵융합 발전은 화석연료 발전과 달리 탄소를 전혀 배출하지 않는 청정에너지이기에, 기후 위기 대응을 위한 최고의 선택지입니다."

인에이블퓨전은 2045년까지 핵융합 발전을 통해 생산한 전력을 국가 전력망(그리드)에 연결해, 상업용 전력으로 공급하겠다는 계획을 세우고 있다. 전 세계 핵융합 연구소들이 2040년 전후로 '핵융합의 그리드 연결'을 목표로 하고 있는 만큼, 한국도 이에 맞춰 발 빠르게 움직이겠다는 전략이다.

"우리의 목표는 핵융합 발전소를 단순히 만드는 것에 그치지 않고, 한국이 핵융합 에너지의 글로벌 선도국으로 자리 잡는 것입니다. 2045년에는 우리가 만든 핵융합 전력을 그리드에 연결해 대한민국이 기후 위기 대응의 선도국이 되도록 기여할 것입니다."

핵융합 에너지 상용화의 최종 목표는 한국의 에너지 독립이다.

"한국은 에너지 자원이 전혀 없는 나라입니다. 그러나 핵융합 에너지 기술을 통해 에너지 독립을 이룰 수 있습니다. 우리가 더는 석탄과 석유를 수입하지 않아도 되는 시대를 열고 싶습니다."

이 박사는 나아가 핵융합 플랜트의 수출 시장도 염두에 두고 있다.

"미래의 에너지 시장은 핵융합이 주도할 것입니다. 한국이 선제적으로 핵융합 플랜트를 개발하고 상용화하면, 글로벌 에너지 시장에서 주도권을 확보할 수 있습니다."

에너지 강국으로의 도약을 향한 그의 도전은 이제 막 시작됐다.

젊은 연구자들에게 보내는 도전의 메시지

이 박사는 미래 핵융합 산업을 이끌어 갈 젊은 연구자들에게도 따뜻한 조언을 남겼다.

"권유하지 않을 생각이었다면 저도 창업하지 않았겠죠. 도전만으로는 부족합니다. 세계 흐름을 이해하고 변곡점을 읽는 안목을 키워야 합니다."

한국 스타트업 생태계의 한계도 짚었다.

"미국 실리콘밸리에서는 혁신적인 아이디어만 있어도 대기업이 과감히 인수에 나섭니다. 하지만 한국은 M&A 시장이 제대로 형성되지 않아 스타트업의 성장이 쉽지 않아요."

그러면서 인재 확보를 위한 세 가지 과제를 제시했다.

"첫째, 인구 감소 대응을 해야 합니다. 연구 인력이 줄어드는 문제를 국가적 과제로 인식해야 합니다. 둘째, 연구직 대우 개선이 중요합니다. 연구자들에게 안정적이고 경쟁력 있는 근무 환경을 제공해야 합니다. 셋째, 매력적인 연구 환경이 무엇보다 중요합니다. 젊은 연구자들이 '핵융합 연구원이면 멋지다'는 자부심을 가질 수 있도록 근무 환경을 세련되고 매력적으로 바꿔야 합니다."

그는 연구자는 국가의 미래를 책임지는 자산이며, 인재들이 한국에서 꿈을 펼칠 수 있도록 정책적 지원이 뒷받침되어야 한다고 거듭 강조했다.

미래 세대에게 밝은 에너지를 남기기 위해

이경수 박사의 도전은 단순한 창업을 넘어, 한국이 핵융합 에너지의 글로벌 선도국으로 도약하기 위한 첫걸음이다.

"우리가 지금 포기하지 않고 도전해야 미래 세대가 기후 위기의 두려움에서 벗어나 지속 가능한 삶을 누릴 수 있습니다. 인공 태양을 지상에 구현하는 도전은 단순한 기술 개발을 넘어, 인류의 미래를 밝히는 일입니다."

한국의 핵융합 에너지 산업이 이제 막 첫발을 내디뎠다. 그 길의 최전선에서 이경수 박사가 타오르는 태양의 불꽃을 미래 세대를 위한 희망의 빛으로 바꾸고 있다.

"오늘 우리가 꿈꾸는 인공 태양이, 내일 지구를 밝히는 현실이 될 것입니다."

그의 눈빛에는 30년 넘게 이어온 연구자의 열정과, 미래 세대에 대한 책임감이 동시에 빛나고 있었다. 그리고 그 눈빛은 불가능이라는 한계를 넘어 가능성이라는 희망을 향해 나아가는 길을 밝히고 있다. 언젠가 그가 심은 도전의 씨앗이 지구를 밝히는 인공 태양이 되어, 인류의 내일을 비추길 우리는 기대하며 응원한다.

연구자의 혜안으로 '치유'를 입다
사람을 살리는 기업 라파로페

❖ **황기철** 라파로페 대표

황기철은 현재 천연물 기반 발효 화장품 전문 기업인 라파로페(RafaRophe)의 대표를
맡고 있는 바이오 전문가이다. 그는 창업 전 국제미생물연구소의 소장을 역임하는 등
17년 이상 친환경 유기농업 및 미생물 분야에서 경력을 쌓은 연구원 출신이다. 이러한
20년이 넘는 연구 경험을 바탕으로, 화학 성분을 배제하고 '피부 생태계 복원'에 집중
하는 독자적인 제품 개발을 이끌고 있다. 라파로페는 천연 소재 개발부터 작물 재배,
발효, 추출, 직접 제조까지 모든 과정을 자체적으로 처리하는 K-ONE STOP Cosmetic
시스템을 구축하였다. 라파로페는 본사 공장에서 직접 제품을 생산 및 관리하며 Made
in RafaRophe라는 품질 신뢰를 소비자에게 제공하고 있으며, 자체 기업부설연구소를
통해 SCI급 국제 저널에 논문을 게재하는 등 연구 역량 강화에 집중한다. 황 대표는
ESG 경영을 실천하는 기업인으로서, 한국의 바이오 기술력을 세계에 알리겠다는 포부
로 글로벌 시장 진출에 주력한다.

연구자의 혜안으로 '치유'를 입다. 사람을 살리는 기업 라파로페 황기철 대표

피부 너머 전신 면역을 향한 융합 기술, K-바이오의 새 길을 열다

2025년 7월 18일, 녹음이 우거진 청주시의 오송생명과학단지는 여름의 한 가운데에 있었다. 바이오 산업의 심장부라 불리는 이곳, 라파로페 본사에서 만난 황기철 대표(50)는 차분하면서도 강단 있는 목소리로 회사의 이름을 설명하며 인터뷰의 끝을 열었다. "라파(RAFA)는 '치료,' 로페(ROPHE)는 '치유'를 뜻하는 히브리어입니다. 상처와 치료를 넘어 사람의 몸과 마음을 온전히 회복시키는 것, 그것이 저희의 사명입니다." 그의 눈빛에는 단순한 사업가로서의 포부를 넘어선, 사람을 향한 깊은 애정과 확고한 신념이 담겨 있었다. 연구자의 길을 걸어온 그가 창업 전선에 뛰어든 이야기는 단순한 성공 신화가 아닌, '치유'라는 소명을 향한 묵직한 여정 그 자체이다.

현장 연구의 갈증, 창업의 씨앗이 되다

황기철 대표의 이력은 독특하다. 청주상고를 졸업하고, 바로 대기업 품질관리팀에서 근무하며 첫발을 내디뎠다. 다이루 유기농 비료 중소기업에서 미생물 관련 업무를 담당하며 현장의 어려움을 마주했다. "친환경 비료 기업에서 근무할 당시, 간단한 피부 외상조차 잘 낫지 않아 고통받는 사람들을 보며 깊은 무력감을 느꼈습니다. 뛰어난 기술 발전에도 불구하고, 현장에서 느끼는 한계는 분명했죠." 이 경험은 그의 마음속에 오랫동안 해결되지 않은 숙제처럼 남아 있었다.

그는 친환경농업이라는 새로운 도전 앞에 10여년간 신제품 개발 발효농법을 연구하면서 충주대학교 식품공학과를 수석졸업을 하면서 늦게 시작한 공부에 대한 열정을 더하면서, 기업과 함께 본인의 역량을 성장시키며 연 매출 5천만원을 20억 원 이상으로 올리는 성과를 올리고 친환경 비료 기업에서 농업과 발효에 대한 실무 경험까지 쌓으며 토양 생태계 회복을 위한 내공을 다졌다. 전북대학교 농학 석사·박사 과정을 거치며 17년 경력의 친환경 유기농업/미생물 관련 연구소장으로 근무하며 천연 물질 및 발효물질 연구에 매진, 20년 가까이 천연 소재 개발 및 연구 경력을 쌓았다. 하지만 마음 한편의 갈증은 해소되지 않았다. 창업의 결정적 계기는 여기서 곧 찾아왔다.

"전 세계를 휩쓴 팬데믹 시기에 많은 지인분들의 건강의 위협과 면역력이 급격히 약해지는 모습을 지켜봐야 했습니다. 그때, 더 이상 미룰 수 없다고 생각했습니다. 환자에게, 그리고 사랑하는 가족을 위한 제품으로 진짜 도움이 되는 제품을 내 손으로 직접 만들어야겠다고 결심한 순간이었죠." 그렇게 그는 2018년, '치유'라는 오랜 꿈을 실현하기 위해 soli Deo gloria 슬로건을 메인으로 오직 하나님께 영광을 위한 목적을 갖고, 세상의 빛과 소금이 되는 비즈니스 버전을 2018년 1월 15일 라파로페를 설립했다.

자연의 힘을 극대화하는 독보적 기술력

라파로페의 제품 철학은 '무엇을 넣느냐가 아닌 '무엇을 채우느냐'에서 시작된다. 황 대표는 화장품의 70% 이상을 차지하는 정제수를 과감히 배제했다. 대신 유황 온천수, 자체 발효 원료, 초산 추출물 등 피부에 실질적 유익을 주는 성분으로 그 자리를 채웠다. 이는 단순한 성분 교체가 아니라, 피부를 바라보는 관점의 전환을 의미한다.

"피부는 단순히 아름다움의 대상이 아닙니다. 인체 면역 체계의 상태를 보여주는 외부 신호톱과 같죠. 저희는 피부 생태계 자체를 복원하여 근본적인 건강을 되찾는 것을 목표로 합니다." 이러한 철학을 구현하는 핵심 기술력 또한 독보적이다. 대표적인 것이 바로 '진공감압저온추출공법'이다.

"고온에서 원료를 추출하면 열에 약한 유효성분들이 파괴될 수밖에 없습니다. 저희는 저온과 진공 상태에서 유효 성분을 온전히 추출해 효능을 극대화하는 독자 기술을 확보했습니다." 이 기술을 통해 홍복 증병의 명물인 인삼을 한 방울의 평가물도 없이 순수하게 추출, 강력한 항산화 효과를 지닌 프리미엄 라인을 완성했다. 여기에 세계적으로도 회귀한 꿀물인 '일라이트(illae)'를 액체화하는 기술은 라파로페의 또 다른 경쟁력이다.

일라이트는 중금속 등 노폐물 흡착과 항균 작용이 뛰어나지만, 굳은 형태라 화장품에 적용하기 어려웠다. 라파로페는 한국세라믹기술원과의 공동 연구 끝에 일라이트를 액상으로 추출하는 데 성공, 항산화 효능을 입증하며 특허까지 출원했다. 이러한 원천 기술력은 '일라이트 스킨케어', 운동선수를 위한 '아로니, '고기능성 홈케어 라인인 '순미한' 등 각각의 목적에 최적화된 제품군을 탄생시키는 기반이 되었다.

ESG 경영, 지속 가능한 아름다움을 실천하다

황 대표는 창업 초기부터 ESG(환경·사회·지배구조) 경영을 기업의 핵심 가치로 삼았다. 이는 단순한 구호가 아닌, 생산의 모든 과정에 녹아있는 실천 강령이다. 그 중심에는 원료 수급부터 완제품 생산까지 모든 단계를 직접 관리하는 '원스톱 시스템'이 있다. 라파로페는 기능성 작물을 직접 재배하거나, 친환경 비료를 직접 만들어 공급하며 지역 농가와 계약재배를 통해 원료 공급망을 내재화한다. 이는 최고 수준의 품질을 유지하는 비결일 뿐만 아니라, 원료의 현지 조달로 불필요한 운송 과정을 없애 탄소 배출을 획기적으로 줄이고 지역 경제 활성화에도 이바지하는 ESG 경영의 핵심이다.

환경을 위한 노력은 제품 포장에서도 드러난다. 플라스틱 사용을 최소화하고 재활용이 용이한 종이 튜브를 사용하며, 콩기름 잉크로 인쇄하는 등 친환경 포장재를 적극 도입하고 있다. 여기서 더 나아가 포장재를 최소화하고 쓰레기 배출을 줄이기 위한 리필 제품 개발도 적극적으로 추진 중이다.

"단순히 트렌드를 따르는 것이 아닙니다. 우리 기업이 세상과 미래 세대를 위해 당연히 해야 할 일이라고 생각합니다." 그의 말처럼 라파로페는 천연, 비건, 제로웨이스트 원칙을 실천하며 클린뷰티의 새 지평을 열고 있다.

나아가 라파로페의 ESG 경영은 '사회적 책임'에서 그 진정성을 더한다. 황 대표는 "우리는 돈을 쫓기 위해 사업하는 것이 아니며, 이익의 일부는 반드시 사회에 환원되어야 한다"는 원칙을 거듭 강조했다. 이는 의료 취약계층 지원, 지역 교회 설립, 아동 후원 등 구체적인 사회공헌 활동으로 이어진다. 그에게 기업의 존재 이유는 이윤 창출 이전에 사회적 사명을 다하는 것이며, 이러한 G(지배구조)의 철학이 E(환경)와 S(사회)를 아우르며 지속 가능한 아름다움을 완성하고 있다.

제품을 넘어 생태계로, K-바이오의 미래를 제시하다

라파로페는 현재에 머무르지 않는다. 그들이 꿈꾸는 미래는 화장품을 넘어 '통합 헬스케어 솔루션'을 제공하는 것이다. 이는 피부를 단순한 미용의 영역이 아닌, 인체 면역의 외부 신호로 보는 황 대표의 철학에서 비롯된다. 현재 개발 중인 혁신적인 파이프라인은 그 비전의 청사진을 명확히 보여준다.

대표적으로 면역 활성화 성분을 피부에 발라 국소 적용으로 전신 효과까지 유도하는 '바르는 면역 크림'은 '바르는 백신'이라는 콘셉트로 개발 중이며, 스킨케어의 개념을 치료의 영역으로 확장하고 있다. 또한 AI가 사용자의 피부 상태를 실시간으로 분석해 최적의 맞춤형 제품을 제안하고 추천하는 '디지털 진단 연동 플랫폼'도 개발 중이다. 여기에 경추 및 상체 스트레칭을 돕는 장비와 림프 순환 보조 크림을 결합한 '헤어 테라피 연동 제품'은 라파로페가 추구하는 '기능성 제품+도구+디지털'의 통합 치료 콘셉트를 명확히 보여주는 사례다.

글로벌 시장을 향한 발걸음도 이미 구체적인 성과를 내며 속도를 높이고 있다. 현재 일본과 미국, 베트남 등의 현지 유통사와 샘플 수출 및 피드백 회수를 활발히 진행 중이며, 특히 미국과 유럽 시장에서 천연 기능성 제품에 대한 긍정적인 반응을 얻고 있다. 라파로페의 글로벌 전략은 투 트랙으로 진행된다. 아마존, 쿠팡 등 국내외 주요 이커머스 채널과 자사몰을 통해 글로벌 소비자와 직접 만나는 B2C 채널을 확대하는 한편, 병원, 피부과, 물리치료 클리닉 등 전문가들의 신뢰가 중요한 프리미엄 B2B 채널 공급을 확대하며 브랜드의 전문성과 신뢰도를 동시에 쌓아가는 전략이다. 향후에는 글로벌 라이브 커머스 등을 통해 더욱 역동적으로 해외 고객과 소통할 계획이다.

이러한 자신감의 배경에는 원료 수급부터 완제품 생산까지 직접 관리하는 '원스톱 시스템'과 독보적인 기술력이 있다. 황 대표는 "향후 5년 내 매출 5,000억 원을 달성하고, K-바이오를 대표하는 글로벌 브랜드로 자리매김하는 것이 목표'라며 강한 자신감을 내비쳤다. 이는 단순한 희망이 아닌, '사람을 이롭게 한다'는 확고한 철학과 그것을 구현하는 기술력, 그리고 시장을 꿰뚫는 전략이 어우러진 구체적인 로드맵이다. 라파로페의 도전은 대한민국 오송을 넘어, 전 세계인의 건강한 삶에 기여하는 글로벌 헬스케어 기업의 탄생을 예고하고 있다.

이윤보다 사명, '오직 하나님께 영광을'

인터뷰 내내 황 대표가 가장 힘주어 말한 것은 '사명'과 '나눔'의 가치였다. 라파로페의 사내 문화는 그의 경영 철학을 고스란히 반영한다. 매일 아침, 임직원들은 예배를 드리며 하루를 시작한다. 이는 단순한 종교 행사를 넘어 '정직, 책임, 실천'이라는 핵심 가치를 공유하고 공동체 의식을 다지는 시간이다. 사명인 "Soli Deo Gloria(오직 하나님께 영광)"는 회사의 모든 활동에 깃들어 있다.

"우리는 돈을 쫓기 위해 사업하는 것이 아닙니다. 이익의 일부는 교회 설립, 아동 의료비 지원, 지역사회 공헌에 반드시 쓰여야 합니다." 이 말에는 기업의 사회화 책임을 넘어, 세상을 더 나은 곳으로 만들고자 하는 그의 진심이 묻어났다. 그는 "기술의 공공성을 강조하며, 우리가 개발한 기술이 더 많은 사람의 고통을 덜어주는 데 쓰이길 바란다"고 덧붙였다.

인터뷰를 마치고 나온 길, '피부와 사람은 회복되어야 한다'는 그의 말이 귓가에 오래도록 맴돌았다. 많이 송골 송골 맺힌 이마를 닦으며 되뇌던 그 한 마디는, 단순한 마케팅 문구가 아니라 그의 지난 시간과 철학이 응축된 말이었다.

라파로페는 단순한 화장품 회사가 아니다. 그것은 한 연구자가 피부의 상처 앞에서 느꼈던 무력감, 그의 면역 저하를 지켜보며 괴로웠던 '진짜 도움에 대한 고민에서 비롯되었다. 그 시작은 작았지만, 황기철 대표의 기술과 신앙, 그리고 나눔의 철학을 바탕으로 기업을 경영하며 제품을 만들어왔다. 그의 제품에는 과학이 있고, 그 안에는 철학이 있으며, 철학을 움직이는 힘은 사람을 향한 진심이었다.

'바르는 백신', '스킨매니지먼트를 연계한 뷰티더바이스 전용 화장품', '아로마테라피피처럼 전례 없는 솔루션들이 그의 언어로 쏟아져 나올 때, 그것은 단지 기술이나 새로운 치유방식을 제안하는 일종의 선언처럼 느껴졌다. 그는 몸과 마음의 회복, 공동체와 환경의 조화를 하나의 시스템 안에 넣고자 하는 '미래형 기업'의 창출을 넘어선 기업의 존재 이유를 우리에게 묻고 있었다.

황 대표의 굳건한 신념 위에서, 라파로페가 그려나갈 K-바이오의 새로운 미래가 더욱 기대된다. 자연과 인간을 위한 그의 진심이 담긴 메시지와, 오송의 뜨거운 여름 바람이 잔잔히 울려 퍼지는 듯했다.

청주 오송생명과학단지 내 위치한 (주)라파로페 회사 전경.

'바르는 백신,' 'AI 진단 화장품,' 이라는 제품들을 선보이고 있는 황기철대표.

황기철대표(왼쪽)가 본지 특파원(오른쪽)에게 제품에 대해 설명을 하고 있다.

이가희 시카고한국일보 한국특파원
한국스토리텔링연구원장
시인/칼럼니스트

피부 너머 전신 면역을 향한 융합 기술, K-바이오의 새 길을 열다

"라파(RAFA)는 '치료', 로페(ROPHE)는 '치유'를 뜻하는 히브리어입니다. 상처의 치료를 넘어 사람의 몸과 마음을 온전히 회복시키는 것, 그것이 저희의 사명입니다." 황기철 대표의 눈빛에는 단순한 사업가로서의 포부를 넘어선, 사람을 향한 깊은 애정과 확고한 신념이 담겨 있었다. 연구자의 길을 걸어온 그가 창업 전선에 뛰어든 이야기는 단순한 성공 신화가 아닌, '치유'라는 소명을 향한 묵직한 여정 그 자체이다.

현장 연구의 갈증, 창업의 씨앗이 되다

황기철 대표의 이력은 독특하다. 충주대학교 식품공학과를 졸업하고, 대기업 품질관리팀에서 근무하며 첫발을 내디뎠다. 이후 유기농 비료 중소기업체에서 미생물 관련 업무를 담당하며 현장의 어려움을 마주했다. "친환경 비료 기업에서 근무할 당시, 간단한 피부 외상조차 잘 낫지 않아 고통받는 사람들을 보며 깊은 무력감을 느꼈습니다. 뛰어난 기술 발전에도 불구하고, 현장에서 느끼는 한계는 분명했죠." 이 경험은 그의 마음속에 오랫동안 해결되지 않은 숙제처럼 남아 있었다.

그는 대기업에서 7년간 신규 사업을 발굴하며 50억 원 이상의 매출을 올리는 등 성공 가도를 달렸고, 친환경 비료 기업에서 농업과 발효에 대한 실무 경험까지 쌓으며 내공을 다졌다. 전북대학교 농학 석사·박사 과정을 거치며 17년 경력의 친환경 유기농업·미생물 관련 연구소장으로 근무하며 천연 물질 및 발효물질 연구에 매진, 20년 가까이 천연 소재 개발 및 연구 경력을 쌓았다. 하지만 마음 한편의 갈증은 해소되지 않았다. 창업의 결정적 계기는 예기치 않게 찾아왔다.

"전 세계를 휩쓴 팬데믹 시기에 부모님의 면역력이 급격히 약해지는 모습을 지켜봐야 했습니다. 그때, 더 이상 미룰 수 없다고 생각했습니다. 환자에게, 그리고 사랑하는 가족에게 진짜 도움이 되는 제품을 내 손으로 직접 만들어야겠다고 결심한 순간이었죠." 그렇게 그는 2018년, '치유'라는 오랜 꿈을 실현하기 위해 주식회사 라파로페를 설립했다.

자연의 힘을 극대화하는 독보적 기술력

라파로페의 제품 철학은 '무엇을 넣느냐'가 아닌 '무엇으로 채우느냐'에서 시작된다. 황 대표는 화장품의 70% 이상을 차지하는 정제수를 과감히 배제했다. 대신 유황 온천수, 자체 발효 원료, 초산 추출물 등 피부에 실질적 유익을 주는 기능성 원료로 그 자리를 채웠다. 이는 단순한 성분 교체가 아니라, 피부를 바라보는 관점의 전환을 의미한다.

"피부는 단순히 아름다움의 대상이 아닙니다. 인체 면역 체계의 상태를 보여주는 외부 신호등과 같죠. 저희는 피부 생태계 자체를 복원하여 근본적인 건강을 되찾는 것을 목표로 합니다." 이러한 철학을 구현하는 핵심 기술력 또한 독보적이다. 대표적인 것이 바로 '진공감압저온추출공법'이다.

"고온에서 원료를 추출하면 열에 약한 유효성분들이 파괴될 수밖에 없습니다. 저희는 저온과 진공 상태에서 유효성분을 온전히 추출해 효능을 극대화하는 독자 기술을 확보했습니다." 이 기술을 통해 충북 증평의 명물인 인삼을 한 방울의 첨가물도 없이 순수하게 추출, 강력한 항산화 효과를 지닌 프리미엄 라인을 완성했다. 여기에 세계적으로도 희귀한 광물인 '일라이트(illite)'를 액체화하는 기술은 라파로페의 또 다른 경쟁력이다.

일라이트는 중금속 등 노폐물 흡착과 항균 작용이 뛰어나지만, 광물 형태라 화장품에 적용하기 어려웠다. 라파로페는 한국세라믹기술원과의 공동 연구 끝에 일라이트를 액상으로 추출하는데 성공, 항산화 효능을 입증하며 특허까지 출원했다. 이러한 원천 기술력은 '일라이트 스킨케어', 운동선수를 위한 '아로닉', 고기능성 홈케어 라인인 '순미한' 등 각각의 목적에 최적화된 제품군을 탄생시키는 기반이 되었다.

ESG 경영, 지속 가능한 아름다움을 실천하다

황 대표는 창업 초기부터 ESG(환경·사회·지배구조) 경영을 기업의 핵심 가치로 삼았다. 이는 단순한 구호가 아닌, 생산의 모든 과정에 녹아있는 실천 강령이다. 그 중심에는 원료 수급부터 완제품 생산까지 모든 단계를 직접 관리하는 '원스톱 시스템'이 있다. 라파로페는 기능성 작물을 직접 재배하거나, 친환경 비료를 직접 만들어 공급하며 지역 농가와 계약재배를 통해 원료 공급망을 내재화한다. 이는 최고 수준의 품질을 유지하는 비결일 뿐만 아니라, 원료의 현지 조달로 불필요한 운송 과정을 없애 탄소 배출을 획기적으로 줄이고 지역 경제 활성화에도 이바지하는 ESG 경영의 핵심이다.

환경을 위한 노력은 제품 포장에서도 드러난다. 플라스틱 사용을 최소화하고 재활용이 용이한 종이 튜브를 사용하며, 콩기름 잉크로 인쇄하는 등 친환경 포장재를 적극 도입하고 있다. 여기서 더 나아가 포장재를 최소화하고 쓰레기 배출을 줄이기 위한 리필제품 개발도 적극적으로 추진 중이다.

"단순히 트렌드를 따르는 것이 아닙니다. 우리 기업이 세상과 미래 세대를 위해 당연히 해야 할 일이라고 생각합니다." 그의 말처럼 라파로페는 천연, 비건, 제로웨이스트 원칙을 실천하며 클린뷰티의 새 지평을 열고 있다.

나아가 라파로페의 ESG 경영은 '사회적 책임'에서 그 진정성을 더한다. 황 대표는 "우리는 돈을 쫓기 위해 사업하는 것이 아니며, 이익의 일부는 반드시 사회에 환원되어야 한다"는 원칙을 거듭 강조했다. 이는 의료 취약계층 지원, 지역 교회 설립, 아동 후원 등 구체적인 사회공헌 활동으로 이어진다. 그에게 기업의 존재 이유는 이윤 창출 이전에 사회적 사명을 다하는 것이며, 이러한 G(지배구조)의 철학이 E(환경)와 S(사회)를 아우르며 지속 가능한 아름다움을 완성하고 있다.

제품을 넘어 생태계로, K-바이오의 미래를 제시하다

라파로페는 현재에 머무르지 않는다. 그들이 꿈꾸는 미래는 화장품을 넘어 '통합 헬스케어 솔루션'을 제공하는 것이다. 이는 피부를 단순한 미용의 영역이 아닌, 인체 면역의 외부 신호로 보는 황 대표의 철학에서 비롯된다. 현재 개발 중인 혁신적인 파이프라인은 그 비전의 청사진을 명확히 보여준다.

대표적으로 면역 활성화 성분을 피부에 발라 국소 적용으로 전신 효과까지 유도하는 '바르는 면역 크림'은 '바르는 백신'이라는 콘셉트로 개발 중이며, 스킨케어의 개념을 치료의 영역으로 확장하고 있다. 또한 AI가 사용자의 피부 상태를 실시간으로 분석해 최적의 맞춤형 제품을 제안하고 추천하는 디지털 진단 연동 플랫폼도 개발 중이다. 여기에 경추 및 상체 스트레칭을 돕는 장비와 림프 순환 보조 크림을 결합한 행어 테라피 연동 제품은 라파로페가 추구하는 '기능성 제품+도구+디지털'의 통합 치료 콘셉트를 명확히 보여주는 사례다.

글로벌 시장을 향한 발걸음도 이미 구체적인 성과를 내며 속도를 높이고 있다. 현재 일본과 미국, 베트남 등의 현지 유통사와 샘플 수출 및 피드백 회수를 활발히 진행 중이며, 특히 미국과 유럽 시장에서 천연 기능성 제품에 대한 긍정적인 반응을 얻고 있다. 라파로페의 글로벌 전략은 투트랙으로 진행된다. 아마존, 쿠팡 등 국내외 주요 이커머스 채널과 자사몰을 통해 글로벌 소비자와 직접 만나는 B2C 채널을 확대하는 한편, 병원, 피부과, 물리치료 클리닉 등 전문가들의 신뢰가 중요한 프리미엄 B2B 채널 공급을 확대하며 브랜드의 전문성과 신뢰도를 동시에 쌓아가는 전략이다. 향후에는 글로벌 라이브 커머스 등을 통해 더욱 역동적으로 해외 고객과 소통할 계획이다.

이러한 자신감의 배경에는 원료 수급부터 완제품 생산까지 직접 관리하는 원스톱 시스템과 독보적인 기술력이 있다. 황 대표는 "향후 5년 내 매출 5,000억 원을 달성하고, K-바이오를 대표하는 글로벌 브랜드로 자리매김하는 것이 목표"라며 강한 자신감을 내비쳤다. 이는 단순한 희망이 아닌, '사람을 이롭게 한다'는 확고한 철학과 그것을 구현하는 기술력, 그리고 시장을 꿰뚫는 전략이 어우러진 구체적인 로드맵이다. 라파로페의 도전은 대한민국 오송을 넘어, 전 세계인의 건강한 삶에 기여하는 글로벌 헬스케어 기업의 탄생을 예고하고 있다.

이윤보다 사명, '오직 하나님께 영광을'

황 대표가 가장 강조한 것은 '사명'과 '나눔'의 가치였다. 라파로페의 사내 문화는 그의 경영 철학을 고스란히 반영한다. 매일 아침, 임직원들은 예배를 드리며 하루를 시작한다. 이는 단순한 종교 행사를 넘어 '정직, 책임, 실천'이라는 핵심 가치를 공유하고 공동체 의식을 다지는 시간이다. 사명인 "Soli Deo Gloria(오직 하나님께 영광)"는 회사의 모든 활동에 깊이 스며 있다.

"우리는 돈을 쫓기 위해 사업하는 것이 아닙니다. 이익의 일부는 교회 설립, 아동 의료비 지원, 지역사회 공헌에 반드시 쓰여야 합니다." 이 말에는 기업의 사회적 책임을 넘어, 세상을 더 나은 곳으로 만들고자 하는 그의 진심이 묻어났다. 그는 "기술의 공공성을 강조하며, 우리가 개발한 기술이 더 많은 사람의 고통을 덜어주는 데 쓰이길 바란다"라고 덧붙였다.

황 대표의 "피부와 사람은 회복되어야 한다"는 말이 귓가에 오래도록 맴돌았다. 땀이 송글송글 맺힌 이마를 닦으며 되새긴 그 한마디는, 단순한 마케팅 문구가 아니라 그의 지난 시간과 철학이 응축된 말이었다.

라파로페는 단순한 화장품 회사가 아니다. 그것은 한 연구자가 피부의 상처 앞에서 느꼈던 무력감, 가족의 면역 저하를 지켜보며 결심한 '진짜 도움'에 대한 고민에서 비롯되었다. 그 시작은 작았지만, 황기철 대표는 기술과 신앙, 그리고 나눔의 철학을 바탕으로 기업을 경영하며 새로운 길을 만들어왔다. 그의 제품에는 과학이 있고, 그 안에는 철학이 있으며, 철학을 움직이는 힘은 사람을 향한 진심이었다.

‘바르는 백신’, ‘AI 진단 화장품’, ‘행어테라피’처럼 전례 없는 솔루션들이 그의 언어로 쏟아져 나올 때, 그것은 단지 기술이 아니라 새로운 치유방식을 제안하는 일종의 선언처럼 느껴졌다. 그는 몸과 마음의 회복, 공동체와 환경의 조화를 하나의 시스템 안에 넣고자 하는 ‘미래형 기업가’였다. 그의 여정은 이윤 창출을 넘어선 기업의 존재 이유를 우리에게 묻고 있었다.

황 대표의 굳건한 신념 위에서, 라파로페가 그려나갈 K-바이오의 새로운 미래가 더욱 기대된다. 자연과 인간을 위한 그의 진심이 담긴 메시지에, 오송의 뜨거운 여름 바람이 잔잔히 울려 퍼지는 듯했다.

AI의 미래를 말하다

❖ **이경전** 경희대학교 경영대학 및 빅데이터응용학과 교수

이경선은 현재 경희대학교 경영대학 및 빅데이터응용학과 교수로 재직 중인 대한 민국의 AI공학자이자 경영학자이다. 그는 KAIST에서 경영과학 학사, 석사, 박사 학위를 취득하고, 서울대학교 행정대학원에서도 석·박사 과정을 수료하는 등 탁월한 학문적 배경을 보유한다. 또한 MIT, UC버클리, 카네기멜런 대학 등 세계 유수의 연구소에서 초빙교수 및 과학자로 활동하며 글로벌 연구 역량을 쌓았다. 그의 주요 연구 분야는 인공지능(AI)과 디지털 네트워크 기반의 비즈니스 모델이며, 특히 AI 기술을 실제 산업에 적용하여 혁신을 이끈다. 이러한 공로로 미국인공지능학회(AAAI) 혁신적 인공지능 응용상을 네 차례(1995, 1997, 2020, 2024년)나 수상했다. 학계 활동 외에도 한국지능정보시스템학회 회장을 역임하고, 사물인터넷 기업 벤플 등을 창업한 경험을 가진 기업가이기도 하며, 한국AI서비스학회 회장을 맡고 있다. 《세븐 테크》 등 다수의 저서를 통해 대중과 소통한다.

앱이 사라지고 에이전트가 떠오르는 시대, 이경전 교수가 말하는 AI의 내일

"AI 에이전트, 인간의 확장 그리고 산업 생태계의 리셋"

지난 6월 10일, 초여름 햇살은 유난히 따가웠고, 한남대학교 56주년 기념관 강의실 안은 미래 기술에 대한 열기로 더욱 뜨겁게 달아올랐다. 이날 경희대학교 경영학과 이경전 교수가 초청되어 진행한 AI 기반 디지털혁신전략최고위과정(DIP)강의는 단순한 '강연'을 넘어, 인공지능(AI)의 새로운 시대를 미리 엿보는 지적 경험이었다. 강연 후, 본지는 이 교수와 자리를 마련해 'AI 에이전트'라는 키워드를 중심으로 향후 산업과 사회가 맞이하게 될 변화의 방향성에 대해 인터뷰를 진행하였다.

AI는 인간의 확장이다

이경전 교수가 AI 에이전트를 처음 정의할 때 꺼낸 말은 다소 철학적이었다.

"AI 에이전트는 인간의 확장(extension of humans)입니다. 우리가 지금까지 사용해 온 기술이 늘 그래왔죠. 자동차는 다리의 확장이고, 컴퓨터는 뇌의 확장입니다."

그의 설명에 따르면, AI 에이전트는 인간의 판단과 행동을 대체하는 것이 아니라, '대행'하고 '확장'하는 존재다. 이전의 AI가 단순히 정보를 주는 수준이었다면, 지금의 AI는 사용자 의도를 이해하고 실제로 '행동'까지 한다. "쇼핑부터 일정 관리, 비즈니스 협상까지, 사용자는 그저 목표만 제시하면 됩니다. 에이전트가 나머지를 해결하죠." 그는 AI가 단순한 자동화 도구가 아니라, 인간의 창의성과 역량을 극대화하는 기반이라고 강조했다. 업무 효율을 넘어서, 본질적인 가치 창출을 가능케 하는 '디지털 파트너'로 진화하고 있다는 것이다.

AI 에이전트 경제가 플랫폼을 넘어선다

이 교수는 이어 기존 플랫폼 기반 경제와 AI 에이전트 경제의 차이를 예리하게 짚었다.

"기존 플랫폼은 사용자가 검색하고 비교하고 결정하는 구조였습니다. 그런데 이제는 에이전트가 그 모든 과정을 대신합니다."

그에 따르면, 소비자가 플랫폼에 직접 접속하지 않아도 AI가 사용자 대신 최적의 정보를 수집하고 결정을 내리는 시대가 도래했다. "앱의 존재 이유가 사라지고 있어요. 앱리스(App-less) 시대가 오고 있습니다. 플랫폼은 중심에서 밀려나고, AI 에이전트가 새로운 주체가 되는 겁니다." 그는 특히 카카오, 네이버, 아마존 등 주요 플랫폼 기업들이 AI 에이전트 외의 협력 또는 독립적인 에이전트 개발 사이에서 전략적 결단을 내려야 하는 시점에 도달했다고 말했다.

현실로 들어온 AI, 실생활을 설계하다

기술이 개념을 넘어 '생활의 일부'가 되는 순간, 세상은 뒤집힌다. 이 교수는 그 전환의 정점으로 'OpenAI Operator'와 'Amazon Nova Act'를 지목했다. "Operator는 사용자의 음성 명령만으로 택시 예약, 공연 예매, 선물 구매까지 다 합니다. Nova Act는 아예 타사 사이트에 접속해서 자동으로 결제까지 마무리하죠."

그는 이 AI 에이전트들이 실제로 상품 비교, 할인 탐색, 결제, 배송 조회 등을 수행하며 소비자의 손을 거치지 않고 '행동'하는 시대를 열고 있다고 설명했다. "전통적인 유통 구조가 무너질 수 있어요. 소비자와 기업 사이에서 플랫폼이 아닌 AI가 핵심 중개자가 되는 구조로 바뀌는 거죠."

이미 몇몇 기업은 이런 AI를 중심으로 재편된 시장 질서에 적용하기 위해 움직이기 시작했다.

앱리스 시대, 기업은 전략을 재구성해야

앱을 넘어서라. 이 교수는 기업이 소비자와 연결되는 방식을 재정의해야 한다고 강조했다. "이제는 소비자가 앱을 켜지 않아도 AI가 대신 앱을 작동하고 결정합니다. 택시 부르든, 여행을 예약하든, 쇼핑을 하든 AI가 알아서 처리하죠."

그는 특히 기업이 자기 앱이나 플랫폼을 중심에 두기보다, AI 에이전트와 자연스럽게 연결되는 인터페이스와 API 설계에 주목해야 할 시점이라고 했다. "앞으로는 앱을 잘 만드는 게 아니라, 에이전트가 이해하고 사용할 수 있도록 서비스를 구조화하는 것이 중요합니다. 이게 진짜 디지털 경쟁력입니다." 이 교수의 발언은 기술보다 중요한 것이 '연결 방식'임을 시사한다. 즉, 사용자의 눈에 보이지 않는 곳에서 일어나는 변화가 핵심이라는 것이다.

플랫폼 기업, 협력인가 독립인가? 생존의 갈림길

기존 플랫폼 기업들에게 AI 에이전트는 기회이자 위기다. 이 교수는 이중적 현실을 이렇게 정리했다.

"AI 에이전트는 플랫폼을 대체할 수 있습니다. 소비자는 더 이상 앱에 접속할 필요가 없어지죠. 플랫폼은 중간자가 아닌 도구로 전락할 수 있죠."

그는 카카오와 야놀자가 OpenAI Operator와 제휴를 맺은 사례를 언급하며, 일부 기업들이 에이전트를 '자신의 앱 안에 들이는 전략'을 택하고 있다고 설명했다.

"하지만 이건 본질적으로 핵심 자산을 AI에게 넘기는 겁니다. 반면 네이버나 아마존은 자체 에이전트를 개발해 정면 승부 중입니다. 협박이 아니라 생존이 걸린 문제죠."

협력할 것인가, 아니면 경쟁할 것인가. 그는 이 선택이 기업의 미래뿐 아니라 산업 구조 자체를 재편할 수 있다고 단언했다.

기술이 바뀌는 것은 기계뿐이 아니다. 이경전 교수는 노동의 본질부터 바뀌고 있다고 강조했다. 그는 AI 에이전트의 등장이 단순한 일자리 대체 논의를 넘어, '일' 자체의 개념을 흔들고 있다고 진단했다.

"AI는 월요일에도, 주말에도, 심지어 당신이 자고 있는 밤에도 쉬지 않고 일합니다. 우리는 그런 AI와 함께 일해야 하는 시대를 맞았어요."

그는 이제 사람들이 퇴근 후에 자신의 AI 에이전트에게 '내일까지 이 일 끝내'라고 설명하는 문화가 곧 보편화될 것이라고 내다봤다. 단순 업무는 AI에게 맡기고, 사람은 창의성과 전략, 감정을 다루는 새로운 노동 분업이 시작된 것이다.

교육은 더 이상 정답을 가르쳐선 안 된다. 이 교수는 특히 교육 시스템에 대한 전면적 재설계를 강조했다.

"지금은 여전히 정답을 맞히는 교육입니다. 하지만 AI 시대에 중요한 것은 질문을 던질 수 있는 힘, 그리고 함께 협업할 아는 태도죠."

그가 강조한 키워드는 세 가지였다: 창의성, 협업, 그리고 AI 활용 능력.

AI와의 공존은 결국 인간 고유의 감성과 사고 능력을 전제로 할 때 의미가 있으며, 이러한 역량은 조기에 교육되어야 한다는 것이다.

"초등학생 때부터 '내 AI 비서와 일정을 어떻게 조율할 것인가'를 배우는 교육이 필요합니다. 인간의 역할을 다시 정의하는 작업이 시작돼야 합니다."

인터뷰 후반, 이 교수는 자신의 연구소에서 진행 중인 프로젝트를 소개하며 AI가 어디까지 현실화되고 있는지를 설명했다.

"우리는 단순한 챗봇이 아니라 실제 행동하는 AI, 즉 사용자의 목적을 이해하고 판단하며 실행까지 하는 에이전트를 만들고 있습니다."

그가 소개한 대표적 실험 프로젝트는 'Jarvis'. 택시 호출, 중고거래, 상품 매칭, 설문조사 등 일상의 수많은 활동을 AI가 사용자를 대신해 수행하는 시스템이다.

"매칭 에이전트, 세일즈 에이전트, 바이어 에이전트처럼 역할별로 세분화된 구조를 설계하고 있어요. AI가 시장 데이터와 조건을 분석해 실시간으로 적절한 결정을 내리는 겁니다."

연구는 더 이상 '실험실'에 머무르지 않고 있었다.

누구나 AI 에이전트를 '가지고' 살아야 하는 시대

기술은 더 이상 실리콘밸리 개발자나 기업 연구소의 전유물이 아니다. 이경전 교수는 지금 이 시대를 살아가는 모든 이들이 '자신만의 AI 에이전트'를 갖고, 이를 설계하고 훈련하며, 함께 성장시켜야 하는 시대가 도래했다고 단언했다.

"AI는 단순한 도구가 아닙니다. 그것은 '지능을 증강시키는 장치'예요. 인간의 판단력, 실행력, 창의력을 폭발적으로 키워주는 존재입니다. 결국 누가 AI를 잘 활용하느냐가 미래의 소득, 사회적 위상, 나아가 생존을 결정짓게 될 겁니다."

그의 말은 단순히 기술을 배우라는 주문이 아니다. 오히려 지금 이 시대를 살아내기 위한 생존 전략으로서 AI 에이전트를 '내 몸처럼' 익혀야 한다는 경고에 가깝다.

"우리는 이제 'AI 사용자'가 아닙니다. 'AI 관리자'로 진화해야 합니다. 버튼 하나 눌러 사용하는 시대는 끝났습니다. 당신의 삶, 업무, 목표에 맞춰 에이전트를 커스터마이징하고, 디지털 파트너처럼 다루는 능력이 필요합니다."

그는 특히 'AI를 잘 쓰는 사람일수록 잘 산다'는 말을 단순한 경구가 아닌, 이미 시장에서 입증되고 있는 현실이라고 짚었다.

"잘 사는 사람일수록 AI를 더 능숙하게 씁니다. 단순하게 정보 검색만 하는 게 아니라, 일정 관리, 업무 위임, 데이터 분석, 협상까지도 AI를 활용하죠. AI와 함께 일하는 습관이 결국 그 사람의 성과, 연봉, 사회적 성취를 좌우하는 구조로 가고 있습니다."

이 교수는 마지막으로 다음과 같은 말로 개인의 각성을 촉구했다.

"문제는 더 이상 AI를 쓸 것이냐 말 것이냐의 선택이 아닙니다. 이제는 '어떻게 잘 쓸 것이냐'가 인생의 갈림길이 되는 시대입니다. AI를 몰라서 불리해지는 세상이 아니라, 제대로 다루지 못해 도태되는 세상이 열리고 있어요. 누가 먼저, 누가 더 깊이 AI와 연결되느냐? 이것이 개인의 미래를 바꿉니다."

이경전 교수의 이 말은 단호하지만 분명한 메시지를 품고 있다. AI는 이제 당신의 또 다른 두뇌이자, 당신의 삶을 움직이는 디지털 동료다. 그 AI가 당신을 얼마나 이해하느냐는, 당신이 얼마나 그 AI를 잘 키웠느냐에 달려 있다.

세계가 주목한 실천적 AI, 행동하는 기술의 증명

2024년 AAAI로부터 '혁신적 AI 응용상'을 수상한 배경에 대해 묻자, 이 교수는 조용히 미소를 지었다.

"AI가 현실 문제를 어떻게 해결하느냐에 주목했습니다. 단순히 정답을 내놓는 게 아니라, 사람처럼 상황을 해석하고 실제 행동에 나서는 AI, 그것이 저희의 주제였습니다."

그의 연구소는 '매칭', '세일즈', '구매' 등 실질적 시장 참여가 가능한 AI 에이전트를 설계했고, 이는 인간 중심 경제 시스템에 AI가 주체로 들어설 수 있다는 가능성을 보여줬다.

"이번 수상은 기술이 아닌 실천력, 즉 사회적 영향력을 인정받은 것이라 생각합니다."

이경전 교수와의 인터뷰가 끝날 무렵, 그는 마치 마지막 수업을 마무리하듯 이렇게 말했다. "AI는 더 이상 도구가 아닙니다. 그것은 환경입니다. 이미 우리는 그 안에 살고 있습니다."

이 교수는 AI 에이전트를 누가 먼저, 얼마나 잘 활용하느냐에 따라 국가 경쟁력까지 달라질 것이라 경고했다.

기업과 정부, 개인 모두가 자신의 AI를 개발하고, 이를 전략적 파트너로 삼는 문화가 정착되어야 한다는 것이다.

"총을 먼저 만든 나라가 전쟁을 주도했듯, AI 에이전트를 먼저 실전에 배치하는 사회가 미래를 지배할 겁니다."

결국 남는 질문은 이것이다. 당신의 AI는 당신을 얼마나 닮아 있는가?

AI가 일상이 된 시대, 우리는 이제 기술을 어떻게 다룰 것인가를 고민해야 할 때다. 공존이냐 종속이냐, 선택은 지금 우리의 손에 달려 있다.

이경전교수가 한남대학교 DIP강의 후에 AI의 미래를 말하고 있다.

이경전교수(우)와 본지 특파원(좌)이 한남대학교 56주년 강의실에서 인터뷰를 하고 있다.

이가희 시카고한국일보 한국특파원
한국스토리텔링연구원장
시인/칼럼니스트

"AI 에이전트, 인간의 확장 그리고 산업 생태계의 리셋"

이경전 교수는 AI 에이전트를 "인간의 확장(extension of humans)"이라고 정의한다.

"자동차는 다리의 확장이고, 컴퓨터는 뇌의 확장입니다. AI 에이전트는 인간의 판단과 행동을 대신하고, 더 크게 확장하는 존재입니다."

이전의 AI가 정보를 제공하는 수준이었다면, 오늘날의 AI 에이전트는 사용자의 의도를 이해하고 실제 '행동'까지 수행한다.

"쇼핑, 일정 관리, 비즈니스 협상까지 사용자는 목표만 제시하면 됩니다. 에이전트가 나머지를 해결합니다."

그는 AI를 단순한 자동화 도구가 아닌, 창의성과 역량을 극대화하는 디지털 파트너라고 강조했다.

AI 에이전트 경제가 플랫폼을 넘어선다

이 교수는 기존 플랫폼 기반 경제가 AI 에이전트로 인해 근본적으로 해체될 수 있다고 진단한다.

"기존 플랫폼은 사용자가 검색하고 비교하고 결정하는 구조였습니다. 그런데 이제는 에이전트가 그 모든 과정을 대신합니다."

그에 따르면, 소비자가 플랫폼에 직접 접속하지 않아도 AI가 사용자 대신 최적의 정보를 수집하고 결정을 내리는 시대가 도래했다.

"앱의 존재 이유가 사라지고 있어요. 앱리스(App-less) 시대가 오고 있습니다. 플랫폼은 중심에서 밀려나고, AI 에이전트가 새로운 주체가 되는 겁니다.”

그는 특히 카카오, 네이버, 아마존 등 주요 플랫폼 기업들이 AI 에이전트와의 협력 또는 독립적인 에이전트 개발 사이에서 전략적 결단을 내려야 하는 시점에 도달했다고 말했다.

현실로 들어온 AI, 실생활을 설계하다

기술이 개념을 넘어 '생활의 일부'가 되는 순간, 세상은 뒤집힌다. 이 교수는 그 전환의 정점으로 'OpenAI Operator'와 'Amazon Nova Act'를 지목했다.

“Operator는 사용자의 음성 명령만으로 택시 예약, 공연 예매, 선물 구매까지 다 합니다. Nova Act는 아예 타사 사이트에 접속해서 자동으로 결제까지 마무리하죠.”

그는 이 AI 에이전트들이 실제로 상품 비교, 할인 탐색, 결제, 배송 조회 등을 수행하며 소비자의 손을 거치지 않고 '행동'하는 시대를 열고 있다고 설명했다.

“전통적인 유통 구조가 무너질 수 있어요. 소비자와 기업 사이에서 플랫폼이 아닌 AI가 핵심 중개자가 되는 구조로 바뀌는 거죠.”

이미 몇몇 기업은 이런 AI를 중심으로 재편된 시장 질서에 적응하기 위해 움직이기 시작했다.

앱리스 시대, 기업은 전략을 재구성해야

앱을 넘어서라. 이 교수는 기업이 소비자와 연결되는 방식을 재정의 해야 한다고 강조했다.

"이제는 소비자가 앱을 켜지 않아도 AI가 대신 앱을 작동하고 결정합니다. 택시를 부르든, 여행을 예약하든, 쇼핑을 하든 AI가 알아서 처리하죠."

그는 특히 기업이 자체 앱이나 플랫폼을 중심에 두기보다, AI 에이전트와 자연스럽게 연결되는 인터페이스와 API 설계에 주력해야 할 시점이라고 했다.

"앞으로는 앱을 잘 만드는 게 아니라, 에이전트가 이해하고 사용할 수 있도록 서비스를 구조화하는 것이 중요합니다. 이게 진짜 디지털 경쟁력입니다."

이 교수의 발언은 기술보다 중요한 것이 '연결 방식'임을 시사한다. 즉, 사용자의 눈에 보이지 않는 곳에서 일어나는 변화가 핵심이다.

플랫폼 기업, 협력인가 독립인가? 생존의 갈림길

기존 플랫폼 기업들에게 AI 에이전트는 기회이자 위기다. 이 교수는 이중적 현실을 이렇게 정리했다.

"AI 에이전트는 플랫폼을 해체할 수 있습니다. 소비자는 더 이상 앱에 접속할 필요가 없거든요. 플랫폼은 중간자가 아닌 도구로 전락할 수 있죠."

그는 카카오와 야놀자가 OpenAI Operator와 제휴를 맺은 사례를 언급하며, 일부 기업들이 에이전트를 '자신의 앱 안에 들이는 전략'을 택하고 있다고 설명했다.

"하지만 이건 본질적으로 핵심 자산을 AI에게 넘기는 겁니다. 반면 네이버나 아마존은 자체 에이전트를 개발해 정면 돌파 중입니다. 전략이 아니라 생존이 걸린 문제죠."

협력할 것인가, 아니면 경쟁할 것인가. 그는 이 선택이 기업의 미래뿐 아니라 산업 구조 자체를 재편할 수 있다고 단언했다.

노동의 재정의, 주말에도 일하는 AI와 살아가는 법

기술이 바꾸는 것은 기계만이 아니다. 이 교수는 노동의 본질부터 바뀌고 있다고 강조했다. 그는 AI 에이전트의 등장이 단순한 일자리 대체 논의를 넘어, '일' 자체의 개념을 흔들고 있다고 진단했다.

"AI는 월요일에도, 주말에도, 심지어 당신이 자고 있는 밤에도 쉬지 않고 일합니다. 우리는 그런 AI와 함께 일해야 하는 시대를 맞았어요."

그는 이제 사람들이 퇴근 전에 자신의 AI 에이전트에게 "내일까지 이 일 끝내놔"라고 설정하는 문화가 곧 보편화될 것이라고 내다봤다. 단순 업무는 AI에게 맡기고, 사람은 창의성과 전략, 감정을 다루는 일에 집중하는 새로운 노동 분업이 시작된 것이다.

교육은 더 이상 정답을 가르쳐선 안 된다

이 교수는 특히 교육 시스템에 대한 전면적 재설계를 강조했다.

"지금은 여전히 정답을 맞히는 교육입니다. 하지만 AI 시대에 중요한 것은 질문을 할수 있는 힘, 그리고 함께 일할 줄 아는 태도죠."

그가 강조한 키워드는 창의성, 협업, 그리고 AI 활용 능력, 세 가지였다. AI와의 공존은 결국 인간 고유의 감성과 사고 능력을 전제로 할 때 의미가 있으며, 이러한 역량은 조기에 교육되어야 한다는 것이다.

"초등학생 때부터 '내 AI 비서와 일정을 어떻게 조율할 것인가'를 배우는 교육이 필요합니다. 인간의 역할을 다시 정의하는 작업이 시작돼야 합니다."

이 교수는 자신의 연구소에서 진행 중인 프로젝트를 소개하며 AI가 어디까지 현실화되고 있는지를 설명했다.

"우리는 단순한 챗봇이 아니라 실제 행동하는 AI, 즉 사용자의 목적을 이해하고 판단하며 실행까지 하는 에이전트를 만들고 있습니다."

그가 소개한 대표적 실험 프로젝트는 'Jarvis'. 택시 호출, 중고거래, 상품 매칭, 설문조사 등 일상의 수많은 활동을 AI가 사용자를 대신해 수행하는 시스템이다.

"매칭 에이전트, 세일즈 에이전트, 바이어 에이전트처럼 역할별로 세분화된 구조를 설계하고 있어요. AI가 시장 데이터와 조건을 분석해 실시간으로 적절한 결정을 내리는 겁니다."

연구는 더 이상 '실험실'에 머무르지 않고 있었다.

누구나 AI 에이전트를 '가지고' 살아야 하는 시대

기술은 더 이상 전문가들만의 것이 아니다. 이 교수는 이제는 모든 개인이 자신만의 AI 에이전트를 설계하고 키워야 할 시대라고 단언했다.

“AI는 지능을 증강하는 도구입니다. 결국 누가 AI를 잘 활용하느냐가 소득, 지위, 생존을 좌우하는 시대가 옵니다.”

그는 'AI 사용자'가 아니라 'AI 관리자'로 변화해야 한다는 점을 강조하며, AI 활용 능력이 개인 경쟁력의 핵심이 될 것이라 역설했다.

“잘 사는 사람일수록 AI를 더 잘 씁니다. AI와 함께 일하는 습관이 결국 그 사람의 성과와 연봉을 결정할 거예요. 문제는 이제 AI를 선택할 수 있느냐가 아니라, 어떻게 잘 쓸 것이냐! 입니다.”

세계가 주목한 실천적 AI, 행동하는 기술의 증명

2024년 AAAI로부터 '혁신적 AI 응용상'을 수상한 배경에 대해 묻자, 이 교수는 조용히 미소를 지었다.

“AI가 현실 문제를 어떻게 해결하느냐에 주목했습니다. 단순히 정답을 내놓는 게 아니라, 사람처럼 상황을 해석하고 실제 행동에 나서는 AI, 그것이 저희의 주제였습니다.”

그의 연구소는 매칭, 세일즈, 구매 등 실질적 시장 참여가 가능한 AI 에이전트를 설계했고, 이는 인간 중심 경제시스템에 AI가 주체로 들어설 수 있다는 가능성을 보여줬다.

“이번 수상은 기술이 아닌 실천력, 즉 사회적 영향력을 인정받은 것이라 생각합니다.”

AI는 환경이다, 이제 우리는 '선택'이 아니라 '결정'을 해야 할 때

이경전 교수와의 인터뷰가 끝날 무렵, 그는 마치 마지막 수업을 마무리하듯 이렇게 말했다.

"AI는 더 이상 도구가 아닙니다. 그것은 환경입니다. 이미 우리는 그 안에 살고 있습니다."

이 교수는 AI 에이전트를 누가 먼저, 얼마나 잘 활용하느냐에 따라 국가 경쟁력까지 달라질 것이라 경고했다. 기업과 정부, 개인 모두가 자신의 AI를 개발하고, 이를 전략적 파트너로 삼는 문화가 정착되어야 한다는 것이다.

"총을 먼저 만든 나라가 전쟁을 주도했듯, AI 에이전트를 먼저 실전에 배치하는 사회가 미래를 지배할 겁니다."

결국 남는 질문은 이것이다. 당신의 AI는 당신을 얼마나 닮아 있는가? AI가 일상이 된 시대, 우리는 이제 기술을 어떻게 다룰 것인가를 고민해야 할 때다. 공존이냐 종속이냐, 선택은 지금 우리의 손에 달려 있다.

전통의 과학,
미래의 우주를 잇다

❖ 채연석 박사

채연석 박사는 1951년 충주에서 태어나 경희대학교 물리학과를 졸업하고 미국 미시시피 주립대학교 대학원에서 항공우주공학 박사 학위를 취득한 우주공학 분야 전문가다. 그는 1989년 한국항공우주연구원 창설 멤버로 참여하여 우주추진기관연구실장 등 주요 직책을 역임하며 한국 우주개발의 초석을 다진다. 주요 업적으로는 1993년 KSR-1, 1997년 KSR-2 등 고체추진 로켓과 국내 최초의 액체추진 과학로켓 KSR-3 개발을 성공적으로 이끌었다. 이러한 성과를 바탕으로 2002년부터 3년간 한국항공우주연구원 제6대 원장을 역임하며 나로우주센터 건설을 진두지휘했다. 퇴임 후에는 현대 과학기술 연구를 넘어 조선시대 로켓인 신기전 복원에 성공하는 등 전통 무기 연구가로 변신한다. 최근에는 거북선의 화포와 구조 연구에 몰두하며 과거와 현재를 잇는 독창적인 업적을 남기고 있으며, 청소년들에게 과학의 꿈을 전파한다.

전통의 과학, 미래의 우주를 잇는 채연석 박사를 만나다

2025년 1월 8일, 대전 둔산동 주은 오피스텔에서 한국 우주개발의 선구자이자 전통 과학기술 복원의 대가로 불리는 채연석 박사를 만났다. 그는 한국 최초의 액체 추진 과학로켓 KSR-Ⅲ 개발을 이끌며 한국 우주산업의 토대를 마련했고, 한국항공우주연구원 은퇴 후에는 조선시대의 신기전과 거북선을 복원하며 과거와 현재를 잇는 독보적인 업적을 남겼다.

그의 연구는 단순한 기술 복원을 넘어, 전통 과학기술이 현대에 여전히 유효한 통찰을 제공할 수 있음을 증명한 사례다. 동시에 그는 청소년들에게 과학과 우주개발의 꿈을 심어주며, 미래를 향한 도전과 비전을 전하고 있다.

로켓박사라는 별명을 가진 전한국항공우주연구원장 채연석 박사.

신기전과 거북선, 과거에서 미래를 설계하다

채연석 박사는 은퇴 후 전통 무기 복원에 몰두하며, 과거의 과학기술이 오늘날에도 커다란 가치를 지닐 수 있음을 몸소 증명해 내고 있다. 그의 열정은 단순히 역사적 호기심에 머물지 않았다. 전통 과학기술의 우수성을 현대에 되살리겠다는 그의 의지는 과학자로서의 사명감에서 비롯되었다. "신기전은 세계 최초의 다단 로켓 시스템입니다. 선조들이 다단 추진 원리를 이해하고 이를 전쟁 도구로 활용했다는 사실은 정말 놀랍습니다. 복원 작업을 통해 그들의 과학적 통찰력을 직접 체감할 수 있었습니다." 그는 신기전 복원을 통해 전통 과학기술의 위대함을 다시금 확인했다고 말했다.

신기전은 단순히 전쟁에서 사용된 무기를 넘어, 조선 과학의 창의성과 실험 정신을 상징한다. 채 박사는 이를 복원하며 당시 과학기술의 정수를 현대적 시각에서 해석했다. "조선의 과학자들은 단순히 무기를 제작한 것이 아니라, 기술적 한계를 끊임없이 돌파하려 했습니다. 신기전은 이러한 노력의 결정체입니다." 그는 조선 과학기술의 창의적 잠재력을 현대적으로 재해석하며, 과거와 현재를 잇는 독창적인 해법을 제시하고 있다.

거북선 복원은 또 다른 도전이었다. 제한적인 문헌과 전투 기록만으로 실제 구조를 복원해야 하는 과정은 그의 상상력과 공학적 통찰력을 시험하는 무대가 되었다. 그는 이렇게 말했다. "거북선에 대한 자료는 매우 제한적이었습니다. 당시의 기록은 전투에서의 활약상에 집중되어 있었고, 내부 구조에 대한 구체적인 정보는 거의 없었습니다. 빈틈은 현대 기술과 상상력으로 채울 수밖에 없었습니다." 복원 작업을 진행하면서 그는 조선 해군의 과학적 사고와 실용적 전략을 깊이 이해할 수 있었다고 한다. "거북선은 단순히 방어선이 아니라, 심리적 전술과 과학적 접근이 결합된 조선의 결정입니다. 당시의 설계는 적의 움직임을 교란하고, 우리 측의 전력을 극대화하도록 고안된 것입니다." 그는 조선이 단순히 물리적 강점을 넘어, 과학적이고 전략적인 사고를 통해 전쟁을 준비했음을 깨달았다고 말했다. 그는 복원을 통해 단순히 과거를 재현하는 것 이상의 가치를 발견했다. "전통 과학기술에는 혁신의 씨앗이 숨어 있습니다. 단순히 유물을 복원하는 것이 아니라, 이를 현대 기술과 결합하면 새로운 도약을 이룰 수 있습니다."라고 강조했다. 신기전과 거북선 복원은 단순히 역사적 가치를 발굴하는 작업이 아니라, 현대 과학기술의 토대가 되는 통찰을 제공하는 작업이었다.

복원한 거북선의 모형을 꺼내 설명하고 있는 채연석 박사.

시카고 한국일보기획 특파원과 인터뷰를 하고 있는 채연석 박사.

복원 과정은 과거의 기술적 성취뿐만 아니라 당시의 창의적 문제 해결 방식을 보여주는 데도 중요한 역할을 했다. 그는 "우리 조상들의 실험 정신과 창의력은 오늘날에도 많은 영감을 줍니다. 이를 기반으로 현대 기술의 한계를 넘어서고, 미래 과학기술의 새로운 방향성을 제시할 수 있을 것입니다."라며 전통 과학기술의 지속적인 가치를 강조했다.

그는 신기전과 거북선 복원이 단순히 학문적 성과에 머물지 않기를 바란다고 말했다. "이 작업은 과거와 현재, 그리고 미래를 잇는 중요한 다리가 되어야 합니다. 우리가 조상들의 지혜를 재발견하고 이를 계승한다면, 과거는 단순한 유물이 아니라 지속 가능한 자산으로 남게 될 것입니다."

채 박사는 복원 과정에서 얻은 깨달음을 이렇게 표현했다. "조상들이 남긴 과학적 유산은 지금도 살아 있습니다. 이를 계승하고 현대에 맞게 재해석하는 작업이야말로 우리가 해야 할 중요한 임무입니다." 그는 과거에서 배운 교훈이 현재를 넘어 미래로 이어질 수 있는 다리가 될 것이라고 확신했다. 결국 그의 복원 작업은 단순히 과거를 되살리는 작업이 아니었다. 신기전과 거북선을 통해 그는 전통 과학기술의 숨겨진 가능성을 드러냈고, 이를 현대 사회와 연결하여 미래의 과학기술 발전에 새로운 방향을 제시했다. "과거를 통해 미래를 설계하는 것, 그것이야말로 전통 과학기술의 진정한 가치입니다."라고 그는 말했다.

청소년 강의, 미래를 디자인하다

채 박사는 대전을 중심으로 전국에서 청소년들에게 과학과 우주개발의 꿈을 심어주는 데 앞장서고 있다. "아이들은 우리의 미래입니다. 상상력과 도전 정신을 심어주는 것이 제가 해야 할 역할입니다." 그는 아이들과의 만남을 과학자로서 가장 행복한 순간 중 하나로 꼽았다.

그의 강의는 단순한 지식 전달을 넘어, 청소년들이 과학과 우주를 자신의 가능성으로 인식할 수 있도록 돕는다. "여러분의 상상이 곧 현실이 될 수 있습니다. 꿈꾸고 도전하세요."라는 메시지는 학생들에게 강렬한 울림을 준다. 특히 대전은 그의 활동이 가장 활발한 지역이다. 그는 "대전은 한국 과학기술의 심장입니다. 이곳 청소년들에게 과학의 가치를 전하는 것은 제게도 큰 보람입니다."라며 지역적 의미를 강조했다. 그의 강연에서는 신기전, KSR-Ⅲ, 거북선 복원의 사례가 과학적 원리와 도전의 중요성을 직접 보여주는 도구로 활용된다. 그는 실패의 가치를 특별히 강조한다. 고등학교 시절 로켓 실험 중 부상을 입었던 경험을 예로 들며, "실패는 성공으로 가는 중요한 발판입니다. 실패를 두려워하지 말고 계속 도전하세요."라는 메시지를 전한다. 강연에 참석한 한 학생은 "박사님의 이야기를 듣고 우주과학자가 되고 싶다는 꿈이 생겼습니다."라며 소감을 전했다. 채 박사는 "청소년들이 자신의 꿈을 찾고 그것을 현실로 만들어가는 모습을 볼 때 가장 큰 보람을 느낍니다."라며 청소년들에게서 얻는 영감을 말했다. 그는 과학기술이 사회에 기여할 수 있는 인재 양성에 대해 강조하며, "미래 우주과학의 주인공들이 제 강연에서 탄생하길 기대합니다. 그들이 한국을 넘어 세계를 이끌어갈 과학자가 될 것입니다."라고 말했다.

그의 강의는 단순히 지식을 전달하는 자리가 아니라, 학생들에게 스스로 미래를 꿈꾸고 도전할 용기를 심어주는 자리다. 그는 "아이들의 열정이 바로 과학기술 발전의 원동력입니다. 우리는 그들을 믿고 응원해야 합니다."라며, 다음 세대에 대한 신뢰를 드러냈다.

KSR-Ⅲ에서 우주강국으로 가다

채연석 박사가 이끈 KSR-Ⅲ 개발은 한국 우주개발 역사의 전환점이었다. "액체 추진 로켓엔진 개발은 국내 최초의 시도였습니다. 모든 것이 도전이었지만, 팀원들과 함께 가능성을 현실로 만들었습니다."라며 당시를 회상했다. 그는 KSR-Ⅲ 발사를 "과학자로서 제 삶의 정점"이라 표현하며, 한국이 독자적인 기술력을 기반으로 우주산업의 방향성을 정립하는 데 중요한 초석이 되었다고 평가했다.

현재 한국의 우주산업에 대해 그는 낙관적인 전망을 내놓았다. "누리호와 다누리 같은 프로젝트는 한국 우주산업이 세계적 수준에 도달했음을 보여줍니다. 이제는 민간 우주산업 활성화와 유인 우주선 개발 같은 더 큰 도전을 시작해야 합니다." 그는 특히 지속 가능한 우주 탐사의 중요성을 강조했다. "우주는 무한한 가능성을 제공합니다. 하지만 환경 보호와 자원의 효율적 사용이 필수적입니다. 우주 탐사는 인류의 미래를 위한 중요한 과제입니다."

채 박사는 "한국은 기술력과 인재가 많은 뛰어난 나라입니다. 지속적인 투자와 교육이 뒷받침된다면, 글로벌 우주 강국으로 자리 잡을 수 있습니다."라며 한국의 잠재력을 높이 평가했다.

인터뷰를 마치며

채연석 박사는 전통 과학기술의 위대함을 현대에 되살리고, 한국 우주개발의 선구자로서 미래를 위한 초석을 다진 인물이다. 그는 마지막으로 이렇게 말했다. "과학은 상상력과 실천의 조화입니다. 우리가 지금 이루는 모든 성과는 후대에 이어질 자산이 될 것입니다. 미래는 항상 도전하는 자의 것입니다."

그의 열정과 도전 정신은 과학기술의 발전을 넘어, 사람들에게 희망과 영감을 전한다. 채 박사의 이야기는 독자들에게 깊은 감동을 주며, 미래 우주과학의 주인공을 꿈꾸게 한다. 채연석 박사에게 진심 어린 박수를 보낸다.

이가희 시카고한국일보 한국특파원
한국스토리텔링연구원장
시인/칼럼니스트

채연석 박사는 한국 최초의 액체 추진 과학로켓 KSR-Ⅲ 개발을 이끌며 한국 우주산업의 토대를 마련했고, 한국항공우주연구원 은퇴 후에는 조선시대의 신기전과 거북선을 복원하며 과거와 현재를 잇는 독보적인 업적을 남겼다.

그의 연구는 단순한 기술 복원을 넘어, 전통 과학기술이 현대에 여전히 유효한 통찰을 제공할 수 있음을 증명한 사례다. 동시에 그는 청소년들에게 과학과 우주개발의 꿈을 심어주며, 미래를 향한 도전과 비전을 전하고 있다.

신기전과 거북선, 과거에서 미래를 설계하다

채 박사는 은퇴 후 전통 무기 복원에 몰두하며, 과거의 과학기술이 오늘날에도 커다란 가치를 지닐 수 있음을 몸소 증명해 내고 있다. 그의 열정은 단순히 역사적 호기심에 머물지 않았다. 전통 과학기술의 우수성을 현대에 되살리겠다는 그의 의지는 과학자로서의 사명감에서 비롯되었다.

"신기전은 세계 최초의 다단 로켓 시스템입니다. 선조들이 다단 추진 원리를 이해하고 이를 전쟁 도구로 활용했다는 사실은 정말 놀랍습니다. 복원 작업을 통해 그들의 과학적 통찰력을 직접 체감할 수 있었습니다." 그는 신기전 복원을 통해 전통 과학기술의 위대함을 다시금 확인했다고 말했다.

신기전은 단순히 전쟁에서 사용된 무기를 넘어, 조선 과학의 창의성과 실험 정신을 상징한다. 채 박사는 이를 복원하며 당시 과학기술의 정수를 현대적 시각에서 해석했다. "조선의 과학자들은 단순히 무기를 제작한 것이 아니라, 기술적 한계를 끊임없이 돌파하려 했습니다. 신기전은 이러한 노력의 결정체입니다." 그는 조선 과학기술의 창의적 잠재력을 현대적으로 재해석하며, 과거와 현재를 잇는 독창적인 해법을 제시하고 있다.

거북선 복원은 또 다른 도전이었다. 제한적인 문헌과 전투 기록만으로 실제 구조를 복원해야 하는 과정은 그의 상상력과 공학적 통찰력을 시험하는 무대가 되었다. 그는 이렇게 말했다. "거북선에 대한 자료는 매우 제한적이었습니다. 당시의 기록은 전투에서의 활약상에 집중되어 있었고, 내부 구조에 대한 구체적인 정보는 거의 없었습니다. 빈틈은 현대 기술과 상상력으로 채울 수밖에 없었습니다."
복원 작업을 진행하면서 그는 조선 해군의 과학적 사고와 실용적 전략을 깊이 이해할 수 있었다고 한다. "거북선은 단순한 방어선이 아니라, 심리적 전술과 과학적 접근이 결합된 조선의 걸작입니다. 당시의 설계는 적의 움직임을 교란하고, 우리 측의 전력을 극대화하도록 고안된 것입니다." 그는 조선이 단순히 물리적 강점을 넘어, 과학적이고 전략적인 사고를 통해 전쟁을 준비했음을 깨달았다고 말했다.

그는 복원을 통해 단순히 과거를 재현하는 것 이상의 가치를 발견했다. "전통 과학기술에는 혁신의 씨앗이 숨어 있습니다. 단순히 유물을 복원하는 것이 아니라, 이를 현대 기술과 결합하면 새로운 도약을 이룰 수 있습니다."라고 그는 강조했다. 신기전과 거북선 복원은 단순히 역사적 가치를 발굴하는 작업이 아니라, 현대 과학기술의 토대가 되는 통찰을 제공하는 작업이었다.

　복원 과정은 과거의 기술적 성취뿐만 아니라 당시의 창의적 문제 해결 방식을 보여주는 데도 중요한 역할을 했다. 그는 "우리 조상들의 실험 정신과 창의력은 오늘날에도 많은 영감을 줍니다. 이를 기반으로 현대 기술의 한계를 넘어서고, 미래 과학기술의 새로운 방향성을 제시할 수 있습니다."라며 전통 과학기술의 지속적인 가치를 강조했다.

　그는 신기전과 거북선 복원이 단순히 학문적 성과에 머물지 않기를 바란다고 말했다. "이 작업은 과거와 현재, 그리고 미래를 잇는 중요한 다리가 되어야 합니다. 우리가 조상들의 지혜를 재발견하고 이를 계승한다면, 과거는 단순한 유물이 아니라 지속 가능한 자산으로 남게 될 것입니다."

　채 박사는 복원 과정에서 얻은 깨달음을 이렇게 표현했다. "조상들이 남긴 과학적 유산은 지금도 살아 있습니다. 이를 계승하고 현대에 맞게 재해석하는 작업이야말로 우리가 해야 할 중요한 임무입니다." 그는 과거에서 배운 교훈이 현대를 넘어 미래로 이어질 수 있는 다리가 될 것이라고 확신했다. 결국 그의 복원 작업은 단순히 과거를 되살리는 작업이 아니었다. 신기전과 거북선을 통해 그는 전통 과학기술의 숨겨진 가능성을 드러냈고, 이를 현대 사회와 연결하여 미래의 과학기술 발전에 새로운 방향을 제시했다. "과거를 통해 미래를 설계하는 것, 그것이야말로 전통 과학기술의 진정한 가치입니다."라고 그는 말했다.

청소년 강의, 미래를 디자인하다

채 박사는 대전을 중심으로 전국에서 청소년들에게 과학과 우주개발의 꿈을 심어주는 데 앞장서고 있다. "아이들은 우리의 미래입니다. 상상력과 도전정신을 심어주는 것이 제가 해야 할 역할입니다." 그는 아이들과의 만남을 과학자로서 가장 행복한 순간 중 하나로 꼽았다.

그의 강의는 단순한 지식 전달을 넘어, 청소년들이 과학과 우주를 자신의 가능성으로 인식할 수 있도록 돕는다. "여러분의 상상이 곧 현실이 될 수 있습니다. 꿈꾸고 도전하세요."라는 메시지는 학생들에게 강렬한 울림을 준다. 특히 대전은 그의 활동이 가장 활발한 지역이다. 그는 "대전은 한국 과학기술의 심장입니다. 이곳 청소년들에게 과학의 가치를 전하는 것은 제게도 큰 보람입니다."라며 지역적 의미를 강조했다. 그의 강연에서는 신기전, KSR-Ⅲ, 거북선 복원의 사례가 과학적 원리와 도전의 중요성을 직접 보여주는 도구로 활용된다.

그는 실패의 가치를 특별히 강조한다. 고등학교 시절 로켓 실험 중 부상을 입었던 경험을 예로 들며, "실패는 성공으로 가는 중요한 발판입니다. 실패를 두려워하지 말고 계속 도전하세요."라는 메시지를 전한다. 강연에 참석한 한 학생은 "박사님의 이야기를 듣고 우주과학자가 되고 싶다는 꿈이 생겼습니다."라며 소감을 전했다. 채 박사는 "청소년들이 자신의 꿈을 찾고 그것을 현실로 만들어가는 모습을 볼 때 가장 큰 보람을 느낍니다."라며 청소년들에게서 얻는 영감을 말했다. 그는 과학기술이 사회에 기여할 수 있는 인재 양성에 대해 강조하며, "미래 우주과학의 주인공들이 제 강연에서 탄생하길 기대합니다. 그들이 한국을 넘어 세계를 이끌어갈 과학자가 될 것입니다."라고 말했다.

그의 강의는 단순히 지식을 전달하는 자리가 아니라, 학생들에게 스스로 미래를 꿈꾸고 도전할 용기를 심어주는 자리다. 그는 "아이들의 열정이 바로 과학기술 발전의 원동력입니다. 우리는 그들을 믿고 응원해야 합니다."라며, 다음 세대에 대한 신뢰를 드러냈다.

KSR-Ⅲ에서 우주강국으로 가다

채연석 박사가 이끈 KSR-Ⅲ 개발은 한국 우주개발 역사의 전환점이었다. "액체 추진 로켓엔진 개발은 국내 최초의 시도였습니다. 모든 것이 도전이었지만, 팀원들과 함께 가능성을 현실로 만들었습니다."라며 당시를 회상했다. 그는 KSR-Ⅲ 발사를 "과학자로서 제 삶의 정점"이라 표현하며, 한국이 독자적인 기술력을 기반으로 우주산업의 방향성을 정립하는 데 중요한 초석이 되었다고 평가했다.

현재 한국의 우주산업에 대해 그는 낙관적인 전망을 내놓았다. "누리호와 다누리 같은 프로젝트는 한국 우주산업이 세계적 수준에 도달했음을 보여줍니다. 이제는 민간 우주산업 활성화와 유인 우주선 개발 같은 더 큰 도전을 시작해야 합니다." 그는 특히 지속 가능한 우주 탐사의 중요성을 강조했다. "우주는 무한한 가능성을 제공합니다. 하지만 환경 보호와 자원의 효율적 사용이 필수적입니다. 우주 탐사는 인류의 미래를 위한 중요한 과제입니다."

채 박사는 "한국은 기술력과 인재가 많은 뛰어난 나라입니다. 지속적인 투자와 교육이 뒷받침된다면, 글로벌 우주 강국으로 자리 잡을 수 있습니다."라며 한국의 잠재력을 높이 평가했다.

채연석 박사는 전통 과학기술의 위대함을 현대에 되살리고, 한국 우주개발의 선구자로서 미래를 위한 초석을 다진 인물이다. 그는 마지막으로 이렇게 말했다.

"과학은 상상력과 실천의 조화입니다. 우리가 지금 이루는 모든 성과는 후대에 이어질 자산이 될 것입니다. 미래는 항상 도전하는 자의 것입니다."

채 박사의 열정과 도전정신은 과학기술의 발전을 넘어, 사람들에게 희망과 영감을 전한다. 그의 이야기는 미래 우주과학의 주역을 꿈꾸는 이들에게 큰 울림을 남긴다.

AI 마음코치 '심스페이스', K-에듀테크의 심장을 들고 시카고로

❖ **오정섭** 테바소프트의 대표

오정섭은 현재 테바소프트의 대표이며, 청소년 정신 건강 증진과 학교 생활지원을 위한 AI 기반 솔루션을 개발하는 기업가이다. 그는 AI 기술을 활용하여 학생들의 심리 상태를 관리하고 사회정서학습(SEL)을 돕는 도구인 '심스페이스(seamspace)'를 운영하고 있다. 심스페이스는 학생들의 '마음일기' 내용을 분석해 감정을 추출하는 기술을 갖추었으며, 이 기술은 98%의 정확도로 KOLAS 인증기관의 검증을 받은 바 있다. 그는 플랫폼 출시 5개월 만에 6,600명의 유료 사용자를 확보하는 등 청소년 멘탈케어 분야에서 높은 시장성을 입증한다. 테바소프트는 임팩트 비즈니스 전문 기업인 임팩트스퀘어로부터 시드 투자를 유치하였으며, 향후 저널링 기반의 디지털 정신건강 치료제 개발을 계획한다. 현재 그는 학생용과 교사용 영어 버전을 개발 완료하고 국제 학교 및 미국 사립 학교를 첫 목표로 해외 시장 진출을 추진하고 있다.

AI 마음코치 '심스페이스'

K-에듀테크의 심장을 들고 시카고로

미래 교육의 심장, 코엑스에서 발견한 K-에듀테크의 담대한 개척자

2025년 9월 18일, 서울 코엑스 전시홀 '2025 에듀테크 코리아 페어' 현장은 미래 교육을 향한 열기로 뜨거웠다. 인공지능이 교과서를 읽어주고, VR 기기가 교실을 우주로 바꾸는 화려한 기술의 향연 속, 그러나 그 소란스러운 중심에서 조금 떨어진 곳, 유독 진지한 눈빛이 오가는 부스가 있었다. 'AI 마음일기'라는 간결하지만 깊은 울림을 주는 문구가 선명한 테바소프트㈜ 그곳에서 만난 오정섭 대표는 쉴 새 없이 쏟아지는 질문에 답하면서도, 그의 시선은 이미 이 혼잡한 전시장을 넘어 태평양 건너, 시카고의 마천루를 향하고 있었다.

그는 이미 한국 교육계에 하나의 혁신을 일으킨 인물이다. 1500개 학교, 10만여 명. 단순한 숫자가 아니다. 10만 개의 복잡하고 섬세한 마음의 세계를 '데이터'라는 언어로 이해하고 보듬는 데 성공했다는 증거다. 이제 그는 그 검증된 기술력과 비전을 들고 '사회정서학습(SEL)'의 세계적 심장부인 시카고의 문을 두드린다. 이것은 단순한 해외 시장 진출을 넘어, 한국의 작은 스타트업이 K-에듀테크의 새로운 역사를 쓰기 위해 내딛는 위대하고 담대한 첫 장이다.

'마음의 데이터'로 한국 교육 현장을 흔들다

오정섭 대표가 개발한 '심스페이스'는 AI 기반 사회정서학습(SEL) 솔루션이다. 학생이 AI 챗봇 '심스'와 대화하며 감정을 기록하면, AI가 자연어 처리 기술을 통해 그 미묘한 뉘앙스까지 분석해 공감과 지지를 건넨다. 언뜻 간단해 보이지만, 그 파급력은 이미 한국의 까다로운 교육 현장에 완벽하게 증명됐다.

"성공의 비결은 단 하나, '현장의 절실한 필요'에 정확히 답했기 때문입니다." 오 대표는 차분하게 말했다. 판데믹을 거치며 학생들의 정서적 고립감과 불안은 심화됐지만, 교사 한 명이 수십 명에 달하는 아이들의 마음속 상처를 일일이 살피고 보듬는 것은 물리적으로 불가능한 일이었다. 전통적인 상담 시스템은 문턱이 높았고, 아이들은 자신의 속마음을 털어놓을 곳을 찾지 못했다. 심스페이스는 바로 그 '돌봄의 공백'을 파고들었다. AI가 24시간 곁을 지키는 상담가 친구가 되어주고, 매일의 마음을 기록하게 관리해 준다.

더 중요한 것은 교사에게 제공되는 가치다. 교사는 학생의 사적인 일기를 보는 대신, 학급 전체의 '감정 동향 데이터'를 시각화된 그래프와 워드클라우드로 확인한다. "예를 들어, 특정 시기에 '불안', '시험' 같은 키워드가 급증하는 것을 보고 한 선생님은 선제적으로 스트레스 완화 프로그램을 진행했었습니다. 이것이 바로 저희가 꿈꾸는 교실의 모습입니다. 교사에게는 '데이터라는 새로운 눈'을 달아준 셈이죠. 미분에 행정 부담은 줄이고, 도움이 시급한 학생에게 집중하며 교육의 본질인 '깊이 있는 관계 형성'에 더 많은 시간을 쏟을 수 있게 된 겁니다." 이러한 효용성은 교사 커뮤니티를 중심으로 입소문을 타고 빠르게 번져나갔다. 서울시교육청을 비롯한 여러 교육청과의 공식 파트너십을 통해 교육적 효과와 안정성을 공인받은 것은 폭발적인

테바소프트㈜의 오정섭대표(51세).

서울 삼성역코엑스 전시홀 '2025 에듀테크 코리아 페어' 현장에서 오정섭대표(51)와 본지 특파원이 심스페이스의 사용법을 배우고 있다.

성장의 기폭제가 되었고, 이는 1,500개, 10만 명이라는 유료 사용자 확보라는 놀라운 결과로 이어졌다.

'데이터'라는 새로운 눈, 교실의 온도를 바꾸다

오 대표는 '나를 아낄 줄 아는 선생님들을 위한 에듀테크'라는 슬로건처럼, 교사의 행복이 곧 학생의 행복으로 이어진다는 믿음이 서비스의 근간을 이룬다고 강조한다. "심스페이스는 결코 교사를 대체하는 기술이 아닙니다. 오히려 선생님들께 '데이터라는 새로운 눈'을 달아드리는 강력한 조력자입니다. 학생들의 속마음을 일일이 면담하지 않아도 반 전체의 정서적 흐름을 직관적으로 파악할 수 있을 뿐만 아니라, 개별적으로 학생 하나하나의 상세한 이야기까지 확인하고 교사가 직접 댓글을 달 수 있어 깊이 있는 소통도 가능합니다." 이를 통해 교사는 행정적 부담을 덜고, 도움이 시급한 학생에게 더 집중하며 교육의 본질인 '관계 형성'에 더 많은 에너지를 쏟을 수 있다. 여기에 서울시교육청과 함께 제작한 다양한 교육사례집과 자료들은 사회정서 교육을 처음 접하는 선생님들에게 훌륭한 길잡이가 되어준다.

왜 시카고인가? 호랑이를 잡으려 호랑이 굴로

국내에서의 성공에 안주할 법도 하지만, 오 대표는 주저 없이 다음 행선지로 시카고를 택했다. 그의 표현을 빌리자면 '가장 쉬운 길이 아닌 가장 의미 있는 길'을 가기 위해서다. 시카고는 사회정서학습(SEL) 분야의 글로벌 표준을 만들고 전 세계 교육 정책에 영향을 미치는 권위 있는 기관 CASEL(The Collaborative for Academic, Social, and Emotional Learning)이 위치한 곳, 즉 SEL의 본고장이자 심장부다. 다른 도시에서 작은 성공을 거두는 것보다, 가장 어려운 시장이자 중심지에서 정면으로 승부수를 던지겠다는 전략적 판단이다.

"'최고의 전문가들이 모인 곳에서 저희의 데이터 기반 AI가 실력을 정면으로 평가받고 싶었습니다. 그들의 인정을 받는 것이 곧 저희 솔루션의 글로벌 스탠더드 입증이니까요. SEL의 본고장에서 성공 모델을 만드는 것이야말로, 미국 전역과 세계로 뻗어 나가는 가장 빠르고 확실한 길이라 확신합니다." 이미 그 가능성은 확인됐다. CASEL과의 긍정적인 첫 온라인 미팅에서 그는 심스페이스가 AI 기술을 통해 어떻게 SEL의 5가지 핵심 역량(자기인식, 자기관리 등)을 '주관적 감정'이 아닌 '객관적 데이터로 측정하고 개인 맞춤형으로 발전시킬 수 있는지 구체적인 한국의 성공 사례를 공유했다. CASEL 측은 AI를 통해 SEL의 효과성을 정량적으로 추적하고 확장할 수 있다는 점에 큰 관심을 보였다고 한다. 그는 "단순히 저희 제품을 알리는 것을 넘어, CASEL의 깊이 있는 연구와 저희의 기술력을 결합하는 파트너가 되고 싶습니다. 예를 들어, AI 기반의 새로운 SEL 평가 도구를 공동 개발하거나, 시카고 교육청과 함께 데이터 기반 SEL 효과성 연구 프로젝트를 진행하는 등 시카고의 SEL 생태계 자체를 더욱 풍성하게 만드는 기술 파트너가 되고 싶다"며 구체적이고 강한 의지를 내비쳤다.

AI, 감정을 정량화하다: 기술, 프라이버시를 품다

심스페이스의 핵심 경쟁력은 '정성적인 마음을 정량적인 데이터로' 보여준다는 데 있다. 눈에 보이지 않는 감정의 흐름을 AI 기술로 명확하게 가시화하는 것이다. 기존 프로그램들이 단순히 교육 콘텐츠를 제공하는 데 그쳤다면, 심스페이스는 학생이 쓴 일기 텍스트에서 AI가 직접 긍정, 부정과 같은 단순한 감정 분류를 넘어 기쁨, 슬픔, 분노, 불안 등 46가지의 세분된 감정을 추출하고 복합적인 뉘앙스까지 분석해낸다. 특히 성격 유형 검사를 접목하여 독자적으로 개발한 'LBTI(생활유형지수) 분석이나, 분석 결과에 기반해 AI가 개인화된 조언을 건네는 'AI 코멘트' 기능은 학생 스스로가 자신을 깊이 이해하고 성장하도록 돕는 독보적인 기술이다.

이러한 기술력의 배경에는 컴퓨터공학 박사이자 AI 전문가인 오 대표 자신과 더불어, 세계적인 AI 경진대회 1위 출신인 한서대 이훈희 교수와의 긴밀한 기술 협력이 있다. 오 대표는 "이 교수님과의 협력은 저희 AI 모델이 상업적 가치를 넘어 학술적 깊이와 신뢰도를 갖추게 하는 핵심 동력'이라며, '최신 연구 결과를 모델에 지속적으로 반영하여 기술적 우위를 지켜나갈 것'이라고 밝혔다. 이 교수와의 파트너십은 기술의 신뢰도를 증명하는 가장 강력한 자산인 셈이다.

그러나 학생의 내밀한 데이터를 다루는 만큼, 프라이버시 문제는 기술력보다 더 중요하게 다루는 이슈다. 이에 대해 오 대표는 "설계 단계부터 '강력한 프라이버시 보호(Privacy by Design)'를 최우선 원칙으로 삼았다'고 수 차례 강조했다. "학생이 작성하는 모든 내용은 종단간 암호화(End-to-end Encryption) 기술로 처리되며, 교사는 원문 열람이 가능합니다. 교육적 효과가 뛰어나지요."

그는 미국 시장 진출에 있어 FERPA(가족 교육 권리 및 개인 정보 보호법)와 같은 현지 법규를 엄격히 준수하는 것은 기본이며, 그 이상의 글로벌 기준으로 학생들의 민감한 정보를 보호할 것임을 분명히 했다. 이처럼 기술적, 윤리적 안전장치를 완벽하게 갖췄다는 자신감은 그의 목소리로 명확히 느껴졌다.

한 스타트업의 도전, K-에듀테크의 역사가 되다

오정섭 대표의 시카고 진출은 단순한 한 기업의 도전을 넘어, 대한민국 AI 기술 스타트업 생태계 전체의 희망을 쏘아 올리는 신호탄과 같다. 곧 출범을 앞둔 'AI 글로벌 스타트업 협회'의 1호 해외 진출 주자로서, 그는 개인의 성공을 넘어 K-에듀테크의 미래를 짊어진 개척자의 책임감을 느끼고 있었다. "이번 도전은 협회의 존재 이유를 증명하는 첫 미션이자, 저희를 지켜보는 모든 후배 스타트업들을 위한 약속입니다. 법인 설립의 사소한 절차부터 현지화의 어려움, 마케팅 전략, 그리고 첫 계약의 기쁨까지, 모든 과정을 투명하게 기록하여 살아 쉬는 'K-에듀테크 글로벌 진출 플레이북'을 만들고 싶습니다' 그의 성공이 다른 후배들에게 '우리도 할 수 있다'는 용기와 시행착오를 줄여주는 '디지털 나침반'이 되기를 진심으로 바라는 것이다.

이를 위해 'AI 문화 현지화'라는, 단순한 번역을 뛰어넘는 치밀한 전략을 세웠다. 미국 학생들이 실제로 사용하는 슬랭과 감정 표현, 문화적 코드를 AI에게 가르쳐, 기술이 아닌 '진짜 친구'로 다가서겠다는 야심 찬 계획이다. 비즈니스 모델 역시 현지 교육구와의 시범사업을 시작으로, 심리 상담 센터나 보험사와 연계하는 B2B2C 모델까지 유연하게 확장하며 최적의 길을 찾을 예정이나. 그의 궁극적인 목표는 국경을 넘어 '모든 아이들이 자신의 마음을 이해하고 스스로를 온전히 사랑하는 세상을 만드는 것이다. 이는 CASEL이 추구하는 가치와도 정확히 일치하는 비전이다. "CASEL에게는 저희가 최고의 기술 파트너가 될 수 있다고 자신합니다. SEL의 미래는 데이터와 기술의 결합에 있으며, 저희는 그 미래를 현실로 만들 준비가 되어 있습니다. 함께 SEL의 새로운 역사를 써 내려가길 고대합니다."

인터뷰를 마치며 그는 시카고 한인 사회를 향한 진심 어린 메시지를 잊지 않았다. "머나먼 곳에서 시작하는 이 도전이 성공의 열매를 맺어 한인 사회의 자랑과 자부심이 될 수 있도록, 따뜻한 관심과 응원을 부탁드립니다. 저희는 이곳에서 단지 비즈니스를 하는 것이 아니라, 우리의 아이들, 차세대 인재들과 함께 성장하는 커뮤니티의 일원이 되고 싶습니다' 그의 당찬 포부와 빛나는 눈빛에서, 우리는 이미 성공적으로 시카고에 깃발을 꽂은 듯 K-에듀테크의 밝은 미래를 볼 수 있었다.

이가희 시카고한국일보 한국특파원
한국스토리텔링연구원장
시인/칼럼니스트

미래 교육의 심장, 코엑스에서 발견한 K-에듀테크의 담대한 개척자

오정섭 대표는 이미 한국 교육계에 하나의 혁신을 일으킨 인물이다. 1,500개 학교, 10만여 명. 단순한 숫자가 아니다. 10만 개의 복잡하고 섬세한 마음의 세계를 '데이터'라는 언어로 이해하고 보듬는 데 성공했다는 증거다. 그는 이러한 기술력과 비전을 기반으로 '사회정서학습(SEL)'의 세계적 심장부인 시카고에 주목하고 있다. 이는 단순한 해외 시장 진출을 넘어, 한국의 작은 스타트업이 K-에듀테크의 새로운 역사를 쓰기 위해 내딛는 의미 있는 첫걸음이다.

'마음의 데이터'로 한국 교육 현장을 흔들다

그가 개발한 '심스페이스'는 AI 기반 사회정서학습(SEL) 솔루션이다. 학생이 AI 챗봇 '심스'와 대화하며 감정을 기록하면, AI가 자연어 처리 기술을 통해 그 미묘한 뉘앙스까지 분석해 공감과 지지를 건넨다. 언뜻 간단해 보이지만, 그 파급력은 이미 한국의 까다로운 교육 현장에서 완벽하게 증명됐다.

"성공의 비결은 단 하나, '현장의 절실한 필요'에 정확히 답했기 때문입니다." 오 대표는 차분하게 말했다. 팬데믹을 거치며 학생들의 정서적 고립감과 불안은 심화됐지만, 교사 한 명이 수십 명에 달하는 아이들의 마음속 상처를 일일이 살피고 보듬는 것은 물리적으로 불가능한 일이었다. 전통적인 상담 시스템은 문턱이 높았고, 아이들은 자신의 속마음을 털어놓을 곳을 찾지 못했다. 심스페이스는 바로 그 '돌봄의 공백'을 파고들었다. AI가 24시간 학생 곁을 지키는 상담가 친구가 되어주고, 매일의 마음을 꾸준히 관리해준다.

더 중요한 것은 교사에게 제공되는 가치다. 교사는 학생의 사적인 일기를 보는 대신, 학급 전체의 '감정 동향 데이터'를 시각화된 그래프와 워드클라우드로 확인한다. "예를 들어, 특정 시기에 '불안', '시험' 같은 키워드가 급증하는 것을 본 한 선생님은 선제적으로 스트레스 완화 프로그램을 진행하셨습니다. 이것이 바로 저희가 꿈꾸는 교실의 모습입니다. 교사에게는 '데이터'라는 새로운 눈을 달아준 셈이죠. 덕분에 행정 부담은 줄이고, 도움이 필요한 학생에게 집중하며 교육의 본질인 '깊이 있는 관계 형성'에 더 많은 시간을 쏟을 수 있게 된 겁니다." 이러한 효용성은 교사 커뮤니티를 중심으로 입소문을 타고 빠르게 번져나갔다. 서울시교육청을 비롯한 여러 교육청과의 공식 파트너십을 통해 교육적 효과와 안정성을 공인받은 것은 폭발적인 성장의 기폭제가 되었고, 이는 1,500개교, 10만 명이라는 유료 사용자 확보라는 놀라운 결과로 이어졌다.

'데이터'라는 새로운 눈, 교실의 온도를 바꾸다

오 대표는 '나를 아낄 줄 아는 선생님들을 위한 에듀테크'라는 슬로건처럼, 교사의 행복이 곧 학생의 행복으로 이어진다는 믿음이 서비스의 근간을 이룬다고 강조한다. "심스페이스는 결코 교사를 대체하는 기술이 아닙니다. 오히려 선생님들께 '데이터'라는 새로운 눈을 달아드리는 강력한 조력자입니다. 학생들의 속마음을 일일이 면담하지 않아도 반 전체의 정서적 흐름을 직관적으로 파악할 수 있을 뿐만이 아니라, 개별적으로 학생 하나하나의 상세한 이야기까지 확인하고 교사가 직접 댓글을 달 수 있어 깊이 있는 소통도 가능합니다." 이를 통해 교사는 행정적 부담을 덜고, 도움이 시급한 학생에게 더 집중하며 교육의 본질인 '관계 형성'에 더 많은 에너지를 쏟을 수 있다. 여기에 서울시교육청과 함께 제작한 다양한 교육사례집과 자료들은 사회정서 교육을 처음 접하는 선생님들께 훌륭한 길잡이가 되어준다.

왜 시카고인가? 호랑이를 잡으러 호랑이 굴로

국내에서의 성공에 안주할 법도 하지만, 오 대표는 주저 없이 다음 행선지로 시카고를 택했다. 그의 표현을 빌리자면 '가장 쉬운 길이 아닌 가장 의미 있는 길'을 가기 위해서다. 시카고는 사회정서학습(SEL) 분야의 글로벌 표준을 만들고 전 세계 교육 정책에 영향을 미치는 권위 있는 기관 CASEL(The Collaborative for Academic, Social, and Emotional Learning)이 위치한 곳, 즉 SEL의 본고장이자 심장부다. 다른 도시에서 작은 성공을 거두는 것보다, 가장 어려운 시장이자 중심지에서 정면으로 승부수를 던지겠다는 전략적 판단이다.

"최고의 전문가들이 모인 곳에서 저희의 데이터 기반 AI 기술력을 정면으로 평가받고 싶었습니다. 그들의 인정을 받는 것 자체가 저희 솔루션의 글로벌 스탠더드 입증이니까요. SEL의 본고장에서 성공 모델을 만드는 것이야말로, 미국 전역과 세계로 뻗어 나가는 가장 빠르고 확실한 길이라 확신합니다." 이미 그 가능성은 확인됐다. CASEL과의 긍정적인 첫 온라인 미팅에서 그는 심스페이스가 AI 기술을 통해 어떻게 SEL의 5가지 핵심 역량(자기인식, 자기관리 등)을 '주관적 감상'이 아닌 '객관적 데이터'로 측정하고 개인 맞춤형으로 발전시킬 수 있는지 구체적인 한국의 성공 사례를 공유했다. CASEL 측은 AI를 통해 SEL의 효과성을 정량적으로 추적하고 확장할 수 있다는 점에 큰 관심을 보였다고 한다. 그는 "단순히 저희 제품을 알리는 것을 넘어, CASEL의 깊이 있는 연구와 저희의 기술력을 결합하는 파트너가 되고 싶습니다. 예를 들어, AI 기반의 새로운 SEL 평가 도구를 공동 개발하거나, 시카고 교육청과 함께 데이터 기반 SEL 효과성 연구 프로젝트를 진행하는 등 시카고의 SEL 생태계 자체를 더욱 풍성하게 만드는 기술 파트너가 되고 싶습니다"라며 구체적이고 강한 의지를 내비쳤다.

AI, 감정을 정량화하다: 기술, 프라이버시를 품다

심스페이스의 핵심 경쟁력은 '정성적인 마음을 정량적인 데이터로' 보여준다는 데 있다. 눈에 보이지 않는 감정의 흐름을 AI 기술로 명확하게 가시화하는 것이다. 기존 프로그램들이 단순히 교육 콘텐츠를 제공하는 데 그쳤다면, 심스페이스는 학생이 쓴 일기 텍스트에서 AI가 직접 긍정, 부정과 같은 단순한 감정 분류를 넘어 기쁨, 슬픔, 분노, 불안 등 46가지의 세분된 감정을 추출하고 그 복합적인 뉘앙스까지 분석해낸다. 특히 성격 유형 검사를 접목하여 독자적으로 개발한 'LBTI(생활유형지수)' 분석이나, 분석 결과에 기반해 AI가 개인화된 조언을 건네는 'AI 코멘트' 기능은 학생 스스로가 자신을 깊이 이해하고 성장하도록 돕는 독보적인 기술이다.

이러한 기술력의 배경에는 컴퓨터공학 박사이자 AI 전문가인 오 대표 자신과 더불어, 세계적인 AI 경진대회 1위 출신인 한서대 이훈희 교수와의 긴밀한 기술 협력이 있다. 오 대표는 "이 교수님과의 협력은 저희 AI 모델이 상업적 가치를 넘어 학술적 깊이와 신뢰도를 갖추게 하는 핵심 동력"이라며, "최신 연구 결과를 모델에 지속적으로 반영하여 기술적 우위를 지켜나갈 것"이라고 밝혔다. 이 교수와의 파트너십은 기술의 신뢰도를 증명하는 가장 강력한 자산인 셈이다.

그러나 학생의 내밀한 데이터를 다루는 만큼, 프라이버시 문제는 기술력보다 더 중요하게 다루는 이슈다. 이에 대해 오 대표는 "설계 단계부터 '강력한 프라이버시 보호(Privacy by Design)'를 최우선 원칙으로 삼았다"라고 강조했다. "학생이 작성하는 모든 내용은 종단간 암호화(End-to-end Encryption) 기술로 처리되며, 교사는 원문 열람이 가능합니다. 교육적 효과가 뛰어나지요." 그는 미국 시장 진출에 있어 FERPA(가족 교육 권리 및 개인정보 보호법)와 같은 현지 법규를 엄격히 준수하는 것은 기본이며, 그 이상의 글로벌 기준으로 학생들의 민감한 정보를 보호할 것임을 분명히 했다. 이처럼 기술적, 윤리적 안전장치를 완벽하게 갖췄다는 자신감은 그의 목소리에서 명확히 느껴졌다.

한 스타트업의 도전, K-에듀테크의 역사가 되다

그의 시카고 진출은 단순한 한 기업의 도전을 넘어, 대한민국 AI 기술 스타트업 생태계 전체의 희망을 쏘아 올리는 신호탄과 같다. 곧 출범을 앞둔 'AI 글로벌 스타트업 협회'의 1호 해외 진출 주자로서, 그는 개인의 성공을 넘어 K-에듀테크의 미래를 짊어진 개척자의 책임감을 느끼고 있었다. "이번 도전은 협회의 존재 이유를 증명하는 첫 미션이자, 저희를 지켜보는 모든 후배 스타트업들을 위한 약속입니다. 법인 설립의 사소한 절차부터 현지화의 어려움, 마케팅 전략, 그리고 첫 계약의 기쁨까지, 모든 과정을 투명하게 기록하여 살아 숨 쉬는 'K-에듀테크 글로벌 진출 플레이북'을 만들고 싶습니다." 그의 성공이 다른 후배들에게 '우리도 할 수 있다'는 용기와 시행착오를 줄여주는 '디지털 나침반'이 되기를 진심으로 바라는 것이다.

이를 위해 'AI 문화 현지화'라는, 단순한 번역을 뛰어넘는 치밀한 전략을 세웠다. 미국 학생들이 실제로 사용하는 슬랭과 감정 표현, 문화적 코드를 AI에게 가르쳐, 기술이 아닌 '진짜 친구'로 다가서겠다는 야심 찬 계획이다. 비즈니스 모델 역시 현지 교육구와의 시범사업을 시작으로, 심리 상담 센터나 보험사와 연계하는 B2B2C 모델까지 유연하게 확장하며 최적의 길을 찾을 예정이다. 그의 궁극적인 목표는 국경을 넘어 "모든 아이들이 자신의 마음을 이해하고 스스로를 온전히 사랑하는 세상을 만드는 것"이다. 이는 CASEL이 추구하는 가치와도 정확히 일치하는 비전이다. "CASEL에게는 저희가 최고의 기술 파트너가 될 수 있다고 자신합니다. SEL의 미래는 데이터와 기술의 결합에 있으며, 저희는 그 미래를 현실로 만들 준비가 되어 있습니다. 함께 SEL의 새로운 역사를 써 내려가길 고대합니다."

인터뷰를 마치며 그는 시카고 한인 사회를 향한 진심 어린 메시지를 잊지 않았다. "머나먼 곳에서 시작하는 이 도전이 성공의 열매를 맺어 한인 사회의 자랑과 자부심이 될 수 있도록, 따뜻한 관심과 응원을 부탁드립니다. 저희는 이곳에서 단지 비즈니스를 하는 것이 아니라, 우리의 아이들, 차세대 인재들과 함께 성장하는 커뮤니티의 일원이 되고 싶습니다." 그의 당찬 포부와 빛나는 눈빛에서, 우리는 이미 성공적으로 시카고에 깃발을 꽂은 듯 K-에듀테크의 밝은 미래를 볼 수 있었다.

가슴으로 읽는 시간,
뇌가 아닌 몸의 언어 '감정 시계'

❖ **강도형** 서울청정신의학과 원장

정신건강의학과 전문의로, 서울대학교병원 정신건강의학과 교수로 20여 년간 재직했다. 현재 강남역 인근 '서울청정신의학과' 원장으로, 감정과 뇌의 상호작용을 연구하는 감정신경의학 분야의 선구자이다.

미국 학술지 The Journal of Pain에 세계 최초로 복합부위통증증후군 환자가 타인의 감정을 인식하지 못한다는 사실을 규명해 국제적으로 주목받았다.

또한 국제학술지 Annals of Palliative Medicine의 초청 논문을 통해 '감정과 공감의 뇌 메커니즘'을 탐구하며 학문적 권위를 확립했다.

최근에는 감정을 시간의 흐름으로 해석한 '감정 시계(Feel Clock)' 개념을 제시해, 감정의 리듬을 회복하고 마음의 균형을 되찾는 과학적 명상법을 제안하고 있다.

가슴으로 읽는 시간, 뇌가 아닌 몸의 언어 '감정 시계'

서울 청 정신의학과 강도형 원장 "AI 시대, 감정의 리듬만이 인간의 마지막 영토"

2025년 11월 6일 오후, 서울 강남역 인근 '서울 청 정신의학과'을 찾았다. 진료실 창가에 앉아 미소를 짓는 강도형 원장의 모습은 한 폭의 정물화 같았다. 탁자 위에는 그의 철학이 응축된 저서 「감정 시계」가 놓여 있었고, 그 옆의 뇌 영상 연구 자료들은 보이지 않는 생명의 신비를 조용히 웅변하는 듯했다. 서울대 의대 정신의학과 교수로 20여 년, 한국 정신의학의 최전선에서 수많은 영혼의 풍경을 목격해 온 그. 그는 이제 인간의 감정을 단순한 심리 현상을 넘어, '시간의 리듬으로 흐르는 생명의 언어'로 해석하며 우리 시대의 가장 근원적인 질문을 던진다. 프랑크푸르트 도서전에서까지 주목받은 그의 연구는, 격변하는 AI 시대에 인간의 존재 이유를 '감정의 본질'에서 찾아내려는 과학적이자 철학적인 시도이다. 본지는 찰나의 침묵 속에서 몸과 뇌, 그리고 AI 시대의 인간다움에 대한 깊은 사유의 여정을 강 원장과 함께 시작한다.

찰나의 고통, 그 근원을 '생각'이 아닌 '느낌'에서 찾다

정신의학의 거장들이 무의식과 사고의 영역을 탐험할 때, 강도형 원장은 환자들의 가장 낮은 목소리에 귀 기울였다. "예전엔 무의식과 사고, 즉 생각을 다뤘지만, 실제 환자들은 '생각이 아파서'가 아니라 '감정이 아파서' 병원에 옵니다." 그의 통찰은 인간 고통의 근원을 '생각의 논리'가 아닌 '감정의 흐름'으로 돌려놓는다. 놀랍게도 대부분의 환자는 "지금 어떤 감정인가요?"라는 질문에 대답하지 못한다고 했다. 우리는 자신의 감정을 명명하고 인식하는 능력조차 잃어버린 채 살아간다. 감정을 알아차리는 능력이야말로 자기 이해의 첫 걸음임에도 말이다.

이러한 문제의식이 양태한 것이 바로 「감정 시계」이다. 그는 단언한다. "감정은 시간의 흐름처럼 흘러가고, 매 순간 변화합니다. 이 감정의 파동을 시간의 단위로 기록하고 관찰할 때, 우리는 비로소 자신의 감정 리듬을 이해하는 주체가 될 수 있습니다." 그의 시계는 단순한 측정 도구가 아니라, 스스로 읽어내는 '내면의 지도'였던 것이다. 감정은 흐름이며, 그 흐름을 읽는 능력이야말로 현대를 살아가는 우리의 잃어버린 감수성인 것이다.

몸이 먼저 웅변한다: 감정은 뇌가 아니라 생명의 '신호'에서 시작된다

우리는 감정을 흔히 '머리에서 일어나는 마음의 현상으로 여긴다. 그러나 강 원장은 이 오랜 통념에 단호히 반기를 든다. "감정은 단순한 마음의 상태가 아니라 몸의 신호입니다. 위장이 긴장하면 불안으로, 심장이 두근거리면 두려움으로 느낍니다." 그는 이 과정을 '몸 전체의 협연'이라 표현한다. 자율신경계가 먼저 반응하여 심장을 두근거리게 하고 손에 땀을 낸 후에야, 뇌는 그 신호를 해석하여 "아, 내가 지금 두렵구나"라고 인식한다는 것. 그는 가슴에 손을 얹으며 이곳이 바로 감정의 출발점임을 보여준다.

이 '몸의 언어'를 이해하는 핵심은 '내수용 감각(interoception)'에 있다. 몸 내부의 장기, 혈류, 호흡 등에서 발생하는 미세한 신호를 감지하는 능력이다. "감정이란 결국 몸속에서 일어나는 생리적 반응을 우리가 어떻게 인식하느냐의 문제입니다. 몸의 신호를 읽지 못하면 감정이 왜곡되고, 그 감정의 왜곡은 다시 사고와 판단까지 흐리게 만듭니다." 현대사회는 머리로만 사는 시대, 생각은 과잉되었으나 느끼는 힘은 극도로 약해졌다. 몸의 감각을 잃어버린 채, 현대인의 우울과 불안은 '몸의 감정 신호를 잃어버린' 결과로 해석될 수밖에 없다. 감정을 인식한다는 것은 결국 '몸의 리듬을 회복하는 일'이며, 이 리듬이야말로 인간 존재의 가장 근원적인 음악임을 그는 힘주어 말한다. 감정은 뇌의 논리가 아닌, 몸의 음악이며, 몸에서 시작해 몸으로 끝나는 생명의 과정이다.

시간의 파동을 시각화하다 '감정 시계'와 '감정 지도'의 철학

그의 연구는 우주의 시간처럼 감정의 리듬 또한 흐르고 반복된다는 전제에서 시작됐다. '시계'가 한 방향으로 흐르지만, 감정은 반복되면서도 결코 같은 방향으로 형태로 돌아오지 않습니다. 이 리듬이 곧 생명 유지의 핵심이지요.' 강 원장은 이 생명의 원리를 바탕으로 'Feel Clock', 즉 감정 시계를 창안했다. 감정의 흐름을 시각화하여 하루 한 달, 1년 단위로 '감정 지도를 그리는 개념이다.

이것은 감정을 단순한 기분이 아닌, 기록 가능한 데이터로 전환하여 자기 감정의 주기와 방향을 객관적으로 이해하게 돕는다. 감정의 '리듬 데이터화'라는 이 새로운 접근은 정신의학계에 신선한 충격을 던져주었다. 감정은 논리가 아닌 흐름으로만 이해되며, 그 흐름을 눈에 보이게 만드는 것이 바로 감정 기록이다. "감정은 사라지는 것이 아니라 흔적으로 남습니다. 그 흔적을 기록하면 비로소 나의 감정 리듬을 볼 수 있습니다." 그의 「감정 시계」는 단순한 심리 교본이 아니라, 인간 감정의 시간 인문학을 펼쳐 보인다.

서울 청 정신의학과 강도형 대표원장.

서울 청 정신의학과 진료실에서 강도형 원장(53세, 사진 오른쪽)이 본지 특파원에게 감정의 리듬과 몸의 신호에 대해 설명하고 있다.

감정의 주파수를 맞추는 일: 관찰과 기록은 곧 자기 치유의 시작

"「감정 시계」는 억압 대신 관찰과 기록이라는 구체적인 실천 지침을 제시한다. 감정을 글로 쓰는 순간, 감정은 더 이상 나를 휘두르는 주체가 아니라 '관찰의 대상'이 된다." 감정을 억누르지 않고 글로 쓰는 순간, 감정은 대상이 됩니다. 즉각적인 반응이 아니라 관찰의 단계로 넘어가는 것이지요." 이때 우리는 감정에 휘둘리는 객체가 아닌, 감정을 바라보는 주체로 거듭난다.

그는 이를 '감정의 주파수를 맞추는 일'이라 명명했다. 사람마다 고유한 감정의 진동수가 있는데, 그 리듬을 모르면 타인의 감정에 무잡히 휘둘릴 수밖에 없다는 것이다. 감정 기록은 하루를 되돌아보며 내 감정의 온도와 속도를 점검하는 성찰의 과정이다. 이것이 바로 감정의 자각이며, 결국 자기 자신을 이해하는 가장 빠르고 정확한 길이다.

그는 '속도의 철학'을 넘어 '시간의 인문학'을 이야기한다. "우리는 외부의 속도에 끌려 살고 있습니다. 그러나 감정은 생명의 속도로 움직이지요. 그 느낌을 인정하지 않으면 감정의 리듬이 무너지고, 결국 삶의 중심을 잃게 됩니다. AI 시대의 인간에게 필요한 것은 더 빠른 판단이 아니라 더 깊은 감정의 감지력이라는 것이다. 감정을 기록한다는 것은 결국 자기 생명의 시간을 되찾는 일인 것이다.

명상의 과학적 증명: 몸의 리듬 조율로 뇌를 회복한다

강 원장은 서울대 교수 시절부터 명상과 뇌영상 연구를 병행하며, 비과학적이라는 편견에 맞섰다. fMRI를 통한 연구는 그에게 과학적 확신을 주었다. "명상가들의 뇌를 분석해 보니, 통증이나 스트레스에 관여하는 영역이 회복되고 감정 조절력이 높아지는 것을 확인했습니다." 그는 명상을 '몸을 통한 인행'으로 정의한다. 단순한 정신 안정이 아니라, 호흡과 맥박, 장기의 움직임에 귀 기울이는, 곧 생명의 리듬을 회복하는 과정이라는 것이다.

그의 연구는 명상을 '감정의 과학화'로 확장하며, '몸의 리듬을 조율하면 마음의 조화가 생긴다는 진리를 입증했다. 그는 '명(明)'이 '밝을 명'이 아니라 '어두운 명이라는 새로운 해석을 내놓는다. 진짜 명상은 밝은 곳이 아니라 어둠 속에서 자기 안의 리듬을 듣는 훈련이며, 몸의 감각을 깨우면 뇌가 변하고, 뇌가 변하면 감정이 바뀌는 것이 곧 명상의 회복임을 강조한다. 감정의 본질은 생명의 리듬이며, 인간의 의식은 이원론에 비롯된다는 그의 단언은 이원론적 사고를 깨는 통찰이다.

인간의 마지막 영토: AI 시대, 감정의 리듬을 지켜야 하는 이유

AI가 인간의 자극 영역을 빠르게 잠식하는 시대. 우리는 기계에 지배당할지 모른다는 막연한 불안과 마주한다. 강 원장은 이 질문에 명쾌하게 답한다. "AI는 생각을 모방할 수 있지만 감정은 복제할 수 없습니다. 사랑, 슬픔, 그리움 같은 감정은 생명의 리듬이가에, 기계는 결코 그것을 체화할 수 없다는 것이다.

그는 지금의 사회를 '속도 중독이라 표현하며, 기술이 빨라질수록 생명의 시간은 여전히 느리다는 모순을 지적한다. "감정의 리듬이 무너질수록 인간다움도 사라집니다. AI가 지배하는 시대일수록 감정의 리듬을 지키는 일이 인간의 존엄을 지키는 일이지요." 그는 감정을 '인간 존재의 마지막 영토'라고 강조하며, AI 시대에 인간에게 필요한 것은 더 빠른 판단이 아니라 더 깊은 감정의 감지력이라고 역설한다. 기술의 속도보다 '감정의 속도를 되찾는 것이야말로 인간 중심의 삶을 지키는 유일한 길이다.

강도형원장 저서 감정시계.

감정의 데이터화: '필링뱅크'로 스스로를 이해하는 새로운 도구

「감정 시계」의 철학은 이제 디지털 플랫폼인 '필링뱅크(Feeling Bank)'로 확장되고 있다. 개인의 감정을 단어, 이모티콘, 언어 패턴으로 기록하고 시각화하여, 마치 금융 거래 내역처럼 감정의 흐름을 한눈에 볼 수 있는 새로운 개념이다. 그는 이 프로젝트를 통해 "감정을 객관적으로 관찰하고, 감정의 자기 이해를 돕는 새로운 도구를 만들고 싶다고 밝혔다.

궁극적으로는 AI 분석 기술을 결합해 개인별 '감정 리듬 분석 리포트'를 제공하여, '기술이 인간을 대신하는 시대, 인간의 감정만큼은 데이터로 다시 인간에게 돌아가야 한다는 비전을 제시한다. 생각은 세상을 설명하지만, 행복은 감정에서 온다. 감정은 경험이고, 경험은 삶의 기억이다. AI는 계산할 수 있어도 느낄 수 없다. 감정을 아는 인간만이 진짜 인간이라는 그의 외침은, 감정을 느끼고 지켜내는 일, 그것이 인간답게 사는 앎임을 웅변한다.

지금, 당신의 감정 시간은 몇 시입니까? 희망의 리듬을 찾아서

강도형 원장과의 인터뷰를 마쳤다. 진료실 문을 나설 때, 서울 강남의 거리는 아까와는 다른 빛깔로 다가왔다. 우리는 매일 수많은 속도와 경쟁 속에서 '생각'을 앞세우며 달려왔지만, 정작 삶의 중심인 '감정의 리듬'을 놓치고 있었다. 그는 우리에게 단순한 심리 교본이 아닌, "당신의 감정 시간은 지금 몇 시입니까?"라는 철학적 질문을 던진다. 그 질문에 답하는 순간, 비로소 우리의 하루가 달라질 것이라는 약속과 함께.

감정은 뇌가 아니라 몸의 신호이다. 오늘 하루, 잠시 멈춰 서서 심장 박동과 호흡에 귀 기울여 본다. 강도형 원장의 「감정 시계」는 단순한 자기개발서가 아니라, 이 격변의 시대에 우리가 잃어버렸던 '자기 생명의 시간을 되찾아주는 등대의 불빛 같았다. '감정을 느끼고 기록하는 순간, 우리는 기계에 지배당하는 객체가 아닌, 자신의 삶을 주체적으로 이끄는 인간 본연의 아름다움을 회복할 것'이라는 그의 목소리가 널리 퍼지길 기대한다.

이기희 시카고한국일보 한국특파원
한국스토리텔링연구원장
시인/칼럼니스트

찰나의 고통,
그 근원을 '생각'이 아닌 '느낌'에서 찾다

서울청정신의학과 강도형 원장은 인간의 감정을 단순한 심리 현상을 넘어 '시간의 리듬으로 흐르는 생명의 언어'로 해석하며, 격변하는 AI 시대에 인간의 존재 이유를 감정의 본질에서 찾아내려 한다.

정신의학의 거장들이 무의식과 사고의 영역을 탐험할 때, 그는 환자들의 가장 낮은 목소리에 귀 기울였다. "예전엔 무의식과 사고, 즉 생각을 다뤘지만, 실제 환자들은 '생각이 아파서'가 아니라 '감정이 아파서' 병원에 옵니다." 그의 통찰은 인간 고통의 근원을 '생각의 논리'가 아닌 '감정의 흐름'으로 돌려놓는다. 놀랍게도 대부분의 환자는 "지금 어떤 감정인가요?"라는 질문에 대답하지 못한다고 했다. 우리는 자신의 감정을 명명하고 인식하는 능력조차 잃어버린 채 살아간다. 감정을 알아차리는 능력이야말로 자기 이해의 첫걸음임을 강조했다.

이러한 문제의식이 잉태한 것이 바로 『감정 시계』이다. 그는 단언한다. "감정은 시간의 흐름처럼 흘러가고, 매 순간 변화합니다. 이 감정의 파동을 시간의 단위로 기록하고 관찰할 때, 우리는 비로소 자신의 감정 리듬을 이해하는 주체가 될 수 있습니다." 그의 시계는 단순한 측정 도구가 아니라, 스스로를 읽어내는 '내면의 지도'였던 것이다. 감정은 흐름이며, 그 흐름을 읽는 능력이야말로 현대를 살아가는 우리의 잃어버린 감수성인 것이다.

몸이 먼저 웅변한다
감정은 뇌가 아니라 생명의 '신호'로 시작된다

우리는 감정을 흔히 머리에서 일어나는 마음의 현상으로 여긴다. 그러나 강 원장은 이 오랜 통념에 단호히 반기를 든다. "감정은 단순한 마음의 상태가 아니라 몸의 신호입니다. 위장이 긴장하면 불안으로, 심장이 두근거리면 두려움으로 느낍니다." 그는 이 과정을 '몸 전체의 협연'이라 표현한다. 자율신경계가 먼저 반응하여 심장을 두근거리게 하고 손에 땀을 낸 후에야, 뇌는 그 신호를 해석하여 '아, 내가 지금 두렵구나' 하고 인식한다는 것이다. 그는 가슴에 손을 얹으며 이곳이 바로 감정의 출발점임을 보여준다.

이 '몸의 언어'를 이해하는 핵심은 '내수용 감각(interoception)'에 있다. 몸 내부의 장기, 혈류, 호흡 등에서 발생하는 미세한 신호를 감지하는 능력이다. "감정이란 결국 몸속에서 일어나는 생리적 반응을 우리가 어떻게 인식하느냐의 문제입니다. 몸의 신호를 읽지 못하면 감정이 왜곡되고, 그 감정의 왜곡은 다시 사고와 판단까지 흐리게 만듭니다." 현대 사회는 머리로만 사는 시대, 생각은 과잉되었으나 느끼는 힘은 극도로 약해졌다. 몸의 감각을 잃어버린 채, 현대인의 우울과 불안은 '몸의 감정 신호를 잃어버린 결과'로 해석될 수밖에 없다. 감정을 인식한다는 것은 결국 '몸의 리듬을 회복하는 일'이며, 이 리듬이야말로 인간 존재의 가장 근원적인 음악임을 그는 힘주어 말한다. 감정은 뇌의 논리가 아닌, 몸의 음악이며, 몸에서 시작해 몸으로 끝나는 생명의 과정이다.

시간의 파동을 시각화하다: 『감정 시계』와 '감정 지도'의 철학

그의 연구는 우주의 시간처럼 감정의 리듬 또한 흐르고 반복된다는 전제에서 시작된다. "시계가 한 방향으로 흐르지만, 감정은 반복되면서도 결코 같은 방향이나 형태로 돌아오지 않습니다. 이 리듬이 곧 생명 유지의 핵심이지요." 강 원장은 이 생명의 원리를 바탕으로 'Feel Clock', 즉 감정 시계를 창안했다. 감정의 흐름을 시각화하여 하루, 한 달, 1년 단위로 '감정 지도'를 그리는 개념이다.

이것은 감정을 단순한 기분이 아닌, 기록 가능한 데이터로 전환하여 자기감정의 주기와 방향을 객관적으로 이해하게 돕는다. 감정의 '리듬 데이터화'라는 이 새로운 접근은 정신의학계에 신선한 충격을 던져주었다. 감정은 논리가 아닌 흐름으로만 이해되며, 그 흐름을 눈에 보이게 만드는 것이 바로 감정 기록이다. "감정은 사라지는 것이 아니라 흔적으로 남습니다. 그 흔적을 기록하면 비로소 나의 감정 리듬을 볼 수 있습니다." 그의 『감정 시계』는 단순한 심리 교본이 아니라, 인간 감정의 시간 인문학을 펼쳐 보인다.

감정의 주파수를 맞추는 일
관찰과 기록은 곧 자기 치유의 시작

『감정 시계』는 억압 대신 관찰과 기록이라는 구체적인 실천 지침을 제시한다. 감정을 글로 적는 순간, 감정은 더 이상 나를 휘두르는 주체가 아니라 '관찰의 대상'이 된다. "감정을 억누르지 않고 글로 적는 순간, 감정은 대상이 됩니다. 즉각적인 반응이 아니라 관찰의 단계로 넘어가는 것이지요." 이때 우리는 감정에 휘둘리는 객체가 아닌, 감정을 바라보는 주체로 거듭난다.

그는 이를 '감정의 주파수를 맞추는 일'이라 명명했다. 사람마다 고유한 감정의 진동수가 있는데, 그 리듬을 모르면 타인의 감정에 무참히 휘둘릴 수밖에 없다는 것이다. 감정 기록은 하루를 되돌아보며 내 감정의 온도와 속도를 점검하는 성찰의 과정이다. 이것이 바로 감정의 자각이며, 결국 자기 자신을 이해하는 가장 빠르고 정확한 길이다.

그는 '속도의 철학'을 넘어 '시간의 인문학'을 이야기한다. "우리는 외부의 속도에 끌려 살고 있습니다. 그러나 감정은 생명의 속도로 움직이지요. 그 느림을 인정하지 않으면 감정의 리듬이 무너지고, 결국 삶의 중심을 잃게 됩니다." AI 시대의 인간에게 필요한 것은 더 빠른 판단이 아니라 더 깊은 감정의 감지력이라는 것이다. 감정을 기록한다는 것은 결국 자기 생명의 시간을 되찾는 일인 것이다.

명상의 과학적 증명
몸의 리듬 조율로 뇌를 회복한다

강 원장은 서울대 교수 시절부터 명상과 뇌영상 연구를 병행하며, 비과학적이라는 편견에 맞섰다. fMRI를 통한 연구는 그에게 과학적 확신을 주었다. "명상가들의 뇌를 분석해 보니, 통증이나 스트레스에 관여하는 영역이 회복되고 감정 조절력이 높아지는 것을 확인했습니다." 그는 명상을 '몸을 통한 뇌의 회복 훈련'으로 정의한다. 단순한 정신 안정이 아니라, 호흡과 맥박, 장기의 움직임에 귀 기울이는, 곧 생명의 리듬을 회복하는 과정이라는 것이다.

그의 연구는 명상을 '감정의 과학화'로 확장하며, "몸의 리듬을 조율하면 마음의 조화가 생긴다"는 진리를 입증했다. 그는 '명(明)'이 '밝을 명'이 아니라 '어두울 명'이라는 새로운 해석을 내놓는다. 진짜 명상은 밝은 곳이 아니라 어둠 속에서 자기 안의 리듬을 듣는 훈련이며, 몸의 감각을 깨우면 뇌가 변하고, 뇌가 변하면 감정이 바뀌는 것이 곧 생명의 회복임을 강조한다. 감정의 본질은 생명의 리듬이며, 인간의 의식은 결국 몸에서 비롯된다는 그의 단언은 이원론적 사고를 깨는 통찰이다.

인간의 마지막 영토
AI 시대, 감정의 리듬을 지켜야 하는 이유

AI가 인간의 지적 영역을 빠르게 잠식하는 시대, 우리는 기계에 지배당할지 모른다는 막연한 불안과 마주한다. 강 원장은 이 질문에 명쾌하게 답한다. "AI는 생각을 모방할 수 있지만 감정은 복제할 수 없습니다." 사랑, 슬픔, 그리움 같은 감정은 생명의 리듬이기에, 기계는 결코 그것을 체화할 수 없다는 것이다.

그는 지금의 사회를 '속도 중독'이라 표현하며, 기술이 빨라질수록 생명의 시간은 여전히 느리다는 모순을 지적한다. "감정의 리듬이 무너질수록 인간다움도 사라집니다. AI가 지배하는 시대일수록 감정의 리듬을 지키는 일이 인간의 존엄을 지키는 일이지요." 그는 감정을 '인간 존재의 마지막 영토'라고 강조하며, AI 시대에 인간에게 필요한 것은 더 빠른 판단이 아니라 더 깊은 감정의 감지력이라고 역설한다. 기술의 속도보다 '감정의 속도'를 되찾는 것이야말로 인간 중심의 삶을 지키는 유일한 길이다.

감정의 데이터화
'필링뱅크'로 스스로를 이해하는 새로운 도구

『감정 시계』의 철학은 이제 디지털 플랫폼인 '필링뱅크(Feeling Bank)'로 확장되고 있다. 개인의 감정을 단어, 이모티콘, 언어 패턴으로 기록하고 시각화하여, 마치 금융 거래 내역처럼 감정의 흐름을 한눈에 볼 수 있는 새로운 개념이다. 그는 이 프로젝트를 통해 "감정을 객관적으로 관찰하고, 감정의 자기 이해를 돕는 새로운 도구"를 만들고 싶다고 밝혔다.

궁극적으로는 AI 분석 기술을 결합해 개인별 '감정 리듬 분석 리포트'를 제공하여, '기술이 인간을 대신하는 시대, 인간의 감정만큼은 데이터로 다시 인간에게 돌아가야 한다'는 비전을 제시한다. 생각은 세상을 설명하지만, 행복은 감정에서 온다. 감정은 경험이고, 경험은 삶의 기억이다. AI는 계산할 수 있어도 느낄 수 없다. 감정을 아는 인간만이 진짜 인간이라는 그의 외침은, 감정을 느끼고 지켜내는 일, 그것이 인간답게 사는 일임을 웅변한다.

지금, 당신의 감정 시간은 몇 시입니까?
희망의 리듬을 찾아서

강 원장이 진료실 문을 나설 때, 서울 강남의 거리는 다른 빛깔로 다가왔다. 우리는 매일 수많은 속도와 경쟁 속에서 '생각'을 앞세우며 달려왔지만, 정작 삶의 중심인 '감정의 리듬'을 놓치고 있었다. 그는 우리에게 단순한 심리 교본이 아닌, "당신의 감정 시간은 지금 몇 시입니까?"라는 철학적 질문을 던진다. 그 질문에 답하는 순간, 비로소 우리의 하루가 달라질 것이라는 약속과 함께.

감정은 뇌가 아니라 몸의 신호이다. 오늘 하루, 잠시 멈춰 서서 심장 박동과 호흡에 귀 기울여 본다. 강도형 원장의 『감정 시계』는 단순한 자기개발서가 아니라, 이 격변의 시대에 우리가 잃어버렸던 자기 생명의 시간을 되찾아주는 등대의 불빛 같았다. "감정을 느끼고 기록하는 순간, 우리는 기계에 지배당하는 객체가 아닌, 자신의 삶을 주체적으로 이끄는 인간 본연의 아름다움을 회복할 것"이라는 그의 목소리가 널리 퍼지길 기대한다.

헬렌 켈러 '소망의 빛'으로
피어나는 기업을 만나다

❖ 김용태 MVI 대표

김용태는 현재 보조공학기기 영업 전문가로서, 관련 분야와 재활 영업 분야에서 다년간의 경험을 보유한다. 그가 이끄는 기업 MVI는 헬렌 켈러의 '희망의 빛'을 기술로 구현하며 시각장애인을 포함한 사회적 약자를 위한 커다란 역할을 수행한다. 그는 과거 힘스인터내셔널과 셀바스헬스케어에서 경력을 쌓았으며, 대전광역시장 표창과 산업통상자원부 장관상을 수상한 이력이 있다. 또한, 건국대학교 법학과를 졸업하고 우송대학교 IT 융합 AI 석사 과정을 마치는 등 학문적 배경도 갖추었다. 기술을 통해 사회적 가치를 창출하는 그의 활동은 언론에 보도되었다.

헬렌 켈러 '소망의 빛'으로 피어나는 기업을 만나다

MVI 김용태 대표, 기술에 온기를 담는 여정

김용태대표가 각종 상과 보유한 특허증 앞에서 포즈를 취하고 있다.

지난 4일, 대전 탑립동의 한 혁신 기업에 발을 들었다. 그곳은 단순한 소셜벤처를 넘어, 기술로 사람의 삶에 온기를 불어넣는 기술 복지 기업 '엠브이아이(MVI)'였다. '사람을 볼 수 있다면...'이라는 헬렌 켈러의 간절했던 소망이 한 공학자의 진심 어린 다짐을 통해 현실의 빛을 향해 나아가고 있었다. 기술이 차가운 장벽을 허물고 사람의 마음을 잇는 다리가 되어야 한다는 굳건한 철학 아래, 시각장애인의 세상을 바꾸는 생명의 빛, '엠블루(M-Blue)'를 탄생시킨 김용태 대표를 만났다. 따뜻한 시선 속에 담긴 그의 단단한 신념은 기술과 인간의 가장 아름다운 조화를 향한 한 편의 서사시와 같았다.

엠블루(M-Blue), 일상의 어둠 속에서 빛을 길어 올리는 혁신

김 대표는 엠블루에 대한 이야기를 시작하며, 마치 자식의 성장을 이야기하듯 환한 미소를 지었다. "수많은 감사의 목소리 중에서도 유독 심장을 뛰게 했던 이야기가 있습니다. 태어나 처음으로 엠블루에 의지해 딸의 졸업식에 홀로 참석하신 한 아버지의 사연이었죠. '평생 가슴으로만 그리던 순간을 스스로의 힘으로 마주할 수 있어, 비로소 살아있음을 느꼈다'는 편지를 받았을 때, 이 기술이 한 사람의 삶에 어떤 의미의 빛이 될 수 있는지 온몸으로 깨달았습니다." 그의 들뜬 어린 고백 속에서, MVI가 단순한 기술 기업을 넘어 사람의 삶을 환히 밝히는 동대 같은 존재로 나아가고 있음을 확신할 수 있었다.

'가슴의 소리를 듣다', 사용자와 함께 빚어낸 기술의 교향곡

"우리의 가장 확고한 원칙은 '당사자의 목소리를 심장으로 듣고 영혼으로 존중하는 것입니다' 기술 개발 자체가 목적이 아니라, 그 기술이 사용자의 삶에 스며들어 긍정적인 파동을 일으키는 것이 최종 목표라는 그의 말에는 한 치의 흔들림도 없었다. 그는 과거의 쓰라린 담음을 솔직하게 털어놓았다. 초기 모델 개발 당시, 연구팀은 기능적 완벽함에 가까워졌다고 자부했지만, 정작 사용자들의 반응은 차가운 침묵에 가까웠다. "사용자들의 손을 직접 잡고 그들의 세상으로 걸어 들어가며 모든 것이 명확해졌습니다. 예를 들어, 아무리 정교한 촉각 신호라 할지라도, 사용자의 마음에 혼란을 준다면 그것은 기술이 아닌 소음일 뿐이라는 사실을요." 김 대표는 즉시 방향을 수정했다. 시각장애인으로 구성된 '멀티모달 패널팀'을 단순한 자문 기구가 아닌, 기획의 첫 순부터 디자인의 마지막 숨결까지 함께하는 핵심 동반자로 맞이했다. "그들과의 동행 끝에, 엠블루의 인터페이스는 비로소 영혼을 얻고 직관적인 생명력을 갖추게 되었으니다. 사용자의 만족도가 극대화된 것은 당연한 결과였죠."

B2G 전략, 세계의 문을 두드리는 희망의 약속

글로벌 무대를 향한 비전을 묻자, 그의 눈빛은 새로운 빛으로 반짝였다. "우리의 기술은 국경을 넘어, 세상 모든 소외된 이들에게 닿아야 할 빛과 희망의 언어입니다. 이를 위해 B2G 전략을 심장으로 삼아, 세계 시장의 문을 본격적으로 열고자 합니다." 그가 펼쳐 보인 해외 진출 전략의 두 날개는 '현지화'와 '협력 네트워크'였다. "각국의 장애 관련 정책과 법률이라는 땅에 깊이 뿌리내리고, 현지 장애인 단체와 뜨겁게 연대할 것입니다. 그들의 문화에 직접 양에 맞는 맞춤형 플랫폼을 개발하고, 정부 및 공공기관과의 파트너십을 통해 신뢰의 다리를 놓아 시장으로 나아갈 계획입니다." 김 대표는 기술의 독보성이 글로벌 경쟁력의 가장 날카로운 무기임을 확신했다. "엠블루의 심장인 AI와 멀티모달 기술이 지닌 차별성은 거대한 글로벌 시장에서 우리를 증명할 가장 강력한 무기입니다. 특히 현지 사용자의 가슴 뛰는 소통을 통해 살아 숨 쉬는 서비스를 제공하고, 끝없는 혁신을 통해 경쟁의 파도를 넘어설 것입니다."

AI 촉각, 음성의 조화, 엠블루가 빚어내는 새로운 소통의 언어

기술적 깊이에 대한 이야기가 시작되자, 그의 목소리는 더욱 생생한 활기로 넘쳤다. "단절된 사람과 사람을 잇는 것, 그것이야말로 기술이 가져야 할 궁극적인 꿈입니다. 엠블루는 AI 음성, 촉각의 하모니를 통해 단순한 보조기기를 넘어, 사람과 세상을 잇는 따뜻한 창구로 진화할 것입니다." 그는 '멀티모달 플랫폼'이 단순한 기술의 집합이 아님을 강조했다. "하나의 감각에만 의존하는 정보는 완전한 세상만을 보여줄 뿐입니다. 엠블루의 AI는 각 사용자의 영혼의 결을 학습하고, 그에게 가장 필요한 정보를 가장 편안한 방식으로, 촉각과 음성의 교향곡으로 전합니다." 그가 궁극적으로 꿈꾸는 비전은 '소외 없는 연결의 세상을 여는 것'이었다. 엠블루가 개인에게 맞춤 정보를 속삭여줄 뿐만 아니라, 같은 관심사를 가진 다른 사용자들과의 영혼의 네트워크를 엮어주는 것이다. "사람과 사람이 연결될 때 발현되는 힘은 세상을 바꿀 수 있습니다. 장애와 비장애의 경계를 허물고, 누구나 동등한 주체로서 서로의 이야기에 귀 기울이는 소통의 광장을 여는 것이 우리의 가장 큰 목표입니다." 그는 이 플랫폼이 가져올 거대한 변화를 이렇게 정의했다. "엠블루가 일으킬 소통의 파동은 단지 장애인의 삶을 편리하게 만드는 데 마물지 않을 겁니다. 우리 사회 전반에 잠들어 있던 공감과 이해의 감각을 깨우고, 장애라는 다름이 차별이 되지 않는 더 따뜻한 공동체를 만드는 강력한 촉매제가 될 것입니다."

MVI 김용태대표(왼쪽)가 본지 특파원(우)에게 시각장애인 스마트폰에 대한 설명을 하고 있다.

기술에서 가슴으로, 영혼에 새겨진 한 편의 시

가장 기억에 남는 사용자의 이야기를 묻는 질문에, 그는 잠시 숨을 고르며 마음 깊은 곳의 이야기를 꺼냈다. "엠블루를 통해 삶의 빛을 되찾은 분들의 이야기는 저화에게 심장과도 같습니다. 그중에서도 결코 잊을 수 없는 한 어머니의 이야기가 있습니다." 그가 들려준 이야기는 한 시각장애인 어머니의 눈물 어린 고백이었다. "출산 후, 아기와 눈을 맞추지 못하고, 표정을 읽어주지 못하는 현실에 깊은 절망감을 느끼던 분이셨습니다. 아이의 세상을 볼 수 없다는 사실에 스스로를 자책하며 괴로워하셨죠." 엠블루는 그녀에게 기적의 순간을 선물했다. "엠블루의 AI가 아기의 작은 울음소리, 고른 숨소리, 미세한 몸짓 하나하나를 분석해 심세한 촉각과 따뜻한 음성으로 번역해주었습니다. 덕분에 그녀는 비로소 아이아 가능이 핵심은 아니었습니다. 하지만 이 어머니의 편지를 받은 후, 저희는 육아 및 양육 기능을 최우선으로 보강하기 시작했습니다. 아기 울음 분석의 정확도를 극한까지 끌어올리고, AI가 더욱 세심하게 아이의 상태와 감정을 읽어낼 수 있도록 모든 역량을 쏟아부었습니다." 그는 이 경험이 기업의 철학을 뒤흔든 거대한 전환점이었다고 고백했다. 그의 진심 어린 이야기를 통해 기술의 존재 이유는 결국 한 사람의 삶에 짓든 긍정적인 변화와 진정한 소통에 있음을 다시 한번 절감했다.

매출의 20%, 내일을 위한 약속, 가치 중심의 항해

김용태 대표에게 "기술은 자산이 아니라 사람을 잇는 언어"라는 철학은 단순한 선언이 아닌, 기업의 혈관을 흐르는 피와 같다. MVI의 경영 지표는 그의 철학이 살아 숨 쉬고 있음을 증명한다. 매년 매출의 20% 이상을 주저 없이 R&D에 쏟아붓고 있으며, 투자 유치 과정에서도 단기적 수익이 아닌, 사회적 임팩트라는 같은 별을 바라보는 파트너를 선택하는 것이 철칙이다. "기술의 진화는 눈부시게 빠르지만, 사람의 삶을 바꾸는 위대한 여정에는 끈기와 진정성이 필요합니다. 우리는 눈앞의 수익보다 미래의 신뢰와 지속가능성이라는 더 큰 가치를 봅니다." 김 대표는 이를 '가치 중심 경영이라 명명했다. 이러한 항해 철학은 투자 유치 전략에서도 빛을 발한다. MVI는 최근 국내 임팩트 투자사들을 넘어, 해외 공공기관 및 ESG 펀드와도 깊은 협력을 논의하고 있다. "단순한 자본의 수혈이 아닌 인류의 문제를 함께 해결하고자 하는 뜨거운 '동반자 정신을 가진 투자자와 함께 성장하고 싶습니다." 그는 또한 내부 구성원의 성장에 모든 것을 걸고 있다. "직원의 30% 이상이 공학, 복지, 디자인 등 각 분야의 전문가들로, 이들이 함께 설계하고 함께 현장의 심장부로 뛰어듭니다. 우리가 투자하는 대상은 '기술이지만, 우리가 궁극적으로 키워가는 것은 '사람'입니다."

장애가 특별하지 않은 세상, 그의 가장 진실한 꿈

고요한 침묵이 흐른 뒤, 김용태 대표는 가장 깊은 곳에 간직해온 꿈을 조용히 꺼내 보았다. "저의 가장 개인적인 꿈은, '장애라는 단어가 더 이상 우리 사회에서 어떤 특별한 의미도 갖지 않는, 그저 수많은 다름 중 하나로 자연스럽게 받아들여지는 세상을 만드는 것입니다." 그는 어린 시절의 자신을 회상했다. "친구들이 운동장에서 함성을 지르며 뛰어놀 때, 저는 구석에서 말이 조금 느린 친구나 몸이 불편한 친구와 눈을 맞추고 이야기 나누는 것을 더 좋아했습니다. 어쩌면 그때의 작은 관심이 지금의 저를 만든 거대한 씨앗이었을지도 모릅니다." MVI를 창업하며 그는 '기술자'가 아닌, '가능성의 통로를 여는 사람'이 되기를 소망했다. "장애는 결핍이 아닙니다. 세상을 조금 다른 방식으로 경험하는 특별한 창문일 뿐입니다. 우리가 만드는 기술이 그 창을 조금 더 넓고, 조금 더 환하게 만들어 줄 수 있다면, 그것으로 충분합니다." 그가 MVI를 통해 이루고픈 사회적 변화는 거창하지 않았다. "시각장애인이 길을 걸을 때 누구도 신기하게 돌아보지 않는 세상, 엠블루를 사용하는 이가 '도움이 필요한 사람'이 아닌 '새로운 기술을 사용하는 멋진 사람'으로 존중받는 세상, 그것이 제가 온 마음으로 꿈꾸는 미래입니다."

기술로 세상을 정복하는 것이 아니라, 사람의 마음과 마음을 잇는 그 '한 줄기 빛'을 빚어내는 김용태 대표의 진심이, 기자의 가슴에도 고스란히 흘러들어왔다. 그와의 대화는 기술이 어떻게 한 사람의 세상을 바꾸고, 이 사회를 따뜻하게 변화시키는지를 온몸으로 느끼게 한 시간이었다. '사흘만 볼 수 있다면...'이라는 헬렌 켈러의 애타던 소망은 이제 그의 손끝에서 희망의 증거로 피어나고 있었다. 그렇다. 기술은 빛이 될 수 있다. 그리고 그 빛은 누군가의 암흑 같던 세상에 새로운 아침을 여는 시작점이 될 수 있다. 엠블루가 열어갈 내일이 가슴 벅차게 기대되는 이유다.

이가희 시카고한국일보 한국특파원
한국스토리텔링연구원장
시인/칼럼니스트

기술에 온기를 담는 여정

대전의 기술 복지 기업 '엠브이아이(MVI)'는 단순한 소셜벤처가 아니라, 기술을 통해 시각장애인의 일상에 실질적인 변화를 만드는 기업이다. 김용태 대표는 "기술은 사람의 삶을 따뜻하게 해야 한다"는 철학을 바탕으로 보조기기 '엠블루(M-Blue)'를 개발했다. 헬렌 켈러의 소망을 떠올리게 하는 그의 문제의식은, 시각장애인이 더 안전하고 자율적인 일상을 살아갈 수 있도록 기술이 해야 할 역할을 고민하는 데서 출발했다. 사용자 경험을 중심에 둔 그의 뚜렷한 신념은, 기술과 인간의 삶을 자연스럽게 잇는 방향으로 MVI의 모든 혁신을 이끌고 있다.

엠블루(M-Blue), 일상의 어둠 속에서 빛을 길어 올리는 혁신

그는 엠블루에 대한 이야기를 시작하며, 마치 자식의 성장을 이야기하듯 환한 미소를 지었다. "수많은 감사의 목소리 중에서도 유독 심장을 뛰게 했던 이야기가 있습니다. 태어나 처음으로, 엠블루에 의지해 딸의 졸업식에 홀로 참석하신 한 아버지의 사연이었죠. '평생 가슴으로만 그리던 순간을 스스로의 힘으로 마주할 수 있어, 비로소 살아있음을 느꼈다'는 편지를 받았을 때, 이 기술이 한 사람의 삶에 어떤 의미의 빛이 될 수 있는지 온몸으로 깨달았습니다." 그의 목소리에는 엠블루가 만들어 낸 기적에 대한 깊은 자부심과 함께, 그 빛을 지켜내야 하는 묵직한 책임감이 묻어났다. "우리의 기술이 단순한 편리함의 도구를 넘어, 소외된 이웃에게 잃어버렸던 존엄한 삶을 되찾아주는 통로가 되기를 간절히 소망합니다." 그의 신념 어린 고백 속에서, MVI가 단순한 기술 기업을 넘어 사람의 삶을 환히 밝히는 등대 같은 존재로 나아가고 있음을 확신할 수 있었다.

가슴의 소리를 듣다, 사용자와 함께 빚어낸 기술의 교향곡

"우리의 가장 확고한 원칙은 '당사자의 목소리'를 심장으로 듣고 영혼으로 존중하는 것입니다." 기술 개발 자체가 목적이 아니라, 그 기술이 사용자의 삶에 스며들어 긍정적인 파동을 일으키는 것이 최종 목표라는 그의 말에는 한 치의 흔들림도 없었다. 그는 과거의 깨달음을 솔직하게 털어놓았다. 초기 모델 개발 당시, 연구팀은 기능적 완벽함에 가까워졌다고 자부했지만, 정작 사용자들의 반응은 차가운 침묵에 가까웠다. "사용자들의 손을 직접 잡고 그들의 세상으로 걸어 들어가며 모든 것이 명확해졌습니다. 예를 들어, 아무리 정교한 촉각 신호라 할지라도, 사용자의 마음에 혼란을 준다면 그것은 기술이 아니라 소음일 뿐이라는 사실을요." 김 대표는 즉시 항로를 수정했다. 시각장애인으로 구성된 '사용자 패널팀'을 단순한 자문 기구가 아닌, 기획의 첫 숨부터 디자인의 마지막 숨결까지 함께하는 핵심 동반자로 맞이했다. "그들과의 동행 끝에, 엠블루의 인터페이스는 비로소 영혼을 얻고 직관적인 생명력을 갖추게 되었습니다. 사용자의 만족도가 극대화된 것은 당연한 결과였죠."

B2G 전략, 세계의 문을 두드리는 희망의 약속

글로벌 무대를 향한 비전을 묻자, 그의 눈빛은 새로운 빛으로 반짝였다. "우리의 기술은 국경을 넘어, 세상 모든 소외된 이들에게 닿아야 할 빛과 희망의 언어입니다. 이를 위해 B2G 전략을 심장으로 삼아, 세계 시장의 문을 본격적으로 열고자 합니다." 그가 펼쳐 보인 해외 진출 전략의 두 날개는 '현지화'와 '협력 네트워크'였다. "각국의 장애 관련 정책과 법률이라는 땅에 깊이 뿌리내리고, 현지 장애인 단체와 뜨겁게 연대할 것입니다. 그들의 문화적 토양에 맞는 맞춤형 플랫폼을 개발하고, 정부 및 공공기관과의 파트너십을 통해 신뢰의 다리를 놓아 시장으로 나아갈 계획입니다." 김 대표는 기술의 독보성이 글로벌 경쟁력의 가장 날카로운 무기임을 확신했다. "엠블루의 심장인 AI와 멀티모달 기술이 지닌 차별성은 거대한 글로벌 시장에서 우리를 증명할 가장 강력한 무기입니다. 특히 현지 사용자와의 가슴 뛰는 소통을 통해 살아 숨 쉬는 서비스를 제공하고, 끝없는 혁신을 통해 경쟁의 파도를 넘어설 것입니다."

AI, 촉각, 음성의 조화,
엠블루가 빚어내는 새로운 소통의 언어

기술적 깊이에 대한 이야기가 시작되자, 그의 목소리는 더욱 생생한 활기로 넘쳤다. "단절된 사람과 사람을 잇는 것, 그것이야말로 기술이 가져야 할 궁극적인 꿈입니다. 엠블루는 AI, 음성, 촉각의 하모니를 통해 단순한 보조기기를 넘어, 사람과 세상을 잇는 따뜻한 창구로 진화할 것입니다." 그는 '멀티모달 플랫폼'이 단순한 기술의 집합이 아님을 강조했다. "하나의 감각에만 의존하는 정보는 절반의 세상만을 보여 줄 뿐입니다. 엠블루의 AI는 각 사용자의 영혼의 결을 학습하고, 그에 게 가장 필요한 정보를 가장 편안한 방식으로, 촉각과 음성의 교향곡 으로 전합니다." 그가 궁극적으로 꿈꾸는 비전은 '소외 없는 연결'의 세 상을 여는 것이었다. 엠블루가 개인에게 맞춤 정보를 속삭여 줄 뿐만 아니라, 같은 관심사를 가진 다른 사용자들과의 영혼의 네트워크를 엮 어주는 것이다. "사람과 사람이 연결될 때 발현되는 힘은 세상을 바꿀 수 있습니다. 장애와 비장애의 경계를 허물고, 누구나 동등한 주체로 서 서로의 이야기에 귀 기울이는 소통의 광장을 여는 것이 우리의 가 장 큰 목표입니다." 그는 이 플랫폼이 가져올 거대한 변화를 이렇게 정 의했다. "엠블루가 일으킬 소통의 파동은 단지 장애인의 삶을 편리하 게 만드는 데 머물지 않을 겁니다. 우리 사회 전반에 잠들어 있던 공감 과 이해의 감각을 깨우고, 장애라는 다름이 차별이 되지 않는 더 따뜻 한 공동체를 만드는 강력한 촉매제가 될 것입니다."

기술에서 가슴으로, 영혼에 새겨진 한 편의 시

가장 기억에 남는 사용자의 이야기를 묻는 질문에, 그는 잠시 숨을 고르며 마음 깊은 곳의 이야기를 꺼냈다. "엠블루를 통해 삶의 빛을 되 찾은 분들의 이야기는 저희에게 심장과도 같습니다. 그중에서도 결코 잊을 수 없는 한 어머니의 이야기가 있습니다." 그가 들려준 이야기는 한 시각장애인 어머니의 눈물 어린 고백이었다. "출산 후, 아기와 눈을 맞추지 못하고, 표정을 읽어주지 못하는 현실에 깊은 절망감을 느끼던 분이셨습니다. 아이의 세상을 볼 수 없다는 사실에 스스로를 자책하며 괴로워하셨죠.” 엠블루는 그녀에게 기적의 순간을 선물했다. “엠블루의 AI가 아기의 작은 울음소리, 고른 숨소리, 미세한 몸짓 하나하나를 분석해 섬세한 촉각과 따뜻한 음성으로 번역해주었습니다. 덕분에 그녀는 비로소 아이의 언어를 이해하고 깊은 교감을 나누며 엄마로서의 안정감을 찾으셨습니다.” 김 대표는 잠시 말을 멈추고, 차오르는 감정을 애써 누르는 듯했다. “그분이 보내주신 편지의 한 구절이 아직도 저희 모두의 가슴에 새겨져 있습니다. ‘처음으로 진짜 엄마가 된 기분이에요. 눈으로는 볼 수 없지만, 제 마음은 이제 아이의 모든 것을 느끼고 있어요.’”

이 절절한 고백은 MVI의 심장을 움직였다. “처음에는 육아 기능이 핵심은 아니었습니다. 하지만 이 어머니의 편지를 받은 후, 저희는 육아 및 양육 기능을 최우선으로 보강하기 시작했습니다. 아기 울음 분석의 정확도를 극한까지 끌어올리고, AI가 더욱 세심하게 아이의 상태와 감정을 읽어낼 수 있도록 모든 역량을 쏟아부었습니다.” 그는 이 경험이 기업의 철학을 뒤흔든 거대한 전환점이었다고 고백했다. 그의 진심 어린 이야기를 통해 기술의 존재 이유는 결국 한 사람의 삶에 깃든 긍정적인 변화와 진정한 소통에 있음을 다시 한번 절감했다.

매출의 20%, 내일을 위한 약속, 가치 중심의 항해

김용태 대표에게 “기술은 자산이 아니라 사람을 잇는 언어”라는 철학은 단순한 선언이 아닌, 기업의 혈관을 흐르는 피와 같다. MVI의 경영 지표는 그의 철학이 살아 숨 쉬고 있음을 증명한다. 매년 매출의

20% 이상을 주저 없이 R&D에 쏟아붓고 있으며, 투자 유치 과정에서도 단기적 수익률이 아닌, 사회적 임팩트라는 같은 별을 바라보는 파트너를 선택하는 것이 철칙이다. "기술의 진화는 눈부시게 빠르지만, 사람의 삶을 바꾸는 위대한 여정에는 끈기와 진정성이 필요합니다. 우리는 눈앞의 수익보다 미래의 신뢰와 지속가능성이라는 더 큰 가치를 봅니다." 김 대표는 이를 '가치 중심 경영'이라 명명했다. 이러한 항해 철학은 투자 유치 전략에서도 빛을 발한다. MVI는 최근 국내 임팩트 투자사를 넘어, 해외 공공기관 및 ESG 펀드와도 깊은 협력을 논의하고 있다. "단순한 자본의 수혈이 아닌, 인류의 문제를 함께 해결하고자 하는 뜨거운 '동반자 정신'을 가진 투자자와 함께 성장하고 싶습니다." 그는 또한 내부 구성원의 성장에 모든 것을 걸고 있다. "직원의 30% 이상이 공학, 복지, 디자인 등 각 분야의 전문가들로, 이들이 함께 설계하고 함께 현장의 심장부로 뛰어듭니다. 우리가 투자하는 대상은 '기술'이지만, 우리가 궁극적으로 키워가는 것은 '사람'입니다."

장애가 특별하지 않은 세상, 그의 가장 진실한 꿈

고요한 침묵이 흐른 뒤, 김용태 대표는 가장 깊은 곳에 간직해온 꿈을 조용히 꺼내 보였다. "저의 가장 개인적인 꿈은, '장애'라는 단어가 더 이상 우리 사회에서 어떤 특별한 의미도 갖지 않는, 그저 수많은 다름 중 하나로 자연스럽게 받아들여지는 세상을 만드는 것입니다." 그는 어린 시절의 자신을 회상했다. "친구들이 운동장에서 함성을 지르며 뛰어놀 때, 저는 구석에서 말이 조금 느린 친구나 몸이 불편한 친구와 눈을 맞추고 이야기 나누는 것을 더 좋아했습니다. 어쩌면 그때의 작은 관심이 지금의 저를 만든 거대한 씨앗이었을지도 모릅니다." MVI를 창업하며 그는 '기술자'가 아닌, '가능성의 통로를 여는 사람'이 되기를 소망했다. "장애는 결핍이 아닙니다. 세상을 조금 다른 방식으로 경험하는 특별한 창문일 뿐입니다. 우리가 만드는 기술이 그 창을 조금 더 넓고, 조금 더 환하게 만들어 줄 수 있다면, 그것으로 충분합니다." 그가 MVI를 통해 이루고픈 사회적 변화는 거창하지 않았다. "시각장애인이 길을 걸을 때 누구도 신기하게 돌아보지 않는 세상, 엠블루를 사용하는 이가 '도움이 필요한 사람'이 아닌 '새로운 기술을 사용하는 멋진 사람'으로 존중받는 세상, 그것이 제가 온 마음으로 꿈꾸는 미래입니다."

기술로 세상을 정복하는 것이 아니라, 사람의 마음과 마음을 잇는 그 한 줄기 빛을 빚어내는 김용태 대표의 진심이, 기자의 가슴에도 고스란히 흘러들어왔다. 그와의 대화는 기술이 어떻게 한 사람의 세상을 바꾸고, 이 사회를 따뜻하게 변화시키는지를 온몸으로 느끼게 한 시간이었다. '사흘만 볼 수 있다면…'이라는 헬렌 켈러의 애타던 소망은 이제 그의 손끝에서 희망의 증거로 피어나고 있었다. 그렇다, 기술은 빛이 될 수 있다. 그리고 그 빛은 누군가의 암흑 같던 세상에 새로운 아침을 여는 시작점이 될 수 있다. 엠블루가 열어갈 내일이 가슴 벅차게 기대되는 이유다.

글로벌 무대에 선
한국 바이오의 힘

❖ 박한오 (주)바이오니아 대표이사

박한오는 대한민국의 생명공학 전문 연구인이자 (주)바이오니아의 창업가 겸 대표이사이다. 그는 서울대학교 화학과를 졸업하고 한국과학기술원(KAIST)에서 화학 석사와 박사 학위를 취득한 과학자 출신 기업인이다. 1992년 한국생명공학연구원으로부터 기업 분할 방식으로 '국내 1호' 바이오벤처인 바이오니아를 설립하고 국내 최초로 DNA 합성 및 PCR 진단키트 개발을 이끌었다. 또한 탈모 완화 화장품 '코스메르나'와 체지방 감소 기능성 프로바이오틱스 '비에날씬' 등 보유 기술을 활용해 다양한 제품으로 사업을 확장하였다. 그는 한국바이오협회 부회장, 한국공학한림원 회원 등으로 활동하며 우리나라 생명과학 연구 인프라 구축과 확장에 크게 기여하였으며, 금탑산업훈장 및 포스코청암기술상 등 다수의 상을 수상했다. 현재 박 회장은 글로벌 신약 개발을 목표로 지역 대학병원과의 협력을 제안하고, 대전이 세계적인 바이오 벤처의 인큐베이터가 될 것이라고 강조한다.

글로벌 무대에 선 한국 바이오의 힘
박한오 회장이 말하는 혁신의 비전

지난 1월 13일, 대전시 관평동에 있는 ㈜바이오니아 본사에서 창업자이자 회장인 박한오 박사를 만났다. 그는 최근 미국 아마존에 론칭 한 혁신적인 헤어 케어 제품, 코스메르나 에이알아이(CosmeRNA ARI)로 전 세계의 주목을 받고 있다. 이번 인터뷰로 신제품의 차별화된 기술력, 글로벌 시장 전략, 그리고 한국 바이오 기술의 미래를 엿볼 수 있었다.

CosmeRNA ARI, 과학과 편의성의 만남

박한오 회장이 자신 있게 선보인 신제품 CosmeRNA ARI는 단순한 헤어 케어 제품을 넘어선 혁신적 결과물이다. 바이오니아의 핵심 기술력과 30년 넘는 연구 개발의 성과가 집약된 이 제품은 두피와 모발 건강을 개선하는 새로운 기준을 제시한다.

"이 제품은 주 1회 사용만으로도 기존 헤어 케어 제품과는 차별화된 탁월한 효과를 제공합니다. 특히, 저희 독자적 기술인 SAMiRNA 플랫폼을 활용해 모낭 깊숙이 핵심 성분을 안정적으로 전달합니다. 이는 단순히 영양을 공급하는 것을 넘어, 모발 성장의 근본적인 원인을 해결하는 혁신적인 접근 방식입니다."

CosmeRNA ARI는 탈모를 고민하는 남녀 모두를 위해 설계되었다. 기존의 화학적 치료제나 천연 성분 기반 제품이 가진 한계를 극복하며, 과학적으로 검증된 안정성과 효과를 제공한다는 점에서 주목받고 있다. 특히, 치료제의 부작용을 우려하거나 잦은 사용의 번거로움을 느끼던 소비자들에게는 매력적 대안으로 자리 잡았다.

"제품 개발 과정에서 저희는 고객의 목소리에 귀를 기울였습니다. 소비자들이 원한 것은 효과뿐만 아니라 사용의 간편함과 안전성이었죠. CosmeRNA ARI는 이러한 요구를 충족시키며, 주 1회 사용만으로도 고객들이 실질적으로 만족할 수 있는 결과를 제공합니다."

또한, 이 제품은 다양한 고객층을 아우르며 탈모 초기 단계부터 심화된 증상을 가진 소비자들까지 폭넓게 사용할 수 있다. 특히, 여성 고객들에게 큰 주목을 받고 있으며, 기존 치료제의 부작용에 민감했던 남성들에게도 긍정적인 반응을 얻고 있다.

박 회장은 "CosmeRNA ARI는 단순히 제품 사용에 그치는 것이 아니라, 혁신적인 바이오 기술을 통해 건강과 자신감을 되찾도록 돕는다"며 "CosmeRNA ARI가 단순한 화장품을 넘어선 가치가 있다"고 강조했다.

글로벌 플랫폼, 아마존을 선택한 이유

바이오니아는 미국 아마존 플랫폼을 통해 새로운 도전에 나섰다. 박 회장은 아마존을 선택한 이유에 대해 이렇게 말했다.

"미국은 전 세계 탈모 시장의 절반 이상을 차지하는 거대 시장입니다. 이곳 소비자들은 구매력이 뛰어나고, 프리미엄 제품에 대한 관심도 높습니다. 이런 환경은 CosmeRNA ARI의 성공 가능성을 극대화할 수 있는 기회라 생각했죠. 특히 아마존은 단순한 유통 채널이 아닌, 브랜드를 글로벌 시장에 빠르게 알릴 수 있는 전략적 파트너입니다."

아마존은 약 3억 명 이상의 활성 사용자와 월간 30억 회 이상의 트래픽을 보유한 세계 최대의 온라인 플랫폼이다. 박 회장은 이 강력한 플랫폼이 제공하는 리뷰 시스템과 검색 최적화 도구를 활용하면 CosmeRNA ARI가 미국 소비자들에게 빠르게 알려지고, 신뢰를 구축할 수 있을 것이라고 확신했다.

"아마존 프라임 멤버는 해 1억 명을 넘습니다. 이들은 구매 전환율이 높고 브랜드 충성도가 강합니다. 때문에 초기 시장 진입과 제품 인지도 확산에 매우 유리한 환경을 제공합니다."

박 회장이 특히 주목한 부분은 아마존의 리뷰 시스템이다. 소비자들의 솔직한 피드백은 다른 고객들에게 신뢰를 줄 뿐만 아니라, 제품의 품질과 효과를 입증할 수 있는 강력한 도구로 작용한다. 이 시스템은 소비자와의 신뢰 관계를 공고히 하고, 장기적인 시장 확장을 가능하게 한다. 또한, 아마존은 검색 광고와 디스플레이 광고 등 다양한 마케팅 도구를 제공한다. 박 회장은 이를 통해 브랜드 가치를 효과적으로 전달할 계획을 밝혔다.

"아마존은 단순히 제품을 판매하는 공간이 아니라, 브랜드의 스토리와 가치를 소비자들에게 전달할 수 있는 플랫폼입니다. 저희는 이 기능을 적극적으로 활용해 더 많은 소비자들에게 CosmeRNA ARI의 차별성을 알릴 계획입니다."

바이오니아는 아마존을 발판 삼아 미국 시장을 넘어 글로벌 무대로 나아가고자 한다. 박 회장은 "CosmeRNA ARI는 단순

(주) 바이오니아 박한오 회장이 미국 아마존에 론칭 한 혁신적인 헤어 케어 제품을 설명하고 있다.

박한오 회장이 본지(이가희특파원)와 인터뷰하고 있다.

CosmeRNA ARI 헤어 케어 제품.

한 한국 바이오 기술의 혁신을 상징하는 제품입니다. 아마존은 이 가치를 전 세계 소비자들에게 빠르고 강력하게 전달할 수 있는 최적의 채널입니다."라며 이번 진출의 중요성을 강조했다.

기술혁신으로만 경쟁한다

미국 헤어 케어 시장은 L'Oréal, Unilever 같은 글로벌 대기업이 시장을 주도하는 치열한 전장이다. 이러한 경쟁 속에서 바이오니아는 독보적인 기술력과 과학적 검증을 기반으로 한 혁신적 접근으로 주목받고 있다. 박 회장은 이번 신제품에 대해 강한 자신감을 드러냈다.

"CosmeRNA ARI는 기존 헤어 케어 제품과는 완전히 차별화된 RNA 기술을 기반으로 한 3세대 화장품입니다. 일반적인 제품이 단순히 모발에 영양을 공급하거나 일시적인 개선 효과를 제공하는 데 그쳤다면, 저희 제품은 모낭의 건강을 근본적으로 개선하는 데 초점을 맞춥니다."

RNA 기술은 2006년 노벨 생리의학상으로 주목받은 생명공학의 핵심 기술로, CosmeRNA ARI는 이를 바탕으로 개발되었다. 제품에 포함된 SAMiRNA-AR68 성분은 두피와 모낭에 유효 성분을 안정적으로 전달해 모발 성장의 근본적인 원인을 해결한다. 이는 단순한 영양 공급 이상의 혁신적인 접근으로, 고객들에게 기존 제품과는 전혀 다른 경험을 선사한다.

실제로 24주간의 임상 시험 결과, CosmeRNA ARI는 1㎠당 평균 75개의 모발이 증가하는 놀라운 효과를 보였다. 박 회장은 이를 두고 "단순히 제품을 사용했을 뿐인데 과학적 데이터가 뒷받침되는 결과를 통해 소비자들에게 강력한 신뢰를 제공할 수 있게 되었다"고 설명했다. 또한, 제품의 안전성 역시 독일 Dermatest에서 최고 안전 등급을 받으며 입증되었다. 이는 까다로운 미국 시장에서 큰 장점으로 작용할 전망이다.

박 회장은 이어 제품의 사용자 편의성을 강조했다.

"CosmeRNA ARI는 단순히 효과가 뛰어난 제품에 그치지 않습니다. 사용자의 편의성을 극대화하기 위해 펜 타입 용기로 설계되어, 바쁜 일상에서도 간편하게 사용할 수 있도록 개발했습니다. 클릭 한 번으로 적정량이 분사되며, 사용 후 깔끔한 마무리가 가능합니다."

특히, RNA 기술이라는 혁신적인 기반은 까다로운 소비자들에게도 큰 신뢰를 제공한다. 박 회장은 "헤어 케어 시장의 소비자들은 똑똑하고 꼼꼼합니다. 많은 경우 논문을 찾아보고, 제품의 기술적 배경을 확인하며 선택합니다. CosmeRNA ARI는 과학적 검증과 혁신적 기술을 바탕으로 이러한 소비자들의 신뢰를 얻을 수 있습니다."라고 강조했다.

한국 바이오 기술의 글로벌화

박한오 회장은 이번 신제품 CosmeRNA ARI를 단순한 상업적 성공을 넘어 한국 바이오 기술의 글로벌화라는 상징적 도약으로 평가했다. 그는 이 제품이 K-Beauty를 넘어 K-Bio를 세계에 알릴 수 있는 중요한 기회라고 강조했다.

"CosmeRNA ARI는 혁신적인 기술력을 통해 한국 바이오 기술이 글로벌 시장에서 자리잡을 수 있는 기반을 마련해 줍니다. 단순히 화장품을 넘어 바이오니아의 기술력과 한국 바이오 산업의 잠재력을 알릴 수 있는 중요한 사례입니다."

박 회장은 한국 바이오 산업의 현재와 미래를 바라보며, 이번 제품이 K-Bio의 세계적 도약에 큰 역할을 할 것이라 확신했다. 한국은 이미 K-Beauty와 K-Culture로 주목받고 있지만, 바이오 분야에서는 아직 세계 시장의 중심에 서지 못한 것이 현실이다.

"한국 바이오 산업은 여전히 짧은 역사와 제한적인 경험으로 인해 글로벌 시장에서의 존재감이 약한 상황입니다. 이러한 이유로, 바이오니아 같은 기업이 독자적인 기술력과 혁신적인 제품으로 산업의 위상을 높이는 데 앞장서야 합니다."

박 회장은 바이오니아의 전략적 경쟁력을 뒷받침하는 핵심 요소로, 물질특허 기반의 독창적인 기술력을 꼽았다. 그는 "바이오 헬스 산업에서는 품질특허 없이 글로벌 시장에서 경쟁하기 어렵습니다. CosmeRNA ARI는 바이오니아의 독자적인 SAMiRNA 플랫폼 특히 기술을 활용해 개발된 제품으로, 글로벌 시장에서 독보적인 위치를 차지할 수 있는 제품입니다."라고 설명했다.

바이오니아는 장기적인 성장 기반을 구축하기 위한 준비도 철저히 진행 중이다. 대표적인 예가 남공주 산단에 건설 중인 원료 양산 공장이다. 이 공장은 2027년 완공을 목표로 하고 있으며, 완공 후 글로벌 수요를 안정적으로 충족할 수 있는 강력한 생산 기반이 될 것으로 보인다.

"이 공장을 통해 저희는 전 세계 소비자들에게 더욱 원활히 제품을 공급할 수 있는 환경을 구축할 것입니다. 이는 단순한 생산 역량의 확장을 넘어, 한국 바이오 기술의 세계적 도약을 뒷받침할 중요한 기초가 될 것입니다."

박 회장은 이번 제품이 한국 바이오 기술의 글로벌화를 위한 시작점이라고 말했다.

"CosmeRNA ARI는 저희의 기술력과 비전을 담은 첫걸음입니다. 이를 기반으로 앞으로 더 많은 혁신적인 제품을 개발하고, 한국 바이오 산업이 세계적으로 인정받는 데 기여하고 싶습니다."

소비자와의 소통, 그리고 미래

CosmeRNA ARI의 미국 소비자 반응은 초기부터 긍정적이다.

"특히, 새롭게 디자인된 휴대용 제품이 사용자들로부터 호평을 받고 있습니다. '편리하고 효과적'이라는 반응이 많았고, Reddit과 같은 온라인 커뮤니티에서도 자연스럽게 입소문이 퍼지고 있습니다."

바이오니아는 앞으로도 아마존 외 자사몰 운영, 디지털 마케팅, 오프라인 체험 프로모션 등을 통해 더 많은 고객과 소통할 계획이다.

박한오 회장은 바이오니아를 창립한 이래 '생명과 행복한 삶'이라는 비전을 실현하기 위해 쉼 없이 달려왔다. 그는 이번 인터뷰를 통해 "단순한 제품 판매를 넘어, 고객의 삶의 질을 개선하는 데 기여하는 것이 궁극적인 목표"라고 전했다.

CosmeRNA ARI와 함께 한국 바이오 기술이 글로벌 시장에서 더욱 빛을 발할 것을 기대하며, 박 회장과 바이오니아의 새로운 도전을 응원한다.

이가희 시카고한국일보 한국특파원
한국스토리텔링연구원장
시인/칼럼니스트

CosmeRNA ARI, 과학과 편의성의 만남

박한오 회장은 최근 미국 아마존에 론칭한 혁신적인 헤어 케어 제품, 코스메르나 에이알아이(CosmeRNA ARI)로 전 세계의 주목을 받고 있다.

그는 자신 있게 선보인 신제품 CosmeRNA ARI는 단순한 헤어 케어 제품을 넘어선 혁신적 결과물이다. 바이오니아의 핵심 기술력과 30년 넘는 연구 개발의 성과가 집약된 이 제품은 두피와 모발 건강을 개선하는 새로운 기준을 제시한다.

"이 제품은 주 1회 사용만으로도 기존 헤어 케어 제품과는 차별화된 탁월한 효과를 제공합니다. 특히, 저희 독자적 기술인 SAMiRNA 플랫폼을 활용해 모낭 깊숙이 핵심 성분을 안정적으로 전달합니다. 이는 단순히 영양을 공급하는 것을 넘어, 모발 성장의 근본적인 원인을 해결하는 혁신적인 접근 방식입니다."

CosmeRNA ARI는 탈모를 고민하는 남녀 모두를 위해 설계되었다. 기존의 화학적 치료제나 천연 성분 기반 제품들이 가진 한계를 극복하며, 과학적으로 검증된 안정성과 효과를 제공한다는 점에서 주목받고 있다. 특히, 치료제의 부작용을 우려하거나 잦은 사용의 번거로움을 느끼던 소비자들에게는 더없이 적합한 대안으로 자리 잡았다.

"제품 개발 과정에서 저희는 고객의 목소리에 귀를 기울였습니다. 소비자들이 원한 것은 효과뿐만 아니라 사용의 간편함과 안전성이었죠. CosmeRNA ARI는 이러한 요구를 충족시키며, 주 1회 사용만으로도 고객들이 실질적으로 만족할 수 있는 결과를 제공합니다."

또한, 이 제품은 다양한 고객층을 아우르며 탈모 초기 단계부터 심화된 증상을 가진 소비자들까지 폭넓게 사용할 수 있다. 특히, 여성 고객들에게 큰 주목을 받고 있으며, 기존 치료제의 부작용에 민감했던 남성들에게도 긍정적인 반응을 얻고 있다.

박 회장은 "CosmeRNA ARI는 단순히 제품 사용에 그치는 것이 아니라, 혁신적인 바이오 기술을 통해 건강과 자신감을 되찾도록 도와드립니다."라며 CosmeRNA ARI가 단순한 화장품을 넘어선 가치가 있다고 강조했다.

글로벌 플랫폼, 아마존을 선택한 이유

바이오니아는 미국 아마존 플랫폼을 통해 새로운 도전에 나섰다. 박 회장은 아마존을 선택한 이유에 대해 이렇게 말했다.

"미국은 전 세계 탈모 시장의 절반 이상을 차지하는 거대 시장입니다. 이곳 소비자들은 구매력이 뛰어나고, 프리미엄 제품에 대한 관심도 높습니다. 이런 환경은 CosmeRNA ARI의 성공 가능성을 극대화할 수 있는 기회라 생각했지요. 특히 아마존은 단순한 유통 채널이 아닌, 브랜드를 글로벌 시장에 빠르게 알릴 수 있는 전략적 파트너입니다."

아마존은 약 3억 명 이상의 활성 사용자와 월간 30억 회 이상의 트래픽을 보유한 세계 최대의 온라인 플랫폼이다. 박 회장은 이 강력한 플랫폼이 제공하는 리뷰 시스템과 검색 최적화 도구를 활용하면 CosmeRNA ARI가 미국 소비자들에게 빠르게 알려지고, 신뢰를 구축할 수 있을 것이라고 확신했다.

"아마존 프라임 멤버만 해도 1억 명을 넘습니다. 이들은 구매 전환율이 높고 브랜드 충성도가 강합니다. 덕분에 초기 시장 진입과 제품 인지도 확산에 매우 유리한 환경을 제공합니다."

박 회장이 특히 주목한 부분은 아마존의 리뷰 시스템이다. 소비자들의 솔직한 피드백은 다른 고객들에게 신뢰를 줄 뿐만 아니라, 제품의 품질과 효과를 입증할 수 있는 강력한 도구로 작용한다. 이 시스템은 소비자와의 신뢰 관계를 공고히 하고, 장기적인 시장 확장을 가능하게 한다. 또한, 아마존은 검색 광고와 디스플레이 광고 등 다양한 마케팅 도구를 제공한다. 박 회장은 이를 통해 브랜드 가치를 효과적으로 전달할 계획을 밝혔다.

"아마존은 단순히 제품을 판매하는 공간이 아니라, 브랜드의 스토리와 가치를 소비자들에게 전달할 수 있는 플랫폼입니다. 저희는 이 기능을 적극적으로 활용해 더 많은 소비자들에게 CosmeRNA ARI의 차별성을 알릴 계획입니다."

바이오니아는 아마존을 발판 삼아 미국 시장을 넘어 글로벌 무대로 나아가고자 한다. 박 회장은 "CosmeRNA ARI는 한국 바이오 기술의 혁신을 상징하는 제품입니다. 아마존은 이 가치를 전 세계 소비자들에게 빠르고 강력하게 전달할 수 있는 최적의 채널입니다."라며 이번 진출의 중요성을 강조했다.

기술력으로만 경쟁한다

미국 헤어 케어 시장은 L'Oréal, Unilever 같은 글로벌 대기업이 시장을 주도하는 치열한 전장이다. 이러한 경쟁 속에서 바이오니아는 독보적인 기술력과 과학적 검증을 기반으로 한 혁신적인 접근으로 주목받고 있다. 특히 박 회장은 이번 신제품에 대해 강한 자신감을 드러냈다.

"CosmeRNA ARI는 기존 헤어 케어 제품과는 완전히 차별화된 RNA 기술을 기반으로 한 3세대 화장품입니다. 일반적인 제품이 단순히 모발에 영양을 공급하거나 일시적인 개선 효과를 제공하는 데 그쳤다면, 저희 제품은 모낭의 건강을 근본적으로 개선하는 데 초점을 맞췄습니다."

RNA 기술은 2006년 노벨 생리의학상으로 주목받은 생명공학의 핵심 기술로, CosmeRNA ARI는 이를 바탕으로 개발되었다. 제품에 포함된 SAMiRNA-AR68 성분은 두피와 모낭에 유효성분을 안정적으로 전달해 모발 성장의 근본적인 원인을 해결한다. 이는 단순한 영양 공급 이상의 혁신적인 접근으로, 고객들에게 기존 제품들과는 전혀 다른 경험을 선사한다.

실제로 24주간의 임상 시험 결과, CosmeRNA ARI는 $1cm^2$당 평균 7.5개의 모발이 증가하는 놀라운 효과를 보였다. 박 회장은 이를 두고 "단순히 제품을 사용했을 뿐인데 과학적 데이터가 뒷받침되는 결과를 통해 소비자들에게 강력한 신뢰를 제공할 수 있게 되었다"고 설명했다. 또한, 제품의 안전성 역시 독일 Dermatest에서 최고 안전 등급을 받으며 입증되었다. 이는 까다로운 미국 시장에서 큰 장점으로 작용할 전망이다.

박 회장은 이어 제품의 사용자 편의성을 강조했다.

"CosmeRNA ARI는 단순히 효과가 뛰어난 제품에 그치지 않습니다. 사용자의 편의성을 극대화하기 위해 펜 타입 용기로 설계되어, 바쁜 일상에서도 간편하게 사용할 수 있도록 개발했습니다. 클릭 한 번으로 적정량이 분사되며, 사용 후 깔끔한 마무리가 가능합니다."

특히, RNA 기술이라는 혁신적인 기반은 까다로운 소비자들에게도 큰 신뢰를 제공한다. 박 회장은 "헤어 케어 시장의 소비자들은 똑똑하고 꼼꼼합니다. 많은 경우 논문을 찾아보고, 제품의 기술적 배경을 확인하며 선택합니다. CosmeRNA ARI는 과학적 검증과 혁신적 기술을 바탕으로 이러한 소비자들의 신뢰를 얻을 수 있습니다."라고 강조했다.

한국 바이오 기술의 글로벌화

박한오 회장은 이번 신제품 CosmeRNA ARI를 단순한 상업적 성공을 넘어 한국 바이오 기술의 글로벌화라는 상징적 도약으로 평가했다. 그는 이 제품이 K-Beauty를 넘어 K-Bio를 세계에 알릴 수 있는 중요한 기회라고 강조했다.

"CosmeRNA ARI는 혁신적인 기술력을 통해 한국 바이오 기술이 글로벌 시장에서 자리 잡을 수 있는 기반을 마련해 줍니다. 단순히 화장품을 넘어 바이오니아의 기술력과 한국 바이오산업의 잠재력을 알릴 수 있는 중요한 사례입니다."

박 회장은 한국 바이오산업의 현재와 미래를 바라보며, 이번 제품이 K-Bio의 세계적 도약에 큰 역할을 할 것이라 확신했다. 한국은 이미 K-Beauty와 K-Culture로 주목받고 있지만, 바이오 분야에서는 아직 세계 시장의 중심에 서지 못한 것이 현실이다.

"한국 바이오산업은 여전히 짧은 역사와 제한적인 경험으로 인해 글로벌 시장에서의 존재감이 약한 상황입니다. 이러한 이유로, 바이오니아 같은 기업이 독자적인 기술력과 혁신적인 제품으로 산업의 위상을 높이는 데 앞장서야 합니다."

박 회장은 바이오니아의 전략적 경쟁력을 뒷받침하는 핵심 요소로 물질특허 기반의 독창적인 기술력을 꼽았다. 그는 "바이오헬스 산업에서는 물질특허 없이 글로벌 시장에서 경쟁하기 어렵습니다. CosmeRNA ARI는 바이오니아의 독자적인 SAMiRNA 플랫폼 특허 기술을 활용해 개발된 제품으로, 글로벌 시장에서 독보적인 위치를 차지할 수 있는 제품입니다."라고 설명했다.

바이오니아는 장기적인 성장 기반을 구축하기 위한 준비도 철저히 진행 중이다. 대표적인 예가 남공주 산단에 건설 중인 원료 양산 공장이다. 이 공장은 2027년 완공을 목표로 하고 있으며, 완공 후 글로벌 수요를 안정적으로 충족할 수 있는 강력한 생산 기반이 될 것으로 보인다.

"이 공장을 통해 저희는 전 세계 소비자들에게 더욱 원활히 제품을 공급할 수 있는 환경을 구축할 것입니다. 이는 단순한 생산 역량의 확장을 넘어, 한국 바이오 기술의 세계적 도약을 뒷받침할 중요한 기초가 될 것입니다."

박 회장은 이번 제품이 한국 바이오 기술의 글로벌화를 위한 시작점이라고 말했다.

"CosmeRNA ARI는 저희의 기술력과 비전을 담은 첫걸음입니다. 이를 기반으로 앞으로 더 많은 혁신적인 제품을 개발하고, 한국 바이오 산업이 세계적으로 인정받는 데 기여하고 싶습니다."

소비자와의 소통, 그리고 미래

CosmeRNA ARI의 미국 소비자 반응은 초기부터 긍정적이다.

"특히, 새롭게 디자인된 휴대용 제품이 사용자들로부터 호평을 받고 있습니다. '편리하고 효과적'이라는 반응이 많았고, Reddit과 같은 온라인 커뮤니티에서도 자연스럽게 입소문이 퍼지고 있습니다."

바이오니아는 앞으로도 아마존 외 자사몰 운영, 디지털 마케팅, 오프라인 체험 프로모션 등을 통해 더 많은 고객과 소통할 계획이다.

박한오 회장은 바이오니아를 창립한 이래 '생명과 행복한 삶'이라는 비전을 실현하기 위해 쉼 없이 달려왔다. 그는 이번 인터뷰를 통해 "단순한 제품 판매를 넘어, 고객의 삶의 질을 개선하는 데 기여하는 것이 궁극적인 목표"라고 전했다.

CosmeRNA ARI와 함께 한국 바이오 기술이 글로벌 시장에서 더욱 빛을 발할 것을 기대하며, 박 회장과 바이오니아의 새로운 도전을 응원한다.

본질의 역습

Chapter 2

경계를 허문 게임체인저

시장을 재정의한 역발상 경영
– 글로벌 비즈니스의 게임체인저

지식재산의 미래와
K-콘텐츠의 글로벌 확산

❖ **정갑윤** 지식재산단체총연합회 회장

정갑윤 이사장은 1950년생으로, 울산대학교 화학공학과를 졸업하고 동 대학원 산업관리공학 석사 학위를 취득했다. 그는 2002년 제16대 국회의원 재보궐 선거를 통해 국회에 입성한 이래 울산 중구 지역에서 내리 5선 국회의원(16~20대)을 역임한 중진 정치인이다. 특히 제19대 국회 후반기 국회부의장(2014.05.~2016.05.)을 지내며 국회 최고위직을 맡았다. 의정 활동 기간 동안 국회 예산결산특별위원회 위원장 등을 역임하며 전문성을 인정받았고, 2016년에는 대한민국 의정대상을 수상했다. 국회 은퇴 후인 2020년 10월부터는 지식재산 분야의 발전을 위해 국내 200여 개 지식재산 단체를 총망라하는 지식재산단체총연합회의 공동회장을 맡고 있다. 2023년 12월부터는 교직원 복지 향상과 자산 100조 시대를 목표로 하는 제23대 한국교직원공제회 이사장으로 취임하여 활동 중이다.

지식재산의 미래와 K-콘텐츠의 글로벌 확산을 이끄는

정갑윤 지식재산단체총연합회 회장과의 만남

2024년 10월 24일, 서울의 호텔 나루 엠갤러리에서 열린 '2024 한·아세안 지식재산 협력 컨퍼런스' 현장에서 정갑윤 지식재산단체총연합회 회장(이하 '지총') 회장과의 인터뷰가 진행되었다. 이번 행사에는 한국과 아세안 10개국의 지식재산 전문가들이 참석해 인공지능(AI, 확장 현실(XR) 등 최신 기술을 기반으로 한 지식재산 협력 방안을 논의했다. 지총 회장인 정갑윤 회장은 한국의 지식재산 강국을 위해 힘쓰고 있으며, 한국교직원공제회 이사장으로서도 교육계를 위한 혁신적인 복지 서비스를 제공하고 있다. 인터뷰는 지식재산과 관련된 이번 컨퍼런스의 의의와 한국의 지식재산 강국 도약을 위한 전략, 그리고 최근 주목받고 있는 K-콘텐츠와 한글 세계화에 대한 회장님의 의견을 듣는 자리였다.

지식재산 컨퍼런스의 중요성

Q: 회장님, 이번 '2024 한·아세안 지식재산 협력 컨퍼런스'는 어떤 의의를 가지고 있습니까?

A: "이번 컨퍼런스는 한·아세안 간 지식재산을 중심으로 경제적 협력을 강화하는 중요한 자리입니다. AX 시대, 즉 인공지능과 확장 현실이 결합된 새로운 경제 패러다임 속에서 지식재산의 중요성은 더욱 커지고 있습니다. 이번 행사에서는 이러한 변화에 맞춘 지식재산 보호와 기술 혁신 전략을 논의하고, 한국과 아세안 국가들이 공동으로 대응할 방안을 모색하는 자리지요. 디지털 경제가 빠르게 발전하고 있는 지금, 지식재산권 보호와 기술 협력은 필수입니다. 이 컨퍼런스를 통해 한국과 아세안의 관계가 더욱 공고해지고, 기술 협력과 문화 교류의 장이 지속적으로 마련될 것으로 믿어요."

지총 회장으로서의 역할과 성과

Q: 지총 회장으로서 그동안의 주요 성과는 무엇인가요?

A: "지총은 현재 46개의 지식재산 관련 단체를 아우르며, 지식재산 정책과 대국민 소통을 활성화하기 위해 노력해 왔습니다. 특히, 이번 컨퍼런스와 같은 대규모 행사를 통해 다양한 지식재산 전문가들이 모여 기술 협력과 지식재산 보호에 대한 의견을 나눌 수 있는 장을 마련한 것이 큰 성과라고 생각합니다. 지난 몇 년간 우리는 정부와 민간의 긴밀한 협력을 통해 지식재산권 관련 법률과 정책을 개선하려는 노력을 이어왔고, 이는 한국이 글로벌 지식재산 강국으로 도약하는 데 중요한 발판이 되었지요. 앞으로도 국내의 다양한 단체와 협력하여 지식재산 보호와 기술 혁신을 위한 실질적인 방안을 지속적으로 모색할 것입니다."

AX 시대의 지식재산 협력 방안

Q: 이번 컨퍼런스에서는 AX 시대의 지식재산 협력 방안을 논의한다고 들었습니다. 어떤 내용들이 다뤄지나요?

A: "AX 시대는 인공지능, 확장 현실 등 첨단 기술이 융합된 새로운 경제 패러다임입니다. 이 시대에 지식재산권은 더 이상 단순한 보호의 개념을 넘어서, 기술 혁신과 경제 성장의 핵심 자산으로 자리잡고 있습니다. 이번 컨퍼런스에서는 이러한 기술 발전에 따른 새로운 도전 과제를 해결하기 위해 각국의 전문가들이 지식재산 협력 방안을 심도 있게 논의할 예정입니다. 특히 인공지능과 같은 첨단 기술이 기존의 지식재산 체계에 어떤 변화를 가져올지, 그리고 이 변화에 어떻게 대응해야 할지에 대한 논의가 주를 이룰 것입니다. 또한, 콘텐츠 지식재산의 역할과 향후 미래 비전에 대해서도 중요한 논의가 이루어질 것입니다. 이를 통해 우리는 한국과 아세안 국가들이 상호 협력하여 기술 혁신을 촉진하고, 지식재산을 활용한 새로운 비즈니스 모델을 창출하는 기회를 만들어 갈 것입니다."

한국교직원공제회 이사장으로서의 비전

Q: 회장님께서는 한국교직원공제회 이사장으로도 활동 중이신데, 공제회의 발전을 위해 어떤 계획을 세우고 계신가요?

A: "한국교직원공제회는 91만 명에 달하는 회원들에게 복지 서비스를 제공하는 중요한 기관입니다. 저희는 회원들의 복리 증진과 생활 안정을 위해 다양한 금융 상품과 복지 혜택을 제공하고 있어요. 최근에는 디지털 시스템을 개선하여 더 나은 서비스 제공에 힘쓰고 있지요. 특히, 2030년까지 자산 100조 원 달성을 목표로 하고 있는데, 이를 위해 리스크 관리와 회원 맞춤형 서비스를 강화할 계획입니다. 이러한 목표를 이루기 위해서는 장기적인 관점에서의 체계적인 관리가 필수적이죠. 자산 운용 측면에서도 리스크 관리 시스템을 강화하여 안정적인 성장을 도모하고 있어요. 회원들이 언제든지 필요한 도움을 받을 수 있도록 콜센터 시스템 또한 확장하고 있구요. 우리는 교직원들의 복지를 최우선으로 생각하며, 그들의 삶의 질을 항상시키기 위해 계속해서 새로운 혜택과 서비스를 제공할 것입니다."

교직원들을 위한 맞춤형 복지 서비스

Q: 저출산 문제로 교직원 수가 줄어드는 상황입니다. 이를 해결하기 위한 복지 서비스는 무엇이 있을까요?

A: "저출산 문제는 국가적 과제인 동시에 공제회에도 큰 도전 과제입니다. 이에 따라 저희는 교직원들이 일과 가정을 더욱 잘 병행할 수 있도록 다양한 복지 혜택을 강화하고 있어요. 예를 들어, 만 8세 이하 자녀를 둔 교직원들에게 추가 육아 시간을 제공하고, 육아휴직자의 근무 경력 인정 기간도 확대했습니다. 이는 교직원들이 육아로 인해 경력 단절을 겪지 않도록 하는 중요한 지원책입니다. 또한, 공제회 내부적으로도 직장 어린이집의 환경을 개선하고, 출산축하금을 상향 조정하는 등의 복지 제도를 강화하고 있어요. 우리는 교직원들의 생활과 가족 모두를 고려한 맞춤형 복지 혜택을 지속적으로 확대할 계획입니다."

자산 100조 원 달성 전략

Q: 한국교직원공제회의 자산 100조 원 달성을 위한 구체적인 전략이 무엇인지 궁금합니다.

A: "자산 100조 원 달성은 공제회가 나아가야 할 중장기 목표로, 이를 위해서는 무엇보다도 안정적인 자산 운용과 회원 관리가 핵심이라고 생각합니다. 첫째, 회원 관리 측면에서는 신규 교직원의 유입이 감소하고 있는 만큼 기존 회원들을 더욱 세심하게 관리하고, 이들의 만족도를 높이기 위해 맞춤형 금융·복지 서비스를 강화하고 있어요. 특히 디지털 혁신을 통해 온라인 플랫폼을 통해 언제든지 빠르고 쉽게 상담과 서비스를 제공받을 수 있도록 하고 있지요. 둘째, 자산 운용 부문에서는 리스크 관리 체계를 더욱 강화하고 있습니다. 현재 경제 상황에서 변동성이 큰 자산 시장에 대비하기 위해 안정성을 최우선으로 두고, 이를 위해 전문가들의 철저한 분석과 전략적 투자가 병행되고 있어요. 이러한 다각적인 노력이 자산 100조 원 달성에 필수적인 요소가 될 것입니다."

교직원들의 정신 건강 지원

Q: 교직원들의 정신적 건강을 위한 지원 프로그램에 대해 설명해 주시겠습니까?

A: "교직원들은 그 어느 직업군보다도 정신적인 스트레스를 많이 겪는 직종이에요. 교육 현장에서 발생하는 다양한 문제와 과중한 업무로 인해 심리적 압박이 크기 때문이죠. 이를 지원하기 위해 공제회에서는 'The-K마음쉼'이라는 심리 상담 프로그램을 운영하고 있습니다. 이 프로그램은 교직원들이 직장에서 겪는 정신적 스트레스를 완화하고, 필요한 경우 전문 심리 상담을 받을 수 있도록 지원하는 체계적인 서비스입니다. 우리는 매년 더 많은 예산을 투입해 이 프로그램을 강화하고 있으며, 교직원들이 일터에서뿐만 아니라 가정에서도 안정된 정신적 상태를 유지할 수 있도록 지속적으로 노력하고 있어요. 이 외에도 심리적인 안정을 돕기 위한 다양한 워크숍과 교육 프로그램도 운영하고 있습니다."

사회공헌 활동과 공제회 문화

Q: 회장님께서는 다양한 사회공헌 활동을 해오고 계신데, 이러한 활동이 공제회 조직 문화에도 영향을 미치고 있나요?

A: "사회공헌 활동은 공제회의 핵심 가치 중 하나예요. 저 역시 오랜 기간 여러 기부 활동을 해왔고, 공제회 내에서도 이러한 기부 문화를 확산시키기 위해 다양한 활동을 장려하고 있습니다. 공제회의 임직원들은 정기적으로 봉사활동에 참여하고 있지요. 최근에는 대한적십자사의 땅 나눔터에서 직접 제빵 봉사활동을 했습니다. 이와 같은 활동은 직원들이 사회적 책임을 실천하고, 단합과 소속감을 느낄 수 있는 계기가 됩니다. 저희는 앞으로도 이러한 봉사와 사회 공헌 활동을 더욱 확장하여, 공제회가 사회적으로도 책임을 다하는 기관으로서 자리매김할 수 있도록 노력할 것입니다. 봉사를 통해 얻는 보람과 가치는 직원들 개개인의 성장에도 중요한 영향을 미치니까요."

교직원과 회원들을 위한 금융 상품

Q: 공제회에서 제공하는 금융 상품 중 추천할 만한 것이 있습니까?

A: "저희 공제회는 교직원과 회원들의 생활 안정과 자산 관리를 돕기 위해 다양한 금융 상품을 운영하고 있습니다. 그중에서도 가장 추천드리고 싶은 상품은 '장기 저축급여'입니다. 이 상품은 교직원들이 장기적으로 안정적인 노후 자금을 마련할 수 있도록 설계된 국내 최장기 저축 제도에요. 높은 이율과 함께 세계 혜택이 주어지는 것이 큰 장점인데, 특히 금융소득종합과세 대상에서 제외되어 더 많은 혜택을 받을 수 있어요. 노후 준비에 있어 안정성이 중요하다는 점에서 '장기 저축급여'는 교직원들이 안심하고 가입할 수 있는 훌륭한 상품입니다. 이를 통해 많은 교직원들이 더 나은 미래를 설계할 수 있도록 도울 것입니다."

K-콘텐츠와 한글 세계화

Q: 최근 K-콘텐츠가 글로벌 시장에서 큰 인기를 끌고 있습니다. 이에 대한 회장님의 생각과 한글 세계화의 중요성에 대해 말씀해주신다면?

A: "K-콘텐츠는 한국의 중요한 자산 중 하나입니다. 한국의 영화, 드라마, 게임 등이 전 세계적으로 큰 인기를 끌고 있어 누구보다 기쁩니다. 이러한 문화 콘텐츠가 한국의 지식재산 경쟁력을 높이는 데 큰 역할을 하지요. 특히, K-드라마와 K-영화는 기존의 콘텐츠와 차별화된 스토리텔링과 독창성으로 글로벌 시장에서 꾸준히 사랑받으니 정말 뿌듯합니다. 이러한 콘텐츠는 단순한 흥행을 넘어 한국 문화의 세계화를 촉진하는 핵심 역할을 하고 있지요. 또한, 한글의 세계화 역시 이와 함께 중요한 과제가 되고 있습니다. 한글은 그 자체로 매우 과학적이고 효율적인 문자 체계이기 때문에, 이를 기반으로 한 콘텐츠가 세계적으로 확산될 가능성은 무궁무진합니다. 우리는 앞으로도 한국의 우수한 문화와 언어가 글로벌 시장에서 더욱 빛을 발할 수 있도록 다각도로 지원할 계획입니다. 한글 세계화는 단순히 언어의 확산을 넘어서, 한국의 문화적 자산을 보호하고 발전시키는 중요한 과제입니다."

마무리하며

정갑윤 회장은 지총 회장으로서 한국의 지식재산 강국 도약을 위해 헌신하고 있다. 동시에 한국교직원공제회 이사장으로서도 교육계에 혁신적인 복지 서비스에 최선을 다하고 있다. 그의 말처럼, 지식재산은 단순한 경제적 자산을 넘어 기술 혁신과 문화 발전의 핵심 요소로 자리잡고 있으며, K-콘텐츠와 한글 세계화를 통해 한국의 지식재산은 세계 무대에서 더욱 빛을 발할 것이다.

"한국과 아세안 국가들이 함께 협력하여 AX 시대의 도전 과제를 해결하고, 지식재산을 기반으로 한 지속 가능한 발전을 이끌어가야 합니다." 행사장에서 발표한 그의 마지막 말은 한국의 미래를 향한 강력한 비전과 의지를 담고 있었다.

이가희 시카고한국일보 한국특파원
한국스토리텔링연구원장
시인/칼럼니스트

2024년 10월 24일, 서울의 호텔 나루 엠갤러리에서 열린 '2024 한·아세안 지식재산 협력 컨퍼런스' 현장에서 정갑윤 지식재산단체총연합회(이하 '지총') 회장과의 인터뷰가 진행되었다. 이번 행사에는 한국과 아세안 10개국의 지식재산 전문가들이 참석해 인공지능(AI), 확장 현실(XR) 등 최신 기술을 기반으로 한 지식재산 협력 방안을 논의했다. 지총 회장인 정갑윤 회장은 한국의 지식재산 강국을 위해 힘쓰고 있으며, 한국교직원공제회 이사장으로서도 교육계를 위한 혁신적인 복지서비스를 제공하고 있다. 인터뷰는 지식재산과 관련된 이번 컨퍼런스의 의미와 한국의 지식재산 강국 도약을 위한 전략, 그리고 최근 주목받고 있는 K-콘텐츠와 한글 세계화에 대한 회장님의 의견을 듣는 자리였다.

지식재산 컨퍼런스의 중요성

Q: 회장님, 이번 '2024 한·아세안 지식재산 협력 컨퍼런스'는 이띤 의미를 가지고 있습니까?

A: "이번 컨퍼런스는 한·아세안 간 지식재산을 중심으로 경제적 협력을 강화하는 중요한 자리입니다. AX 시대, 즉 인공지능과 확장 현실이 결합 된 새로운 경제 패러다임 속에서 지식재산의 중요성은 더욱 커지고 있습니다. 이번 행사에서는 이러한 변화에 맞춘 지식재산 보호와 기술 혁신 전략을 논의하고, 한국과 아세안 국가들이 공동으로 대응할 방안을 모색하는 자리지요. 디지털 경제가 빠르게 발전하고 있는 지금, 지식재산권 보호와 기술 협력은 필수입니다. 이 컨퍼런스를 통해 한국과 아세안의 관계가 더욱 공고해지고, 기술 협력과 문화 교류의 장이

지속적으로 마련될 것으로 믿어요.”

지총 회장으로서의 역할과 성과

Q: 지총 회장으로서 그동안의 주요 성과는 무엇인가요?

A: “지총은 현재 46개의 지식재산 관련 단체를 아우르며, 지식재산 정책과 대국민 소통을 활성화하기 위해 노력해 왔습니다. 특히, 이번 컨퍼런스와 같은 대규모 행사를 통해 다양한 지식재산 전문가들이 모여 기술 혁신과 지식재산 보호에 대한 의견을 나눌 수 있는 장을 마련한 것이 큰 성과라고 생각합니다. 지난 몇 년간 우리는 정부와 민간의 긴밀한 협력을 통해 지식재산권 관련 법률과 정책을 개선하려는 노력을 이어왔고, 이는 한국이 글로벌 지식재산 강국으로 도약하는 데 중요한 발판이 되었지요. 앞으로도 지총은 국내외 다양한 단체와 협력하여 지식재산 보호와 기술 혁신을 위한 실질적인 방안을 지속적으로 모색할 것입니다.”

AX 시대의 지식재산 협력 방안

Q: 이번 컨퍼런스에서는 AX 시대의 지식재산 협력 방안을 논의한다고 들었습니다. 어떤 내용들이 다뤄지나요?

A: “AX 시대는 인공지능, 확장 현실 등 첨단 기술이 융합된 새로운 경제 패러다임입니다. 이 시대에 지식재산권은 더 이상 단순한 보호의 개념을 넘어서, 기술 혁신과 경제 성장의 핵심 자산으로 자리잡고 있습니다. 이번 컨퍼런스에서는 이러한 기술 발전에 따른 새로운 도전 과제

를 해결하기 위해 각국의 전문가들이 지식재산 협력 방안을 심도 있게 논의할 예정입니다. 특히 인공지능과 같은 첨단 기술이 기존의 지식재산권 체계에 어떤 변화를 가져올지, 그리고 이 변화에 어떻게 대응해야 할지에 대한 논의가 주를 이룰 것입니다. 또한, 콘텐츠 지식재산의 역할과 향후 미래 비전에 대해서도 중요한 논의가 이루어질 것입니다. 이를 통해 우리는 한국과 아세안 국가들이 상호 협력하며 기술 혁신을 촉진하고, 지식재산을 활용한 새로운 비즈니스 모델을 창출하는 기회를 만들어 갈 것입니다."

한국교직원공제회 이사장으로서의 비전

Q: 회장님께서는 한국교직원공제회 이사장으로도 활동 중이신데, 공제회의 발전을 위해 어떤 계획을 세우고 계신가요?

A: "한국교직원공제회는 91만 명에 달하는 회원들에게 복지서비스를 제공하는 중요한 기관입니다. 저희는 회원들의 복리 증진과 생활 안정을 위해 다양한 금융 상품과 복지 혜택을 제공하고 있어요. 최근에는 디지털 시스템을 개선하여 더 나은 서비스 제공에 힘쓰고 있지요. 특히, 2030년까지 자산 100조 원 달성을 목표로 하고 있는데, 이를 위해 리스크 관리와 회원 맞춤형 서비스를 강화할 계획입니다. 이러한 목표를 이루기 위해서는 장기적인 관점에서의 체계적인 관리가 필수적이죠. 자산 운용 측면에서도 리스크 관리 시스템을 강화하여 안정적인 성장을 도모하고 있어요. 회원들이 언제든지 필요한 도움을 받을 수 있도록 콜센터 시스템 또한 확장하고 있구요. 우리는 교직원들의 복지를 최우선으로 생각하며, 그들의 삶의 질을 향상시키기 위해 계속해서

새로운 혜택과 서비스를 제공할 것입니다."

교직원들을 위한 맞춤형 복지서비스

Q: 저출산 문제로 교직원 수가 줄어드는 상황입니다. 이를 해결하기 위한 복지서비스는 무엇이 있을까요?

A: "저출산 문제는 국가적 과제인 동시에 공제회에도 큰 도전 과제입니다. 이에 따라 저희는 교직원들이 일과 가정을 더욱 잘 병행할 수 있도록 다양한 복지 혜택을 강화하고 있어요. 예를 들어, 만 8세 이하 자녀를 둔 교직원들에게 추가 육아 시간을 제공하고, 육아휴직자의 근무 경력 인정 기간도 확대했습니다. 이는 교직원들이 육아로 인해 경력 단절을 겪지 않도록 하는 중요한 지원책입니다. 또한, 공제회 내부적으로도 직장 어린이집의 환경을 개선하고, 출산축하금을 상향 조정하는 등의 복지 제도를 강화하고 있어요. 우리는 교직원들의 생활과 가족 모두를 고려한 맞춤형 복지 혜택을 지속적으로 확대할 계획입니다."

자산 100조 원 달성 전략

Q: 한국교직원공제회의 자산 100조 원 달성을 위한 구체적인 전략이 무엇인지 궁금합니다.

A: "자산 100조 원 달성은 공제회가 나아가야 할 중장기 목표로, 이를 위해서는 무엇보다도 안정적인 자산 운용과 회원 관리가 핵심이라고 생각합니다. 첫째, 회원 관리 측면에서는 신규 교직원의 유입이 감소하고 있는 만큼 기존 회원들을 더욱 세심하게 관리하고, 이들의

만족도를 높이기 위해 맞춤형 금융·복지서비스를 강화하고 있어요. 특히 디지털 혁신을 통해 온라인 플랫폼을 통해 언제든지 빠르고 쉽게 상담과 서비스를 제공받을 수 있도록 하고 있지요. 둘째, 자산 운용 부문에서는 리스크 관리 체계를 더욱 강화하고 있습니다. 현재 경제 상황에서 변동성이 큰 자산 시장에 대비하기 위해 안정성을 최우선으로 두고, 이를 위해 전문가들의 철저한 분석과 전략적 투자가 병행되고 있어요. 이러한 다각적인 노력이 자산 100조 원 달성에 필수적인 요소가 될 것입니다."

교직원들의 정신 건강 지원

Q: 교직원들의 정신적 건강을 위한 지원 프로그램에 대해 설명해 주시겠습니까?

A: "교직원들은 그 어느 직업군보다도 정신적인 스트레스를 많이 겪는 직종이에요. 교육 현장에서 발생하는 다양한 문제와 과중한 업무로 인해 심리적 압박이 크기 때문이죠. 이를 지원하기 위해 공제회에서는 'The-K마음쉼'이라는 심리 상담 프로그램을 운영하고 있습니다. 이 프로그램은 교직원들이 직장에서 겪는 정신적 스트레스를 완화하고, 필요한 경우 전문 심리 상담을 받을 수 있도록 지원하는 체계적인 서비스입니다. 우리는 매년 더 많은 예산을 투입해 이 프로그램을 강화하고 있으며, 교직원들이 일터에서뿐만 아니라 가정에서도 안정된 정신적 상태를 유지할 수 있도록 지속적으로 노력하고 있어요. 이 외에도 심리적인 안정을 돕기 위한 다양한 워크숍과 교육 프로그램도 운영하고 있습니다."

사회공헌 활동과 공제회 문화

Q: 회장님께서는 다양한 사회공헌 활동을 해오고 계신데, 이러한 활동이 공제회 조직 문화에도 영향을 미치고 있나요?

A: "사회공헌 활동은 공제회의 핵심 가치 중 하나예요. 저 역시 오랜 기간 여러 기부 활동을 해왔고, 공제회 내에서도 이러한 기부 문화를 확산시키기 위해 다양한 활동을 장려하고 있습니다. 공제회의 임직원들은 정기적으로 봉사활동에 참여하고 있지요. 최근에는 대한적십자사의 빵 나눔터에서 직접 제빵 봉사활동을 했습니다. 이와 같은 활동은 직원들이 사회적 책임을 실천하고, 단합과 소속감을 느낄 수 있는 계기가 됩니다. 저희는 앞으로도 이러한 봉사와 사회 공헌 활동을 더욱 확장하여, 공제회가 사회적으로도 책임을 다하는 기관으로서 자리매김할 수 있도록 노력할 것입니다. 봉사를 통해 얻는 보람과 가치는 직원들 개개인의 성장에도 중요한 영향을 미치니까요."

교직원과 회원들을 위한 금융 상품

Q: 공제회에서 제공하는 금융 상품 중 추천할 만한 것이 있습니까?

A: "저희 공제회는 교직원과 회원들의 생활 안정과 자산 관리를 돕기 위해 다양한 금융 상품을 운영하고 있습니다. 그중에서도 가장 추천드리고 싶은 상품은 '장기 저축급여'입니다. 이 상품은 교직원들이 장기적으로 안정적인 노후 자금을 마련할 수 있도록 설계된 국내 최장기 저축 제도예요. 높은 이율과 함께 세제 혜택이 주어지는 것이 큰 장점인데, 특히 금융소득종합과세 대상에서 제외되어 더 많은 혜택을 받

을 수 있어요. 노후 준비에 있어 안정성이 중요하다는 점에서 '장기 저축급여'는 교직원들이 안심하고 가입할 수 있는 훌륭한 상품입니다. 이를 통해 많은 교직원들이 더 나은 미래를 설계할 수 있도록 도울 것입니다."

K-콘텐츠와 한글 세계화

Q: 최근 K-콘텐츠가 글로벌 시장에서 큰 인기를 끌고 있습니다. 이에 대한 회장님의 생각과 한글 세계화의 중요성에 대해 말씀해주신다면?

A: "K-콘텐츠는 한국의 중요한 자산 중 하나입니다. 한국의 영화, 드라마, 게임 등이 전 세계적으로 큰 인기를 끌고 있어 누구보다 기쁩니다. 이러한 문화 콘텐츠가 한국의 지식재산 경쟁력을 높이는 데 큰 역할을 하지요. 특히, K-드라마와 K-영화는 기존의 콘텐츠와 차별화된 스토리텔링과 독창성으로 글로벌 시장에서 꾸준히 사랑받으니 정말 뿌듯합니다. 이러한 콘텐츠는 단순한 흥행을 넘어 한국 문화의 세계화를 촉진하는 핵심 역할을 하고 있지요. 또한, 한글의 세계화 역시 이와 함께 중요한 과제가 되고 있습니다. 한글은 그 자체로 매우 과학적이고 효율적인 문자 체계이기 때문에, 이를 기반으로 한 콘텐츠가 세계적으로 확산될 가능성은 무궁무진합니다. 우리는 앞으로도 한국의 우수한 문화와 언어가 글로벌 시장에서 더욱 빛을 발할 수 있도록 다각도로 지원할 계획입니다. 한글 세계화는 단순히 언어의 확산을 넘어서, 한국의 문화적 자산을 보호하고 발전시키는 중요한 과제입니다."

정갑윤 회장은 지총 회장으로서 한국의 지식재산 강국 도약을 위해 헌신하고 있다. 동시에 한국교직원공제회 이사장으로서도 교육계에 혁신적인 복지서비스에 최선을 다하고 있다. 그의 말처럼, 지식재산은 단순한 경제적 자산을 넘어 기술 혁신과 문화 발전의 핵심 요소로 자리 잡고 있으며, K-콘텐츠와 한글 세계화를 통해 한국의 지식재산은 세계 무대에서 더욱 빛을 발할 것이다.

"한국과 아세안 국가들이 함께 협력하여 AX 시대의 도전과제를 해결하고, 지식재산을 기반으로 한 지속 가능한 발전을 이끌어가야 합니다." 행사장에서 발표한 그의 마지막 말은 한국의 미래를 향한 강력한 비전과 의지를 담고 있었다.

혁신의 힘으로
글로벌 바이오를 선도하다

❖ 김명희 (주)에이스바이옴 대표

김명희는 건강기능식품 전문기업인 에이스바이옴의 대표이사를 맡고 있으며, 이 기업은 유전자 전문기업 바이오니아의 자회사로 시작하였다. 그녀는 국내 최초로 식품의약품안전처에서 체지방 감소 기능성을 인정받은 유산균 락토바실러스 가세리 BNR17®을 주력 제품으로 시장에 성공적으로 안착시켰다. 최근에 관절, 여성 건강 등에 특화된 '아나파랙틴'과 '비에날퀸' 등의 건강기능식품 라인업을 확장하며 사업 영역을 넓힌다. 설립 4년 만에 연 매출 494억 원을 달성하는 등 뛰어난 기술력과 경영 성과를 인정받아 자랑스러운 여성벤처인으로서 중소벤처기업부 장관 표창을 수상하였다. BNR17® 균주는 국내외 10여 개국 특허를 보유하였고, 미국과 아시아 지역의 건강기능식품 원료 및 제품 대회에서 최고상을 받는 등 글로벌 경쟁력을 갖춘다. 그녀는 글로벌 바이오 기업 노보네시스(Novonesis)와의 전략적 파트너십을 강화하며 K-프로바이오틱스의 세계 시장 확대를 주도한다.

"혁신의 힘으로 글로벌 바이오를 선도하다"

(주)에이스바이옴 김명희 대표와의 인터뷰

바이오헬스 산업의 최전선에서 활약하는 여성 리더, 김명희 대표는 프로바이오틱스 분야의 글로벌 성공사례를 만들어가고 있다. 체지방 감소 유산균으로 전 세계적인 주목을 받는 제품, 비에날빈(BNR17)의 성공과 함께 에이스바이옴을 세계 무대에 올려놓은 그녀는 끊임없는 도전과 열정으로 한국 바이오 업계의 가능성을 확장하고 있다.

11월 19일, (주)에이스바이옴 대전 본사 사무실에서 김 대표와 함께한 이번 인터뷰는 그녀의 경영 철학, 여성 리더로서의 경험, 그리고 (주)에이스바이옴의 미래를 조명했다.

사장되지 않을 가능성을 믿고 도전하라

김명희 대표는 2017년 에이스바이옴을 창립하며 강한 사명감을 느꼈다고 회상했다. "한국에서 개발된 유산균 BNR17은 체지방 감소 가능성을 약학 치료부터 인정받았음에도 불구하고 국내 생산 기술 부족으로 상업화되지 못하고 있었습니다. 제가 반드시 이 가치를 실현시켜야 한다는 책임감을 느꼈습니다."

11년간 미국에서 바이오니아의 미국법인 대표로 일하며 글로벌 시장의 노하우를 익힌 그녀는, 안전하고 효과적인 건강기능식품으로 사람들의 삶의 질을 높이고자 하는 비전을 품었다. "건강기능식품을 통해 사람들의 건강과 행복을 돕는 것이 제가 이 일을 하는 이유입니다."

글로벌 무대에서 인정받다

김 대표가 이끄는 (주)에이스바이옴은 미국 UAS랩스와의 라이센스 계약을 통해 글로벌 사업의 문을 열었다. 이는 기업의 성장을 견인한 중요한 전환점이었다. "이 계약은 단순한 비즈니스 이상의 의미가 있었습니다. 미국에서 인정받은 우리의 유산균 제품이 세계 시장으로 나아갈 수 있는 기반을 마련했기 때문입니다." 특히, BNR17 유산균은 Nutraingredients-USA Awards에서 체중 관리 부문 1등 상을 수상하는 등 국제적인 성과를 거두며 한국 바이오 산업의 위상을 높였다.

여성 리더십의 본보기, 김명희 대표

김 대표는 여성 CEO로서의 편견이나 한계에 갇히지 않고, 자신만의 길을 개척해왔다. "저는 사실 여성이라는 이유로 특별한 어려움을 느끼지 않았습니다. 오히려 긍정적인 여사자와 열린 태도로 도전에 임했고, 다양한 사람들과 협력하여 문제를 해결해 나갔습니다."

그녀는 또한 수평적인 조직 문화를 강조했다. "직원들과 자유롭게 소통하며, 누구나 자신의 의견을 편안하게 제시할 수 있는 환경이 중요하다고 생각합니다." 이런 문화는 직원들의 창의성과 회사의 성장을 동시에 촉진하는 원동력이 되고 있다.

관절연 아나파랙틴

김명희 대표는 고령화 사회가 직면한 건강 문제에 주목하며, 그중에서도 특히 관절 건강을 개선할 수 있는 방안을 찾기 위해 집중해왔다. 에이스바이옴의 '관절연 아나파랙틴'은 그녀의 이러한 고민과 혁신적인 접근을 통해 탄생한 대표적인 건강기능식품이다. "한국은 이미 60세 이상 인구가 전체의 25%를 넘어섰습니다. 이들은 경제적 안정성을 바탕으로 건강에 대한 관심과 투자 의지가 강한 소비자층입니다. 하지만 나이가 들면서 관절 건강이 약화되면 신체 활동이 제한되고, 삶의 질이 떨어지는 것을 흔히 보게 됩니다. 건강기능식품을 통해 이 문제를 해결할 수 있다면, 많은 이들에게 큰 도움을 줄 수 있을 것이라 생각했습니다."

(주)에이스바이옴 김명희 대표.

본사 사무실에서 '관절연 아나파랙틴' 설명하고 있는 김명희 대표.

'관절연 아나파랙틴'의 핵심 성분은 천심련 추출물로 알려진 파락틴(Paractin)이다. 이 원료는 한국 식약처의 까다로운 기준을 통과한 개발인정형 건강기능식품 원료로, 과학적 신뢰성과 안정성이 입증된 성분이다. "파락틴은 단순한 보조제가 아니라 관절염의 근본적인 염증 문제를 해결할 수 있는 특별한 성분입니다. 퇴행성 관절염과 류마티스 관절염을 포함해 다양한 관절 질환에 대한 5회의 인체적용시험을 통해 그 효과와 안전성을 확인했습니다." 특히, 4년에 걸친 임상 시험에서는 파락틴의 놀라운 안정성이 주목받았다. "48개월 동안 꾸준히 섭취한 류마티스 관절염 환자들의 염증 지표가 건강인 수준으로 개선된 사례가 있었습니다. 무엇보다 이 기간 동안 부작용이 단 한 건도 보고되지 않았다는 점이 큰 자랑거리입니다."

김 대표는 소비자 경험에서 얻는 보람도 강조했다. "고객들로부터 '관절 불편함이 개선되었다', '활동적인 일상을 되찾았다'는 이야기를 들을 때마다 가장 큰 자부심을 느낍니다. 첫 구매 이후 재구매로 이어지는 높은 충성도가 이 제품의 진가를 증명합니다." '관절연 아나파랙틴'은 바르는 형태의 제품인 '아나파랙틴 밤(AnaParactin Balm)'도 함께 출시되며 고객 선택의 폭을 넓혔다. 먹는 제품과 바르는 제품을 함께 사용함으로써, 관절 부위에 보다 직접적이고 효과적인 관리가 가능하도록 한 것이다.

김 대표는 관절 건강 관리의 필요성을 강조하며, 이를 헬시 에이징(healthy aging) 트렌드와 연결 지었다. "관절염은 단순히 나이가 들어서 생기는 문제가 아닙니다. 많은 젊은이들도 스포츠 활동이나 잦은 운동으로 인한 염증으로 불편함을 느낍니다. 아나파랙틴은 염증 완화 작용으로 젊은 층에게도 회복 효과를 제공하며, 그 수요가 꾸준히 증가하고 있습니다."

또한, 파락틴은 관절 건강 외에도 다양한면에서 활용 가능성이 높은 성분이다. "동남아시아에서 천심련이 호흡기 질환, 기관지염 등 염증 질환에도 효과가 있는 것으로 알려져 있습니다. 태국에서는 코로나 치료약으로 사용되기도 했죠. 이러한 다각적인 효능은 앞으로 새로운 연구와 제품 개발로 확장할 수 있는 가능성을 열어줍니다."

'관절연 아나파랙틴'은 국제적으로도 인정받고 있다. 2024년 아시아-태평양 지역 건강기능식품 어워드인 뉴트라인그리디언츠 아시아 어워드에서 스포츠 영양제(Sports Nutrition) 부문 1등상을 수상하며 그 가치를 다시 한번 입증했다. 심사위원들은 이 제품을 "활동적인 중년과 운동 선수들에게 필수적인 관절, 연골, 뼈 건강을 위한 최고의 선택"으로 평가했다.

김 대표는 "관절 건강은 특히 특정 연령대만의 문제가 아닙니다. 이 제품을 통해 중년뿐 아니라 젊은층도 자신의 신체를 더 오래 건강하게 유지할 수 있도록 돕고 싶습니다. 운동 후 통증으로 고민하는 소비자들에게 아나파랙틴은 큰 도움이 될 것입니다."라고 말했다.

(주)에이스바이옴은 프로바이오틱스로 시작한 건강기능식품 사업에서 출발해, 이제 생애주기별로 필요한 다양한 제품을 선보이고 있다. '관절연 아나파랙틴'은 그 도전의 연장선에 있으며, 인류의 건강과 삶의 질을 향상시키겠다는 김 대표의 비전이 담긴 중요한 성과로 자리 잡고 있다.

환경과 사회를 위한 책임 경영으로 'ESG로 가치를 더하다'

김 대표는 환경과 사회적 가치를 고려한 ESG 경영의 중요성을 강조하며, 에이스바이옴만의 철학을 실천에 옮기고 있다. "ESG는 단순히 트렌드가 아니라, 기업의 생존과 지속 가능성을 위한 필수 조건입니다. 우리는 환경 보호와 사회적 가치 창출을 최우선으로 삼고 있습니다."

대표적으로, 에이스바이옴은 환경 보호를 위해 재생 플라스틱(PCR)을 활용한 친환경 포장 제품 도입했다. "신제품 '에이스바이옴 멀티비타민'의 용기에는 PCR 소재가 50% 사용됩니다. 이를 통해 플라스틱 사용량을 절반으로 줄이고, 분리배출 시 100% 재활용이 가능하도록 설계되었습니다."

사회적 책임 활동도 활발히 이루어지고 있다. 에이스바이옴은 2022년부터 굿윌스토어와 협력해 '날린 기부 캠페인'을 운영 중이다. 이 캠페인은 고객이 의류와 생활용품을 기부하면 굿윌스토어에서 이를 판매하고, 수익은 장애우들의 일자리 창출에 사용되는 선순환 구조를 만든다. "우리는 고객의 작은 참여가 큰 변화를 만들어낼 수 있다는 믿음을 가지고 있습니다. 기부 참여 고객에게는 감사의 의미로 비에날빈과 같은 자사 제품과 굿즈를 제공하며, 지속 가능한 기부 문화를 확산시키고자 합니다.

이 외에도 에이스바이옴은 한국사회복지협의회와 협력해 소외된 이웃을 지원하는 활동을 매달 진행하고 있으며, 푸드뱅크를 통해 취약 계층의 식량 자원에도 앞장서고 있다.

그 결과, 에이스바이옴은 2024년 글로벌 ESG 우수기업 인증과 함께 보건복지부로부터 '지역사회공헌 인정기업'으로 선정되며, 기업의 사회적 책임 실천에서 모범적인 사례로 인정받았다.

김 대표는 "ESG는 단기적인 성과를 위해 하는 활동이 아닙니다. 우리의 환경과 사회를 지속 가능하게 만드는 일이 결국 우리의 미래를 지키는 일이라는 철학을 가지고 있습니다. 앞으로도 에이스바이옴은 이 가치를 경영 전반에 더 깊이 새길 것입니다."라고 말했다.

이처럼, 에이스바이옴의 ESG 경영은 단순히 제품 생산과 판매를 넘어, 사회와 환경의 균형을 맞추며 더 나은 세상을 만들어가는 데 기여하고 있다.

(주)에이스바이옴의 연구와 기술력

(주)에이스바이옴은 연구개발을 통해 차별화된 제품을 선보이고 있다. 김 대표는 "우리는 과학적 데이터와 임상을 기반으로 제품의 신뢰를 쌓아왔습니다. 특히, 글로벌 파트너십을 통해 더 높은 품질의 제품을 제공하고 있습니다"라고 강조했다. 그녀는 새로운 원료 개발에도 적극적이다. "미래에는 개인 맞춤형 건강기능식품으로 시장을 확대할 계획입니다. 유전자 정보와 건강 데이터를 바탕으로 개인의 요구를 충족시키는 제품이 주목받을 것입니다."

창업가들에게 전하는 메시지

마지막으로 김 대표는 창업을 꿈꾸는 이들에게 따뜻한 격려의 메시지를 전했다. "여성 창업가는 물론 모든 젊은 창업가들에게 도전은 필수입니다. 실패를 두려워하지 말고, 자신만의 목표를 향해 끊임없이 전진하십시오. 그 과정에서 얻는 배움이 가장 큰 자산이 될 것입니다."

또한 김대표는 "미래를 향한 비전, 인류 건강에 기여하겠다" 인터뷰를 마무리하며 미래에 대한 확신을 드러냈다. "저희는 건강기능식품 포트폴리오를 확대하며 인류의 건강과 삶의 질을 향상시키는 데 기여할 것입니다. 앞으로도 과학적 연구와 신뢰를 바탕으로 더 많은 이들에게 건강한 변화를 선사할 계획입니다." 그녀의 야무진 눈동자가 더욱 빛났다. 김대표의 철학과 비전을 통해, 건강기능식품 산업이 제공할 수 있는 혁신과 가치를 다시금 확인하는 시간이었다. 그녀가 만들어갈 미래는 단순한 성공 그 이상으로, 인류 건강의 새로운 기준을 제시할 것이다.

이가혁 시카고한국일보 한국특파원
한국스포츠의학컬럼연구원장
시민칼럼니스트

사장되지 않을 가능성을 믿고 도전하라

바이오헬스 산업의 최전선에서 활약하는 여성 리더, 김명희 대표는 프로바이오틱스 분야의 글로벌 성공 사례를 만들어가고 있다. 체지방 감소 유산균으로 전 세계적인 주목을 받는 제품, 비에날씬(BNR17)의 성공과 함께 에이스바이옴을 세계 무대에 올려놓은 그녀는 끊임없는 도전과 열정으로 한국 바이오 업계의 가능성을 확장하고 있다.

그는 2017년 에이스바이옴을 창립하며 강한 사명감을 느꼈다고 회상했다. "한국에서 개발된 유산균 BNR17은 체지방 감소 기능성을 식약처로부터 인정받았음에도 불구하고 국내 생산 기술 부족으로 상업화되지 못하고 있었습니다. 제가 반드시 이 가치를 실현시켜야 한다는 책임감을 느꼈습니다."

11년간 미국에서 바이오니아의 미국법인 대표로 일하며 글로벌 시장의 노하우를 익힌 그녀는, 안전하고 효과적인 건강기능식품으로 사람들의 삶의 질을 높이고자 하는 비전을 품었다. "건강기능식품을 통해 사람들의 건강과 행복을 돕는 것이 제가 이 일을 하는 이유입니다."

글로벌 무대에서 인정받다

김 대표가 이끄는 (주)에이스바이옴은 미국 UAS랩스와의 라이센스 계약을 통해 글로벌 사업의 문을 열었다. 이는 기업의 성장을 견인한 중요한 전환점이었다. "이 계약은 단순한 비즈니스 이상의 의미가 있었습니다. 미국에서 인정받은 우리의 유산균 제품이 세계 시장으로 나아갈 수 있는 기반을 마련했기 때문입니다." 특히, BNR17 유산균은 NutraIngredients-USA Awards에서 체중 관리 부문 1등 상을 수 상하는 등 국제적인 성과를 거두며 한국 바이오산업의 위상을 높였다.

여성 리더십의 본보기, 김명희 대표

김 대표는 여성 CEO로서의 편견이나 한계에 갇히지 않고, 자신만의 길을 개척해왔다. "저는 사실 여성이라는 이유로 특별한 어려움을 느 끼지 않았습니다. 오히려 긍정적인 에너지와 열린 태도로 도전에 임했 고, 다양한 사람들과 협력하며 문제를 해결해 나갔습니다."

그녀는 또한 수평적인 조직 문화를 강조했다. "직원들과 자유롭게 소 통하며, 누구나 자신의 의견을 편안하게 제시할 수 있는 환경이 중요하 다고 생각합니다." 이런 문화는 직원들의 창의성과 회사의 성장을 동시 에 촉진하는 원동력이 되고 있다.

관절엔 아나파랙틴

김명희 대표는 고령화 사회가 직면한 건강 문제에 주목하며, 그중에 서도 특히 관절 건강을 개선할 수 있는 방안을 찾기 위해 집중해왔다. 에이스바이옴의 '관절엔 아나파랙틴'은 그녀의 이러한 고민과 혁신적인 접근을 통해 탄생한 대표적인 건강기능식품이다.

"한국은 이미 60세 이상 인구가 전체의 25%를 넘어섰습니다. 이들 은 경제적 안정성을 바탕으로 건강에 대한 관심과 투자 의지가 강한 소비자층입니다. 하지만 나이가 들면서 관절 건강이 악화되면 신체 활동이 제한되고, 삶의 질이 떨어지는 것을 흔히 보게 됩니다. 건강기능식품을 통해 이 문제를 해결할 수 있다면, 많은 이들에게 큰 도움을 줄 수 있을 것이라 생각했습니다.”

 ‘관절엔 아나파랙틴’의 핵심 성분은 천심련 추출물로 알려진 파랙틴(Paractin)이다. 이 원료는 한국 식약처의 까다로운 기준을 통과한 개별인정형 건강기능식품 원료로, 과학적 신뢰성과 안정성이 입증된 성분이다. “파랙틴은 단순한 보조제가 아니라 관절염의 근본적인 염증 문제를 해결할 수 있는 특별한 성분입니다. 퇴행성 관절염과 류마티스 관절염을 포함해 다양한 관절 질환에 대한 5회의 인체적용시험을 통해 그 효과와 안전성을 확인했습니다.” 특히, 4년에 걸친 임상 시험에서는 파랙틴의 놀라운 안정성이 주목받았다. “48개월 동안 꾸준히 섭취한 류마티스 관절염 환자들의 염증 지표가 건강인 수준으로 개선된 사례가 있었습니다. 무엇보다 이 기간 동안 부작용이 단 한 건도 보고되지 않았다는 점이 큰 자랑거리입니다.”

 김 대표는 소비자 경험에서 얻는 보람도 강조했다. “고객들로부터 ‘관절 불편함이 개선되었다.’ ‘활동적인 일상을 되찾았다’는 이야기를 들을 때마다 가장 큰 자부심을 느낍니다. 첫 구매 이후 재구매로 이어지는 높은 충성도가 이 제품의 진가를 증명합니다.” ‘관절엔 아나파랙틴’은 바르는 형태의 제품인 ‘아나파랙틴 밤(AnaParactin Balm)’도 함께 출시되며 고객 선택의 폭을 넓혔다. 먹는 제품과 바르는 제품을 함께 사용함으로써, 관절 부위에 보다 직접적이고 효과적인 관리가 가능하게 한 것이다.

김 대표는 관절 건강 관리의 필요성을 강조하며, 이를 헬시 에이징(healthy aging) 트렌드와 연결 지었다. "관절염은 단순히 나이가 들어서 생기는 문제가 아닙니다. 많은 젊은이들도 스포츠 활동이나 잦은 운동으로 인한 염증으로 불편함을 느낍니다. 아나파랙틴은 염증 완화 작용으로 젊은 층에도 회복 효과를 제공하며, 그 수요가 꾸준히 증가하고 있습니다."

또한, 파랙틴은 관절 건강 외에도 다방면에서 활용 가능성이 높은 성분이다. "동남아시아에서는 천심련이 호흡기 질환, 기관지염 등 염증 질환에도 효과가 있는 것으로 알려져 있습니다. 태국에서는 코로나 치료약으로 사용되기도 했죠. 이러한 다각적인 효능은 앞으로 새로운 연구와 제품 개발로 확장할 수 있는 가능성을 열어줍니다."

'관절엔 아나파랙틴'은 국제적으로도 인정받고 있다. 2024년 아시아-태평양 지역 건강기능식품 어워드인 뉴트라인그리디언츠 아시아 어워드에서 스포츠 영양제(Sports Nutrition) 부문 1등 상을 수상하며 그 가치를 다시 한번 입증했다. 심사위원들은 이 제품을 "활동적인 중년과 운동선수들에게 필수적인 관절, 연골, 뼈 건강을 위한 최고의 선택"으로 평가했다.

김 대표는 "관절 건강은 단순히 특정 연령대만의 문제가 아닙니다. 이 제품을 통해 중년층뿐 아니라 젊은층도 자신의 신체를 더 오래 건강하게 유지할 수 있도록 돕고 싶습니다. 운동 후 통증으로 고민하는 소비자들에게 아나파랙틴은 큰 도움이 될 것입니다."라고 말했다.

㈜에이스바이옴은 프로바이오틱스로 시작한 건강기능식품 사업에서 출발해, 이제 생애주기별로 필요한 다양한 제품을 선보이고 있다. '관

절엔 아나파랙틴'은 그 도전의 연장선에 있으며, 인류의 건강과 삶의 질을 향상시키겠다는 김 대표의 비전이 담긴 중요한 성과로 자리 잡고 있다.

환경과 사회를 위한 책임 경영으로 'ESG로 가치를 더하다'

김 대표는 환경과 사회적 가치를 고려한 ESG 경영의 중요성을 강조하며, 에이스바이옴만의 철학을 실천에 옮기고 있다. "ESG는 단순히 트렌드가 아니라, 기업의 생존과 지속 가능성을 위한 필수 조건입니다. 우리는 환경 보호와 사회적 가치 창출을 최우선으로 삼고 있습니다."

대표적으로, 에이스바이옴은 환경 보호를 위해 재생 플라스틱(PCR)을 활용한 친환경 포장재를 도입했다. "신제품 '에이스바이옴 멀티비타민'의 용기에는 PCR 소재가 50% 사용됩니다. 이를 통해 플라스틱 사용량을 절반으로 줄이고, 분리 배출 시 100% 재활용이 가능하도록 설계되었습니다."

사회적 책임 활동도 활발히 이루어지고 있다. 에이스바이옴은 2022년부터 굿윌스토어와 협력해 '날씬 기부 캠페인'을 운영 중이다. 이 캠페인은 고객이 의류와 생활용품을 기부하면 굿윌스토어에서 이를 판매하고, 수익은 장애우들의 일자리 창출에 사용되는 선순환 구조를 만든다. "우리는 고객의 작은 참여가 큰 변화를 만들어낼 수 있다는 믿음을 가지고 있습니다. 기부 참여 고객에게는 감사의 의미로 비에날씬과 같은 자사 제품과 굿즈를 제공하며, 지속 가능한 기부 문화를 확산시키고자 합니다."

이 외에도 에이스바이옴은 한국사회복지협의회와 협력해 소외된 이웃을 지원하는 활동을 매달 진행하고 있으며, 푸드뱅크를 통해 취약계층의 식량 지원에도 앞장서고 있다.

그 결과, 에이스바이옴은 2024년 글로벌 ESG 우수기업 인증과 함께 보건복지부로부터 '지역사회공헌 인정기업'으로 선정되며, 기업의 사회적 책임 실천에서 모범적인 사례로 인정받았다.

김 대표는 "ESG는 단기적인 성과를 위해 하는 활동이 아닙니다. 우리의 환경과 사회를 지속 가능하게 만드는 일이 결국 우리의 미래를 지키는 일이라는 철학을 가지고 있습니다. 앞으로도 에이스바이옴은 이 가치를 경영 전반에 더 깊이 새길 것입니다."라고 말했다.

이처럼, 에이스바이옴의 ESG 경영은 단순히 제품 생산과 판매를 넘어, 사회와 환경의 균형을 맞추며 더 나은 세상을 만들어가는 데 기여하고 있다.

㈜에이스바이옴의 연구와 기술력

㈜에이스바이옴은 연구개발을 통해 차별화된 제품을 선보이고 있다. 김 대표는 "우리는 과학적 데이터와 임상을 기반으로 제품의 신뢰를 쌓아왔습니다. 특히, 글로벌 파트너십을 통해 더 높은 품질의 제품을 제공하고 있습니다."라고 강조했다. 그녀는 새로운 원료 개발에도 적극적이다. "미래에는 개인 맞춤형 건강기능식품으로 시장을 확대할 계획입니다. 유전자 정보와 건강 데이터를 바탕으로 개인의 요구를 충족시키는 제품이 주목받을 것입니다."

창업가들에게 전하는 메시지

마지막으로 김 대표는 창업을 꿈꾸는 이들에게 따뜻한 격려의 메시지를 전했다. "여성 창업가는 물론 모든 젊은 창업가들에게 도전은 필수입니다. 실패를 두려워하지 말고, 자신만의 목표를 향해 끊임없이 전진하십시오. 그 과정에서 얻는 배움이 가장 큰 자산이 될 것입니다."

또한 김 대표는 "미래를 향한 비전, 인류 건강에 기여하겠다"라며 미래에 대한 확신을 드러냈다. "저희는 건강기능식품 포트폴리오를 확대하며 인류의 건강과 삶의 질을 향상시키는 데 기여할 것입니다. 앞으로도 과학적 연구와 신뢰를 바탕으로 더 많은 이들에게 건강한 변화를 선사할 계획입니다." 그녀의 야무진 눈동자가 더욱 빛났다. 김 대표의 철학과 비전을 통해, 건강기능식품 산업이 제공할 수 있는 혁신과 가치를 다시금 확인하는 시간이었다. 그녀가 만들어갈 미래는 단순한 성공 그 이상으로, 인류 건강이 새로운 기준을 제시할 것이다.

헤어웨어 혁신가

❖ 김영휴 ㈜씨크릿우먼 대표

㈜씨크릿우먼 대표, 전 대전세종충남 여성벤처협회 회장. 2001년, 대한민국발명특허대전 동상 수상을 계기로 창업을 결심하게 된다. 이후 '헤어웨어'라는 이색 아이템으로 업계에 새로운 길을 열며, 씨크릿우먼은 '무에서 유를 창조한 기업'으로 평가받기에 이른다. 헤어웨어라는 새로운 패션 장르는 국내 고급 유통사에도 새로운 길을 만들어냈고 '빅3' 백화점에 블루오션을 개척함으로써 독보적인 '여성 창업 벤처 기업가'로서 주목을 받게 된다.

헤어웨어 혁신가, 김영휴 대표를 만나다

11월 22일, ㈜씨크릿우먼 본사대전시 문지로 282-360). 헤어웨어 패션산업의 선구자인 김영휴 대표를 만나 그녀의 여정을 들여다봤다. 주부에서 CEO로, 사양산업을 패션산업으로 전환하며 대한민국 여성 창업의 새로운 길을 열었다는 그녀의 이야기는 이미 하나의 신화로 자리 잡고 있다.

헤어웨어로 만든 새로운 시장

2001년, 김 대표는 한계에 부딪혔던 가발 제조업의 틀을 과감히 깨고 '헤어웨어'라는 새로운 개념을 제시했다. 그녀는 단순한 도전이 아닌 패션산업의 새로운 패러다임을 만드는 여정을 시작했다.

"처음에는 단순히 머리숱 부족을 보완하는 가발에서 벗어나야겠다는 생각으로 출발했어요. 당시 가발은 핸디캡을 보완 제품이라는 이미지가 강했거든요. 하지만 저는 가발을 그 이상의 개념으로 보았습니다. 여성들이 의상을 고르고 갈아입는 것처럼, 헤어스타일도 마음대로 바꿔 입을 수 있다면 어떨까? 하는 상상을 했어요."

그녀는 이 아이디어를 바탕으로 소비자의 삶에 직접적인 영향을 미칠 수 있는 제품을 만들어내기 위해 노력했다. 조선시대의 가체를 떠올리며 김 대표는 헤어웨어가 한국 여성의 정체성과 개성을 드러낼 도구가 될 수 있다고 확신했다. "가체는 단순히 머리장식이 아니었어요. 자신의 신분과 지위를 나타내고, 자신만의 아름다움을 표현할 수 있는 도구였죠. 저는 현대 여성들에게도 그런 역할을 할 수 있는 아이템이 필요하다고 생각했어요."

김 대표의 혁신은 곧 결실로 이어졌다. 씨크릿우먼은 전국 빅3 백화점에 입점하며 국내 헤어웨어 시장의 선두주자가 되었다. 20년 만에 수십억 원의 매출을 올린 씨크릿우먼은 이제 헤어웨어라는 새로운 패션산업의 중심에 서 있다.

"헤어웨어는 단순히 머리를 가리는 가발이 아닙니다. 여성의 욕구와 가치를 반영한 영원한 아이템이죠. 샤넬과 비달 사순이 여성 해방의 아이콘이 된 것처럼, 헤어웨어도 헤어스타일의 자유를 선물할 수 있다고 믿습니다."

김 대표는 헤어웨어가 한국의 문화적 정체성을 반영한 국가대표 상품으로 자리 잡았다고 설명했다. "저는 헤어웨어를 단순한 창업 아이템이 아닌, 대한민국의 정체성을 전 세계에 알릴 수 있는 문화적 자산으로 보고 있어요. 헤어웨어를 통해 우리의 전통을 현대적으로 재해석하고, 여성의 아름다움을 표현할 수 있는 새로운 길을 열고자 합니다."

일과 가정의 균형을 잡다

"주부로서 창업을 결심한 것은 쉽지 않은 결정이었어요. 경제적 자립이라는 목표는 분명했지만, 가족과 기업 모두를 돌보는 것은 예상보다 훨씬 어려운 일이었죠." 김 대표는 창업 초기의 고충을 이렇게 회상했다.

그녀는 가정과 경영이라는 두 축을 모두 살리기 위해 특별한 철학을 세웠다. 그것이 바로 '가족의 지속성장이 기업의 지속성장으로 이어진다'는 신념이었다. 그녀는 기업 경영에서 가족의 역할을 중요하게 여겼다.

"엄마로서의 제 모습을 통해 자녀들이 배우는 것이 많다고 믿었어요. 가정과 경영은 따로 존재하는 것이 아니라, 서로 영향을 주고받는 관계라고 생각했죠. 그래서 제 성장과 열정을 가족이 지켜볼 수 있도록, 그리고 함께 공감할 수 있도록 노력했어요."

김 대표는 창업 초기, 초등학생이었던 자녀들과의 시간을 통해 자신의 결심을 다졌다. 가정을 소홀히 하지 않으면서도 창업자로서 성장해 나가는 모습을 보여주기 위해 꾸준히 노력했다. 가정을 지키며 경영자로서 성장하는 과정에서 김 대표는 많은 여성들에게 영감을 주었다. 그녀는 이 경험을 통해 일과 가정의 균형이 단순한 부담이 아니라 멀티플레이어로 성장할 수 있는 기회라고 강조했다.

"여성으로서 일과 가정을 병행하는 것은 결코 쉬운 일이 아닙니다. 하지만 한계를 뛰어넘는 과정에서 얻는 보람은 이루 말할 수 없어요. 저는 가족이 제 꿈을 이해하고 응원해주는 모습을 보며 큰 힘을 얻었고, 제 열정을 통해 자녀들도 삶에 대한 새로운 시각을 얻었기를 바랍니다."

김 대표는 일과 가정을 병행하며 얻은 통찰력을 바탕으로, 수많은 여성들에게 용기를 불어넣는 메시지를 전하고 있다. "여성들이 가정과 일을 둘 중 하나를 선택해야 한다는 부담에서 벗어나, 둘 다를 조화롭게 이뤄낼 수 있다는 희망을 가지길 바랍니다."

창업, 여성들을 위한 희망의 길

창업을 통해 얻은 통찰을 나누는 일은 김 대표의 또 다른 사명이다. 그녀는 창업을 꿈꾸는 여성들을 위해 '여사수(여자사장수업)'라는 프로그램을 시작했다.

"창업의 문턱에서 주저하는 여성들이 많습니다. 특히 여성들이 겪는 경력단절은 현실적인 어려움으로 다가오죠. 그런 여성들에게 구체적이고 실질적인 조언을 해주고 싶었어요."

'여사수'는 창업을 준비하는 여성들에게 현실적인 조언과 용기를 제공하기 위해 만들어졌다. 이 프로그램은 150명이 넘는 수료생을 배출하며, 그들의 창업 여정을 지원하고 있다. 김 대표는 프로그램을 통해 여성들이 자립심과 자신감을 얻는 과정을 직접 지켜보며 보람을 느낀다고 전했다.

"코로나 팬데믹 동안 온라인으로 프로그램을 진행하며 창업을 꿈꾸는 여성들과 꾸준히 소통했습니다. 그 시기에 함께 고민을 나누며 응원했던 것이 큰 위로가 되었죠. 어려운 시기였지만, 오히려 서로의 성장 가능성을 확인하는 기회가 됐습니다."

김 대표는 창업을 단순히 경제적 자립의 수단이 아닌, 개인의 성장을 위한 도구로 보았다. "창업은 단순히 돈을 벌기 위한 일이 아니에요. 자기 자신을 믿고 도전하는 과정에서 얻는 성취감이 훨씬 중요하다고 생각합니다. '여사수'를 통해 많은 여성들이 그 점을 깨닫길 바랍니다."

그녀는 자신의 경험과 노하우를 바탕으로 더 많은 여성들에게 창업의 기회를 제공하고자 한다. "창업은 두렵고 불안할 수 있지만, 한 걸음씩 내딛다 보면 어느새 새로운 세상이 열립니다. 저는 그런 길을 함께 걸어갈 여성들에게 용기를 주고 싶어요."

김영휴 대표는 창업 경험을 통해 여성들에게 희망과 도전을 불어넣는 롤모델이 되고 있다. 그녀의 이야기는 많은 여성들에게 자신감을 심어주고, 새로운 가능성을 열어주고 있다.

사회적 책임과 미래 비전

김영휴 대표는 경영 철학의 중심에 '사회적 책임'을 두고 있다. 그녀는 사업이 단순히 이익을 추구하는 활동이 아니라, 세상에 기여할 수 있는 기회를 제공한다고 믿는다. "사업은 돈을 벌기 위한 도구로 그쳐선 안 됩니다. 저는 사업을 통해 사회적 책임을 다하고, 더 나은 세상을 만드는 데 동참해야 한다고 생각해요. 씨크릿우먼 역시 직원과 고객의 꿈을 키우는 '꿈터'가 되는 기업으로 자리 잡고자 노력하고 있습니다."

그녀의 이러한 철학은 제품 하나하나에 담긴 의미에서 잘 드러난다. 씨크릿우먼의 헤어웨어는 단순히 외모를 변화시키는 상품이 아니라, 사용자의 삶에 긍정적인 변화를 가져오는 도구로 자리 잡았다. 김 대표는 이를 두고 "헤어웨어는 단순한 상품이 아닙니다. 사람들의 자신감을 북돋아 주고, 스스로를 더 사랑할 수 있는 계기를 만들어주는 도구입니다. 이 아이템을 통해 누군가 자신의 삶에 작은 변화라도 가져올 수 있다면, 그것만으로도 저는 큰 보람을 느낍니다."라고 말했다.

지속 가능한 경영을 향한 비전

씨크릿우먼은 지속 가능한 경영을 실천하며 지역사회와 함께 성장하는 모델을 추구하고 있다. "지속 가능성은 우리 시대의 중요한 가치입니다. 저는 회사를 운영하면서 새로운 일자리를 창출하고, 지역 사회에 긍정적인 영향을 미치는 방안을 항상 고민합니다. 특히 씨크릿우먼이 창출하는 일자리는 여성들에게 맞춰져 있어요. 경제활동에 어려움을 겪는 여성들이 자신의 꿈을 실현할 수 있도록 돕는 것. 그것이 제가 생각하는 진정한 기업의 역할입니다."

김 대표는 단순히 사업 운영에 그치지 않고, 한국의 독창적인 헤어웨어 패션을 전 세계에 알리는 데에도 주력하고 있다. "헤어웨어는 우리나라의 문화적 정체성을 반영한 독특한 제품입니다. 대한민국의 가능성을 이 아이템을 통해 세계에 보여주고 싶어요. 한국의 전통과 현대적인 감각이 어우러진 헤어웨어가 글로벌 시장에서 사랑받게 되는 날을 꿈꾸고 있습니다."

그녀는 씨크릿우먼이 직원과 고객 모두의 삶을 풍요롭게 만드는 데 기여하기를 희망한다. "저는 이 회사를 단순히 수익을 내는 기업으로 만들고 싶지 않아요. 씨크릿우먼은 직원들이 자신의 꿈을 실현하고, 고객들이 스스로를 더 사랑하게 되는 '꿈터'가 되는 기업이어야 합니다. 이곳에서 모두가 자신의 가치를 발견하고, 더 나은 미래를 꿈꿀 수 있기를 바랍니다."

지역 사회와의 동반 성장

김 대표는 씨크릿우먼이 지역 사회와 동반 성장하는 기업으로 자리 잡는 것이 중요하다고 강조한다. 그녀는 "기업은 지역 사회의 일원으로서 책임을 다해야 합니다. 씨크릿우먼은 대전이라는 지역에서 시작됐고, 이곳에서 함께 성장해왔어요. 저는 지역 사회와의 협력을 통해 더 많은 가치를 창출하고, 지역 주민들에게도 긍정적인 영향을 미치는 기업이 되고 싶습니다."라고 말했다.

이를 위해 씨크릿우먼은 지역 예술가와 협력해 다양한 프로젝트를 진행하고 있으며, 지역 주민들을 위한 사회 공헌 활동에도 적극 참여하고 있다. 김 대표는 "우리는 지역 예술가들과 협력해 씨크릿우먼의 제품을 더욱 독창적으로 만들고 있어요. 또한 지역 여성들이 창업의 꿈을 이룰 수 있도록 지원하는 프로그램도 운영 중입니다. 이러한 노력이 씨크릿우먼이 지역 사회의 든든한 동반자가 되는 데 기여할 것이라 믿습니다."라고 밝혔다.

글로벌 비전과 도전

김 대표는 씨크릿우먼의 미래 비전을 전 세계로 확장하고 있다. 그녀는 "씨크릿우먼은 글로벌 시장에서 한국 헤어웨어 패션의 가치를 알리는 브랜드가 될 것입니다. 저는 우리나라의 문화적 아이덴티티를 반영한 이 제품이 세계 각국의 여성들에게 사랑받는 날을 꿈꿔요. 이를 통해 대한민국이 가진 가능성과 창의성을 세계에 보여주고 싶습니다."라고 말했다.

씨크릿우먼은 현재 다양한 글로벌 진출 전략을 구상 중이다. 그녀는 "단순히 수출을 넘어서, 각국의 문화와 헤어웨어를 결합한 독창적인 아이디어를 통해 씨크릿우먼만의 차별화를 만들어가고 싶습니다. 이를 위해 글로벌 시장의 트렌드를 면밀히 분석하고, 현지 고객들의 니즈를 반영한 제품을 선보일 계획입니다."라며 포부를 밝혔다.

김 대표는 지속 가능한 경영, 지역 사회와의 동반 성장, 글로벌 비전을 하나로 엮어, 씨크릿우먼을 단순한 패션 기업이 아닌 전 세계 여성들에게 영감을 주는 브랜드로 만들겠다는 꿈을 가지고 있다. 그녀는 이렇게 말했다. "씨크릿우먼은 사람들의 삶을 변화시키는 기업으로 기억되고 싶습니다. 헤어웨어가 단순한 상품이 아닌, 자신을 더 사랑하고 자부심을 느낄 수 있는 도구로 자리 잡길 바랍니다. 이를 통해 씨크릿우먼이 전 세계 여성들에게 힘과 영감을 줄 수 있기를 꿈꿉니다."

김 대표의 말처럼, 씨크릿우먼은 단순히 성공적인 비즈니스 모델을 넘어, 사회적 책임과 지속 가능한 경영의 모범을 보여주는 기업으로 자리매김하고 있다.

이가희 시카고한국일보 한국특파원
한국스토리텔링연구원장
시인/칼럼니스트

헤어웨어로 만든 새로운 시장

대한민국 헤어웨어 패션산업의 선구자로 불리는 김영휴 대표는 주부에서 CEO로, 그리고 사양산업으로 여겨지던 가발 시장을 패션산업으로 전환한 혁신가로 자리매김했다. 그녀의 도전과 성취는 한국 여성 창업의 새로운 길을 연 대표적 사례로 꼽힌다.

김 대표는 2001년 한계에 부딪혔던 가발 제조업의 틀을 과감히 깨고 '헤어웨어'라는 새로운 개념을 제시했다. 그녀는 단순한 도전이 아닌 패션산업의 새로운 패러다임을 만드는 여정을 시작했다.

"처음에는 단순히 머리숱 부족을 보완하는 가발에서 벗어나야겠다는 생각에서 출발했어요. 당시 가발은 핸디캡 보완 제품이라는 이미지가 강했거든요. 하지만 저는 가발을 그 이상의 개념으로 보았습니다. 여성들이 의상을 고르고 갈아입는 것처럼, 헤어스타일도 마음대로 바꿔 입을 수 있다면 어떨까 하는 상상을 했어요."

그녀는 이 아이디어를 바탕으로 소비자의 삶에 직접적인 영향을 미칠 수 있는 제품을 만들어내기 위해 노력했다. 조선시대의 가채를 떠올리며 김 대표는 헤어웨어가 한국 여성의 정체성과 개성을 드러낼 도구가 될 수 있다고 확신했다. "가채는 단순히 머리장식이 아니었어요. 자신의 신분과 지위를 나타내고, 자신만의 아름다움을 표현할 수 있는 도구였죠. 저는 현대 여성들에게도 그런 역할을 할 수 있는 아이템이 필요하다고 생각했어요."

그의 확신은 곧 성공으로 이어졌다. 씨크릿우먼은 전국 빅3 백화점에 입점하며 국내 헤어웨어 시장의 선두주자가 되었다. 20년 만에 수십억 원의 매출을 올린 씨크릿우먼은 이제 헤어웨어라는 새로운 패션산업의 중심에 서 있다.

"헤어웨어는 단순히 머리를 가리는 가발이 아닙니다. 여성의 욕구와 가치를 반영한 영원한 패션 아이템이에요. 샤넬과 비달 사순이 여성 해방의 아이콘이 된 것처럼, 헤어웨어도 헤어스타일의 자유를 선물할 수 있다고 믿습니다."

김 대표는 헤어웨어가 한국의 문화적 정체성을 반영한 국가대표 상품으로 자리 잡았다고 설명했다. "저는 헤어웨어를 단순한 창업 아이템이 아닌, 대한민국의 정체성을 전 세계에 알릴 수 있는 문화적 자산으로 보고 있어요. 헤어웨어를 통해 우리의 전통을 현대적으로 재해석하고, 여성의 아름다움을 표현할 수 있는 새로운 길을 열고자 합니다."

일과 가정의 균형을 잡다

"주부로서 창업을 결심한 것은 쉽지 않은 결정이었어요. 경제적 자립이라는 목표는 분명했지만, 가족과 기업 모두를 돌보는 것은 예상보다 훨씬 어려운 일이었죠." 김 대표는 창업 초기의 고충을 이렇게 회상했다.

김 대표는 가정과 경영이라는 두 축을 모두 살리기 위해 특별한 철학을 세웠다. 그것이 바로 '가족의 지속 성장이 기업의 지속 성장으로 이어진다'는 신념이었다. 그녀는 기업 경영에서 가족의 역할을 중요하게 여겼다.

"엄마로서의 제 모습을 통해 자녀들이 배우는 것이 많다고 믿었어요. 가정과 경영은 따로 존재하는 것이 아니라, 서로 영향을 주고받는 관계라고 생각했죠. 그래서 제 성장과 열정을 가족이 지켜볼 수 있도록, 그리고 함께 공감할 수 있도록 노력했어요."

김 대표는 창업 초기, 초등학생이었던 자녀들과의 시간을 통해 자신의 결심을 다졌다. 가정을 소홀히 하지 않으면서도 창업자로서 성장해 나가는 모습을 보여주기 위해 꾸준히 노력했다. 가정을 지키며 경영자로서 성장하는 과정에서 그는 많은 여성들에게 영감을 주었다. 그녀는 이 경험을 통해 일과 가정의 균형이 단순한 부담이 아니라 멀티플레이어로 성장할 수 있는 기회라고 강조했다.

"여성으로서 일과 가정을 병행하는 것은 결코 쉬운 일이 아닙니다. 하지만 한계를 뛰어넘는 과정에서 얻는 보람은 이루 말할 수 없어요. 저는 가족이 제 꿈을 이해하고 응원해주는 모습을 보며 큰 힘을 얻었고, 제 열정을 통해 자녀들도 삶에 대한 새로운 시각을 얻었기를 바랍니다."

김 대표는 일과 가정을 병행하며 얻은 통찰력을 바탕으로, 수많은 여성들에게 용기를 불어넣는 메시지를 전하고 있다. "여성들이 가정과 일 둘 중 하나를 선택해야 한다는 부담에서 벗어나, 둘 다를 조화롭게 이뤄낼 수 있다는 희망을 가지길 바랍니다."

창업, 여성들을 위한 희망의 길

창업을 통해 얻은 통찰을 나누는 일은 그의 또 다른 사명이다. 그녀는 창업을 꿈꾸는 여성들을 위해 '여사수(여자사장수업)'라는 프로그램을 시작했다.

"창업의 문턱에서 주저하는 여성들이 많습니다. 특히 여성들이 겪는 경력단절은 현실적인 어려움으로 다가오죠. 그런 여성들에게 구체적이고 실질적인 조언을 해주고 싶었어요."

'여사수'는 창업을 준비하는 여성들에게 현실적인 조언과 용기를 제공하기 위해 만들어졌다. 이 프로그램은 150명이 넘는 수료생을 배출하며, 그들의 창업 여정을 지원하고 있다. 김 대표는 프로그램을 통해 여성들이 자립심과 자신감을 얻는 과정을 직접 지켜보며 보람을 느낀다고 전했다.

"코로나 팬데믹 동안 온라인으로 프로그램을 진행하며 창업을 꿈꾸는 여성들과 꾸준히 소통했습니다. 그 시기에 함께 고민을 나누며 응원했던 것이 큰 위로가 되었죠. 어려운 시기였지만, 오히려 서로의 성장 가능성을 확인하는 기회가 됐습니다."

김 대표는 창업을 단순히 경제적 자립의 수단이 아닌, 개인의 성장을 위한 도구로 보았다. "창업은 단순히 돈을 벌기 위한 일이 아니에요. 자기 자신을 믿고 도전하는 과정에서 얻는 성취감이 훨씬 중요하다고 생각합니다. '여사수'를 통해 많은 여성들이 그 점을 깨닫길 바랍니다."

그녀는 자신의 경험과 노하우를 바탕으로 더 많은 여성들에게 창업의 기회를 제공하고자 한다. "창업은 두렵고 불안할 수 있지만, 한 걸음씩 내딛다 보면 어느새 새로운 세상이 열립니다. 저는 그런 길을 함께 걸어갈 여성들에게 용기를 주고 싶어요."

김영휴 대표는 창업 경험을 통해 여성들에게 희망과 도전을 불어넣는 롤모델이 되고 있다. 그녀의 이야기는 많은 여성들에게 자신감을 심어주고, 새로운 가능성을 열어주고 있다.

사회적 책임과 미래 비전

김영휴 대표는 경영 철학의 중심에 '사회적 책임'을 두고 있다. 그녀는 사업이 단순히 이익을 추구하는 활동이 아니라, 세상에 기여할 수 있는 기회를 제공한다고 믿는다. "사업은 돈을 벌기 위한 도구로 그쳐선 안 됩니다. 저는 사업을 통해 사회적 책임을 다하고, 더 나은 세상을 만드는 데 동참해야 한다고 생각해요. 씨크릿우먼 역시 직원과 고객의 꿈을 키우는 '꿈터'가 되는 기업으로 자리 잡고자 노력하고 있습니다."

그녀의 이러한 철학은 제품 하나하나에 담긴 의미에서 잘 드러난다. 씨크릿우먼의 헤어웨어는 단순히 외모를 변화시키는 상품이 아니라,

사용자의 삶에 긍정적인 변화를 가져오는 도구로 자리 잡았다. 김 대표는 이를 두고 "헤어웨어는 단순한 상품이 아닙니다. 사람들의 자신감을 북돋아 주고, 스스로를 더 사랑할 수 있는 계기를 만들어주는 도구입니다. 이 아이템을 통해 누군가 자신의 삶에 작은 변화라도 가져올 수 있다면, 그것만으로도 저는 큰 보람을 느낍니다."라고 말했다.

지속 가능한 경영을 향한 비전

씨크릿우먼은 지속 가능한 경영을 실천하며 지역사회와 함께 성장하는 모델을 추구하고 있다. "지속 가능성은 우리 시대의 중요한 가치입니다. 저는 회사를 운영하면서 새로운 일자리를 창출하고, 지역 사회에 긍정적인 영향을 미치는 방안을 항상 고민합니다. 특히 씨크릿우먼이 창출하는 일자리는 여성들에게 맞춰져 있어요. 경세활동에 어려움을 겪는 여성들이 자신의 꿈을 실현할 수 있도록 돕는 것, 그것이 제가 생각하는 진정한 기업의 역할입니다."

김 대표는 단순히 사업 운영에 그치지 않고, 한국의 독창적인 헤어웨어 패션을 전 세계에 알리는 데에도 주력하고 있다. "헤어웨어는 우리나라의 문화적 정체성을 반영한 독특한 제품입니다. 대한민국의 가능성을 이 아이템을 통해 세계에 보여주고 싶어요. 한국의 전통과 현대적인 감각이 어우러진 헤어웨어가 글로벌 시장에서 사랑받게 되는 날을 꿈꾸고 있습니다."

그녀는 씨크릿우먼이 직원과 고객 모두의 삶을 풍요롭게 만드는 데 기여하기를 희망한다. "저는 이 회사를 단순히 수익을 내는 기업으로 만들고 싶지 않아요. 씨크릿우먼은 직원들이 자신의 꿈을 실현하고, 고객들이 스스로를 더 사랑하게 되는 '꿈터'가 되는 기업이어야 합니다. 이곳에서 모두가 자신의 가치를 발견하고, 더 나은 미래를 꿈꿀 수 있기를 바랍니다."

지역 사회와의 동반 성장

김 대표는 씨크릿우먼이 지역 사회와 동반 성장하는 기업으로 자리 잡는 것이 중요하다고 강조한다. 그녀는 "기업은 지역 사회의 일원으로서 책임을 다해야 합니다. 씨크릿우먼은 대전이라는 지역에서 시작됐고, 이곳에서 함께 성장해 왔어요. 저는 지역 사회와의 협력을 통해 더 많은 가치를 창출하고, 지역 주민들에게도 긍정적인 영향을 미치는 기업이 되고 싶습니다."라고 말했다.

이를 위해 씨크릿우먼은 지역 예술가와 협력해 다양한 프로젝트를 진행하고 있으며, 지역 주민들을 위한 사회 공헌 활동에도 적극 참여하고 있다. 그는 "우리는 지역 예술가들과 협력해 씨크릿우먼의 제품을 더욱 독창적으로 만들고 있어요. 또한 지역 여성들이 창업의 꿈을 이룰 수 있도록 지원하는 프로그램도 운영 중입니다. 이러한 노력이 씨크릿우먼이 지역 사회의 든든한 동반자가 되는 데 기여할 것이라 믿습니다."라고 밝혔다.

글로벌 비전과 도전

김 대표는 씨크릿우먼의 미래 비전을 전 세계로 확장하고 있다. "씨크릿우먼은 글로벌 시장에서 한국 헤어웨어 패션의 가치를 알리는 브랜드가 될 것입니다. 저는 우리나라의 문화적 아이덴티티를 반영한 이 제품이 세계 각국의 여성들에게 사랑받는 날을 꿈꿔요. 이를 통해 대한민국이 가진 가능성과 창의성을 세계에 보여주고 싶습니다."라고 말했다.

씨크릿우먼은 현재 다양한 글로벌 진출 전략을 구상 중이다. 그녀는 "단순히 수출을 넘어서, 각국의 문화와 헤어웨어를 결합한 독창적인 아이디어를 통해 씨크릿우먼만의 차별화를 만들어가고 싶습니다. 이를 위해 글로벌 시장의 트렌드를 면밀히 분석하고, 현지 고객들의 니즈를 반영한 제품을 선보일 계획입니다."라며 포부를 밝혔다.

김 대표는 지속 가능한 성녕, 지역 사회와의 동반 성장, 글로벌 비전을 하나로 엮어, 씨크릿우먼을 단순한 패션 기업이 아닌 전 세계 여성들에게 영감을 주는 브랜드로 만들겠다는 꿈을 가지고 있다. 그녀는 이렇게 말했다. "씨크릿우먼은 사람들의 삶을 변화시키는 기업으로 기억되고 싶습니다. 헤어웨어가 단순한 상품이 아닌, 자신을 더 사랑하고 자부심을 느낄 수 있는 도구로 자리 잡길 바랍니다. 이를 통해 씨크릿우먼이 전 세계 여성들에게 힘과 영감을 줄 수 있기를 꿈꿉니다."

김 대표의 말처럼, 씨크릿우먼은 단순히 성공적인 비즈니스 모델을 넘어, 사회적 책임과 지속 가능한 경영의 모범을 보여주는 기업으로 자리매김하고 있다.

정성 한 조각,
69년째 철학을 굽는 성심당의 시간

❖ **임영진** 대표

임영진 대표는 1954년 태어난 성심당의 2세 경영인이다. 그는 충남고등학교를 졸업하고 1973년 충남대학교 섬유공학과에 입학했다. 대학 재학 중 가업을 돕기 위해 제빵 일을 시작했고, 이후 빵 만드는 일에 매료되어 졸업 후 성심당 경영에 본격적으로 참여한다. 1980년 성심당의 상징적인 상품인 '튀김소보로'를 개발하여 전국적인 인지도를 얻는 데 결정적 역할을 했다. 임 대표는 '나눔과 봉사'를 기업 철학으로 삼아 매일 남은 빵을 이웃과 나누는 실천을 지속한다. 그의 경영 아래 성심당은 2007년 국제 제과제빵 대회 대상 수상, 2011년 '아름다운 납세자' 선정 등 굵직한 성과를 거두었다.성심당은 대전이라는 지역 거점에서만 매장을 운영하며, 독특한 지역 한정 마케팅과 함께 '튀김소보로'와 같은 히트 상품으로 한국 관광객들에게 필수 방문 코스가 되었다. 동시에, 매출의 일정량을 꾸준히 사회에 환원하는 '나눔'의 경영 철학이 전 세계적으로 주목받으며 윤리적 기업의 모범 사례로 평가받는다.

정성 한 조각, 69년째 철학을 굽는 성심당의 시간

성심당 임영진 대표와 3세 경영자 임대혁 이사 인터뷰

성심당. 대전 시민에겐 추억이고, 전 국민에겐 명물이다. 튀김소보로에 한입에 담긴 정성과 전통, 그리고 그 맛을 묵묵히 지켜온 사람들이 있다. 이번 인터뷰는 지난 22일 대전시 중구 대종로, 일명 '성심당 거리'라고 불리는 은행동의 로쏘(주)성심당 본사 5층에서 진행됐다. 창업 69주년을 맞은 이 자리엔 성심당의 2세 경영자 임영진 대표와 그의 아들이자 3세 경영자인 임대혁 이사가 함께했다.

교황님의 빵이 된다는 것, 말로 다 못할 영광이었죠

"2014년 프란치스코 교황님 방한 당시, 식사빵으로 저희 성심당 빵이 쓰였어요. 직접 주문하신 건 아니었지만, 교황청에서 요청해 왔고, 그 빵을 맛있게 드셨다는 소식에 미쳤죠." 임영진 대표는 그날을 떠올리며 눈시울을 붉혔다.

"교황님께서 소박하고 진심 어린 음식을 좋아하신다고 들었습니다. 저희가 기본에 믿음과 정성의 상징이 됐다면, 그것만으로도 감사한 일이죠. 대구나 오늘처럼 교황님의 서거 소식을 들은 날엔, 그때의 기억이 더 애틋하게 다가옵니다. 전 세계인의 존경을 받으던 분이 저희 빵을 드셨다는 사실이 믿기지 않을 정도로 큰 영광이었고, 저희에겐 잊지 못할 자부심으로 남아 있습니다."

임 대표는 잠시 말을 멈추고 하늘을 올려다봤다. "지금도 그분의 따뜻한 미소를 기억합니다. 부디 평안하시길 바랍니다."

튀김소보로, 단지 팔기 위한 빵이 아닙니다

성심당의 간판 메뉴 '튀김소보로'는 하루 1만 개 이상 팔리는 압도적 인기 제품이다. 하지만 이 빵이 가진 무게는 단순한 판매 실적에 머물지 않는다. 그것은 성심당의 철학과 경제성이 고스란히 녹아든 하나의 상징이다.

"시대의 입맛은 변하지만, 우리의 중심은 흔들리지 않습니다. 정직한 재료, 바삭한 식감, 그리고 한입에 되살아나는 기억 - 이 세 가지는 우리가 결코 타협하지 않는 원칙입니다." 임영진 대표는 담담한 어조로 말했다. 그는 이어 "튀김소보로는 이제 단순한 빵이 아니라, 대전을 대표하는 문화적 자산이 되었습니다. 누군가에겐 어린 시절의 추억이고, 누군가에겐 따뜻한 마음을 전하는 선물이죠. 그런 이야기를 품고 있기에, 우리는 매일 같은 정성으로 굽습니다."라며 브랜드의 무게를 조용히 되새겼다.

사이버 공격? 오히려 신뢰를 다지는 계기였죠

지난해 5월, 성심당은 '해킹 피해'라는 자극적인 제목으로 언론의 집중 조명을 받았다. 하지만 실상은 고객 정보를 노린 피싱(Phishing) 시도로, 개인 정보는 전혀 발생하지 않았다. 그럼에도 성심당은 사건의 심각성을 같이 인식하고, 즉각적으로 온라인 쇼핑몰을 일시 폐쇄하고 보안 시스템을 전면 재점검했다.

임영진 대표는 이 상황을 단순한 위기로 보지 않았다. "오히려 이 사건을 계기로 보안을 강화하고, 고객과의 신뢰를 다시 확인할 수 있었습니다. 투명하게 대응하고, 실질적인 개선 조치를 취하는 것이야말로 성심당의 방식입니다."

실제로 성심당은 이번 일을 통해 더 견고한 디지털 기반을 마련했고, 고객과의 신뢰를 오히려 더 굳건히 다지는 계기로 삼았다. 위기 앞에서도 원칙을 지킨다는 점에서, 성심당은 '위기를 기회로' 바꾸는 모범을 보여주었다.

성심당 본점의 전경

성심당 임영진대표 (좌)와 임대혁이사(우)

성심당은 빵을 파는 기업이 아닙니다. 나눔을 실천하는 공동체입니다

성심당의 시작은 단순한 제과점의 개업이 아니었다. 한국전쟁의 참화가 남긴 폐허 속, 대전 성당에서 나눈 두 포대의 밀가루 - 그 작은 시작이 오늘날 성심당의 뿌리다. 먹을 것이 귀하던 시절, 빵 한 조각은 단순한 음식이 아닌 '삶' 그 자체였고, 성심당은 그 생명을 나누는 것으로 존재를 증명해왔다.

이후로도 성심당은 '나눔'이라는 신앙적 철학을 실천하는 공동체로서의 길을 꾸준히 걸어왔다. 지역 아동센터에 간식 빵을, 독거노인 복지시설엔 따뜻한 간식을, 그리고 때로는 재난이 닥친 지역에도 손수 만든 빵을 전하며, 이웃의 식탁을 채우는 일이야말로 성심당이 존재하는 가장 본질적인 이유라고 믿는다.

"빵을 통한 상생, 그것이 아버지 세대부터 이어진 철학입니다. 전쟁 후 허기졌던 시절, 빵 한 조각은 생명이었으니까요." 임영진 대표는 잠시 말을 멈추고, 기억 저편의 풍경을 꺼내듯 조용히 말했다.

성심당은 지금도 이 철학을 지켜가고 있다. 단순히 판매의 논리를 따르는 기업이 아니라, '공동체의 행복'으로서 사람 사이를 잇고 온기를 전하는 문화적 중심으로 자리매김하고 있는 것이다. '잘 만든 빵 하나로도 세상은 따뜻해질 수 있다'는 믿음 - 그것이야말로 성심당을 특별하게 만드는 이유다.

문화 브랜드로의 확장, 공간의 변화를 통해 실현됩니다

성심당은 이제 단순한 제과점이 아니다. '빵을 굽는 공간'을 넘어, '사람이 머무는 공간', '추억이 시작되는 장소'로 자산을 재정의하고 있다. 이를 상징적으로 보여주는 것이 바로 '샌드위치 정거장' 같은 콘셉트 매장이다.

"우리는 단순히 빵을 파는 공간을 만들고 싶지 않았어요. 사람들이 편하게 들렀다 가고, 때론 이야기를 나누고, 그 안에서 작지만 따뜻한 기억을 남길 수 있는 그런 장소가 되길 바랐습니다." 임영진 대표는 '공간의 온도'에 대해 강조하며 말했다.

이러한 변화는 성심당이 단지 음식 브랜드가 아닌 '문화 브랜드'로 나아가고자 하는 방향성과 맞닿아 있다. 빵을 중심으로 한 감성, 디자인, 공간미학까지 고려하는 이 새로운 흐름은 대전이라는 지역을 넘어 전국, 더 나아가 글로벌 감성까지도 아우르는 준비의 일환이다.

임영진대표와 임대혁이사와 본지 특파원이 인터뷰를 하고 있다.

신제품 개발의 영감은 늘 일상 속에서 옵니다

성심당의 제품은 단순한 기획에서 시작되지 않는다. 고객의 일상, 계절의 흐름, 사회적 트렌드에서 하나하나 감각적으로 길어올린다. 최근 큰 화제를 모은 '딸기시루' 케이크도 그런 맥락에서 반생했다.

"요즘엔 단순히 맛있는 것보다, 감성을 자극하고 이야기를 담은 제품을 원하잖아요. 딸기시루도 그렇게 태어났어요. 가을철의 사랑받는 과일인 딸기를 활용하되, 케이크 안에 포근함과 추억이 담기도록 기획했죠."

임 대표는 "고객들이 선호하는 계절감 있는 재료, 사회적 트렌드, 그리고 감정적으로 공감할 수 있는 포인트를 끊임없이 고민합니다. 단순한 식품이 아니라 하나의 '경험'이 되도록 만드는 게 우리의 목표예요."라고 말했다.

결국 성심당은 매일 구워내는 빵 속에 사람의 일상과 정서를 담아낸다. 그 진심은, 고객의 입맛보다 더 깊은 마음에 먼저 닿는다.

긴 줄을 기다리는 고객들을 보며, 늘 초심을 생각합니다

대전역을 빠져나와 중앙로를 걷다 보면 누구나 한 번쯤 멈추게 되는 진풍경이 있다. 바로 성심당 앞에 늘어선 긴 줄이다. 계절이 바뀌고 날씨가 아무리 궂어도, 성심당 빵을 사기 위해 줄을 서는 이 풍경은 이제 대전의 명물로 자리 잡았다.

임영진 대표는 그 모습을 볼 때마다 마음이 무겁다고 했다. "기다리는 분들을 보면 감사함보다 먼저 책임감이 밀려옵니다. 그렇게까지 기다리게 할 가치가 있는 빵을 굽고 있는가, 늘 스스로 묻습니다."

그렇기에 성심당은 한결같은 세 가지 원칙을 지킨다. 최고의 재료, 최고의 정성, 그리고 최고의 청결. 대표는 "그 줄이 우리에게는 약속입니다. 고객의 시간을 헛되이 하지 않겠다는 다짐이죠."라고 말했다. 긴 줄은 단지 인기의 척도가 아니라, 성심당이 매일 초심을 되새기는 가장 큰 이유다.

왜 대전만? 그게 성심당의 철학입니다

요즘 같은 글로벌시대, 인기 있는 브랜드라면 자연스레 '해외 진출'이 화두에 오른다. 하지만 성심당의 3세 경영자 임대혁 이사는 이 질문에 단호히 고개를 저었다. "성심당은 대전에 뿌리를 둔 브랜드입니다. 우리가 추구하는 건 단순한 확장이 아니라, 정체성과 진정성을 지키는 일입니다."

임 이사는 본 특파원의 딸과 초등학교 동창이기도 하다. 뉴욕에 살고 있는 딸이 "성심당 빵을 뉴욕에서도 먹고 싶다"고 하더라는 말에 그는 이렇게 답했다. "우리는 고향을 지키는 빵이 되고 싶어요. 누구든지 대전을 떠올릴 때, 그 기억 속에 성심당이 함께 있었으면 좋겠습니다."

그러면서도 그는 지금의 시대 흐름을 읽고 있었다. "이제는 한국적인 것, 지역적인 것에 세계가 주목하는 시대잖아요. 오히려 그 고유함이 더 큰 경쟁력이 될 수 있습니다. K-컬처와 함께 성심당도 자연스럽게 세계로 향하는 날이 올 겁니다. 하지만 그 출발점은 언제나 대전이어야 하죠."

대전이라는 도시와 함께 호흡하고, 성장하고, 뿌리내린다는 철학. 임대혁 이사는 이를 '경영 전략'이 아니라 '가업의 신념'이라 말한다. "대전을 지키는 빵이 되겠다"는 그 말은 단순한 의지 그 이상으로 느껴졌다. 그것은 성심당을 성심당답게 만드는 본질이기도 한 것 같다.

내 비전은, 다음 세대도 이 길을 자랑스럽게 걷게 하는 것

성심당의 3세 경영자 임대혁 이사는 스스로를 '새롭게 바꾸는 사람'이 아닌, '단단히 이어가는 사람'이라 소개했다. "저는 뭔가를 혁신하기 위해 이 자리에 선 것이 아닙니다. 아버지 세대가 지켜온 철학과 신념을 변함없이 이어가기 위해 왔습니다."

그에게 성심당은 단순한 제과점이 아니라, '믿음과 정성, 공동체의 가치를 품은 유산'이다. "미래는 분명히 대전에서 세계로 나아가겠지만, 그 중심은 언제나 성심에 있어야 합니다." 그는 말한다.

임 이사는 기술이나 유행보다 중요한 것이 '정신의 계승'이라고 믿는다. 그래서 그는 다음 세대도 이 길을 자랑스럽게 걷도록, 오늘의 성심당을 흔들림 없이 지켜나가고 있다. "제 역할은 큰 변화가 아닌, 깊은 뿌리를 굳건히 다지는 일입니다."

인터뷰의 마지막, 임영진 대표와 임대혁 이사에게 미 중서부에 거주하는 교포 독자들에게 전하고 싶은 말을 부탁했다. 잠시 침묵이 흐른 뒤, 임 대표가 조용히 입을 열었다.

"성심당은 단지 빵을 굽는 곳이 아닙니다. 우리는 신앙과 나눔, 그리고 정직함의 정신을 굽습니다. 빵 하나에도 사람의 마음이 담겨야 한다는 믿음으로, 지금까지 걸어왔습니다. 직접 대전에 찾아오셔서 그 마음까지 함께 나눠보셨으면 좋겠습니다."

이어 임 이사는 "멀리 떨어진 시카고에서도 성심당을 기억해주시는 것만으로도 감사하고 감격스럽습니다. 고향의 온기를 담은 빵이 누군가에겐 향수이고, 위로이고, 자부심일 수 있다는 걸 알기에, 우리는 오늘도 같은 온도로 굽습니다."라고 덧붙였다.

성심당의 빵은 그저 맛있는 음식을 넘어선다. 그것은 교황이 드셨던 한 조각의 빵이자, 한국전쟁 이후 피란민들의 생명을 지켜낸 두 포대의 밀가루에서 비롯된 역사이며, 대전 시민에게는 매일 아침을 시작하게 하는 일상의 풍경이다.

이제 그 빵은 한국을 넘어 세계가 주목하는 '문화의 상징'이 되어가고 있다. 대전 중구의 한 골목에서 시작된 이 빵의 여정은 오늘도 묵묵히 따뜻한 온기를 굽고 있다. 그리고 그 온기는 시카고의 어느 교포 식탁 위에 닿기를, 성심당은 조용히 바라본다.

이가희 시카고한국일보 한국특파원
한국스토리텔링연구원장
시민칼럼니스트

교황님의 빵이 된다는 것,
말로 다 못할 영광이었죠

성심당. 대전 시민에겐 추억이고, 전 국민에겐 명물이다. 튀김소보로로 한입에 담긴 정성과 전통, 그리고 그 뒤를 묵묵히 지켜온 사람들이 있다.

"2014년 프란치스코 교황님 방한 당시, 식사빵으로 저희 성심당 빵이 쓰였어요. 직접 주문하신 건 아니었지만, 교황청에서 요청해 왔고, 그 빵을 맛있게 드셨다는 소식이 퍼졌죠." 임영진 대표는 그날을 떠올리며 눈시울을 붉혔다.

"교황님께서 소박하고 진심 어린 음식을 좋아하신다고 들었습니다. 저희가 그분께 믿음과 정성의 상징이 됐다면, 그것만으로도 감사한 일이죠. 더구나 오늘처럼 교황님의 서거 소식을 들은 날엔, 그때의 기억이 더 애틋하게 다가옵니다. 전 세계인의 존경을 받았던 분이 저희 빵을 드셨다는 사실이 믿기지 않을 정도로 큰 영광이었고, 저희에겐 잊지 못할 자부심으로 남아 있습니다."

그는 잠시 말을 멈추고 하늘을 올려다봤다. "지금도 그분의 따뜻한 미소를 기억합니다. 부디 평안하시길 바랍니다."

튀김소보로, 단지 팔기 위한 빵이 아닙니다

성심당의 간판 메뉴 '튀김소보로'는 하루 1만 개 이상 팔리는 압도적 인기 제품이다. 하지만 이 빵이 가진 무게는 단순한 판매 실적에 머물지 않는다. 그것은 성심당의 철학과 정체성이 고스란히 녹아든 하나의 상징이다.

"시대의 입맛은 변하지만, 우리의 중심은 흔들리지 않습니다. 정직한 재료, 바삭한 식감, 그리고 한입에 되살아나는 기억 — 이 세 가지는 우리가 결코 타협하지 않는 원칙입니다." 임영진 대표는 담담한 어조로 말했다.

그는 이어 "튀김소보로는 이제 단순한 빵이 아니라, 대전을 대표하는 문화적 자산이 되었습니다. 누군가에겐 어린 시절의 추억이고, 누군가에겐 따뜻한 마음을 전하는 선물이죠. 그런 이야기를 품고 있기에, 우리는 매일 같은 정성으로 굽습니다."라며 브랜드의 무게를 조용히 되새겼다.

사이버 공격? 오히려 신뢰를 다지는 계기였죠

지난해 5월, 성심당은 '해킹 피해'라는 자극적인 제목으로 언론의 집중 조명을 받았다. 하지만 실상은 고객 정보를 노린 피싱(Phishing) 시도였고, 개인정보 유출은 전혀 발생하지 않았다. 그럼에도 성심당은 사건의 심각성을 깊이 인식하고, 즉각적으로 온라인 쇼핑몰을 임시 폐쇄한 후 보안 시스템을 전면 재정비했다.

임 대표는 이 상황을 단순한 위기로 보지 않았다. "오히려 이 사건을 계기로 보안을 강화하고, 고객과의 신뢰를 다시 확인할 수 있었습니다. 투명하게 대응하고, 실질적인 개선 조치를 취하는 것이야말로 성심당의 방식입니다."

실제로 성심당은 이번 일을 통해 더 견고한 디지털 기반을 마련했고, 고객과의 신뢰를 오히려 더 굳건히 다지는 계기로 삼았다. 위기 앞에서도 원칙을 지킨다는 점에서, 성심당은 '위기를 기회로' 바꾸는 모범을 보여주었다.

성심당은 빵을 파는 기업이 아닙니다, 나눔을 실천하는 공동체입니다

성심당의 시작은 단순한 제과점의 개업이 아니었다. 한국전쟁의 참화가 남긴 폐허 속, 대전 성당에서 나눈 두 포대의 밀가루 — 그 작은 시작이 오늘날 성심당의 뿌리다. 먹을 것이 귀하던 시절, 빵 한 조각은 단순한 음식이 아닌 '삶' 그 자체였고, 성심당은 그 생명을 나누는 것으로 존재를 증명해왔다.

이후로도 성심당은 '나눔'이라는 신앙적 철학을 실천하는 공동체로서의 길을 꾸준히 걸어왔다. 지역 아동센터에 간식 빵을, 독거노인 복지시설엔 따뜻한 간식을, 그리고 때로는 재난이 닥친 지역에도 손수 만든 빵을 전하며, 이웃의 식탁을 채우는 일이야말로 성심당이 존재하는 가장 본질적인 이유라고 믿는다.

"빵을 통한 상생, 그것이 아버지 세대부터 이어진 철학입니다. 전쟁 후 허기졌던 시절, 빵 한 조각은 생명이었으니까요." 임영진 대표는 잠시 말을 멈추고, 기억 저편의 풍경을 꺼내듯 조용히 말했다.

성심당은 지금도 이 철학을 지켜가고 있다. 단순히 판매의 논리를 따르는 기업이 아니라, '공동체의 빵집'으로서 사람 사이를 잇고 온기를 전하는 문화적 중심으로 자리매김하고 있는 것이다. '잘 만든 빵 하나로도 세상은 따뜻해질 수 있다'는 믿음 — 그것이야말로 성심당을 특별하게 만드는 이유다.

문화 브랜드로의 확장,
공간의 변화를 통해 실현됩니다

성심당은 이제 단순한 제과점이 아니다. '빵을 굽는 공간'을 넘어, '사람이 머무는 공간', '추억이 시작되는 장소'로 자신을 재정의하고 있다. 이를 상징적으로 보여주는 것이 바로 '샌드위치 정거장' 같은 콘셉트 매장이다.

"우리는 단순히 빵을 파는 공간을 만들고 싶지 않았어요. 사람들이 편하게 들렀다가 가고, 때론 이야기를 나누고, 그 안에서 작지만 따뜻한 기억을 남길 수 있는 그런 장소가 되길 바랐습니다." 임 대표는 '공간의 온도'에 대해 강조하며 말했다.

이러한 변화는 성심당이 단지 음식 브랜드가 아닌 '문화 브랜드'로 나아가고자 하는 방향성과 맞닿아 있다. 빵을 중심으로 한 감성, 디자인, 공간미학까지 고려하는 이 새로운 흐름은 대전이라는 지역을 넘어 전국, 더 나아가 글로벌 감성까지도 아우르는 준비의 일환이다.

신제품 개발의 영감은 늘 일상 속에서 옵니다

성심당의 제품은 단순한 기획에서 시작되지 않는다. 고객의 일상, 계절의 흐름, 사회적 트렌드에서 하나하나 감각적으로 길어올린다. 최근 큰 화제를 모은 '딸기시루' 케이크도 그런 맥락에서 탄생했다.

"요즘엔 단순히 맛있는 것보다, 감성을 자극하고 이야기를 담은 제품을 원하잖아요. 딸기시루도 그렇게 태어났어요. 겨울철의 사랑받는 과일인 딸기를 활용하되, 케이크 안에 포근함과 추억이 담기도록 기획했죠."

임 대표는 "고객들이 선호하는 계절감 있는 재료, 사회적 트렌드, 그리고 감정적으로 공감할 수 있는 포인트를 끊임없이 고민합니다. 단순한 식품이 아니라 하나의 '경험'이 되도록 만드는 게 우리의 목표예요."라고 말했다.

결국 성심당은 매일 구워내는 빵 속에 사람의 일상과 정서를 담아낸다. 그 진심은, 고객의 입맛보다 더 깊은 마음에 먼저 닿는다.

긴 줄을 기다리는 고객들을 보며, 늘 초심을 생각합니다

대전역을 빠져나와 중앙로를 걷다 보면 누구나 한 번쯤 멈추게 되는 진풍경이 있다. 바로 성심당 앞에 늘어선 긴 줄이다. 계절이 바뀌고 날씨가 아무리 궂어도, 성심당 빵을 사기 위해 줄을 서는 이 풍경은 이제 대전의 명물로 자리 잡았다.

임 대표는 그 모습을 볼 때마다 마음이 무겁다고 했다. "기다리는 분들을 보면 감사함보다 먼저 책임감이 밀려옵니다. 그렇게까지 기다리게 할 가치가 있는 빵을 굽고 있는가, 늘 스스로 묻습니다."

그렇기에 성심당은 최고의 재료와 최고의 정성, 그리고 최고의 청결 원칙을 지킨다. "그 줄이 우리에게는 약속입니다. 고객의 시간을 헛되이 하지 않겠다는 다짐이죠."라고 말했다. 긴 줄은 단지 인기의 척도가 아니라, 성심당이 매일 초심을 되새기는 가장 큰 이유다.

왜 대전만? 그게 성심당의 철학입니다

요즘 같은 글로벌시대, 인기 있는 브랜드라면 자연스레 '해외 진출'이 화두에 오른다. 하지만 성심당의 3세 경영자 임대혁 이사는 이 질문에 단호히 고개를 저었다. "성심당은 대전에 뿌리를 둔 브랜드입니다. 우리가 추구하는 건 단순한 확장이 아니라, 정체성과 진정성을 지키는 일입니다."

임 이사는 본 특파원의 딸과 초등학교 동창이기도 하다. 뉴욕에 살고 있는 딸이 "성심당 빵을 뉴욕에서도 먹고 싶다"고 하더라는 말에 임 대표는 이렇게 답했다. "우리는 고향을 지키는 빵이 되고 싶어요. 누구든지 대전을 떠올릴 때, 그 기억 속에 성심당이 함께 있었으면 좋겠습니다."

그러면서도 그는 지금의 시대 흐름을 읽고 있었다. "이제는 한국적인 것, 지역적인 것에 세계가 주목하는 시대잖아요. 오히려 그 고유함이 더 큰 경쟁력이 될 수 있습니다. K-컬처와 함께 성심당도 자연스럽게 세계로 향하는 날이 올 겁니다. 하지만 그 출발점은 언제나 대전이어야 하죠."

대전이라는 도시와 함께 호흡하고, 성장하고, 뿌리내린다는 철학. 임대혁 이사는 이를 '경영 전략'이 아니라 '가업의 신념'이라 말한다. "대전을 지키는 빵이 되겠다"는 그 말은 단순한 의지 그 이상으로 느껴졌다. 그것은 성심당을 성심당답게 만드는 본질이기도 한 것 같다.

내 비전은, 다음 세대도 이 길을
자랑스럽게 걷게 하는 것

성심당의 3세 경영자 임대혁 이사는 스스로를 '새롭게 바꾸는 사람'이 아닌, '단단히 이어가는 사람'이라 소개했다. "저는 뭔가를 혁신하기 위해 이 자리에 선 것이 아닙니다. 아버지 세대가 지켜온 철학과 신념을 변함없이 이어가기 위해 왔습니다."

그에게 성심당은 단순한 제과점이 아니라, '믿음과 정성, 공동체의 가치를 품은 유산'이다. "미래는 분명히 대전에서 세계로 나아가겠지만, 그 중심은 언제나 성심에 있어야 합니다."라고 강조한다.

임 이사는 기술이나 유행보다 중요한 것이 '정신의 계승'이라고 믿는다. 그래서 그는 다음 세대도 이 길을 자랑스럽게 걷도록, 오늘의 성심당을 흔들림 없이 지켜나가고 있다. "제 역할은 큰 변화가 아닌, 깊은 뿌리를 굳건히 다지는 일입니다."

임영진 대표와 임대혁 이사에게 미 중서부에 거주하는 교포에게 전하고 싶은 말을 부탁했다. 잠시 침묵이 흐른 뒤, 임 대표가 조용히 입을 열었다.

"성심당은 단지 빵을 굽는 곳이 아닙니다. 우리는 신앙과 나눔, 그리고 정직함의 정신을 굽습니다. 빵 하나에도 사람의 마음이 담겨야 한다는 믿음으로, 지금까지 걸어왔습니다. 직접 대전에 찾아오셔서 그 마음까지 함께 나눠보셨으면 좋겠습니다."

이어 임 이사는 "멀리 떨어진 시카고에서도 성심당을 기억해주시는 것만으로도 감사하고 감격스럽습니다. 고향의 온기를 담은 빵이 누군가에겐 향수이고, 위로이고, 자부심일 수 있다는 걸 알기에, 우리는 오늘도 같은 온도로 굽습니다."라고 덧붙였다.

성심당의 빵은 그저 맛있는 음식을 넘어선다. 그것은 교황이 드셨던 한 조각의 빵이자, 한국전쟁 이후 피란민들의 생명을 지켰던 두 포대의 밀가루에서 비롯된 역사이며, 대전 시민에게는 매일 아침을 시작하게 하는 일상의 풍경이다.

이제 그 빵은 한국을 넘어 세계가 주목하는 '문화의 상징'이 되어가고 있다. 대전 중구의 한 골목에서 시작된 이 빵집의 여정은, 오늘도 묵묵히 따뜻한 온기를 굽고 있다. 그리고 그 온기가, 시카고의 어느 교포 식탁 위에 닿기를, 성심당은 조용히 바라본다.

숙면의 별을 쏘아 올린 사나이,
온돌에 깃든 그의 꿈과 철학

❖ **최창환** 회장

최창환은 1992년 장수산업을 창업하고 국내 최초의 건강 돌침대인 장수돌침대를 개발한 발명형 CEO이다. 그는 아내의 산후 후유증 회복을 돕기 위해 전통 온돌에서 착안하여 돌침대를 발명했으며, 복사열을 이용한 기술 개발과 특허 등록을 통해 돌침대를 가구로 인정받게 했다. "별이 다섯 개"라는 국민 유행어를 탄생시킨 광고에 직접 출연하여 브랜드의 상징이 되었으며, 이를 통해 장수돌침대를 대중적인 건강 침대로 각인시켰다.

그는 발명의 날 국무총리 표창과 특허청 신지식인 선정, 그리고 업계 최초로 대통령 표창을 3회 수상하는 진기록을 세우며 기술력과 품질 경영 원칙을 인정받았다. 사업 초기 유사 제품과의 치열한 상표권 분쟁을 겪었으나 대법원에서 승소하여 '장수돌침대' 이름을 단독으로 사용할 권리를 확보하는 등 브랜드를 지켜냈다. 현재는 온열 기능을 넘어 자기장, 수면 분석 시스템을 결합한 차세대 헬스케어 침대 개발에 집중하며 '120세 시대'의 숙면 문화를 선도하고 있다.

숙면의 별을 쏘아 올린 사나이

온돌에 깃든 그의 꿈과 철학을 듣다

2025년 9월 4일, 경기도 광주시 오포 장수돌침대 아울렛 매장의 사무실. 초가을의 청명한 햇살이 쏟아지는 창가에 그가 앉아 있었다. 대한민국 국민이라면 누구나 아는 목소리, '별이 다섯 개'를 외치며 전설이 된 사나이, 최창환 회장이었다. 광고 속 강렬한 모습 대신, 연륜을 오롯이 통과해 낸 자의 단단함과 세상을 향한 따뜻한 애정이 녹아 있는 미소로 본지 특파원을 맞이했다. 수많은 제품이 전시된 매장을 가로질러 그의 공간으로 들어서자, 벽면을 가득 채운 상패들이 마치 부쟁의 역사를 증언하는 전리품처럼 빛나고 있었다. 하지만 그것은 단순한 과시가 아니었다. 수십 년간 지켜온 고객과의 약속, 그 치열함의 증거이자 '신뢰'라는 이름으로 버려낸 훈장이었다. 그의 손을 맞잡는 순간, 거대 기업의 성공 신화가 아닌, 한 인간의 뜨거운 연대기가 혈관을 타고 전해져 왔다.

아내의 눈물, 세상을 데운 온기의 시작

모든 위대한 서사는 가장 사적이고 절박한 고백에서 출발한다. 나는 그에게 거대한 기업의 첫 벽돌을 쌓아 올렸던 그 첫 마음에 대해 물었다. "사업을 하려고 시작한 일이 아닙니다." 그의 이야기는 치밀한 사업 계획서가 아닌, 아내를 향한 한 남자의 애틋하고 절박한 사랑 고백이었다.

"제 아내가 첫째를 낳고 앉아 있을 수 없을 정도로 산후풍이 심해 정말 힘들어했습니다. 매일 밤 잠 못 이루고 고통스러워하는 아내 곁에서 지켜보며 남편으로서 아무것도 해줄 수 없다는 사실이 저를 너무나 괴롭게 했죠. 그때 문득 머리를 스친 것이 바로 우리 민족의 지혜, 전통 온돌이었습니다. 아궁이에서 피어오른 온기가 구들장을 데워 방 전체를 감싸면 그 아랫목의 뜨거운 온기 말입니다. 그것은 단순한 난방을 넘어 지친 몸을 지지고 마음까지 아루만지던 우리만의 문화였습니다. 아내를 위해 뭐라도 해야 한다는 절박함에 직접 돌을 구해 데워가며 침대를 만들었습니다. 세상에 단 하나뿐인, 오직 아내만을 위한 침대였죠. 그것이 장수돌침대의 시작이었습니다."

그의 아이디어는 거창하지 않았다. 사랑하는 사람의 아픔을 보듬으려던 진심, 그것이 모든 것의 해이었다. 그는 단순히 침대를 만든 것이 아니었다. 아내의 고통을 위로하고, '건강'을 되찾아주고픈 진심을 침대에 담아냈다. '고객 건강'이라는 그의 확고한 철학은 바로 이 지점에서, 아내의 눈물 속에서 비로소 싹텄다.

'별이 다섯 개' 절박함이 쏘아 올린 전설의 외침

장수돌침대와 최창환을 이야기할 때, 대한민국 광고사에 한 획을 그은 전설의 광고를 빼놓을 수 없다. 나는 그 기적과도 같았던 그날의 비하인드 스토리를 청했다. 그의 얼굴에 장난기 어린 웃음이 스쳤다. "그거요? 경말 우연히, 아니 필연적으로 터져 나왔다고 해야 할까요?"

"늦은 밤까지 촬영이 계속됐습니다. 그런데 광고 감독은 자꾸만 '장수돌침대--'으로 시작하는 밋밋하고 평범한 멘트만 요구하는 겁니다. 속이 터졌습니다. 아내를 위해, 그리고 이 제품의 가치를 믿고 따라준 직원들을 위해 제 모든 것을 걸었는데, 이 진심이 재대로 전달되지 않을 것 같아 답답했죠. 마지막 촬영 기회, 감독이 '마음대로 한번 해보시라'고 하더군요. 그 순간, 제 안에 있던 모든 절박함과 쏟아부었던 열정, 제품에 대한 자부심이 한꺼번에 폭발했습니다. '내 모든 것을 걸었다! 이 품질! 이 만족감! 이걸 어떻게 표현할까' 고민하다 저도 모르게 '별이 다섯 개'를 외치고 있었다. 그건 계산된 멘트가 아니라, 제 진심 그 자체였습니다.

방송이 나간 후 세상이 뒤집혔다. 처음엔 수많은 패러디와 조롱도 있었지만, 곧 엄청난 관심으로 바뀌었고 매출은 수직으로 상승했다. 투박했지만 꾸밈없는 그의 외침은 소비자의 마음을 정통으로 관통했다. 그 외침은 최고의 품질과 제품 만족을 의미하는 상징이 되었고, '진정성'이라는 무기가 얼마나 강력한지를 온몸으로 증명해 보였다. 그것은 잘 만든 광고가 아닌, 진심

(주)장수산업 최창환회장이 '별이 다섯개'를 외치고 있다

최창환 회장이 경기도 광주 오포아울렛 매장 사무실에서 본지 특파원과 인터뷰를 하고 있다.

이 만들어낸 기적이었다.

기술에 철학을 담다, 침대를 넘어 과학으로

장수돌침대의 성공 신화는 비단 광고에만 있지 않았다. 그는 창업 초기부터 '건강'이라는 본질을 놓치지 않고 기술 개발에 매달렸다. "단순히 따뜻한 침대가 아니라, 과학적으로 건강을 증명하는 침대를 만들고 싶었습니다." 그의 목소리에 강한 힘이 실렸다.

"우리 고유의 온돌 문화를 현대 기술로 완벽하게 구현하는 것이 목표였습니다. 특히 복사열을 이용해 몸속 깊은 곳까지 온기를 전달하는 '히팅플로어' 공법은 수많은 시행착오 끝에 얻어낸 우리만의 독보적인 특허 기술입니다. 인체에 유해할 수 있는 전자파 문제도 반드시 해결해야 했습니다. 업계 최초로 EMF(전자기장환경) 인증을 획득하며 안전성을 입증했죠. 여기서 멈추지 않았습니다. 식품의약품안전처로부터 의료기기 허가를 받고, 까다롭기로 유명한 미국 FDA에서도 1등급 의료기기로 당당히 등록했습니다. 침대는 가구가 아니라 과학이라는 제 믿음을 세상에 증명해 보인 겁니다. 이러한 기술적 신뢰가 있었기에 20년이 넘는 긴 세월 동안 시장 1위 자리를 굳건히 지킬 수 있었다고 생각합니다."

다시 한번 입증된 가치, 2025 브랜드 대상 수상의 의미

그의 굳건한 철학과 기술력은 시장의 신뢰로 되돌아왔다. 최근 장수돌침대는 '2025 올해의 브랜드 대상'에서 19년 연속 수상이라는 전무후무한 쾌거를 이루었다. 나는 이 기념비적인 사건이 그에게 어떤 의미인지 물었다. "회장님, 19년이라는 긴 시간 동안 소비자의 선택을 받는다는 것은 어떤 의미입니까? 그 비결이 궁금하다고 질문을 던졌다.

"영광스럽고, 동시에 무한한 책임감을 느낍니다." 그의 목소리는 한층 더 진중해졌다. "19년이라는 세월은 강산이 두 번 변할 시간 아닙니까. 그 긴 시간 동안 고객들이 저희를 잊지 않고 최고의 브랜드로 뽑아주신 것은, 저희가 한결같이 '건강'이라는 가치를 지켜왔기 때문이라고 생각합니다. 유행을 좇기보다 본질에 집중했고, 화려한 미사여구보다 정직한 기술로 승부했습니다. 아내를 위해 만들었던 첫 마음, 그 초심을 일지 않으려 했던 노력을 알아주신 것이죠. 이번 수상은 과거에 대한 칭찬이 아니라, 미래를 향한 채찍질이라고 생각합니다. 앞으로도 고객의 건강한 삶을 지키는 동반자로서, 새로운 기술과 혁신으로 보답하겠습니다." 그의 대답에서 자만심은 찾아볼 수 없었다. 오히려 더 무거워진 책임감과 고객에 대한 깊은 감사함이 묻어났다.

나눔의 철학, 상생으로 글로벌 무대를 향하다

그의 '고객 건강'에 대한 철학은 '사회 건강'으로 자연스럽게 확장된다. 최창환 회장의 활동 반경은 기업에만 머물러 있지 않다. 국제라이온스협회 활동을 비롯한 그의 꾸준한 사회공헌은 업계에서도 유명하다. "기업의 이윤을 사회와 나누는 것에 대한 확고한 철학이 있으신 것 같습니다."

"저는 '나보다는 남, 남보다는 우리'라는 말을 마음에 품고 삽니다." 그는 당연하다는 듯이 말했다. "기업이 성장할 수 있었던 것은 우리 사회라는 토양이 있었기 때문입니다. IMF 외환위기 때, 모두가 직원을 해고하며 허리띠를 졸라맬 때도 저는 단 한 명의 직원도 내보내지 않았습니다. 함께 살아남아야 한다는 믿음이 있었기 때문이죠. 국제라이온스협회 활동이나 여러 사회공헌 활동도 마찬가지입니다. 제가 가진 것을 조금 나누는 것뿐입니다. 흥미롭게도, 이러한 활동들이 해외 시장에 나갈 때 '신뢰'라는 가장 큰 자산이 되어 돌아오더군요. 단순히 물건을 파는 기업이 아니라, 좋은 철학을 가진 기업으로 인정받을 때, 브랜드의 가치는 더욱 빛난다고 믿습니다. 앞으로 복지재단을 통해 더 체계적이고 폭넓은 나눔을 실천하는 것이 제 꿈입니다." 그에게 경영과 나눔은 결코 별개의 활동이 아니었다. '함께'라는 가치를 실현하는 두 개의 수레바퀴였다.

'장수(Jangsoo)', 이름에 세계를 향한 철학을 새기다

그의 나눔과 상생 철학은 이제 글로벌 시장을 향한 가장 강력한 무기가 되고 있었다. 나는 그에게 미주 시장 진출이라는 큰 목표 앞에서, 현지화를 위해 브랜드명을 바꿀 생각이 있는지 물었다. 그의 대답은 단호했다. "이름을 바꿀 생각은 없습니다. '장수(長壽)'라는 이름이야말로 우리 브랜드의 정체성이자 철학 그 자체이기 때문입니다."

그는 이름의 변경이 아닌, 이름의 '가치 확장'을 이야기했다. "글로벌 시장에서는 제품의 품질만큼이나 기업의 진정성 있는 사회적 책임이 중요한 구매 요인으로 작용합니다. 저는 미국 소비자들에게 장수돌침대가 단순히 'Made in Korea'의 좋은 침대로만 알려지길 원치 않습니다. 자신의 뿌리인 한국의 어려운 이웃을 돌보는 따뜻한 철학을 가진 기업이라는 스토리를 전달해야 합니다." 그의 전략은 명확했다. 바로 'K-ESG 스토리텔링'이었다. 그동안 묵묵히 실천해 온 나눔과 상생의 활동이 글로벌 브랜드 스토리를 만드는 핵심 요소가 될 것이라는 확신에 차 있었다. '장수'라는 이름에 한국 기업의 따뜻한 나눔 철학을 더해, 세상에서 가장 신뢰받는 브랜드로 만들겠다는 그의 포부는 단순한 사업가를 넘어선 철학자의 모습이었다.

AI와 헬스케어, 100년 기업을 향한 청사진

세상은 빠르게 변하고 있고, 그는 전통에 안주하지 않았다. 그의 눈은 '지금'이 아닌 '미래'를 향하고 있었다. "침대는 이제 잠만 자는 공간이 아닙니다. 하루의 3분의 1을 보내며 건강 데이터를 축적하고 관리하는 '헬스케어 플랫폼'이 되어야 합니다."

"저희는 이미 사물인터넷(IoT) 기술을 접목해 스마트폰으로 침대를 제어하는 기술을 선보였습니다. 최근에는 한 발 더 나아가, 비접촉 센서로 수면 중 심박수, 호흡수 등 생체 정보를 정밀하게 측정하고 분석하는 '스마트 온돌침대'를 개발했습니다. 축적된 데이터는 개인 맞춤형 수면 가이드를 제공하고, 건강 이상 정후를 미리 알려줄 수 있죠. 특히 멀리 계신 부모님의 건강을 자녀들이 휴대폰 앱으로 실시간 확인할 수 있는 '패밀리케어' 기능은, 이민 사회의 동포 여러분처럼 멀리서 고향을 그리워하는 분들께 기술이 어떻게 가족의 사랑을 더 깊게 연결할 수 있는지 보여주는 좋은 예입니다. 100년 기업 장수돌침대는 전통 온돌의 지혜와 최첨단 AI 헬스케어 기술을 융합하여, 전 생애에 걸친 건강 솔루션을 제공하는 기업으로 기억될 것입니다."

미주 한인 사회에 전하는 마음, '뿌리의 가치를 잊지 마십시오"

인터뷰 말미, 나는 시카고를 비롯한 미주 한인 사회 독자들을 위한 메시지를 청했다. 그는 잠시 생각에 잠기더니, 따뜻한 목소리로 말을 이어갔다.

"머나먼 타국의 여러분 한 분 한 분이 바로 대한민국의 '별'입니다. 장수돌침대의 시작이 한국 고유의 '온돌' 문화였듯, 여러분의 성공 역시 우리의 문화와 정서라는 튼튼한 뿌리 위에 서 있을 때 더욱 빛날 것이라 믿습니다. 가장 한국적인 것이 가장 세계적인 것이 될 수 있다는 사실을 잊지 마십시오."

인터뷰를 마치고 그의 사무실을 나서는 길, 나는 한 기업인의 성공 신화를 넘어, 한 인간의 진정성 있는 삶의 궤적을 엿본 듯한 충만함을 느꼈다. 아내를 사랑하는 마음에서 시작된 작은 아이디어가 전 국민의 유행이 되고, 이제는 AI 기술을 품고 세계인의 건강을 꿈꾸고 있었다. 그는 여전히 뜨거웠다. 그의 열정과 진심이 식지 않는 한, 장수돌침대의 '별'은 밤하늘에서 가장 오랫동안, 그리고 가장 따뜻하게 빛날 것임을 의심치 않는다.

이가희 시카고한국일보 한국특파원
한국스토리텔링연구원장
시인/칼럼니스트

신뢰는 브랜드가 아니라 사람이 만든다

장수돌침대의 최창환 회장은 대한민국 광고사의 기억 속에 깊이 새겨진 인물이다. "별이 다섯 개!"라는 강렬한 외침은 시대를 상징하는 문구가 되었고, 그 문장 뒤에는 한 기업인의 뚜렷한 철학과 치열한 삶이 자리하고 있다.

그의 집무실 벽면은 수십 년간 쌓아온 상패들로 가득했다. 그것들은 단순한 경력의 나열이 아니라, 고객과의 약속을 지키기 위해 걸어온 시간의 기록이었다. 침체된 산업 구조 속에서도 제품과 기술, 그리고 브랜드 신뢰를 지켜내며 장수돌침대를 국민 브랜드로 끌어올린 그의 노력은 지금도 계속되고 있다.

오늘의 장수돌침대는 단순히 침대를 만드는 기업이 아니다. 고객의 삶의 질을 높이는 것, 그리고 그 약속을 지키기 위한 기술과 장인정신을 이어가는 기업이다. 최 회장이 걸어온 길 역시 그러했다. 기업의 성장 이면에는 제품에 대한 자부심, 고객에 대한 책임, 그리고 자신이 선택한 길을 끝까지 지켜내겠다는 의지가 자리하고 있다.

그와 마주한 순간 가장 강하게 느껴진 것은 성공 신화가 아니었다. 묵묵히 쌓아 올린 시간의 무게, 그리고 사람을 향한 따뜻함이었다.

아내의 눈물, 세상을 데운 온기의 시작

모든 위대한 서사는 가장 사적이고 절박한 고백에서 출발한다. 나는 그에게 거대한 기업의 첫 벽돌을 쌓아 올렸던 그 첫 마음에 대해 물었다. "사업을 하려고 시작한 일이 아닙니다." 그의 이야기는 치밀한 사업 계획서가 아닌, 아내를 향한 한 남자의 애틋하고 절박한 사랑 고백이었다.

"제 아내가 첫째를 낳고 앉아 있을 수 없을 정도로 산후통이 심해 정말 힘들어했습니다. 매일 밤, 잠 못 이루고 고통스러워하는 아내를 곁에서 지켜보며 남편으로서 아무것도 해줄 수 없다는 사실이 저를 너무나 괴롭게 했죠. 그때 문득 머리를 스친 것이 바로 우리 민족의 지혜, 전통 온돌이었습니다. 아궁이에서 피어오른 온기가 구들장을 데워 방 전체를 감싸던 그 아랫목의 뜨끈한 온기 말입니다. 그것은 단순한 난방을 넘어 지친 몸을 지지고 마음까지 어루만지던 우리만의 문화였습니다. 아내를 위해 뭐라도 해야 한다는 절박함에 직접 돌을 구해다 데워가며 침대를 만들었습니다. 세상에 단 하나뿐인, 오직 아내만을 위한 침대였죠. 그것이 장수돌침대의 시작이었습니다."

그의 이야기는 거창하지 않았다. 사랑하는 사람의 아픔을 보듬으려던 진심, 그것이 모든 것의 핵이었다. 그는 단순히 제품을 만든 것이 아니었다. 아내의 고통을 위로하고 건강을 되찾아주고픈 진심을 침대에 오롯이 담아냈다. '고객 건강'이라는 그의 확고한 철학은 바로 이 지점에서, 아내의 눈물 속에서 비로소 싹텄다.

"별이 다섯 개!" 절박함이 쏘아 올린 전설의 외침

장수돌침대와 최창환을 이야기할 때, 대한민국 광고사에 한 획을 그은 전설의 광고를 빼놓을 수 없다. 나는 그 기적과도 같았던 그날의 비하인드 스토리를 청했다. 그는 지금은 웃으며 말했지만, 당시 회사는 죽느냐 사느냐 하는 절체절명의 기로에 서 있었다고 회상했다.

"장수돌침대가 홈쇼핑에서 그야말로 대박을 터뜨리니, 너도나도 '장수'라는 이름으로 유사품을 만들기 시작했습니다. '장수촌 옥돌침대', '장수 구들 침대' 하는 식으로 말입니다. 세상에 없던 것을 처음 발명해서 온갖 고생 끝에 이제 막 알리기 시작했는데, 모두가 우리 이름을 도용하니 정말 황당하고 속이 터졌지만, 법적으로 어떻게 대처할 방법이 없었죠."

바로 그 절박함 속에서, 진짜를 지키기 위한 처절한 외침이 탄생했다. "진짜 장수돌침대는 별이 다섯 개"라는 카피였다. 광고는 무역센터 30층에 있던 사무실을 배경으로 시작된다. 요란하게 전화벨이 울리면 "장수돌침대, 유명한 만큼 유사품이 많습니다"라는 나레이션이 흐른다. 여직원이 "장수돌침대는 어떻게 표현하죠?"라고 묻자, 그가 뒤에서 걸어 나오며 외친다. "별이 다섯 개잖아!"

"카메라를 빌리고 편집하는 비용까지 전부 합쳐 단돈 300만 원으로 만든 광고입니다. 슈퍼마켓에서 사 온 붉은 별 스티커 다섯 개를 붙이고, 제가 직접 연출하고 모델까지 했죠. 그동안 시장을 개척하며 흘렸던 눈물, 세상에 없던 것을 만들며 쏟아부었던 밤샘의 열정, 그리고 제 모든 것을 건 제품에 대한 자부심이 그 순간 한꺼번에 폭발했습니다. '내 모든 것을 걸었다! 이 품질! 이 만족감!' 이걸 어떻게 표현할까 고민하다 저도 모르게 '별이 다섯 개!'를 외치고 있었죠. 그건 계산된 멘트가 아니라, 제 진심 그 자체였습니다."

기술에 철학을 담다, 침대를 넘어 과학으로

장수돌침대의 성공 신화는 비단 광고에만 있지 않았다. 그는 창업 초기부터 '건강'이라는 본질을 놓치지 않고 기술 개발에 매달렸다. "단순히 따뜻한 침대가 아니라, 과학적으로 건강을 증명하는 침대를 만들고 싶었습니다." 그의 목소리에 강한 힘이 실렸다.

"우리 고유의 온돌 문화를 현대 기술로 완벽하게 구현하는 것이 목표였습니다. 특히 복사열을 이용해 몸속 깊은 곳까지 온기를 전달하는 '히팅플로어' 공법은 수많은 시행착오 끝에 얻어낸 우리만의 독보적인 특허 기술입니다. 인체에 유해할 수 있는 전자파 문제도 반드시 해결해야 했습니다. 업계 최초로 EMF(전자기장환경) 인증을 획득하며 안전성을 입증했죠. 여기서 멈추지 않았습니다. 식품의약품안전처로부터 의료기기 허가를 받고, 까다롭기로 유명한 미국 FDA에도 1등급 의료기로 당당히 등록했습니다. '침대는 가구가 아니라 과학'이라는 제 믿음을 세상에 증명해 보인 겁니다. 이러한 기술적 신뢰가 있었기에 20년이 넘는 긴 세월 동안 시장 1위 자리를 굳건히 지킬 수 있었다고 생각합니다."

다시 한번 입증된 가치,
2025 브랜드 대상 수상의 의미

그의 굳건한 철학과 기술력은 시장의 신뢰로 되돌아왔다. 최근 장수돌침대는 '2025 올해의 브랜드 대상'에서 19년 연속 수상이라는 전무후무한 쾌거를 이루었다. 나는 이 기념비적인 사건이 그에게 어떤 의미인지 물었다. "회장님, 19년이라는 긴 시간 동안 소비자의 선택을 받는 다는 것은 어떤 의미입니까?" 그 비결이 궁금하다고 질문을 던졌다.

"영광스럽고, 동시에 무한한 책임감을 느낍니다." 그의 목소리는 한층 더 진중해졌다. "19년이라는 세월은 강산이 두 번 변할 시간 아닙니까. 그 긴 시간 동안 고객들이 저희를 잊지 않고 최고의 브랜드로 뽑아주신 것은, 저희가 한결같이 '건강'이라는 가치를 지켜왔기 때문이라고 생각합니다. 유행을 좇기보다 본질에 집중했고, 화려한 미사여구보다 정직한 기술로 승부했습니다. 아내를 위해 만들었던 첫 마음, 그 초심을 잃지 않으려 했던 노력을 알아주신 것이죠. 이번 수상은 과거에 대한 칭찬이 아니라, 미래를 향한 채찍질이라고 생각합니다. 앞으로도 고객의 건강한 삶을 지키는 동반자로서, 새로운 기술과 혁신으로 보답하겠습니다." 그의 대답에서 자만심은 찾아볼 수 없었다. 오히려 더 무거워진 책임감과 고객에 대한 깊은 감사함이 묻어났다.

나눔의 철학, 상생으로 글로벌 무대를 향하다

그의 '고객 건강'에 대한 철학은 '사회 건강'으로 자연스럽게 확장된다. 최창환 회장의 활동 반경은 기업에만 머물러 있지 않다. 국제라이온스협회 활동을 비롯한 그의 꾸준한 사회공헌은 업계에서도 유명하다. "기업의 이윤을 사회와 나누는 것에 대한 확고한 철학이 있으신 것 같습니다."

"저는 '나보다는 남, 남보다는 우리'라는 말을 마음에 품고 삽니다." 그는 당연하다는 듯이 말했다. "기업이 성장할 수 있었던 것은 우리 사회라는 토양이 있었기 때문입니다. IMF 외환위기 때, 모두가 직원을 해고하며 허리띠를 졸라맬 때도 저는 단 한 명의 직원도 내보내지 않았습니다. 함께 살아남아야 한다는 믿음이 있었기 때문이죠. 국제라이온스협회 활동이나 여러 사회공헌 활동도 마찬가지입니다. 제가 가진 것을 조금 나누는 것뿐입니다. 흥미롭게도, 이러한 활동들이 해외 시장에 나갈 때 '신뢰'라는 가장 큰 자산이 되어 돌아오더군요. 단순히 물건을 파는 기업이 아니라, 좋은 철학을 가진 기업으로 인정받을 때, 브랜드의 가치는 더욱 빛난다고 믿습니다. 앞으로 복지재단을 통해 더 체계적이고 폭넓은 나눔을 실천하는 것이 제 꿈입니다." 그에게 경영과 나눔은 결코 별개의 활동이 아니었다. '함께'라는 가치를 실현하는 두 개의 수레바퀴였다.

'장수(Jangsoo)', 이름에 세계를 향한 철학을 새기다

그의 나눔과 상생 철학은 이제 글로벌 시장을 향한 가장 강력한 무기가 되고 있었다. 나는 그에게 미주 시장 진출이라는 큰 목표 앞에서, 현지화를 위해 브랜드명을 바꿀 생각이 있는지 물었다. 그의 대답은 단호했다. "이름을 바꿀 생각은 없습니다. '장수(長壽)'라는 이름이야말로 우리 브랜드의 정체성이자 철학 그 자체이기 때문입니다."

그는 이름의 변경이 아닌, 이름의 '가치 확장'을 이야기했다. "글로벌 시장에서는 제품의 품질만큼이나 기업의 진정성 있는 사회적 책임이 중요한 구매 요인으로 작용합니다. 저는 미국 소비자들에게 장수돌침대가 단순히 'Made in Korea의 좋은 침대'로만 알려지길 원치 않습니다. 자신의 뿌리인 한국의 어려운 이웃을 돌보는 따뜻한 철학을 가진 기업이라는 스토리를 전달해야 합니다." 그의 전략은 명확했다. 바로 'K-ESG 스토리텔링'이었다. 그동안 묵묵히 실천해 온 나눔과 상생의 활동이 글로벌 브랜드 스토리를 만드는 핵심 요소가 될 것이라는 확신에 차 있었다. '장수'라는 이름에 한국 기업의 따뜻한 나눔 철학을 더해, 세상에서 가장 신뢰받는 브랜드로 만들겠다는 그의 포부는 단순한 사업가를 넘어선 철학자의 모습이었다.

AI와 헬스케어, 100년 기업을 향한 청사진

세상은 빠르게 변하고 있고, 그는 전통에 안주하지 않았다. 그의 눈은 '지금'이 아닌 '미래'를 향하고 있었다. "침대는 이제 잠만 자는 공간이 아닙니다. 하루의 3분의 1을 보내며 건강 데이터를 축적하고 관리하는 '헬스케어 플랫폼'이 되어야 합니다."

"저희는 이미 사물인터넷(IoT) 기술을 접목해 스마트폰으로 침대를 제어하는 기술을 선보였습니다. 최근에는 한발 더 나아가, 비접촉 센서로 수면 중 심박수, 호흡수 등 생체 정보를 정밀하게 측정하고 분석하는 '스마트 온돌침대'를 개발했습니다. 축적된 데이터는 개인 맞춤형 수면 가이드를 제공하고, 건강 이상 징후를 미리 알려줄 수 있죠. 특히 멀리 계신 부모님의 건강을 자녀들이 휴대폰 앱으로 실시간 확인할 수 있는 '패밀리케어' 기능은, 이민 사회의 동포 여러분처럼 멀리서 고향을 그리워하는 분들께 기술이 어떻게 가족의 사랑을 더 깊게 연결할 수 있는지 보여주는 좋은 예입니다. 100년 기업 장수돌침대는 전통 온돌의 지혜와 최첨단 AI 헬스케어 기술을 융합하여, 전 생애에 걸친 건강 솔루션을 제공하는 기업으로 기억될 것입니다."

미주 한인 사회에 전하는 마음, "뿌리의 가치를 잊지 마십시오"

나는 시카고를 비롯한 미주 한인 사회를 위한 메시지를 청했다. 그는 잠시 생각에 잠기더니, 따뜻한 목소리로 말을 이어갔다.

"머나먼 타국의 여러분 한 분 한 분이 바로 대한민국의 '별'입니다. 장수돌침대의 시작이 한국 고유의 '온돌' 문화였듯, 여러분의 성공 역시 우리의 문화와 정서라는 튼튼한 뿌리 위에 서 있을 때 더욱 빛날 것이라 믿습니다. 가장 한국적인 것이 가장 세계적인 것이 될 수 있다는 사실을 잊지 마십시오."

그의 사무실을 나서는 길, 나는 한 기업인의 성공 신화를 넘어, 한 인간의 진정성 있는 삶의 궤적을 엿본 듯한 충만함을 느꼈다. 아내를 사랑하는 마음에서 시작된 작은 아이디어가 전 국민의 유행어가 되고, 이제는 AI 기술을 품고 세계인의 건강을 꿈꾸고 있었다. 그는 여전히 뜨거웠다. 그의 열정과 진심이 식지 않는 한, 장수돌침대의 '별'은 밤하늘에서 가장 오랫동안, 그리고 가장 따뜻하게 빛날 것임을 의심치 않는다.

광야의 개척자에서
나눔의 구루(GURU)로

❖ **이금룡** 이사장

이금룡은 성균관대학교 법률학 학사 및 동국대학교 무역학 석사, 광운대학교 경제학 박사 학위를 취득한 경영 전문가이다. 그는 삼성물산에서 직장 경력을 시작하여 유통물류 부장과 인터넷 사업부장 이사 등을 역임한 온오프라인 유통 분야의 전문가이다. 1999년에는 온라인 경매 사이트 옥션(Auction)의 대표이사를 맡아 회사를 코스닥에 상장시키며 벤처 1세대의 성공 신화를 만들었다. 또한 이니시스 대표이사 및 코글로닷컴 회장 등을 역임하며 한국 기업들의 글로벌화와 인터넷 비즈니스 발전에 크게 기여했다. 그는 현재 코리아디지털경제연구소 소장과 원천기술수출협회 의장을 맡고 있으며, 특히 도전과 나눔 이사장으로서 초기 스타트업을 육성하는 데 주력한다. 이금룡 회장은 500개의 한국 유니콘 기업을 만들겠다는 비전을 가지고 '대한민국 창업생태계와 벤처투자의 역사' 등을 주제로 강연하며 창업 생태계 발전에 헌신한다.

"광야의 개척자에서 나눔의 구루(GURU)로"

이금룡 이사장, 100년의 꿈을 향해 멈추지 않는 항해를 외치다

광야의 개척자, '나눔의 구루'를 만나다.

2025년 8월 13일 서울, 변덕스러운 소나기가 아스팔트의 열기를 식히던 오후, 본지 특파원이 오랫동안 만나길 고대했던 대한민국 벤처 1세대, 이금룡 이사장을 마주하는 순간이었다. 서초동 오피스텔에 위치한 그의 공간은 화려한 명성과는 거리가 먼, 치열한 열정의 '컨트롤 타워'에 가까웠다.

한쪽 벽을 쌓아올린 서류 더미는 그의 지난한 역사를, 중앙의 화이트보드엔 미처 지워지지 않은 글씨들이 조금 전까지 계속됐을 그의 뜨거운 현재를 증명하는 듯했다. 그 틈에서 발견한 여러 권의 인문학 서적은 이 테크 구루의 깊이를 느끼게 했다. 또 G&G 스쿨의 새 교육생을 맞이할 채비로 분주한 그의 시선은 미래를 향한 확고함을 짐작케 했다.

벤처 1세대라는 훈장 대신, 그는 갓 창업한 청년 같은 맑은 눈빛과 마음을 무장 해제시키는 환한 웃음으로 본지 특파원을 맞이했다. 향긋한 커피 향 속에서 우리는 대한민국 IT 역사의 산증인이자 미래를 향한 나침반인 그의 깊고 푸른 바다 같은 이야기 속으로 항해를 시작했다.

삼성의 항구를 떠나 '옥션'이라는 신대륙으로

1999년, 모두가 선망하던 삼성물산의 임원 자리를 박차고 나와 생소하기 짝이 없던 인터넷 경매 회사 '옥션'의 대표로 자리를 옮겼을 때, 그의 선택은 무모한 도박처럼 보였다. 그러나 그는 안정된 항구를 떠나 거친 바다로 나아가는 것을 주저하지 않았다. 그에게는 확신이 있었다.

'삼성이라는 거대한 조직 안에서도 홈플러스와 삼성몰을 기획하며 인터넷이라는 신대륙의 가능성을 봤습니다. 하지만 대기업의 틀 안에서는 제가 꿈꾸는 그림을 온전히 그리기 어려웠죠. 생산자가 중간 유통 과정 없이 소비자와 직접 만나는 C2C 모델, 즉 '오픈 마켓'은 생산자와 소비자 모두에게 이로운 혁신이라고 믿었습니다. 누군가는 반드시 해야 할 일이라는 시대적 미션, 그것이 저를 새로운 세상으로 이끈 동력이었습니다.'

그에게 옥션 시절 가장 보람 있던 순간은 코스닥 상장이나 거액의 매각이 아니었다. 코스닥에서, 지리산 골짜기에서, 부모님의 방앗간에서 미숫가루를 팔던 대학생에게서 날아온 감사 편지들이었다. 자신의 상품이 제값을 받는 것을 처음 경험한 생산자들의 환희, 산지의 신선한 물건을 저렴하게 구매하게 된 소비자들의 기쁨. 그는 기술을 통해 사람들을 연결하고, 소외되었던 이들에게 새로운 기회의 장을 열어주었다. 그 경험은 훗날 그의 삶 전체를 관통하는 '나눔의 철학'이 되었다.

사업가, 경영인, 그리고 기업가. 경계를 허문 거인의 정의

삼성의 전문경영인에서 옥션의 창업가적 경영인으로, 그리고 다시 후배들을 위한 플랫폼을 만드는 기업가로. 그의 다채로운 이력만큼이나 '기업가'와 '전문경영인'의 차이에 대한 그의 정의는 명쾌하고 깊었다.

'저는 비즈니스를 창업-사업-경영-기업의 4단계로 봅니다. '사업가'는 북 치고 장구 치고 혼자 다 하는 사람입니다. 그러다 규모가 커져 혼자 할 수 없게 되면 시스템을 만들고 권한을 위임하는데, 이때부터 '경영'의 단계가 시작되죠. '전문경영인'은 바로 이 단계에서 내부의 자원을 효율적으로 활용해 회사를 키우는 사람입니다.'

그렇다면 '기업가'는 무엇이 다른가? 그는 여기서 '정신'이라는 키워드를 꺼내 들었다.

' '기업가'는 경영을 통해 쌓은 부와 인재를 가지고, 현재에 안주하지 않고 외부의 변화를 읽으며 새로운 사업에 뛰어드는 사람입니다. 가령 회사가 반도체로, 통신으로 진화하는 것처럼 아들은 단순히 돈을 버는 것을 넘어 새로운 가치를 창출하고 시대를 개척하려는 '기업가 정신'을 가진 사람입니다. 더 이상 모험하지 않아도 되는데 기꺼이 위험을 감수하는 도전, 그것이 기업가를 만드는 핵심입니다.'

이는 이병철 선대 회장을 직접 모시며 체득한 통찰이자, 스스로 광야에 뛰어들어 체화한 살아있는 지혜였다. 그의 정화는 시카고의 한인 비즈니스 리더들에게도 자신의 위치를 돌아보고 다음 단계를 모색하게 하는 깊은 울림을 준다.

'도전'이라는 고독한 길, '나눔'이라는 따뜻한 동행

그의 인생 2막은 '도전과 나눔'이라는 이름으로 요약된다. 매달 새벽 5시에 일어나 300여 명의 창업가와 리더들이 모이는 조찬 포럼. 이곳에서 청년 창업가들이 얻는 가장 큰 변화는 무엇일까.

'두 가지입니다. 첫째는 이른 아침, 이렇게 많은 사람이 모여 배우는 모습을 보며 받는 자극입니다. '이게 장난이 아니구나' 느끼며 나태해진 자신을 채찍질하죠. 둘째는 사이의 확장입니다. 자기 제품만 보면 '터널 비전'에서 벗어나, AI, 역사, 트렌드 등 최고수들의 강의를 들으며 넓은 세상을 보게 됩니다.'

하지만 그가 가장 강조하는 가치는 따로 있었다. '창업가들을 외롭게 해서는 안 됩니다.' 자금난과 불확실성 속에서 '죽음의 계곡'을 건너는 이들에게 가장 필요한 것은 자식 이전에 따뜻한 연대다. 선배 멘토가 저녁을 사주며 고민을 들어주고, 비슷한 처지의 동료들과 교류하며 '나만 힘든 게 아니구나'라는 위안을 얻는다. '도전'이라는 씨앗이 '나눔'이라는 거름을 만날 때 비로소 싹을 틔울 수 있다는 것 이것이 그가 설계한 '나눔의 생태계'의 핵심이다.

G&G 스쿨, 죽음의 계곡을 건너는 스타트업의 나침반

'도전과 나눔'의 활동 중에서도 백미는 단연 'G&G (Great Challenge! Growth & Global) School'이다. 시리즈A 투자를 받은, 즉 '초등학교'를 막 졸업하고 '중학교'로 진학하는 단계의 스타트업들을 위한 스케일업 과정이다.

'기술만으로 버티던 단계에서 다음으로 넘어가려면 성장통을 겪습니다. 사람을 더 뽑고, 시스템을 갖추고, 글로벌로 나가야 하죠. 이 단계는 정부나 엑셀러레이터가 가르치기 어려운 영역입니다. G&G 스쿨은 바로 이 지점을 타겟으로, 각 분야 최고 강사진이 6개월간 집중적으로 실전 노하우를 전수합니다.'

전 과정은 무료로 진행되며, 후원자인 이용재 회장의 숭고한 나눔 정신 위에 서 있다. 이곳에서 스타트업 대표들은 단순히 배우는 것을 넘어, 최고의 강사진과 끈끈한 네트워크를 형성하고, 같은 길을 걷는 동기들과 함께 성장한다. 한국의 유니콘을 키워내는 특별한 온실이자, 더 큰 세상으로 나아갈 날개를 달아주는 발사대인 셈이다.

'기본으로 돌아가라' - AI 시대, 다시 인문학을 묻다

첨단 기술을 논하는 포럼에서 이 이사장은 동시에 인문학 교실을 연다. 그는 인공지능이 인간의 많은 지적 노동을 대체할수록, 리더에게는 오히려 인간 고유의 영역인 통찰력과 지혜가 더욱 중요해진다고 역설했다. 그는 손흥민 선수의 아버지, 손웅정 감독의 일화를 예로 들었다.

'손웅정 감독이 아들에게 6년간 슈팅을 못 하게 하고 드리블과 패스라는 기본기만 연마시켰다고 합니다. 덕분에 손흥민 선수는 지금 세계 최고의 기본기를 갖추게 됐죠. 경영자에게 기본기는 무엇일까요? 바로 '변화를 읽는 눈'과 '사람을 품는 마음'입니다.'

그는 기업(企業)이라는 한자가 '사람(人)이 머무르는(止) 곳'이라고 설명했다. '결국 모든 비즈니스는 사람으로 귀결됩니다. 고객, 직원, 투자자, 협력사 등 모든 것이 사람으로 둘러싸여 있기에 리더는 인간의 본성에 대한 깊은 성찰을 멈춰서는 안 됩니다.' 그는 리더가 겪는 가장 큰 고통은 기술이나 자본의 문제가 아니라, 바로 '사람 문제에서 온다고 진단했다. 믿었던 사람에게 받는 배신, 예측 불가능한 인간의 욕망과 심리는 재무제표처럼 명확하게 분석되지 않는다. 이럴 때 필요한 것이 바로 인문학적 사유다. 역사를 통해 흥망성쇠의 패턴을 읽고, 철학을 통해 인간 존재의 의미를 탐구하며, 문학을 통해 타인의 삶을 깊이 공감하는 훈련. 이것이 바로 불확실한 변화의 파도 속에서 조직의 중심을 잡고 올바른 결정을 내리게 하는 리더의 '기본기'라는 것이다. 기술이 모든 것을 대체하는 AI 시대에, 역설적으로 인간을 이해하는 인문학적 소양이 리더의 가장 중요한 경쟁력이 될 것이라는 그의 통찰은 서늘한 지혜를 선사한다.

전 세계 한민족 네트워크, 100세를 향한 그의 마지막 숙제

국내 스타트업의 글로벌 진출에 가장 부족한 역량이 무엇이냐는 질문에 그는 단호하게 '네트워크'라고 답했다.

'과거의 무역은 제품을 수출하는 것이었지만, 지금의 스타트업은 기술과 플랫폼을 현지화(Localization)해야 합니다. 국내에서 투자받고 개발하느라 정신없는 창업가들이 해외 네트워크까지 신경 쓸 여력이 없습니다.

바로 이 지점에서 시카고를 비롯한 전 세계 750만 한인, 한상(韓商)들의 역할이 절실합니다.'

그는 삼성물산 시절 교포 무역인들에게 큰 도움을 받았던 경험을 회상하며, 이제는 새로운 시대의 가교가 필요하다고 역설했다. '지금 한국의 젊은 창업가들은 세계 최고 수준의 기술력과 아이디어를 가지고 있습니다. 하지만 언어의 장벽, 문화의 차이, 그리고 현지 시장에 대한 정보 부족으로 인해 날개를 펴지 못하는 경우가 많습니다. 해외에 계신 우리 동포 여러분께서 이들의 눈과 발, 그리고 든든한 동반자가 되어 주셔야 합니다. 현지 사정에 밝은 한인들이 국내 유망 스타트업의 '가이드'이자 '에이전트', 나아가 '투자자'가 되어달라는 것입니다.' 그는 이것이 단순한 도움이 아니라, 함께 성장하고 새로운 부를 창출하는 '윈윈(Win-Win) 전략'이라고 강조했다. 한국의 혁신적인 기술이 동포 사회의 비즈니스에 새로운 활력을 불어넣고, 동포들의 글로벌 네트워크는 한국 스타트업이 세계로 뻗어 나가는 고속도로가 될 수 있다는 것이다. 이를 위해 그는 국내 스타트업 정보를 모아놓은 'K-Global 500' 같은 플랫폼을 만들어 전 세계 한인들과 연결하는 작업을 이미 시작했다.

'세월이 지나 100세가 되면 무엇을 하고 계실 것 같습니까?' 마지막 질문에 그는 소년처럼 웃었다.

'아마 그때도 나눔을 실천하고 있겠죠. 제 꿈은 전 세계 한민족을 하나의 네트워크로 묶는 것입니다. 알래스카든, 아프리카든, 클릭 한 번으로 그곳의 한인 커뮤니티와 비즈니스가 연결되는 '디지털 노마드' 대한민국을 만드는 것, 그것이 제 마지막 숙제입니다.'

인터뷰를 마치고 그의 오피스텔을 나서는 길, 끈질기게 내리던 비는 그치고 서울의 하늘은 맑게 개어 있었다. 안주하지 않는 도전, 그리고 그 도전을 더 가치 있게 만드는 나눔의 철학. 이금룡 이사장의 멈추지 않는 항해는 시카고의 광활한 평원 위에서, 미시간 호수의 드넓은 수평선 너머에서 새로운 도전을 꿈꾸는 우리 모두에게 외치는 가장 뜨거운 응원가였다.

(사)도전과 나눔 이금룡 이사장(73)이 창업가들에게 화이팅을 외치고 있다.

서초동 아크로비스타 오피스텔에서 이금룡이사장과 본지 특파원이 인터뷰를 하고 있다.

이가희 시카고한국일보 한국특파원
한국스토리텔링연구원장
시인/칼럼니스트

100년의 꿈을 향해 멈추지 않는 항해를 외치다

이금룡 이사장은 대한민국 벤처 1세대를 대표하는 인물로, 한국 IT 산업의 여러 장면을 직접 만들어 온 개척자다. 그의 작업 공간은 화려함보다는 실무와 고민이 겹겹이 쌓여 있는 곳에 가깝다. 벽면을 채운 서류와 채 지워지지 않은 화이트보드의 흔적은 그가 지금도 다양한 프로젝트를 동시에 추진하고 있음을 보여준다. 인문학 서적들에서는 기술과 사람, 사회를 함께 바라보려는 그의 시선이 드러난다.

그에게 '벤처 1세대'라는 이름은 단순한 칭호가 아니다. 새로운 산업이 형성되던 시기의 경험과 시행착오는 지금도 그의 판단과 활동의 기반이 된다. 그는 G&G스쿨을 운영하며 후배 창업가 양성에 힘쓰고 있고, 자신이 배운 것을 다음 세대에 전하는 일을 중요한 책무로 삼는다.

이금룡 이사장은 한 분야를 오래 지켜온 사람의 여유와 새롭게 시작하는 사람의 에너지를 동시에 지니고 있다. 그는 기술과 기업가 정신이 결국 사람과 공동체를 향해야 한다고 말하며, 지금도 그 실천을 이어가고 있다.

그의 이력은 한 기업인의 성공스토리라기보다 한국 벤처 생태계가 성장해 온 과정 속에서 자연스럽게 이어진 기록에 가깝다. 오늘도 그는 후배들과 함께 더 나은 내일을 준비하며 자신의 역할을 묵묵히 이어가고 있다.

삼성의 항구를 떠나 '옥션'이라는 신대륙으로

1999년, 모두가 선망하던 삼성물산의 임원 자리를 박차고 나와 생소하기 짝이 없던 인터넷 경매 회사 '옥션'의 대표로 자리를 옮겼을 때, 그의 선택은 무모한 도박처럼 보였다. 그러나 그는 안정된 항구를 떠나 거친 바다로 나아가는 것을 주저하지 않았다. 그에게는 확신이 있었다.

"삼성이라는 거대한 조직 안에서도 홈플러스와 삼성몰을 기획하며 인터넷이라는 신대륙의 가능성을 봤습니다. 하지만 대기업의 틀 안에서는 제가 꿈꾸는 그림을 온전히 그리기 어려웠죠. 생산자가 중간 유통 과정 없이 소비자와 직접 만나는 C2C 모델, 즉 '오픈 마켓'은 생산자와 소비자 모두에게 이로운 혁신이라고 믿었습니다. 누군가는 반드시 해야 할 일이라는 사회적 미션, 그것이 저를 새로운 세상으로 이끈 동력이었습니다."

그에게 옥션 시절 가장 보람 있던 순간은 코스닥 상장이나 거액의 매각이 아니었다. 울릉도에서, 지리산 골짜기에서, 부모님의 방앗간에서 미숫가루를 팔던 대학생에게서 날아온 감사 편지들이었다. 자신의 상품이 제값을 받는 것을 처음 경험한 생산자들의 환희, 산지의 신선한 물건을 저렴하게 구매하게 된 소비자들의 기쁨. 그는 기술을 통해 사람들을 연결하고, 소외되었던 이들에게 새로운 기회의 장을 열어주었다. 그 경험은 훗날 그의 삶 전체를 관통하는 '나눔'의 철학이 되었다.

사업가, 경영인, 그리고 기업가 경계를 허문 거인의 정의

삼성의 전문경영인에서 옥션의 창업가적 경영인으로, 그리고 다시 후배들을 위한 플랫폼을 만드는 기업가로. 그의 다채로운 이력만큼이나 '기업가'와 '전문경영인'의 차이에 대한 그의 정의는 명쾌하고 깊었다.

"저는 비즈니스를 창업-사업-경영-기업의 4단계로 봅니다. '사업가'는 북 치고 장구 치고 혼자 다 하는 사람입니다. 그러다 규모가 커져 혼자 할 수 없게 되면 시스템을 만들고 권한을 위임하는데, 이때부터 '경영'의 단계가 시작되죠. '전문경영인'은 바로 이 단계에서 내부의 자원을 효율적으로 활용해 회사를 키우는 사람입니다."

그렇다면 '기업가'는 무엇이 다른가? 그는 여기서 '정신'이라는 키워드를 꺼내 들었다.

"기업가는 경영을 통해 쌓은 부와 인재를 가지고, 현재에 안주하지 않고 외부의 변화를 읽으며 새로운 사업에 뛰어드는 사람입니다. 가전 회사가 반도체로, 통신으로 진화하는 것처럼요. 이들은 단순히 돈을 버는 것을 넘어 새로운 가치를 창출하고 시대를 개척하려는 '기업가 정신'을 가진 사람들입니다. 더 이상 모험하지 않아도 되는데 기꺼이 위험을 감수하는 도전, 그것이 기업가를 만드는 핵심입니다."

이는 이병철 선대 회장을 직접 모시며 체득한 통찰이자, 스스로 광야에 뛰어들어 체화한 살아있는 지혜였다. 그의 정의는 시카고의 한인 비즈니스 리더들에게도 자신의 위치를 돌아보고 다음 단계를 모색하게 하는 깊은 울림을 준다.

'도전'이라는 고독한 길, '나눔'이라는 따뜻한 동행

그의 인생 2막은 '도전과 나눔'이라는 이름으로 요약된다. 매달 새벽 5시에 일어나 300여 명의 창업가와 리더들이 모이는 조찬 포럼. 이곳에서 청년 창업가들이 얻는 가장 큰 변화는 무엇일까.

"두 가지입니다. 첫째는 이른 아침, 이렇게 많은 사람이 모여 배우는 모습을 보며 받는 자극입니다. '이게 장난이 아니구나' 느끼며 나태해진 자신을 채찍질하죠. 둘째는 시야의 확장입니다. 자기 제품만 보던 '터널 비전'에서 벗어나, AI, 역사, 트렌드 등 최고수들의 강의를 들으며 넓은 세상을 보게 됩니다."

하지만 그가 가장 강조하는 가치는 따로 있었다. "창업가들을 외롭게 해서는 안 됩니다." 자금난과 불확실성 속에서 '죽음의 계곡'을 건너는 이들에게 가장 필요한 것은 지식 이전에 따뜻한 연대다. 선배 멘토가 저녁을 사주며 고민을 들어주고, 비슷한 처지의 동료들과 교류하며 '나만 힘든 게 아니구나'라는 위안을 얻는다. '도전'이라는 씨앗이 '나눔'이라는 거름을 만날 때 비로소 싹을 틔울 수 있다는 것. 이것이 그가 설계한 '나눔의 생태계'의 핵심이다.

G&G 스쿨, 죽음의 계곡을 건너는 스타트업의 나침반

'도전과 나눔'의 활동 중에서도 백미는 단연 'G&G(Great Challenge! Growth & Global) School'이다. 시리즈A 투자를 받은, 즉 '초등학교'를 막 졸업하고 '중학교'로 진학하는 단계의 스타트업들을 위한 스케일업 과정이다.

"기술만으로 버티던 단계에서 다음으로 넘어가려면 성장통을 겪습니다. 사람을 더 뽑고, 시스템을 갖추고, 글로벌로 나가야 하죠. 이 단계는 정부나 엑셀러레이터가 가르치기 어려운 영역입니다. G&G 스쿨은 바로 이 지점을 타겟으로, 각 분야 최고 강사진이 6개월간 집중적으로 실전 노하우를 전수합니다."

전 과정은 무료로 진행되며, 후원자인 이윤재 회장의 숭고한 나눔 정신 위에 서 있다. 이곳에서 스타트업 대표들은 단순히 배우는 것을 넘어, 최고의 강사진과 끈끈한 네트워크를 형성하고, 같은 길을 걷는 동기들과 함께 성장한다. 한국의 유니콘을 키워내는 특별한 온실이자, 더 큰 세상으로 나아갈 날개를 달아주는 발사대인 셈이다.

"기본으로 돌아가라" AI 시대, 다시 인문학을 묻다

첨단 기술을 논하는 포럼에서 이 이사장은 동시에 인문학 교실을 연다. 그는 인공지능이 인간의 많은 지적 노동을 대체할수록, 리더에게는 오히려 인간 고유의 영역인 통찰력과 지혜가 더욱 중요해진다고 역설했다. 그는 손흥민 선수의 아버지, 손웅정 감독의 일화를 예로 들었다.

"손웅정 감독이 아들에게 6년간 슈팅을 못 하게 하고 드리블과 패스라는 기본기만 연마시켰다고 합니다. 덕분에 손흥민 선수는 지금 세계 최고의 기본기를 갖추게 됐죠. 경영자에게 기본기는 무엇일까요? 바로 '변화를 읽는 눈'과 '사람을 품는 마음'입니다."

그는 기업(企業)이라는 한자가 '사람(人)이 머무르는(止) 곳'이라고 설명했다. "결국 모든 비즈니스는 사람으로 귀결됩니다. 고객, 직원, 투자자, 협력사 등 모든 것이 사람으로 둘러싸여 있기에, 리더는 인간의 본성에 대한 깊은 성찰을 멈춰서는 안 됩니다." 그는 리더가 겪는 가장 큰 고통은 기술이나 자본의 문제가 아니라, 바로 '사람 문제'에서 온다고 진단했다. 믿었던 사람에게 받는 배신, 예측 불가능한 인간의 욕망과 심리는 재무제표처럼 명확하게 분석되지 않는다. 이럴 때 필요한 것이 바로 인문학적 사유다. 역사를 통해 흥망성쇠의 패턴을 읽고, 철학을 통해 인간 존재의 의미를 탐구하며, 문학을 통해 타인의 삶을 깊이 공감하는 훈련. 이것이 바로 불확실한 변화의 파도 속에서 조직의 중심을 잡고 올바른 결정을 내리게 하는 리더의 기본기라는 것이다. 기술이 모든 것을 대체하는 AI 시대에, 역설적으로 인간을 이해하는 인문학적 소양이 리더의 가장 중요한 경쟁력이 될 것이라는 그의 통찰은 서늘한 지혜를 선사한다.

전 세계 한민족 네트워크, 100세를 향한 그의 마지막 숙제

국내 스타트업의 글로벌 진출에 가장 부족한 역량이 무엇이냐는 질문에 그는 단호하게 '네트워크'라고 답했다.

"과거의 무역은 제품을 수출하는 것이었지만, 지금의 스타트업은 기술과 플랫폼을 현지화(Localization)해야 합니다. 국내에서 투자받고 개발하느라 정신없는 창업가들이 해외 네트워크까지 신경 쓸 여력이 없습니다.

바로 이 지점에서 시카고를 비롯한 전 세계 750만 한인, 한상(韓商)들의 역할이 절실합니다."

그는 삼성물산 시절 교포 무역인들에게 큰 도움을 받았던 경험을 회상하며, 이제는 새로운 시대의 가교가 필요하다고 역설했다. "지금 한국의 젊은 창업가들은 세계 최고 수준의 기술력과 아이디어를 가지고 있습니다. 하지만 언어의 장벽, 문화의 차이, 그리고 현지 시장에 대한 정보 부족으로 인해 날개를 펴지 못하는 경우가 많습니다. 해외에 계신 우리 동포 여러분께서 이들의 눈과 발, 그리고 든든한 동반자가 되어 주셔야 합니다. 현지 사정에 밝은 한인들이 국내 유망 스타트업의 '가이드'이자 '에이전트', 나아가 '투자자'가 되어달라는 것입니다." 그는 이것이 단순한 도움이 아니라, 함께 성장하고 새로운 부를 창출하는 '윈윈(Win-Win) 전략'이라고 강조했다. 한국의 혁신적인 기술이 동포 사회의 비즈니스에 새로운 활력을 불어넣고, 동포들의 글로벌 네트워크는 한국 스타트업이 세계로 뻗어 나가는 고속도로가 될 수 있다는 것이다. 이를 위해 그는 국내 스타트업 정보를 모아놓은 'K-Global 500' 같은 플랫폼을 만들어 전 세계 한인들과 연결하는 작업을 이미 시작했다.

"세월이 지나 100세가 되면 무엇을 하고 계실 것 같습니까?" 마지막 질문에 그는 소년처럼 웃었다.

"아마 그때도 나눔을 실천하고 있겠죠. 제 꿈은 전 세계 한민족을 하나의 네트워크로 묶는 것입니다. 알래스카든, 아프리카든, 클릭 한 번으로 그곳의 한인 커뮤니티와 비즈니스가 연결되는 '디지털 노마드' 대한민국을 만드는 것, 그것이 제 마지막 숙제입니다."

안주하지 않는 도전, 그 도전을 더 가치 있게 만드는 나눔의 철학. 이금룡 이사장의 멈추지 않는 항해는 시카고의 광활한 평원 위에서, 미시간 호수의 드넓은 수평선 너머에서 새로운 도전을 꿈꾸는 우리 모두에게 외치는 가장 뜨거운 응원가였다.

마케팅은 생존이다
'역발상과 차별화'로 삶의 지평을 넓히다

❖ **조서환** 회장

경영학박사로 애경–영국 유니레버 마케팅 매니저, 미국 다이알사 마케팅 이사, 스위스 로슈사 마케팅이사, 애경산업 마케팅 상무, KTF 마케팅 전략실장 상무, KTF 부사장, 한국 마케터협회장, 대한 상공회의소 마케팅연구회장을 역임했다. 아시아 태평양 마케팅 포럼 회장, 능률협회 마케팅 평의회장으로 전경련 경영인 대상, 능률협회 경영인 대상, 경희대 경영인 대상, 매경&카이스트 최우수 논문상을 수상했다. 『한국형 마케팅(21세기북스)』, 『대한민국 일등상품 마케팅전략(위즈덤하우스)』을 저술했고, 「하나로 샴푸」, 「2080 치약」, KTF의 이동통신 브랜드 「나(Na)」, 「드라마(Drama)」를 크게 히트시켰다.

마케팅은 생존이다: '역발상과 차별화'로 삶의 지평을 넓히다

조서환 회장(前 KTF 부사장, 現 아시아태평양 마케팅 포럼 회장) 인터뷰

늦가을의 정취가 무르익던 11월 7일 금요일 밤, 서울 역삼동의 한 스튜디오에서 만난 조서환 회장(66)은 1시간 이상 인터뷰를 하는 동안 흐트러짐 없는 열정과 유머 감각으로 공간을 가득 채웠다.

'마케팅은 생존이다'라는 강렬한 메시지를 던지며 시작된 대화는, 그의 삶을 관통하는 '역발상과 차별화의 철학'으로 이어졌다. 오른손을 잃는 고난 속에서도 좌절 대신 강점을 찾아 '1등 마케터의 신화'를 쓴 그의 이야기는, 치열한 글로벌 시장에서 고군분투하는 모든 이들에게 단순한 경영 전략을 넘어선, 삶의 근본적인 동기 부여와 희망의 메시지를 전달했다. 날카로운 통찰과 따뜻한 격려가 교차하는 조 회장의 목소리에서, 우리는 혼돈의 시대에도 변치 않는 성공의 원리와 인간 마케터의 고유한 가치를 발견할 수 있었다.

마케팅은 생존이다: 시대 불변의 철학

"마케팅은 진짜 생존이에요. 회사가 새로 제품을 냈는데 그게 회사의 수익과 매출을 왕창 높이는 경우를 많이 봤어요." 조서환 회장은 마케팅을 '생존'이라고 정의하며, 시대가 변해도 그 본질적인 원리, 즉 마케팅 프린스플은 변치 않는다고 강조했다. 마케팅이 과거의 '파는 기술'을 넘어 현재 '지속 가능한 관계의 기술'로 진화하고 있다는 질문에, 그는 애경의 '마리끌레르' 화장품 성공 사례를 들어 마케팅의 생존력을 설명했다. 주력 상품인 '트리오' 세제의 이미지가 강했던 애경은, 화장품에 대한 소비자의 부정적 인식을 극복하기 위해 회사 이름을 숨기고, 가장 화장품다운 이미지를 가진 프랑스 잡지 브랜드 '마리끌레르'를 빌려왔다. 이 역발상 전략으로 화장품 사업은 단기간 내에 회사를 반석 위에 올려놓았고, 결국 애경을 세제 회사가 아닌 화장품 회사로 거듭나게 했다. 조 회장은 이처럼 '회사를 하나 건진 것'이 바로 마케팅의 힘이자 생존의 증거라고 역설했다.

소비자 중심 사고의 핵심: '무엇을, 어떻게 말할 것인가'

조 회장은 마케팅의 정의를 "소비자를 아는 것"에서 찾았다. 소비자를 정확히 아는 것이 곧 그들에게 '무엇을 말할지(What to Say)', '어떻게 말할지(How to Say)'의 이야기할 결정하는 열쇠가 된다는 것이다. 애경의 '마리끌레르' 성공 역시 소비자가 만든 화장품을 꺼린다는 점, 즉 소비자의 심장을 꿰뚫어 본 데서 시작되었다. 이를 통해 회사는 "화장은 하는 것보다 지우는 것이 중요합니다"라는 혁신적인 광고 메시지를 만들어냈고, 소비자들은 이 메시지에 강하게 반응했다.

초경쟁 시대, 예측 불가능성이 높아진 시장에서 성공적인 브랜드 차별화를 위해 가장 먼저 해야 할 질문은 결국 '소비자의 니즈와 가슴속 깊은 욕망은 무엇인가'로 귀결된다. 이는 치약의 본질인 충치 예방에서, 소비자는 치약 성분이 입안에 남지 않도록 10번 이상 헹궈낸다는 단순한 진실을 외면한 채, 미백, 충치 예방, 잇몸 질환 예방 등 모든 효능을 다 담으려는 기업들의 모순적 행태를 지적하며 더욱 명료해졌다. 회장은 이처럼 겉으로 드러난 것이 아닌, 숨겨진 '본질을 파고드는 '통찰력(Insight)'만이 마케터의 핵심 역량이라고 강조했다.

초경쟁 시대, 초절정 시대의 마케팅 트렌드: '빠르다와 역발상'

아시아태평양 마케팅 포럼 회장으로서 글로벌 시장의 흐름을 꿰뚫고 있는 조서환 회장은 2025년 마케팅 트렌드 키워드로 '빠르다'를 꼽았다. 정보 획득도, 내용도, 모든 것이 급속도로 빨라지고 있다는 것이다. 그러나 그는 이 빠른 트렌드가 일반 대중의 삶의 질과 행복 지수와는 정비례하지 않는다며, 물가와 금리는 오르는데 월급만 그대로인 현실을 꼬집었다.

이러한 시대에 마케터는 AI와 기술의 속도를 따라가되 본질을 놓치지 않아야 한다. 모든 것이 빠르게 변하고 대응

조서환 아시아태평양마케팅포럼 회장.

조서환 아시아태평양마케팅포럼 회장(사진 왼쪽)과 본지 특파원이 인터뷰를 하고 있다.

탕으로 쏟아지는 이 시대에, 오히려 '역발상'과 '차별화'는 더욱 강력한 무기가 된다. 모두가 어려움을 호소하며 광고를 내리는 IMF 같은 위기 상황은, 광고 점유율(Share of Voice)을 100% 가져갈 수 있는 절호의 '기회'가 될 수 있다는 것이다. 조 회장은 "오히려 어려울 때 공략하라. 어려울 때 공격하라며, 위기를 기회로 삼는 마케터의 담대함을 강조했다.

AI 시대, 인간 마케터의 심장이 뛰는 곳: '활용과 결정'

챗GPT로 대표되는 생성형 AI는 전 세계 소비자의 데이터를 분석하고 마케팅 시장을 흔들고 있다. 조 회장은 아무리 AI가 하버드 출신 100명보다 똑똑할지라도, 결국 그 똑똑함을 '활용한 사람'은 인간이라고 단언했다. AI는 인간이 '묻지 않으면 대답을 못하는 도구'이며, 마케팅 전략 수립에 엄청난 도움을 주지만, 소비자를 대신하여 질문을 던지고 의사 결정을 갖는 것은 마케터, 즉 '사람'이라는 것이다.

따라서 AI 시대의 마케터는 AI를 두려워할 것이 아니라, 소비자의 마음을 꿰뚫는 통찰력을 바탕으로 AI에게 정확하고 깊이 있는 질문을 던지고, AI를 해석하여 최종적인 전략을 결정하는 '지휘자'의 역할을 해야 한다. AI가 기술적으로 채울 수 없는 '진정성 있는 고객 경험'의 핵심은 결국 인간 마케터의 '역지사지 자세에서 비롯되는 '깊은 공감과 신뢰'라고 힘주어 말했다.

약점을 극복해도 2등, 강점을 살리면 1등: 동기 부여의 철학

오른손을 잃은 장애를 극복하고 한국 최고의 마케터로 우뚝 선 조서환 회장의 삶은, 스스로 동기를 부여하는 '모티베이터'의 중요성을 증명한다. 그는 재외동포들에게 "괴로워해도 24시

면 안 된다'는 생각에 옳은 것을 주장하지 못하는 월급쟁이의 나약함을 비판하며, 오너가 회사에 필요로 하는 인재는 곧 '소신 있는 놈'이라는 통찰을 전했다.

마케터의 직업 윤리: 책임감과 고난의 통로

30년 넘게 마케터로 살아온 조서환 회장이 변함없이 지켜온 직업 윤리이자 신념은 '책임감'이다. 그는 높은 지위를 달성하는 것보다 "사랑하는 가족들을 굶어 죽여서는 안 된다"는 책임감 하나로 게으르거나 나태하지 않았다고 고백했다. 이 책임감은 곧 일에 대한 '24시간 고민'으로 이어졌고, 결국 꿈속에서까지 답을 찾는 열정으로 승화되었다.

그는 특히 "축복은 고난의 통로를 타고 오더라"는 그의 삶을 관통하는 철학을 후배들에게 전하고 싶어 했다. 돈이 없고, 손을 쓸 수 없는 최악의 상황이 오히려 멈추지 않고 고민하게 만들었으며, 이는 결국 '궁즉통(窮則通)'의 지혜로 이어져 CMO로서 현업에 복귀할 수 있는 축복으로 돌아왔다는 것이다. 스스로 돕는 자를 돕는다는 하늘의 이치처럼, 끊임없이 움직이고 고민하는 마케터에게는 시장의 기회가 끊임없이 보인다고 조 회장은 역설했다.

'흐름을 거슬러라'

마지막으로, 시카고와 미주 지역에서 각자의 자리에서 고군분투하며 새로운 성공 신화를 써 내려가는 한인 동포들에게 마케팅의 대가이자 인생의 선배로서 따뜻한 격려와 희망의 메시지를 부탁했다.

조서환 회장은 지금 전 세계적으로 어려운 시기를 겪고 있으며, 모두가 이구동성으로 어렵다고 말하고 있지만, "위기는 곧 기회입니다."라고 강조했다. 모두가 얼어붙어 움직이지 않을 때, 오히려 움직이는 사람이 돋보이게 된다는 것이다. 실제로 IMF 때 대다수 회사가 광고를 내렸을 때, 역설적으로 혼자 광고를 하여 시장 점유율(Share of Voice)을 100% 가져가 1등 할 수 있었던 것처럼, 지금의 어려움은 동포 여러분에게 "차별화할 수 있는 가장 좋은 예때이자 공격 시기입니다."라고 조언했다.

그는 늘 똑같은 흐름에 안주하며 같이 가고 싶어 하는 본성을 거슬러, "역발상과 차별화를 피해야 한다'고 역설했다. 우리의 삶은 코로나, IMF, 모기지 사태 등 끊임없이 어려움의 연속이었지만, 그때마다 마케팅적 사고로 위기를 돌파한 사람들은 반드시 잘 나갔다고 언급했다.

조 회장은 여러분이 가진 강점을 극대화하고, 가족에 대한 책임감과 일에 대한 열정으로 끊임없이 고민할 것을 당부했다. 머리로 생각하고, 입으로 긍정적인 말을 하며, 흔들리지 않는 신념으로 나아간다면, 여러분은 이 위기를 극복하고 마침내 원하는 목표에 도달할 수 있을 것이다. "여러분의 삶 자체가 '마케팅은 생존이다'를 증명하는 최고의 사례가 될 것이라 확신합니다. 위기가 기회인 이때, 담대하게 흐름을 거슬러 여러분만의 1등 신화를 써 내려가십시오!" 조 회장의 응원의 말은 마치 시카고의 거센 바람을 뚫고 솟아오르는 강철 기둥처럼 가슴에 깊이 울려 퍼지고 있었다. 시련 속에서도 굴하지 않고 강점을 무기 삼아 전진하는 한인 동포들의 삶이야말로, 마케팅의 본질인 '생존' 그 자체를 증명하는 가장 위대한 신화가 될 것이라는 엣지(Edge) 있는 확신과 함께.

이가희 시카고한국일보 한국특파원
한국스토리텔링연구원장
시인/칼럼니스트

조서환 회장은 강렬한 메시지와 흔들림 없는 열정으로 잘 알려진 인물이다. "마케팅은 생존이다"라는 그의 철학은 단순한 구호가 아니라 평생을 관통해 온 실천의 원칙이다. 그는 언제나 역발상과 차별화를 중심에 두고 새로운 길을 열어 왔다.

오른손을 잃는 시련 속에서도 좌절하지 않고 오히려 강점을 발견해 '1등 마케터'로 자리매김한 그의 여정은 치열한 글로벌 시장에서 분투하는 이들에게 전략을 넘어선 삶의 동기와 희망을 전한다.

날카로운 통찰과 따뜻한 격려가 공존하는 그의 목소리에서는 혼란의 시대에도 변하지 않는 성공의 원리와 사람 중심의 마케팅이 지닌 고유한 가치가 분명하게 드러난다.

마케팅은 생존이다: 시대 불변의 철학

"마케팅은 진짜 생존이에요. 회사가 새로 제품을 냈는데 그게 회사의 수익과 매출을 왕창 높이는 경우를 많이 봤어요." 조서환 회장은 마케팅을 '생존'이라고 정의하며, 시대가 변해도 그 본질적인 원리, 즉 마케팅 프린스플은 변치 않는다고 강조했다. 마케팅이 과거의 '파는 기술'을 넘어 현재 '지속 가능한 관계의 기술'로 진화하고 있다는 질문에, 그는 애경의 '마리꼴레르' 화장품 성공 사례를 들어 마케팅의 생존력을 설명했다. 주력 상품인 '트리오' 세제의 이미지가 강했던 애경은, 화장품에 대한 소비자의 부정적 인식을 극복하기 위해 회사 이름을 숨기고, 가장 화장품다운 이미지를 가진 프랑스 잡지 브랜드 '마리꼴레르'를 빌려왔다. 이 역발상 전략으로 화장품 사업은 단기간 내에 회사를 반석 위에 올려놓았고, 결국 애경을 세제 회사가 아닌 화장품 회사로 거듭나게 했다. 조 회장은 이처럼 "회사를 하나 건진 것"이 바로 마케팅의 힘이자 생존의 증거라고 역설했다.

소비자 중심 사고의 핵심: '무엇을, 어떻게 말할 것인가'

조 회장은 마케팅의 정의를 "소비자를 아는 것"에서 찾았다. 소비자를 정확히 아는 것이 곧 그들에게 '무엇을(What to Say)', '어떻게(How to Say)' 이야기할지 결정하는 열쇠가 된다는 것이다. 애경의 '마리꼴레르' 성공 역시 소비자가 세제 공장에서 만든 화장품을 꺼린다는 점, 즉 소비자의 심장을 꿰뚫어 본 데서 시작되었다. 이를 통해 회사는 "화장은 하는 것보다 지우는 것이 중요합니다"라는 혁신적인 광고 메시지를 만들어냈고, 소비자들은 이 메시지에 강하게 반응했다.

초경쟁 시대, 예측 불가능성이 높아진 시장에서 성공적인 브랜드 차별화를 위해 가장 먼저 해야 할 질문은 결국 '소비자의 니즈와 가슴속 깊은 욕망은 무엇인가'로 귀결된다. 이는 치약의 본질이 양치질이며, 소비자는 치약 성분이 입안에 남지 않도록 10번 이상 헹궈낸다는 단순한 진실을 외면한 채, 미백, 충치 예방, 잇몸 질환 예방 등 모든 효능을 다 담으려는 대기업들의 모순적 행태를 지적하며 더욱 명료해졌다. 회장은 이처럼 겉으로 드러난 것이 아닌, 숨겨진 본질을 파고드는 통찰력(Insight)만이 마케터의 핵심 역량이라고 강조했다.

초연결, 초경쟁 시대의 마케팅 트렌드: '빠르다'와 '역발상'

아시아태평양 마케팅 포럼 회장으로서 글로벌 시장의 흐름을 꿰뚫고 있는 조서환 회장은 2025년 마케팅 트렌드 키워드로 '빠르다'를 꼽았다. 정보 획득도, 내용도, 모든 것이 급속도로 빨라지고 있다는 것이다. 그러나 그는 이 빠른 트렌드가 일반 대중의 삶의 질과 행복 지수와는 정비례하지 않는다며, 물가와 금리는 오르는데 월급만 그대로인 현실을 꼬집었다.

이러한 시대에 마케터는 AI와 기술의 속도를 따라가되, 본질을 놓치지 않아야 한다. 모든 것이 빠르게 변하고 대용량으로 쏟아지는 이 시대에, 오히려 '역발상'과 '차별화'는 더욱 강력한 무기가 된다. 모두가 어려움을 호소하며 광고를 내리는 IMF 같은 위기 상황은, 광고 점유율(Share of Voice)을 100% 가져갈 수 있는 절호의 기회가 될 수 있다는 것이다. 조 회장은 "오히려 어려울 때 공략하라. 어려울 때 공격하라"며, 위기를 기회로 삼는 마케터의 담대함을 강조했다.

AI 시대, 인간 마케터의 심장이 뛰는 곳: '활용'과 '결정'

챗GPT로 대표되는 생성형 AI는 전 세계 소비자의 데이터를 분석하고 마케팅 시장을 흔들고 있다. 조 회장은 아무리 AI가 하버드 출신 100명보다 똑똑할지라도, 결국 그 똑똑함을 활용하는 것은 인간이라고 단언했다. AI는 인간이 '묻지 않으면 대답을 못하는' 도구이며, 마케팅 전략 수립에 엄청난 도움을 주지만, 소비자를 대신하여 질문을 던지고 의사 결정권을 갖는 것은 마케터, 즉 '사람'이라는 것이다.

따라서 AI 시대의 마케터는 AI를 두려워할 것이 아니라, 소비자의 마음을 꿰뚫는 통찰력을 바탕으로 AI에게 정확하고 깊이 있는 질문을 던지고, 그 결과를 해석하여 최종적인 전략을 결정하는 '지휘자'의 역할을 해야 한다. AI가 기술적으로 채울 수 없는 '진정성 있는 고객 경험'의 핵심은, 결국 인간 마케터의 역지사지 자세에서 비롯되는 '깊은 공감과 신뢰'라고 힘주어 말했다.

약점을 극복하면 2등, 강점을 살리면 1등, 동기 부여의 철학

오른손을 잃은 장애를 극복하고 한국 최고의 마케터로 우뚝 선 조서환 회장의 삶은, 스스로 동기를 부여하는 '모티베이터'의 중요성을 증명한다. 그는 재외동포들에게 "괴로워해도 24시간이 가고, 즐거워해도 24시간이 간다. 기왕이면 즐겁게 가자"는 단순하지만, 강력한 삶의 지혜를 전했다. 핵심은 '생각을 이동시키는 것'이다. 다리가 부러졌을 때 '뇌진탕 안 걸린 게 얼마나 다행인가'라고 생각하듯, 최악의 상황에서도 최선의 선택을 찾아 생각을 바꾸는 것이 스스로를 동기 유발시키는 실질적인 노하우다.

특히 그는 "약점은 극복해도 2등 간다. 강점은 살리면 바로 1등 가더라"는 뼈아픈 교훈을 공유했다. 그는 취직 면접에서 오른손이 없다는 약점 대신, 자신은 머리로 일하며, 두 손 가진 사람보다 더 강한 열정, 책임감, 사명감을 가졌다는 강점을 적극적으로 내세웠다. 이처럼 신이 누구나에게 주신 고유의 장점을 발견하고, 그것을 포기하지 않는 끈기로 날카롭게 갈고닦는 것이야말로 대체 불가능한 가치, 즉 1등의 무기를 만드는 과정이다.

쇼(SHOW) 성공 신화의 리더십: 공격 시기를 놓치지 마라

KTF 부사장 시절, '쇼(SHOW)' 캠페인을 통해 통신 시장의 패러다임을 혁신적으로 바꾼 경험은 조 회장의 리더십 철학을 집약적으로 보여준다. 당시 12년 독점의 아성에 갇혀있던 SK텔레콤이 새로운 판으로 옮겨가지 못할 때, "타임 투 어택(Time to Attack)", 즉 공격 시기를 놓치지 않는 것이 승리의 핵심이었다. 회장은 "공격 시기를 놓친 장수는 용서받지 못한다"는 전쟁론을 인용하며, 혁신적인 아이디어를 현실로 만들고 조직 전체의 폭발적인 실행력을 이끌어내기 위한 리더의 역량은 '결단력 있는 타이밍 포착 능력'이라고 강조했다.

이러한 성공 뒤에는 자신의 소신을 굽히지 않는 '전문가로서의 강한 신념'이 있었다. 11번의 거절 끝에 12번째 사인을 받아내 '하나로 샤프'를 6개월 만에 1등 브랜드로 만든 일화는, '찍히면 안 된다'는 생각에 옳은 것을 주장하지 못하는 월급쟁이의 나약함을 비판하며, 오너가 회사에 필요로 하는 인재는 곧 '소신 있는 놈'이라는 통찰을 전했다.

마케터의 직업 윤리: 책임감과 고난의 통로

30년 넘게 마케터로 살아온 조서환 회장이 변함없이 지켜온 직업 윤리이자 신념은 '책임감'이다. 그는 높은 지위를 달성하는 것보다 "사랑하는 가족들을 굶겨 죽여서는 안 된다"는 책임감 하나로 게으르거나 나태하지 않았다고 고백했다. 이 책임감은 곧 일에 대한 '24시간 고민'으로 이어졌고, 결국 꿈속에서까지 답을 찾는 열정으로 승화되었다.

그는 특히 "축복은 고난의 통로를 타고 오더라"는 그의 삶을 관통하는 철학을 후배들에게 전하고 싶어 했다. 돈이 없고, 손을 쓸 수 없는 최악의 상황이 오히려 멈추지 않고 고민하게 만들었으며, 이는 결국 '궁즉통(窮則通)'의 지혜로 이어져 CMO로서 현업에 복귀할 수 있는 축복으로 돌아왔다는 것이다. 스스로를 돕는 자를 돕는다는 하늘의 이치처럼, 끊임없이 움직이고 고민하는 마케터에게는 시장의 기회가 끊임없이 보인다고 조 회장은 역설했다.

흐름을 거슬러라

조서환 회장은 지금 전 세계적으로 어려운 시기를 겪고 있으며, 모두가 이구동성으로 어렵다고 말하고 있지만, "위기는 곧 기회입니다."라고 강조했다. 모두가 얼어붙어 움직이지 않을 때, 오히려 움직이는 사람이 돋보이게 된다는 것이다. 실제로 IMF 때 대다수 회사가 광고를 내렸을 때, 역설적으로 혼자 광고를 하여 시장 점유율(Share of Voice)을 100% 가져가 1등 할 수 있었던 것처럼, 지금의 어려움은 동포 여러분에게 "차별화할 수 있는 가장 좋은 혜택이자 공격 시기입니다.”라고 조언했다.

그는 늘 똑같은 흐름에 안주하며 같이 가고 싶어 하는 본성을 거슬러, “역발상과 차별화를 꾀해야 한다”고 역설했다. 우리의 삶은 코로나, IMF, 모기지 사태 등 끊임없이 어려움의 연속이었지만, 그때마다 마케팅적 사고로 위기를 돌파한 사람들은 반드시 잘 나갔다고 언급했다.

조 회장은 여러분이 가진 강점을 극대화하고, 가족에 대한 책임감과 일에 대한 열정으로 끊임없이 고민할 것을 당부했다. 머리로 생각하고, 입으로 긍정적인 말을 하며, 흔들리지 않는 신념으로 나아간다면, 여러분은 이 위기를 극복하고 마침내 원하는 목표에 도달할 수 있을 것이다. “여러분의 삶 자체가 ‘마케팅은 생존이다’를 증명하는 최고의 사례가 될 것이라 확신합니다. 위기가 기회인 이때, 담대하게 흐름을 거슬러 여러분만의 1등 신화를 써 내려 가십시오!” 조 회장의 응원의 말은 마치 시카고의 거센 바람을 뚫고 솟아오르는 강철 기둥처럼 가슴에 깊이 울려 퍼지고 있었다. 시련 속에서도 굴하지 않고 강점을 무기 삼아 전진하는 삶이야말로, 마케팅의 본질인 ‘생존’ 그 자체를 증명하는 가장 위대한 신화가 될 것이다.

'대한민국의 지도를 바꾼 남자'
도시에서 미래를 설계하다

❖ **박연수** 국민안전역량협회(NSCA)의 회장

박연수는 공학박사이자 전 소방방재청장을 역임한 행정가 및 방재 전문가이며, 현재 사단법인 국민안전역량협회(NSCA)의 회장을 맡고 있다. 그는 1986년 인천직할시 도시계획국장 시절 인천국제공항과 송도국제도시를 최초로 구상한 도시계획가로서 대한민국 도시계획의 미래를 선도했다. 소방방재청장 재임 시에는 '작동하는 방재, 한발 앞선 대응'을 조직 비전으로 내세우고, 15층 이상 고층건물 화재 대응체계를 획기적으로 개선하며 방재 전략가 역할을 수행했다. 특히, 고층건물 화재 대응을 위한 사다리차 및 물포 헬기 도입과 백두산 화산 폭발 대비 전략 수립 등 '한발 앞선 설계'를 통해 화재 및 자연재해 대응체계를 구축했다. 현재는 국민안전역량협회 회장으로서 활동하며, 도시계획, 재난관리, 디지털 기반 공공정책을 아우르는 전략들을 정책 자문과 저술을 통해 제시하며 국가 미래 비전 설계에 집중하고 있다.

'대한민국의 지도를 바꾼 남자' 박연수

도시에서 미래를 설계하다

지난 6월 9일, 대전 오정동의 한 카페에서 박연수 전 소방방재청장을 만났다. 그는 환한 미소로 기자를 맞으며 "오늘 같은 날, 미래 이야기를 하기 딱 좋습니다"라며 말문을 열었다. 도시계획가이자 방재 전문가. 그리고 '대한민국의 지도를 바꾼 남자'라는 별명을 지닌 그는, 자신 있게 미래를 설계하고 현실로 구현해 온 인물이었다.

'포스트 홍콩 전략'에서 시작된 미래 도시의 설계

"당시에는 모두가 불가능하다고 했습니다. 하지만 저는 지도를 바꾸겠다는 각오로 시작했죠."
1986년 인천직할시 도시계획국장으로 재직하던 박 청장은 중국의 개방과 홍콩의 반환을 예견하며, 국제비즈니스 허브의 공백을 한국이 채워야 한다는 전략적 구상을 세웠다. 그는 인천 앞바다를 매립해 첨단 미래도시 '송도국제도시'를 만들고, 인접한 영종도와 용유도 사이 바다를 매일 24시간 운영되는 세계 최고의 허브공항을 짓겠다는 기획을 내놓았다. 이 구상이 바로 오늘날의 인천국제공항과 송도국제도시다.
"'Intelligent City', 즉 지능형 도시를 만들겠다는 목표였어요. 첨단기술과 녹색환경을 모두 갖춘 미래형 신도시 말입니다. 대한민국이 '변방'에서 '중심'으로 이동하려면 어떤 대전환이 필요했습니다."
그는 자신의 비전을 이렇게 요약했다. "자리를 넘어서 전략으로, 저의 별명 '대지남'은 그렇게 생긴 겁니다."

동북아의 실리콘밸리를 향한 도전

그의 계획은 구호가 아니라 구체적 실행으로 이어졌다. 1989년, 이재창 당시 인천시장으로부터 30억 원의 예산을 받아 송도 개발을 본격화했고, 지금은 그 도시가 여의도의 17배 규모로 성장해 시가총액 300조 원을 넘는다.
"당시엔 30억이 전부였죠. 하지만 저는 미래를 설계하는 데 필요한 건 돈보다 의지라고 생각했습니다."
그가 지향한 도시는 단순한 주거공간이 아니라 IT, BT, NT, FT 산업이 융합될 글로벌 비즈니스 생태계였다. 그는 이를 '동북아의 실리콘밸리'로 불렀고, 현재 송도는 세계 최대의 바이오 클러스터로 자리 잡았다. "물론 아직 미완입니다. 인프라와 융합 생태계는 더 채워야 해요. 하지만 방향은 정확했고, 결과는 증명됐습니다."
박 청장의 비전은 단순히 건물을 짓는 것이 아니라, 미래를 위한 도시 DNA를 심는 일이었다. "송도는 공간이 아니라 전략입니다. 국가의 미래가 도시에서 시작된다고 저는 믿습니다."

도시를 그리던 사람이, 인천을 설계하다

박연수 전 청장은 33년의 공직생활 가운데 절반은 도시계획, 절반은 재난관리와 방재행정에 헌신했다. 기술고시 출신으로 토목공학을 전공했고, 석사와 박사과정에서는 도시계획을 택했다. 그는 늘 현장에 답이 있었다고 믿었다.
"도시계획은 공간을 다루는 일 같지만, 실은 사람을 지키는 일이기도 합니다. 방재는 도시의 뼈대이자 생명선이에요. 아무리 멋진 도시라도, 재난에 취약하면 생명을 잃는 도시에 불과합니다."
그는 도시를 설계했던 시선으로 재난을 분석했고, 실사구시적 태도로 정책을 실행에 옮겼다. "저는 말보다 실천이 중요하다고 생각합니다. 계획은 책상 위에서 끝나선 안 됩니다. 현장에서 작동해야죠."
박 청장은 재난을 막기 위한 정책이 주상복합이어서는 안 된다고 강조했다. 실제로 그는 도시의 구조부터 시설 설계, 인구 흐름까지 통합적으로 바라보며 방재 정책을 설계했다. "도시는 기술로 짓지만, 생명은 철학으로 지키는 겁니다."

초고층 화재 앞에서 잠을 못 이룬 청장, 특별법부터 토모 훈련까지, 구조를 뒤에서 받치는 제도 개혁

그가 소방방재청장으로 재직하던 시절, 서울 삼성동 무역센터는 그의 마음 속 '시한폭탄'이었다. 지하 전체가 연결된 대형 몰과 고층빌딩이 복합된 구조 속에, 하루 수십만 명이 오가는 현실. "불이 나면 대피는 사실상 불가능하다는 결론을 내렸습니다. 훈련도 실효성이 없었어요."
이런 복합건축물이 전국적으로 허가되고 있다는 사실에 그는 위기감을 느꼈다. 그래서 그는 '초고층 및 지하연계 복합건축물 안전관리 특별법'을 제정했다. 세계 최고층 빌딩이 건설 중이면 두바이 현장을 직접 방문해 청장과 의견을 나누고, 피난층을 의무화하는 제도를 국내에 도입했다. "건축은 위로만 솟아오르면 안 됩니다. 안전이라는 기초가 단단해야 합니다."
실제 사건이 그에게 경각심을 안기기도 했다. 해운대 고층 아파트 화재 현장. 소방차도, 사다리도, 호스도 닿지 않았다. 계단을 통해 진입한 소방관들의 목숨 건 구조로 겨우 인명피해를 막았지만, 그는 그날 밤 잠을 이루지 못했다.
"그때부터였습니다. 헬기 볼포 시스템, 고성능 사다리차, 고층 화재 대응 매뉴얼을 전면 재정비한 건. 그러나 진짜 해법은 다른 데 있어요. 건축 단계에서부터 화재를 염두에 둬야 합니다. 스프링클러 하나가 생명을 살립니다."
박 청장은 시민들의 인식 전환도 강조했다. "아파트를 살 때 화재 대응 시스템을 확인하는 문화가 정착돼야 해요. 그래야 건축업자도 진지해집니다. 안전은 제도와 시민의 감시가 함께 갈 때 가능합니다."

"재난은 막을 수 있다" 실행하는 방재, 현장을 움직인 리더십

박연수 전 소방방재청장이 취임하면서 처음 내건 목표는 불가능해 보였다. 재난 사망자를 절반으로 줄이겠다는 것. 하지만 그는 실현해냈다. "누군가는 해야 할 일이었습니다. 제게 주어진 소명은 국민의 생명을 지키는 일이었으니까요."
그가 제시한 조직 목표는 '작동하는 방재, 한발 앞선 대응'이었다. 말로만 하는 대비가 아니라, 현장에서 실제로 움직이는 방재 시스템을 만들겠다는 다짐이었다. "당시 대부분의 대응은 공문 중심이었어요. 시·군·구 말단 기관들은 수십 장의 공문 처리에 치여 정작 대비는 뒷전이었습니다."
박 청장은 그부터 바꿨다. 대비하라는 지시 대신, 구체적 실행계획과 예산, 인력, 인센티브를 함께 제공했다. 그는 직접 현장을 챙기고 지휘 안력을 부여했다. 그 결과는 임기 중 재난 사망자 수 50% 감소라는 놀라운 성과로 나타났다.
그는 사고와 자연재해를 구분해 접근했다. "인적재난은 예방에, 자연재해는 대응에 집중해야 합니다. 사고는 반드시 예방이 가능합니다. 사실 사고가 발생하려면 수많은 부실과 탐욕, 시스템의 붕괴가 완벽히 연결돼야 합니다. 그 고리 중 하나만 끊어도 사고는 일어나지 않아요."
세월호 참사도 그러했다. 출항 결정, 불법 구조 변경, 과적 허용 등, 끊을 수 있었던 고리들이 있었다. "우리는 늘 사고 이후만을 다루고, 원안을 묻지 않아요. 그러니 같은 일이 반복되는 겁니다."
반면, 자연재해는 '신의 영역'이라며 그는 냉정히 진단했다. 막을 수 없는 만큼, 대응에 최선을 다해야 한다. 과학과 기술, 체계적 훈련, 그리고 리더십이 필요하다. "피해 최소화가 목표입니다. 더 어렵고, 더 많은 자원이 들어가지만, 반드시 해야 할 일입니다."
그는 무너진 관행을 바로잡았고, 시스템을 바꿨다. "제대로 하면 됩니다. 저는 그것을 보여주고 싶었습니다."

"지금, 우리에겐 깃발이 필요합니다" 성장이 아닌 '행복과 품격을 향한 국가 비전

박연수 전 청장은 지금의 한국이 경제적으로는 눈부신 성장을 이뤘지만, 국민의 삶은 그에 비례하지 않는다고 말한다. "지금 우리 국민은 행복하지 않습니다. 왜냐하면, 비전이 없기 때문입니다."
그는 박정희 대통령이 제시한 '잘살아보세'처럼 국민이 공감하고 따라갈 수 있는 깃발이 절실하다고 강조했다. "지도자들이 경제 성장만 외칠 때가 아닙니다. 이제는 국민이 진정으로 원하는 가치, 즉 '행복과 품격'을 중심에 둬야 합니다."
무엇보다 비전은 명령이 아니라 공감이어야 한다는 점을 강조했다. "입으로만 국민통합을 외치면 공허합니다. 공감할 수 있는 목표가 있을 때만 국민은 힘을 내고, 함께 갑니다."
그는 지금도 새로운 국가 비전을 설계 중이다. 방향은 분명하다. 국민의 마음이 모이고, 다음 세대가 희망을 품을 수 있는 길. "정치는 말이 아니라 방향입니다. 저는 그 방향을 찾고 있습니다."

"도시가 미래를 만든다" 강단 위에서 전할 메시지, 그리고 리더십의 본질

박연수 전 청장은 지난 한남대학교 AI기반 디지털혁신전략최고위(DIP)과 초청 강연에서 '도시, 미래비전과 국가발전의 새 패러다임'을 주제로 원우들과 만났다. 그는 도시를 말할 때, 단지 공간이나 인프라를 의미하지 않는다. 도시란 기술과 사람, 산업과 문화가 융합되는 생명체이자, 미래를 가늠하는 거대한 실험장이기 때문이다.
"4차 산업혁명의 핵심은 융합입니다. 그런데 그 융합은 연구소에서가 아니라 도시에서 일어납니다. 도시가 수요를 만들고, 실험을 가능하게 하고, 결과를 받아들이는 곳이니까요."
그는 '도시의 경쟁력이 곧 국가의 경쟁력'이라고 단언했다. 특히 송도에서 보여준 것처럼, 잘 설계된 도시는 기술과 인재, 산업이 스스로 움직이는 자생적 생태계를 이룬다. "그 생태계를 만들기 위한 리더십이 필요합니다. 결국 세상을 바꾸는 건 청사진이 아니라 리더십입니다."
이번 강의에서 그는 단순한 도시론을 넘어서, 위기를 돌파하고 새로운 길을 여는 리더십의 본질을 강조했다.

"내 손녀가 살아갈 세상, 그게 제 정치입니다" 끝나지 않은 사명, 다음 세대를 위한 준비

인터뷰의 끝자락에서 박 청장은 여전히 바쁘다고 말했다. 그는 지금 '국민안전역량협의회'를 만들어 재난에 대한 국민의 참여와 인식을 높이고 있고, '꿈나무 정치아카데미'를 통해 뜻있는 청년 정치인을 양성하고 있다.
"안전은 절반이 국가 책임이고, 절반은 국민 몫입니다. 그런데 우리는 전적으로 국가에만 맡겨왔죠. 이제는 국민이 스스로 준비해야 할 때입니다."
그가 설계하는 새로운 정치교육의 목표는 간단하다. 역량과 통찰을 갖춘 진짜 정치인을 키우는 것. "요란한 말보다는 묵묵히 자기 자리를 지킬 수 있는 사람, 저는 그런 인물을 길러내고 싶습니다."
그리고 그는 마지막으로 조용히 말했다. "제 목표는 단 하나입니다. 내 손녀가 살아갈 세상이 조금이라도 더 안전하고, 따뜻하고, 품격 있는 곳이 되기를 바랍니다. 그것이 제가 지금도 멈추지 않는 이유입니다."
박연수 전 청장은 스스로를 '대한민국의 지도를 바꾼 남자'라 말한다. 하지만 기자는 그것보다 더 깊은 본질을 본다. 그는 '미래를 두려워하지 않는 사람'이자, '리더십을 실천한 사람'이다.
도시를 설계한 이력이 그를 공무원에 그치게 하지 않았고, 재난을 다룬 경험이 그를 기술관료로만 남게 하지 않았다. 그는 늘 구조를 넘어서 시스템을 바꾸었고, 문제를 지적하는 데 그치지 않고 해법을 만들었다.
이 시대는 위기를 넘어서는 리더십을 갈망하고 있다. 정치와 행정, 교육과 시민사회 모두가 방향을 잃은 듯 보이는 이 시점에, 박연수라는 이름은 다시 호출되어야 마땅하다. 단지 그의 과거 때문이 아니라, 지금도 그는 미래를 준비하고 있기 때문이다.
"국가는 그런 사람을 잊어선 안 된다." 기자는 마음속으로 그렇게 되뇐다. 그리고 그 말이, 많은 이들의 공감이 되기를 소망한다.

박연수 전 소방방재청장이 대전 오정동의 한 카페에서 인터뷰를 하고 있다.

박연수 전 소방방재청장(좌)과 본지 특파원(우)이 대한민국의 미래를 위하여 인터뷰를 하고 있다.

박연수 전 소방방재청장의 저서.

이가희 시카고한국일보 한국특파원.
한국스토리텔링연구원장
시민/칼럼니스트

박연수 전 소방방재청장은 도시계획가이자 방재 전문가로, '대한민국의 지도를 바꾼 남자'라는 별칭이 결코 과장이 아닌 인물이다. 그는 미래를 설계하고 이를 실제 정책과 현장에서 구현해 온 경험을 바탕으로, 재난·방재 분야의 방향을 누구보다 명확하게 제시해 왔다. 특유의 밝은 에너지와 확신에 찬 어조는 그가 바라보는 미래가 단순한 전망이 아니라 현실적인 계획임을 보여준다.

'포스트 홍콩 전략'에서 시작된 미래 도시의 설계

"당시에는 모두가 불가능하다고 했습니다. 하지만 저는 지도를 바꾸겠다는 각오로 시작했죠."

1986년 인천광역시 도시계획국장으로 재직하던 박 청장은 중국의 개방과 홍콩의 반환을 예견하며, 국제비즈니스 허브의 공백을 한국이 채워야 한다는 전략적 구상을 세웠다. 그는 인천 앞바다를 매립해 첨단 미래도시 '송도국제도시'를 만들고, 인접한 영종도와 용유도 사이 바다를 메워 24시간 운영되는 세계 최고의 허브공항을 짓겠다는 기획을 내놓았다. 이 구상이 바로 오늘날의 인천국제공항과 송도국제도시다.

"Intelligent City, 즉 지능형 도시를 만들겠다는 목표였어요. 첨단기술과 녹색 환경을 모두 갖춘 미래형 신도시 말입니다. 대한민국이 '변방'에서 '중심'으로 이동하려면 이런 대전환이 필요했습니다."

그는 자신의 비전을 이렇게 요약했다. "지리를 넘어서 전략으로. 저의 별명 '대지남'은 그렇게 생긴 겁니다."

동북아의 실리콘밸리를 향한 도전

그의 계획은 구호가 아니라 구체적 실행으로 이어졌다. 1989년, 이재창 당시 인천시장으로부터 30억 원의 예산을 받아 송도 개발을 본격화했고, 지금은 그 도시가 여의도의 17배 규모로 성장해 시가총액 300조 원을 넘는다.

"당시엔 30억이 전부였죠. 하지만 저는 미래를 설계하는 데 필요한 건 돈보다 의지라고 생각했습니다."

그가 지향한 도시는 단순한 주거공간이 아니라 IT, BT, NT, FT 산업이 융합된 글로벌 비즈니스 생태계였다. 그는 이를 '동북아의 실리콘밸리'로 불렀고, 현재 송도는 세계 최대의 바이오 클러스터로 자리 잡았다. "물론 아직 미완입니다. 인프라와 융합 생태계는 더 채워야 해요. 하지만 방향은 정확했고, 결과는 증명됐습니다."

박 청장의 비전은 단순히 건물을 짓는 것이 아니라, 미래를 위한 도시 DNA를 심는 일이었다. "송도는 공간이 아니라 전략입니다. 국가의 미래가 도시에서 시작된다고 저는 믿습니다."

도시를 그리던 사람이, 안전을 설계하다

박연수 전 청장은 33년의 공직생활 가운데 절반은 도시계획, 절반은 재난관리와 방재행정에 헌신했다. 기술고시 출신으로 토목공학을 전공했고, 석사와 박사과정에서는 도시계획을 택했다. 그는 늘 현장에 답이 있다고 믿었다.

"도시계획은 공간을 그리는 일 같지만, 실은 사람을 지키는 일이기도 합니다. 방재는 도시의 뼈대이자 생명선이에요. 아무리 멋진 도시라도, 재난에 취약하면 생명을 잃는 도시에 불과합니다.”

그는 도시를 설계했던 시선으로 재난을 분석했고, 실사구시적 태도로 정책을 실행에 옮겼다. “저는 말보다 실천이 중요하다고 생각합니다. 계획은 책상 위에서 끝나선 안 됩니다. 현장에서 작동해야죠.”

박 청장은 재난을 막기 위한 정책이 추상적이어선 안 된다고 강조했다. 실제로 그는 도시의 구조부터 시설 설계, 인구 동선까지 통합적으로 바라보며 방재정책을 설계했다. “도시는 기술로 짓지만, 생명은 철학으로 지키는 겁니다.”

초고층 화재 앞에서 잠을 못 이룬 청장, 특별법부터 물포 헬기까지, 구조를 뛰어넘은 제도 개혁

그가 소방방재청장으로 재직하던 시절, 서울 삼성동 무역센터는 그의 마음속 시한폭탄이었다. 지하 전체가 연결된 대형 몰과 고층빌딩이 복합된 구조 속에, 하루 수십만 명이 오가는 현실. “불이 나면 대피는 사실상 불가능하다는 결론을 내렸습니다. 훈련도 실효성이 없었어요.”

이런 복합건축물이 전국적으로 허가되고 있다는 사실에 그는 위기감을 느꼈다. 그래서 그는 ‘초고층 및 지하연계 복합건축물 안전관리 특별법’을 제정했다. 세계 최고층 빌딩이 건설 중이던 두바이 현장을 직접 방문해 청장과 의견을 나누고, 피난층을 의무화하는 제도를 국내에 도입했다. “건축은 위로만 솟아오르면 안 됩니다. 안전이라는 기초가 단단해야 합니다.”

실제 사건이 그에게 경각심을 안기기도 했다. 해운대 고층 아파트 화재 현장. 소방차도, 사다리도, 호스도 닿지 않았다. 계단을 통해 진입한 소방관들의 목숨 건 구조로 겨우 인명피해를 막았지만, 그는 그날 밤, 잠을 이루지 못했다.

"그때부터였습니다. 헬기 물포 시스템, 고성능 사다리차, 고층 화재 대응 매뉴얼을 전면 재정비한 건. 그러나 진짜 해법은 다른 데 있어요. 건축 단계에서부터 화재를 염두에 둬야 합니다. 스프링클러 하나가 생명을 살립니다."

박 청장은 시민들의 인식 전환도 강조했다. "아파트를 살 때 화재 대응 시스템을 확인하는 문화가 정착돼야 해요. 그래야 건축업자도 진지해집니다. 안전은 제도와 시민의 감시가 함께 갈 때 가능합니다."

"재난은 막을 수 있다" 실행하는 방재, 현장을 움직인 리더십

박연수 전 소방방재청장이 취임하면서 처음 내건 목표는 불가능해 보였다. 재난 사망자를 절반으로 줄이겠다는 것. 하지만 그는 실현해냈다. "누군가는 해야 할 일이었습니다. 제게 주어진 소명은 국민의 생명을 지키는 일이었으니까요."

그가 제시한 조직 목표는 '작동하는 방재, 한발 앞선 대응'이었다. 말로만 하는 대비가 아니라, 현장에서 실제로 움직이는 방재 시스템을 만들겠다는 다짐이었다. "당시 대부분의 대응은 공문 중심이었어요. 시·군·구 말단 기관들은 수십 장의 공문 처리에 치여 정작 대비는 뒷전이었습니다."

박 청장은 그부터 바꿨다. 대비하라는 지시 대신, 구체적 실행계획과 예산, 인력, 인센티브를 함께 제공했다. 그는 직접 현장을 챙기고 지휘 인력을 투입했다. 그 결과는 임기 중 재난 사망자 수 50% 감소라는 놀라운 성과로 나타났다.

그는 사고와 자연재해를 구분해 접근했다. "인적재난은 예방에, 자연재해는 대응에 집중해야 합니다. 사고는 반드시 예방이 가능합니다. 사실 사고가 발생하려면 수많은 부실과 탐욕, 시스템의 붕괴가 완벽히 연결돼야 합니다. 그 고리 중 하나만 끊어도 사고는 일어나지 않아요."

세월호 참사도 그러했다. 출항 결정, 불법 구조 변경, 과적 허용 등, 끊을 수 있었던 고리들이 있었다. "우리는 늘 사고 이후만을 다루고, 원인을 묻지 않아요. 그러니 같은 일이 반복되는 겁니다."

반면, 자연재해는 '신의 영역'이라며 그는 냉정히 진단했다. 막을 수 없는 만큼, 대응에 최선을 다해야 한다. 과학과 기술, 체계적 훈련, 그리고 리더십이 필요하다. "피해 최소화가 목표입니다. 더 어렵고, 더 많은 자원이 들어가지만, 반드시 해야 할 일입니다."

그는 무너진 관행을 바로잡았고, 시스템을 바꿨다. "제대로 하면 됩니다. 저는 그것을 보여주고 싶었습니다."

"지금, 우리에겐 깃발이 필요합니다"
성장이 아닌 '행복과 품격'을 향한 국가 비전

박연수 전 청장은 지금의 한국이 경제적으로는 눈부신 성장을 이뤘지만, 국민의 삶은 그에 비례하지 않는다고 말한다. "지금 우리 국민은 행복하지 않습니다. 왜냐하면, 비전이 없기 때문입니다."

그는 박정희 대통령이 제시한 '잘살아보세'처럼 국민이 공감하고 따라갈 수 있는 깃발이 절실하다고 강조했다. "지도자들이 경제 성장만 외칠 때가 아닙니다. 이제는 국민이 진정으로 원하는 가치, 즉 '행복과 품격'을 중심에 둬야 합니다."

무엇보다 비전은 명령이 아니라 공감이어야 한다는 점을 강조했다. "입으로만 국민통합을 외치면 공허합니다. 공감할 수 있는 목표가 있을 때만 국민은 힘을 내고, 함께 갑니다."

그는 지금도 새로운 국가 비전을 설계 중이다. 방향은 분명하다. 국민의 마음이 모이고, 다음 세대가 희망을 품을 수 있는 길. "정치는 말이 아니라 방향입니다. 저는 그 방향을 찾고 있습니다."

"도시가 미래를 만든다"
강단 위에서 전할 메시지, 그리고 리더십의 본질

박연수 전 청장은 지난 한남대학교 AI기반 디지털혁신전략최고위(DIP) 초청 강연에서 '도시, 미래비전과 국가발전의 새 패러다임'을 주제로 원우들과 만났다. 그는 도시를 말할 때, 단지 공간이나 인프라를 의미하지 않는다. 도시란 기술과 사람, 산업과 문화가 융합되는 생명체이자, 미래를 가늠하는 거대한 실험장이기 때문이다.

"4차 산업혁명의 핵심은 융합입니다. 그런데 그 융합은 연구소에서가 아니라 도시에서 일어납니다. 도시가 수요를 만들고, 실험을 가능하게 하고, 결과를 받아들이는 곳이니까요."

그는 '도시의 경쟁력이 곧 국가의 경쟁력'이라고 단언했다. 특히 송도에서 보여준 것처럼, 잘 설계된 도시는 기술과 인재, 산업이 스스로 움직이는 자생적 생태계를 이룬다. "그 생태계를 만들기 위한 리더십이 필요합니다. 결국 세상을 바꾸는 건 청사진이 아니라 리더십입니다.”

이번 강의에서 그는 단순한 도시론을 넘어서, 위기를 돌파하고 새로운 길을 여는 리더십의 본질을 강조했다.

“내 손녀가 살아갈 세상, 그게 제 정치입니다”
끝나지 않은 사명, 다음 세대를 위한 준비

그는 지금 ‘국민안전역량협회’를 만들어 재난에 대한 국민의 참여와 인식을 높이고 있고, ‘꿈나무 정치아카데미’를 통해 뜻있는 청년 정치인을 양성하고 있다.

“안전은 절반이 국가 책임이고, 절반은 국민 몫입니다. 그런데 우리는 전적으로 국가에만 맡겨왔죠. 이제는 국민이 스스로 준비해야 할 때입니다.”

그가 설계하는 새로운 정치교육의 목표는 간단하다. 역량과 통찰을 갖춘 진짜 정치인을 키우는 것. “요란한 말보다는 묵묵히 자기 자리를 지킬 수 있는 사람. 저는 그런 인물을 길러내고 싶습니다.”

그리고 그는 마지막으로 조용히 말했다. “제 목표는 단 하나입니다. 내 손녀가 살아갈 세상이 조금이라도 더 안전하고, 따뜻하고, 품격 있는 곳이 되기를 바랍니다. 그것이 제가 지금도 멈추지 않는 이유입니다.”

박연수 전 청장은 스스로를 ‘대한민국의 지도를 바꾼 남자’라 말한다. 하지만 기자는 그것보다 더 깊은 본질을 본다. 그는 ‘미래를 두려워하지 않는 사람’이자, ‘리더십을 실천한 사람’이다.

도시를 설계한 이력이 그를 공무원에 그치게 하지 않았고, 재난을 다룬 경험이 그를 기술관료로만 남게 하지 않았다. 그는 늘 구조를 넘어서 시스템을 바꾸었고, 문제를 지적하는 데 그치지 않고 해법을 만들었다.

이 시대는 위기를 넘어서는 리더십을 갈망하고 있다. 정치와 행정, 교육과 시민사회 모두가 방향을 잃은 듯 보이는 이 시점에, 박연수라는 이름은 다시 호출되어야 마땅하다. 단지 그의 과거 때문이 아니라, 지금도 그는 미래를 준비하고 있기 때문이다.

"국가는 그런 사람을 잊어선 안 된다."

본질의 역습

Chapter 3

영속성을 위한 설계

국가 · 도시 · 시스템의 미래 지도
– 국가 · 도시 · 시스템을 혁신하는 리더십

2027 충청권 유니버시아드
세계 청년들의 화합과 충청권의
새로운 도약

❖ **강창희** 유니버시아드대회 조직위원회 위원장

강창희 전 국회의장은 1946년 경기도 수원에서 태어나 육군사관학교 25기로 졸업한 후 육군 중령으로 전역하였다. 정치에 입문해 제11 · 12 · 14 · 15 · 16 · 19대 국회의원을 지내며, 제19대 국회 전반기 국회의장으로서 합리적이고 품격 있는 의회 운영을 이끌었다. 과학기술부 장관을 역임하며 국가 과학기술 발전의 기반을 다졌고, 이후 카이스트 석좌교수로 재직하며 과학기술 인재 양성에 기여하였다. 또한 카이스트로부터 명예박사학위를 수여받아 학문적 공로를 인정받았다. 현재는 2027년 충청 하계유니버시아드대회 조직위원회 위원장으로서 지역과 국가의 미래 경쟁력 강화에 앞장서고 있다.

■ 2027 충청권 유니버시아드

세계 청년들의 화합과 충청권의 새로운 도약

2027년 충청권 하계세계대학경기대회(유니버시아드)는 대한민국 충청권에서 열리는 최초의 국제 스포츠 축제다. 이번 대회는 충청 지역을 중심으로 펼쳐지며, 단순한 스포츠 이벤트를 넘어 전 세계 청년들이 꿈꾸고 교류할 수 있는 특별한 장으로 자리 잡을 예정이다. 인터뷰를 위해 방문한 날이 대회 개최 1000일 전이라 더욱 의미가 컸다. 마침 행사를 마치고 나온 강창희(사진) 조직위원장을 만나 구상하고 있는 대회 준비 현황과 구체적인 계획을 들어보았다. 그는 "대회가 단순한 경기를 넘어 세계 청년들이 하나로 연결되는 기회가 될 것"이라며 대회에 대한 포부를 밝혔다.

문화와 스포츠의 융합 '문화예술올림픽'

충청권 유니버시아드는 단순히 기록을 겨루는 스포츠 행사가 아니다. 강창희 위원장은 이번 대회를 '문화예술올림픽'으로 만들겠다는 목표를 밝혔다. 그는 "유니버시아드는 문화와 스포츠가 융합된 글로벌 축제가 되어야 한다"고 말했다. 개막식과 폐막식은 대회의 핵심적인 행사로, 각국의 전통문화와 현대적인 감각을 결합한 퍼포먼스가 선보일 예정이다. 이 무대는 참가자와 관람객 모두에게 각국의 문화 다양성을 체험하는 기회를 제공할 것이다.

대회 기간 동안 열리는 '글로벌 청년 포럼'은 스포츠를 넘어 환경, 평화, 기술 혁신 등 국제적 이슈를 논의하는 장이 될 예정이다. 이를 통해 청년들이 목소리를 내고, 실질적인 아이디어를 교환하며 미래를 설계할 수 있는 기회를 제공할 계획이다.

충청권 경제와 문화의 새로운 활력

유니버시아드는 충청권의 경제와 문화에 새로운 활력을 불어넣을 것으로 기대된다. 약 50만 명 이상의 관람객과 참가자가 충청권을 방문할 것으로 예상되며, 이는 지역 경제 전반에 긍정적인 영향을 미칠 전망이다. 숙박, 음식, 교통, 관광 등 다양한 분야에서 지역 경제가 활기를 찾을 것으로 보인다.

강창희 위원장은 "대회는 지역 중소기업들에게 대회 관련 상품과 서비스를 제공할 기회를 열어줄 것입니다. 이를 통해 새로운 일자리도 창출될 것입니다"라고 말했다. 특히, 대회 기간 동안 백제 문화권 유적지와 전통 공예 체험 프로그램 등 충청권의 역사적 자산과 대회 매력을 결합한 다양한 프로그램이 준비되고 있다. 이를 통해 관람객은 충청권의 과거와 현재를 동시에 체험할 수 있을 것이다.

자원봉사와 민간 참여는 대회를 성공으로 이끄는 힘

충청권 유니버시아드의 성공은 자원봉사와 민간 부문의 참여에서 비롯된다. 자원봉사자들은 대회의 얼굴로서, 선수와 관람객들에게 충청권의 매력을 알리고 대한민국의 문화를 소개하는 역할을 맡는다. 이를 위해 체계적인 교육 프로그램이 진행되고 있다.

대회 이후 충청권이 남길 유산

유니버시아드는 충청권에 단순한 스포츠 축제를 넘어 지속 가능한 유산을 남길 것이다. 대회를 통해 개선된 경기장과 숙박 시설은 이후에도 국내외 스포츠와 문화 이벤트를 유치하는 데 활용될 예정이다. 특히, 현대화된 경기장은 대형 콘서트, 전시회 등 다양한 국제 행사를 유치할 수 있는 기반이 될 것이다.

강창희 위원장은 "대회는 충청권 주민들에게 글로벌 축제를 직접 준비하고 성공적으로 치를 수 있다는 자신감과 자부심을 심어줄 것입니다"라며 대회의 장기적인 유산을 강조했다. 또한, 이번 대회를 통해 형성된 글로벌 네트워크는 충청권이 국제 스포츠의 중심지로 자리 잡을 수 있는 발판이 될 것이다.

특히, 충청권의 자연환경과 역사를 결합한 관광 프로그램은 대회 이후에도 계속 유지되어 지역을 찾는 국내외 관광객들에게 새로운 경험을 제공할 것으로 기대된다. 예를 들어, 백제 문화 체험과 자연 생태 투어는 방문객들에게 충청권의 독창적이고 매력적인 요소를 소개할 예정이다.

대회의 성공을 위한 필수 요소는 협력과 홍보

강창희 위원장은 대회의 성공을 위해 협력과 홍보의 중요성을 강조했다. 그는 "충청권 4개 시·도가 하나로 협력하여 대회를 준비하고 있습니다. 주민들의 적극적인 참여와 지지가 대회의 성공에 핵심적인 역할을 할 것입니다"라고 말했다. 홍보 전략에서도 디지털 플랫폼을 활용한 글로벌 소통이 중점적으로 이루어지고 있다. 대회 기간 동안 K-컬처 공연과 한국 전통 문화 프로그램은 대한민국의 매력을 세계에 알릴 중요한 기회가 될 것이다. 이를 통해 충청권의 브랜드 가치를 높이고, 글로벌 무대에서의 입지를 강화할 계획이다.

청년들이 주인공이 되는 축제

2027 충청권 유니버시아드는 단순한 스포츠 행사가 아니라, 전 세계 청년들이 주인공이 되는 글로벌 축제다. 이번 대회는 청년들이 서로를 이해하고, 함께 꿈꾸며, 미래를 설계하는 공간으로 자리매김할 것이다. 강창희 위원장은 "대회는 전 세계 청년들이 서로 교류하며 새로운 비전을 공유할 기회를 제공할 것입니다"라고 말했다.

유니버시아드는 충청권 주민들에게 자부심을 심어주고, 지역 경제와 문화를 발전시키는 데 크게 기여할 것이다. 또한, 대한민국이 국제 사회에서 가지는 역량과 매력을 전 세계에 알리는 계기가 될 것이다. 강 위원장은 "이번 대회는 충청권이 세계와 연결되는 새로운 시작이 될 것입니다"라고 강조했다.

꿈과 화합의 장으로 기억될 충청권 유니버시아드

2027 충청권 하계유니버시아드는 단순한 국제 스포츠 이벤트를 넘어, 충청권과 대한민국의 가능성과 위상을 세계에 보여줄 중요한 기회다. 지역 주민들의 협력과 열정, 민관의 지원은 대회의 성공적인 개최를 이끄는 핵심적인 요소다. 이번 대회는 전 세계 청년들이 하나로 연결되고, 함께 성장하는 특별한 축제로 오랫동안 기억될 것이다.

이가희 시카고한국일보 한국특파원
한국스포리얼에인구원장
시민/칼럼니스트

2027년 충청권 하계 세계 대학 경기대회 유니버시아드는 대한민국 충청권에서 열리는 최초의 국제 스포츠 축제다. 이번 대회는 충청 지역을 중심으로 펼쳐지며 단순한 스포츠 이벤트를 넘어 전 세계 청년들이 꿈꾸고 교류할 수 있는 특별한 장으로 자리 잡을 예정이다.

강창희 조직위원장을 만나 구상하고 있는 대회 준비 현황과 구체적인 계획을 들어보았다. 그는 "대회가 단순한 경기를 넘어 세계 청년들이 하나로 연결되는 기회가 될 것"이라며 대회에 대한 포부를 밝혔다.

문화 스포츠 융합, '문화 예술 올림픽'

충청권 유니버시아드는 단순히 기록을 겨루는 스포츠 행사가 아니다. 강창희 위원장은 이번 대회를 '문화 예술 올림픽'으로 만들겠다는 목표를 밝혔다. 그는 "유니버시아드는 문화와 스포츠가 융합된 글로벌 축제가 되어야 한다"고 말했다.

개막식과 폐막식은 대회의 핵심적인 행사로 각국의 전통 문화와 현대적인 감각을 결합한 퍼포먼스가 선보일 예정이다. 이 무대는 참가자와 관람객 모두에게 각국의 문화 다양성을 체험하는 기회를 제공할 것이다. 대회 기간 동안 열리는 글로벌 청년 포럼은 스포츠를 넘어 환경, 평화, 기술, 혁신 등 국제적 이슈를 논의하는 장이 될 예정이다. 이를 통해 청년들이 목소리를 내고 실질적인 아이디어를 교환하며 미래를 설계할 수 있는 기회를 제공할 계획이다.

충청권 경제와 문화의 새로운 활력

유니버시아드는 충청권의 경제와 문화의 새로운 활력을 불어넣을 것으로 기대된다. 약 50만 명 이상의 관람객과 참가자가 충청권을 방문할 것으로 예상되며, 이는 지역 경제 전반에 긍정적인 영향을 미칠 전망이다. 숙박, 음식, 교통, 관광 등 다양한 분야에서 지역 경제가 활기를 찾을 것으로 보인다. 강창희 위원장은 "대회는 지역 중소기업에게 대회 관련 상품과 서비스를 제공할 기회를 열어줄 것입니다. 이를 통해 새로운 일자리도 창출될 것입니다."라고 말했다. 특히 대회 기간 동안 백제문화권 유적지와 전통 공예 체험프로그램 등 충청권의 역사적 자산과 현대적 매력을 결합한 다양한 프로그램이 준비되고 있다. 이를 통해 관람객들은 충청권의 과거와 현재를 동시에 체험할 수 있을 것이다.

자원봉사와 민간 참여는 대회를 성공으로 이끄는 힘

충청권 유니버시아드의 성공은 자원봉사와 민간 부문의 참여에서 비롯된다. 자원봉사자들은 대회의 얼굴로서, 선수와 관람객들에게 충청권의 매력을 알리는 대한민국의 문화를 소개하는 역할을 맡는다. 이를 위해 체계적인 교육 프로그램이 진행되고 있다. 강 위원장은 "자원봉사자를 단순한 지원 역할에 그치지 않고 대한민국 문화를 알리는 문화대사로서 활동하게 될 것입니다. 이들은 대회를 통해 자부심을 느끼고 이후에는 국제적 감각을 갖춘 인재로 성장할 수 있을 것입니다."라고 말했다.

민간 부문에서도 활발한 참여가 이루어지고 있다. 기업들은 스폰서로 참여하며 대회 준비에 필요한 기술과 지원을 제공하고 있다. 또한 지역 예술가와 문화 단체들은 대회 프로그램의 참여해 충청권의 전통과 현대 예술을 세계에 알릴 예정이다. 이러한 민관 협력은 대회가 끝난 후에도 지속 가능한 지역 발전의 모델로 자리 잡을 것이다.

대회 이후 충청권이 남길 유산

유니버시아드 충청권의 유니버시아드는 충청권에 단순한 스포츠 축제를 넘어 지속 가능한 유산을 남길 것이다. 대회를 통해 개선된 경기장과 숙박 시설은 이후에도 국내외 스포츠와 문화 이벤트를 유치하는 데 활용될 예정이다. 특히 현대화된 경기장은 대형 콘서트, 전시회 등 다양한 국제 행사를 유치할 수 있는 기반이 될 것이다.

강창희 위원장은 "대회는 충청권 주민들에게 글로벌 축제를 직접 준비하고 성공적으로 치를 수 있다는 자부심과 자신감을 심어줄 것입니다."라고 대회의 장기적인 유산을 강조했다. 또한 이번 대회를 통해 형성된 글로벌 네트워크는 충청권이 국제 스포츠와 문화 교류의 중심지로 자리 잡을 수 있는 발판이 될 것이다.

특히 충청권의 자연환경과 역사를 결핍한 결합한 관광 프로그램은 대회 이후에도 계속 유지되어 지역을 찾는 국내외 관광객들에게 새로운 경험을 제공할 것으로 기대된다. 예를 들어 백제 문화 체험과 자연 생태 문화, 자연 생태 투어는 관광객들에게 충청권의 독창적이고 매력적인 요소를 소개할 예정이다.

대회의 성공적 성공을 위한 필수 요소는 협력과 홍보

강창희 위원장은 대회의 성공을 위해 협력과 홍보의 중요성을 강조했다. 그는 "충청권 4개 시도가 하나로 협력하며 대회를 준비하고 있습니다. 주민들의 적극적인 참여와 지지가 대회의 성공에 핵심적인 역할을 할 것입니다."라고 말했다.

홍보 전략에서도 디지털 플랫폼을 활용한 글로벌 소통이 중심적으로 이루어지고 있다. 대회 기간 동안 K-컬처 공연과 한국 전통문화 프로그램은 대한민국의 매력을 세계에 알릴 중요한 기회가 될 것이다. 이를 통해 충청권의 브랜드 가치를 높이고 글로벌 무대에서의 입지를 강화할 예정이다.

청년들이 주인공이 되는 축제

2027년 충청권 유니버시아드는 단순히 스포츠 행사가 아니라 전 세계의 청년들이 주인공이 되는 글로벌 축제다. 이번 대회는 청년들이 서로를 이해하고 함께 꿈꾸며 미래를 설계하는 공간으로 자리매김할 것이다. 강창희 위원장은 "대회는 전 세계 청년들이 서로 교류하며 새로운 비전을 공유할 기회를 제공할 것입니다."라고 말했다.

유니버시아드는 충청권 주민들에게는 자부심을 심어주고 지역 경제와 문화를 발전시키는 데 크게 기여할 것이다. 또한 대한민국이 국제사회에서 가지는 역량과 매력을 전 세계에 알리는 계기가 될 것이다. 강 위원장은 "이번 대회는 충청권이 세계와 연결되는 새로운 시작점이 될 것입니다."라고 강조했다.

꿈과 화합의 장으로 기억될 충청권 유니버시아드

2027년 충청권 하계 유니버시아드는 단순한 국제 스포츠 이벤트를 넘어 충청권과 대한민국의 가능성과 위상을 세계에 보여줄 중요한 기회다. 지역 주민들의 협력과 열정, 민관의 지원은 대회의 성공적인 개최를 이끄는 핵심적인 요소다. 이번 대회는 전 세계 청년들이 하나로 연결되고 함께 성장하는 특별한 축제로 오랫동안 기억될 것이다.

세계로 도약하는
과학도시 대전

❖ **이장우** 대전광역시장

이장우는 현재 제13대 대전광역시장으로, 민선 8기 대전 시정을 이끌고 있는 대한민국의 정치인이다. 그는 대전대학교 총학생회장 출신으로 정치에 입문한 뒤, 제16대 대전광역시 동구청장을 역임하며 기초단체장으로서 행정 경험을 쌓았다. 이후 중앙 정치무대로 진출하여 제19대와 제20대 국회의원(재선)을 지냈으며, 새누리당 원내부대표와 최고위원 등 주요 당직을 맡았다. 대전대학교에서 행정학 석사 및 박사 학위를 취득하였으며, 국회의원 시절 대전역 역사 증축 등 지역 현안 해결에 적극적으로 관여했다. 시장 취임 후에는 민선 7기 사업들을 재검토하고, 방위사업청 이전 약속 이행 및 '꿈씨패밀리' 캐릭터 활용 등 혁신적인 시정 활동으로 주목받는다.

세계로 도약하는 과학도시 대전, 그 중심에 선 이장우 시장의 비전

"대한민국 과학수도에서 글로벌 경제도시로, 대전의 미래를 열다"

지난 3월 13일, 대전시청 시장 응접실에서 본지는 이장우 대전시장을 인터뷰 했다. 약 1시간 동안 이 시장은 대전을 과학과 산업이 융합하는 글로벌 경제도시로 도약시키겠다는 청사진을 밝혔다. 대한민국의 심장부, 대전광역시가 가진 매력과 강점, 그리고 해외 동포들에게 전하는 메시지를 들어봤다.

대전은 대한민국 과학수도, 미래 먹거리의 선도 도시

"대전은 단순한 행정구역을 넘어 대한민국을 대표하는 '과학수도입니다'" 이장우 시장은 대전의 가장 큰 경쟁력을 '과학기술'에서 찾았다.

"KAIST와 대덕연구단지가 있는 대전은 대한민국이 세계적 과학기술 강국으로 성장하는데 핵심적인 역할을 해왔습니다. 대한민국을 7대 우주 강국 반열에 올려놓은 누리호 실용위성 발사 기술도 여기서 탄생했죠."

대덕연구개발특구는 27개의 정부출연 연구기관과 3만여 명의 연구 인력을 보유한 첨단 산업 클러스터로 자리 잡았다. 특히 바이오 산업의 성장 가능성에 대한 기대가 크다. "현재 대전에는 약 300개의 바이오 기업이 활발히 연구·개발을 진행하고 있으며, 기술이전과 수출 실적에서도 두각을 나타내고 있습니다."

이어서 이 시장은 대전이 자랑하는 세 가지를 꼽아 달라는 질문에 '성심당, 오상욱 선수, 그리고 꿈씨패밀리'를 소개했다.

대한민국을 대표하는 K-베이커리, 성심당

"성심당은 단순한 빵집을 넘어 대한민국에서 가장 사랑받는 베이커리 브랜드 중 하나입니다. 오시는 분마다 길게 줄을 서서 기다릴 정도로 인기죠."

1956년 대전역 앞 작은 찐빵 가게로 시작한 성심당은 지금은 연 매출 수백억 원을 기록하는 대전의 대표적인 향토기업이자 전국적인 명소가 되었다. 성심당의 대표 메뉴인 '튀김소보로'는 바삭한 소보로 빵 속에 달콤한 크림이 가득 차 있어, 한 번 맛보면 잊기 힘든 중독성을 자랑한다. 하루에만 수만 개가 팔릴 정도로 인기가 높아 대전 시민들 사이에서는 '대전에 가면 반드시 먹어야 할 음식'으로 꼽힌다. 성심당의 매력은 단순한 빵 맛에 그치지 않는다. '빵으로 꿈을 굽는다'는 철학 아래, 지역사회와의 상생을 중요하게 여기는 경영 방식도 많은 이들에게 감동을 주고 있다. 매장 직원들은 단순한 직원이 아니라 '꿈을 이루는 사람들'이라는 의미에서 '드리머(Dreamer)'로 불리며, 성심당은 직원들의 복지를 위해 다양한 교육 및 복지 프로그램을 운영하고 있다.

대전 시민들에게 성심당은 단순한 빵집이 아닌 그 이상의 의미를 지닌다. 어린 시절 부모님과 함께 방문했던 추억이 깃든 장소이자, 가족과 친구들에게 대전의 자랑을 선물할 수 있는 곳이다. 이 시장은 "성심당이 대전의 대표 브랜드로 자리 잡은 것은 단순히 빵이 맛있어서가 아니라, 정직하고 따뜻한 기업 철학 덕분"이라며, "앞으로도 대전을 방문하는 모든 분들이 성심당에서 특별한 추억을 만들기를 바란다"고 전했다.

대전이 낳은 세계적인 펜싱 스타, 오상욱

대전이 낳은 스포츠 스타 오상욱 선수도 빼놓을 수 없다. 이장우 시장은 "펜싱을 좋아하시는 분이라면 아시아 최초로

대전광역시 시청 전경.

개인전 그랜드슬램을 달성한 오상욱 선수를 아실 겁니다. 그가 성장한 대전에서는 그의 이름을 딴 펜싱경기장과 '오상욱 거리'가 조성될 예정입니다"라고 말했다.

오상욱 선수는 대한민국 남자 펜싱 사브르 대표팀의 간판 선수로, 세계 선수권 대회, 아시안 게임, 올림픽을 모두 석권한 펜싱 역사상 유례없는 성과를 거둔 인물이다. 그는 특유의 빠른 발놀림과 강인한 공격력을 바탕으로 국제 무대에서 두각을 나타내며, 대한민국 펜싱의 위상을 한층 높였다. 특히, 2021년 도쿄 올림픽에서는 남자 사브르 단체전 금메달을 이끌어 세계 최정상의 실력을 증명했다.

대전에서 나고 자란 오상욱 선수는 자신의 고향에 대한 애정을 자주 드러냈다. 어린 시절부터 대전에서 펜싱을 배우기 시작한 그는, 지역 내 스포츠 인프라와 지도자들의 헌신적인 지원이 지금의 자신을 만들었다고 여러 차례 언급했다. 이에 대전시는 그의 업적을 기념하고, 미래의 스포츠 인재들에게 꿈과 희망을 심어주기 위해 '오상욱 펜싱경기장'과 '오상욱 거리' 조성을 계획하고 있다. 이뿐만 아니라, 오상욱 선수는 대전의 청소년들에게도 큰 영감을 주는 존재다. 그가 세계 무대에서 보여준 끈기와 도전 정신은 많은 청소년 선수들에게 귀감이 되고 있으며, 대전의 체육 발전에도 긍정적인 영향을 미치고 있다.

이 시장은 "오상욱 선수의 성공이 대전의 미래 체육 인재들에게 더 큰 꿈을 꾸게 하는 계기가 되길 바란다"며 "앞으로도 오상욱 선수를 비롯한 대전 출신 스포츠 스타들이 세계 무대에서 활약할 수 있도록 적극 지원할 계획"이라고 밝혔다.

30년 만에 돌아온 꿈돌이, 글로벌 캐릭터로 도약

마지막으로, 대전엑스포93의 마스코트였던 '꿈돌이'가 다시 주목받고 있다. "꿈돌이는 30년 만에 꿈순이와 결혼해 네 아이를 둔 '꿈씨패밀리'로 성장했습니다. 이제 글로벌 캐릭터로 키우기 위해 꿈돌이 라면 출시도 준비 중입니다"며 시장은 본지 방문객에게 꿈돌이와 꿈순이 캐릭터 인형을 선물했다.

외국인 투자기업을 위한 최적의 환경 조성

대전은 기업 친화적인 도시로도 유명하다. 이장우 시장은 해외 기업과 교포 기업가들에게 대전이 제공하는 투자 기회를 강조하며, 글로벌 기업과 함께 성장하는 대전을 만들겠다는 강한 의지를 보였다.

"대전은 외국인 기업 전용 단지형 투자지역이 마련되어 있습니다. 독일 머크사의 바이오프로세싱 생산센터, 일본 SMC의 제조시설이 이미 문화지구에 입주해 있습니다. 앞으로 더 많은 글로벌 기업을 유치하기 위해 외국인 투자지역을 확대할 계획입니다."

대전의 문화지구는 대한민국을 대표하는 국제과학비즈니스 벨트 내 핵심 거점으로, 세계적인 기술력을 보유한 다국적 기업들이 대거 입주하고 있는 지역이다. 2만 5천 평 규모로 조성된 외국인 투자지역은 최첨단 산업을 중심으로 한 글로벌 기업의 클러스터 형성을 목표로 하고 있으며, 대전시는 이곳을 대한민국의 실리콘밸리로 키우겠다는 구상을 갖고 있다. 이 시장은 "대전은 단순한 연구 중심 도시를 넘어, 연구 성과가 실제 산업과 연결되는 공간으로 변화하고 있습니다. 과학과 산업이 결합한 새로운

이장우 대전광역시장이 대전을 과학과 산업이 융합하는 글로벌 경제도시로 도약시키겠다는 청사진을 밝히고 있다.

이장우 대전시장(우)와 본지 이가혁 특파원(좌)이 인터뷰를 하고 있다.

경제 모델을 만들어 가고 있으며, 글로벌 기업들에게 최적의 환경을 제공할 준비가 되어 있습니다"라고 설명했다.

해외 투자 기업을 위한 다양한 지원책

대전시는 해외에서 대전에 투자하는 기업들에게 조세 감면, 현금 지원, 인프라 제공 등 다양한 혜택을 제공하고 있다. 특히 외국인 투자기업이 안정적으로 정착할 수 있도록 법적, 행정적 지원을 아끼지 않고 있으며, 기업 운영과 관련된 애로 사항을 적극 해결해 주는 맞춤형 창구도 운영하고 있다.

"우리 시에 투자하시는 해외 기업인들에게 모든 행·재정적 지원을 아끼지 않을 것입니다. 기업이 성장할 수 있는 환경을 마련하는 것이 곧 대전이 성장하는 길이며, 이를 위해 글로벌 기업들과의 협력을 더욱 강화해 나가겠습니다."

이장우 시장은 앞으로도 대전이 기업 친화적 환경을 더욱 강화하고, 글로벌 비즈니스 허브로 자리 잡을 수 있도록 다각적인 지원을 아끼지 않겠다고 밝혔다. 또한 향후 외국인 투자지역을 더욱 확대하고, 인센티브 강화에 세계적인 기업들이 안정적으로 자리 잡을 수 있도록 적극적인 유치 활동을 펼칠 계획이다. 대전은 단순한 투자 유치를 넘어, 해외 기업들과의 상생을 도모하고 있다. 대전시의 연구 인프라를 활용한 공동 연구 프로젝트, 기술 이전, 글로벌 네트워크 구축 등을 통해 투자 기업들이 대전에서 더욱 큰 가치를 창출할 수 있도록 지원할

수 있도록 맞춤형 지원을 제공할 예정이다. "대전은 더 이상 대한민국 내의 지역 도시가 아니라, 세계와 경쟁하는 글로벌 경제 도시로 나아가고 있습니다. 해외 교포 기업인들과 글로벌 기업들이 대전을 주목해 주시길 바랍니다."

과학과 자연이 어우러진 도시 대전의 관광 명소

대전은 자연과 과학이 공존하는 도시다. 이 시장은 해외 교포들에게 꼭 방문해야 할 명소를 소개했다.

"대전은 대도시임에도 불구하고 아름다운 산과 물을 품고 있습니다. 계룡산, 보문산, 계족산 등 명산과 대청호, 금강 등 천혜의 자연환경을 간직한 도시죠."

특히, 장태산자연휴양림의 메타세쿼이아 숲과 계족산 황톳길 같은 곳은 방문객들에게 사랑받고 있다. "14.5km의 계족산 황톳길에서는 매년 맨발 마라톤이 열립니다. 자연을 온몸으로 느낄 수 있는 특별한 경험이 될 것입니다."

과학을 테마로 한 명소도 빼놓을 수 없다. "엑스포과학공원과 한빛탑 주변에서는 야경 조명과 음악분수, 미디어 파사드를 감상할 수 있습니다. 대전의 밤은 낮보다 더 화려할지도 모릅니다."

대전은 글로벌 인재를 환영합니다

해외 교포와 글로벌 인재들이 대전에 정착할 수 있도록 다양한 지원책도 마련되어 있다. "현재 대전에는 19개 대학에서 약 2만 2천 명의 외국인 유학생이 공부하고 있습니다. 수도권을 제외하면 전국에서 두 번째로 많은 유학생이 대전을 선택하고 있습니다."

이들을 위한 한국어 교육 지원, 취업 및 창업 지원 등 다양한 프로그램도 운영될 예정이다. "뿐만 아니라, 올해 2월 미국 사석몬과 몽고메리 카운티에 해외통상사무소를 설치했습니다. 이를 통해 대전 기업의 해외 진출을 돕는 것은 물론, 대학과 연구기관 간 공동연구 및 교류도 활성화할 계획입니다."

일류 경제도시로 도약하는 대전, 함께 만들어 갑시다

이장우 시장은 대전의 미래를 '일류 경제도시'로 정의했다. "지난 3년간 대전은 우주항공, 바이오, 나노·반도체, 국방, 양자, 로봇 등 6대 전략산업을 기반으로 세계적 경제도시로 성장하는 데 주력해 왔습니다."

그는 "세계적인 바이오 도시", "자체 기술로 개발한 위성을 우주로 보내는 도시", "청년들이 꿈을 이루는 도시"를 목표로 하고 있다.

"문화와 예술이 어우러져 시민 모두가 풍요로운 삶을 누리는 도시, 그것이 바로 대전이 나아갈 길입니다. 해외에 계신 교포 여러분도 일류도시로 성장하는 대전을 응원해 주시고, 기회가 되신다면 꼭 방문해 주시길 바랍니다."

세계로 도약하는 과학도시 대전, 그 중심에서 이장우 시장이 그리고 있는 미래가 더욱 기대된다.

이가혁 시카고한국일보 한국특파원
한국소프트웨어협동연구원장
시민칼럼니스트

대한민국 과학 수도에서 글로벌 경제도시로, 대전의 미래를 열다

이장우 대전시장은 대전을 과학과 산업이 융합하는 글로벌 경제도시로 도약시키겠다는 청사진을 밝혔다.

"대전은 단순한 행정구역을 넘어 대한민국을 대표하는 '과학 수도'입니다." 이장우 시장은 대전의 가장 큰 경쟁력을 '과학기술'에서 찾았다.

"KAIST와 대덕연구단지가 있는 대전은 대한민국이 세계적 과학기술 강국으로 성장하는데 핵심적인 역할을 해왔습니다. 대한민국을 7대 우주 강국 반열에 올려놓은 누리호 실용위성 발사 기술도 여기서 탄생했죠."

대덕연구개발특구는 27개의 정부출연 연구기관과 3만여 명의 연구 인력을 보유한 첨단 산업 클러스터로 자리 잡았다. 특히, 바이오산업의 성장 가능성에 대한 기대가 크다. "현재 대전에는 약 300개의 바이오 기업이 활발히 연구·개발을 진행하고 있으며, 기술이전과 수출 실적에서도 두각을 나타내고 있습니다."

이어서 이 시장은 대전이 자랑하는 세 가지를 꼽아 달라는 질문에 '성심당, 오상욱 선수, 그리고 꿈씨패밀리'를 소개했다.

대한민국을 대표하는 K-베이커리, 성심당

"성심당은 단순한 빵집을 넘어 대한민국에서 가장 사랑받는 베이커리 브랜드 중 하나입니다. 오시는 분마다 길게 줄을 서서 기다릴 정도로 인기죠."

1956년 대전역 앞 작은 찐빵 가게로 시작한 성심당은 지금은 연 매출 수백억 원을 기록하는 대전의 대표적인 향토기업이자 전국적인 명소가 되었다. 성심당의 대표 메뉴인 '튀김소보로'는 바삭한 소보로 빵 속에 달콤한 크림이 가득 차 있어, 한 번 맛보면 잊기 힘든 중독성을 자랑한다. 하루에만 수만 개가 팔릴 정도로 인기가 높아 대전 시민들 사이에서는 '대전에 가면 반드시 먹어야 할 음식'으로 꼽힌다. 성심당의 매력은 단순한 빵 맛에 그치지 않는다. '빵으로 꿈을 굽는다'는 철학 아래, 지역 사회와의 상생을 중요하게 여기는 경영 방식도 많은 이들에게 감동을 주고 있다. 매장 직원들은 단순한 직원이 아니라 '꿈을 이루는 사람들'이라는 의미에서 '드리머(Dreamer)'로 불리며, 성심당은 직원들의 복지를 위해 다양한 교육 및 복지 프로그램을 운영하고 있다.

대전 시민들에게 성심당은 단순한 빵집이 아닌 그 이상의 의미를 지닌다. 어린 시절 부모님과 함께 방문했던 추억이 깃든 장소이자, 가족과 친구들에게 대전의 자랑을 선물할 수 있는 곳이다. 이 시장은 "성심당이 대전의 대표 브랜드로 자리 잡은 것은 단순히 빵이 맛있어서가 아니라, 정직하고 따뜻한 기업 철학 덕분"이라며, "앞으로도 대전을 방문하는 모든 분들이 성심당에서 특별한 추억을 만들기를 바란다"고 전했다.

대전이 낳은 세계적인 펜싱 스타, 오상욱

대전이 낳은 스포츠 스타 오상욱 선수도 빼놓을 수 없다. 이장우 시장은 "펜싱을 좋아하시는 분이라면 아시아 최초로 개인전 그랜드슬램을 달성한 오상욱 선수를 아실 겁니다. 그가 성장한 대전에서는 그의 이름을 딴 펜싱경기장과 '오상욱 거리'가 조성될 예정입니다."라고 말했다.

오상욱 선수는 대한민국 남자 펜싱 사브르 대표팀의 간판 선수로, 세계 선수권 대회, 아시안 게임, 올림픽을 모두 석권한 펜싱 역사상 유례없는 성과를 거둔 인물이다. 그는 특유의 빠른 발놀림과 강력한 공격력을 바탕으로 국제 무대에서 두각을 나타내며, 대한민국 펜싱의 위상을 한층 높였다. 특히, 2021년 도쿄 올림픽에서는 남자 사브르 단체전 금메달을 이끌며 세계 최정상의 실력을 증명했다.

대전에서 나고 자란 오상욱 선수는 자신의 고향에 대한 애정을 자주 드러낸다. 어린 시절부터 대전에서 펜싱을 배우기 시작한 그는, 지역 내 스포츠 인프라와 지도자들의 헌신적인 지원이 지금의 자신을 만들었다고 여러 차례 언급했다. 이에 대전시는 그의 업적을 기념하고, 미래의 스포츠 인재들에게 꿈과 희망을 심어주기 위해 '오상욱 펜싱경기장'과 '오상욱 거리' 조성을 계획하고 있다. 이뿐만 아니라, 오상욱 선수는 대전의 청소년들에게도 큰 영감을 주는 존재다. 그가 세계 무대에서 보여준 끈기와 도전정신은 많은 청소년 선수들에게 귀감이 되고 있으며, 대전의 체육 발전에도 긍정적인 영향을 미치고 있다.

이 시장은 "오상욱 선수의 성공이 대전의 미래 체육 인재들에게 더 큰 꿈을 꾸게 하는 계기가 되길 바란다"며, "앞으로도 오상욱 선수를 비롯한 대전 출신 스포츠 스타들이 세계 무대에서 활약할 수 있도록 적극 지원할 계획"이라고 밝혔다.

30년 만에 돌아온 꿈돌이, 글로벌 캐릭터로 도약

대전엑스포93의 마스코트였던 '꿈돌이'가 다시 주목받고 있다. "꿈돌이는 30년 만에 꿈순이와 결혼해 네 아이를 둔 '꿈씨패밀리'로 성장했습니다. 이제 글로벌 캐릭터로 키우기 위해 꿈돌이 라면 출시도 준비 중입니다.”

이 시장은 본지 방문객에게 꿈돌이와 꿈순이 캐릭터 인형을 선물했다.

외국인 투자기업을 위한 최적의 환경 조성

대전은 기업 친화적인 도시로도 유명하다. 이장우 시장은 해외 기업과 교포 기업가들에게 대전이 제공하는 투자 기회를 강조하며, 글로벌 기업과 함께 성장하는 대전을 만들겠다는 강한 의지를 보였다.

“대전에는 외국인 기업 전용 단지형 투자지역이 마련되어 있습니다. 독일 머크사의 바이오프로세싱 생산센터, 일본 SMC의 제조시설이 이미 둔곡지구에 입주해 있습니다. 앞으로 더 많은 글로벌 기업을 유치하기 위해 외국인 투자지역을 확대할 계획입니다.”

대전의 둔곡지구는 대한민국을 대표하는 국제과학비즈니스벨트 내 핵심 거점으로, 세계적인 기술력을 보유한 다국적 기업들이 대거 입주하고 있는 지역이다. 2만 5천 평 규모로 조성된 외국인 투자지역은 최첨단 산업을 중심으로 한 글로벌 기업의 클러스터 형성을 목표로 하고 있으며, 대전시는 이곳을 대한민국의 실리콘밸리로 키우겠다는 구상을 갖고 있다.

이 시장은 “대전은 단순한 연구 중심 도시를 넘어, 연구 성과가 실제 산업과 연결되는 공간으로 변화하고 있습니다. 과학과 산업이 결합된 새로운 경제 모델을 만들어 가고 있으며, 글로벌 기업들에게 최적의 환경을 제공할 준비가 되어 있습니다”라고 설명했다.

해외 투자 기업을 위한 다양한 지원책

대전시는 해외에서 대전에 투자하는 기업들에게 조세 감면, 현금 지원, 인프라 제공 등 다양한 혜택을 제공하고 있다. 특히, 외국인 투자 기업이 안정적으로 정착할 수 있도록 법적, 행정적 지원을 아끼지 않고 있으며, 기업 운영과 관련된 애로 사항을 적극 해결해 주는 전담 창구도 운영하고 있다.

"우리 시에 투자하시는 해외 기업인들께 모든 행·재정적 지원을 아끼지 않을 것입니다. 기업이 성장할 수 있는 환경을 마련하는 것이 곧 대전이 성장하는 길이며, 이를 위해 글로벌 기업들과의 협력을 더욱 강화해 나가겠습니다."

대전은 단순한 투자 유치를 넘어, 해외 기업들과의 상생을 도모하고 있다. 대전시의 연구 인프라를 활용한 공동 연구 프로젝트, 기술 이전, 글로벌 네트워크 구축 등을 통해 투자 기업들이 대전에서 더욱 큰 가치를 창출할 수 있도록 지원할 계획이다.

또한, 대전시는 스타트업과 글로벌 기업 간의 협력을 촉진하기 위해 다양한 프로그램을 운영하고 있다. "대전에는 우수한 기술력을 보유한 스타트업들이 많습니다. 이들이 글로벌 기업들과 협력해 성장할 수 있도록 지원하고, 이를 통해 대전이 혁신적인 비즈니스 모델을 창출하는 도시로 발전할 수 있도록 하겠습니다."

이장우 시장은 앞으로도 대전이 기업 친화적 환경을 더욱 강화하고, 글로벌 비즈니스 허브로 자리 잡을 수 있도록 다각적인 지원을 아끼지 않겠다고 밝혔다. 또한 향후 외국인 투자지역을 더욱 확대하고, 투자

인센티브를 강화해 세계적인 기업들이 안정적으로 자리 잡을 수 있도록 적극적인 유치 활동을 펼칠 계획이다. 특히, 바이오, 반도체, 우주항공, 국방, AI 등 미래 핵심 산업 분야의 글로벌 기업들이 대전에 연구소 및 생산 시설을 설립할 수 있도록 맞춤형 지원을 제공할 예정이다. "대전은 더 이상 대한민국 내의 지역 도시가 아니라, 세계와 경쟁하는 글로벌 경제 도시로 나아가고 있습니다. 해외 교포 기업인들과 글로벌 기업들이 대전을 주목해 주시길 바랍니다."

과학과 자연이 어우러진 도시, 대전의 관광 명소

대전은 자연과 과학이 공존하는 도시다. 이 시장은 해외 교포들에게 꼭 방문해야 할 명소를 소개했다.

"대전은 대도시임에도 불구하고 아름다운 산과 물을 품고 있습니다. 계룡산, 보문산, 계족산 등 명산과 대청호, 금강 등 천혜의 자연환경을 간직한 도시죠."

특히, 장태산자연휴양림의 메타세쿼이아 숲과 계족산 황톳길은 많은 방문객들에게 사랑받고 있다. "14.5km의 계족산 황톳길에서는 매년 맨발 마라톤이 열립니다. 자연을 온몸으로 느낄 수 있는 특별한 경험이 될 것입니다."

과학을 테마로 한 명소도 빼놓을 수 없다. "엑스포과학공원과 한빛탑 주변에서는 야경 조명과 음악분수, 미디어 파사드를 감상할 수 있습니다. 대전의 밤은 낮보다 더 화려할지도 모릅니다."

대전은 글로벌 인재를 환영합니다

해외 교포와 글로벌 인재들이 대전에 정착할 수 있도록 다양한 지원책도 마련되어 있다.

"현재 대전에는 19개 대학에서 약 1만 2천 명의 외국인 유학생이 공부하고 있습니다. 수도권을 제외하면 전국에서 두 번째로 많은 유학생이 대전을 선택하고 있습니다."

이들을 위한 한국어 교육 지원, 취업 및 창업 지원 등 다양한 프로그램도 운영될 예정이다. "뿐만 아니라, 올해 2월 미국 시애틀과 몽고메리 카운티에 해외통상사무소를 설치했습니다. 이를 통해 대전 기업들의 해외 진출을 돕는 것은 물론, 대학과 연구기관 간 공동연구 및 교류도 활성화할 계획입니다."

일류 경제도시로 도약하는 대전, 함께 만들어 갑니다

이장우 시장은 대전의 미래를 '일류 경제도시'로 정의했다.

"지난 3년간 대전은 우주항공, 바이오, 나노 반도체, 국방, 양자, 로봇 등 6대 전략산업을 기반으로 세계적 경제도시로 성장하는 데 주력해 왔습니다."

그는 '세계적인 바이오 도시', '자체 기술로 개발한 위성을 우주로 보내는 도시', '청년들이 꿈을 이루는 도시'를 목표로 하고 있다.

"문화와 예술이 어우러져 시민 모두가 풍요로운 삶을 누리는 도시, 그것이 바로 대전이 나아갈 길입니다. 해외에 계신 교포 여러분도 일류도시로 성장하는 대전을 응원해 주시고, 기회가 되신다면 꼭 방문해

주시길 바랍니다.”

세계로 도약하는 과학도시 대전, 그 중심에서 이장우 시장이 그리고 있는 미래가 더욱 기대된다.

한여름의 열기보다 뜨거운
'환자 중심'의 신념

❖ **조강희** 충남대병원장

조강희는 1987년 충남대학교 의과대학을 졸업하고 동 대학원에서 의학박사 학위를 취득한 재활의학과 전문의이다. 그는 1997년부터 충남대학교 의과대학 교수로 재직하며 척수손상재활, 근골격계재활, 스포츠재활 등을 전문 진료 분야로 삼고 있다. 병원 내에서 대전충청권역 의료재활센터장 및 노인보건의료센터장 등 주요 보직을 두루 역임하며 병원 발전에 기여했다. 대외적으로 대한재활의학회 이사장과 대한임상통증학회 회장 등을 역임하며 한국 재활의학 분야의 학술적 발전과 위상 강화에 크게 공헌했다. 또한 국민연금재심사위원회 위원, 국민건강보험심사평가원 심사위원 등 공공 영역에서도 활발히 활동하며 정책 발전에 참여하고 있다. 그는 2023년 4월 제24대 충남대학교병원장으로 취임하여 현재까지 병원의 경영과 미래 발전을 이끌고 있다.

사람을 향한 의술, 환자의 삶을 온전히 품다

대전 충남대학교병원 조강희 병원장 인터뷰

계절의 정점을 향해 달려가던 7월의 마지막 날, 대전의 하늘은 작열하는 태양으로 뜨겁게 달아올라 있었다. 숨 막히는 열기 속, 하얀 백발에 단정하게 가운을 여민 조강희 병원장은 본지 특파원을 소년 같은 미소를 지으며 맞았다. 한 시간 남짓, 그와의 대화는 단순한 병원 경영에 대한 브리핑이 아니었다. 그것은 한 인간의 생명을 다루는 공간이 가져야 할 궁극적인 책임감과, 기술이 인간을 위해 어떻게 복무해야 하는지에 대한 깊은 철학적 고뇌가 담긴 한 편의 서사였다. 시카고를 포함한 미중서부, 더 나아가 남미에 흩어져 살아가는 우리 한인들에게 '고국'이라는 이름이 주는 따스함과 자부심을 느낄 수 있게 할, K-의료의 눈부신 현주소와 미래를 그의 목소리를 통해 생생하게 들을 수 있었다.

대전 충남대학교병원 조강희 병원장.

53년 역사 위에 새긴 미래, 병원의 심장을 다시 뛰게 하다

조원장 취임 후 지난 2년은, 충남대학교병원의 53년이라는 시간의 더께 위에 새로운 생명을 불어넣는 과정이었다. 그는 이를 '단순한 현대화가 아닌, 병원의 정체성을 다시 쓰는 일'이라 정의했다. 그의 목소리에는 낡은 건물을 허물고 새 건물을 올리는 물리적 변화를 넘어, 의료의 패러다임을 전환하겠다는 강력한 의지가 실려 있었다.

앞으로 새롭게 들어선 암·중증질환 특화센터는 앞으로 큰 기대를 모으며 더 질 높은 서비스를 예고한다. 마치 명품 의상을 재단하듯, 각 환자의 유전적 특성과 생활 패턴까지 고려한 '맞춤 의료'가 이곳에서 실현된다. 절망의 동의어처럼 여겨졌던 희귀·난치성 질환 앞에서는 세포치료 기반의 고난도 치료 체계를 의미한다.

눈에 보이지 않는 암세포까지 추적하는 고정밀 방사선 치료 플랫폼, 인간의 손을 넘어선 정교함으로 오차를 없애는 최첨단 로봇수술센터는 단순한 장비 도입이 아니다. 이는 '환자의 안전'이라는 절대 명제를 지키기 위한 병원의 치열한 노력의 결실이며, 의료진에게는 최고의 무기를, 환자에게는 최상의 결과를 약속하는 신뢰의 증표다. 이러한 인프라의 고도화는 충남대학교병원을 국내 최고 수준에 올려놓는 것을 넘어, 세계 유수의 병원들과 당당히 어깨를 겨루는 '글로벌 플레이어'로의 출사표와 같았다.

7월 31일, 충남대학교병원에서 조강희 병원장이 본지 특파원과 만나 K-의료의 미래와 병원의 비전에 대해 이야기 나누고 있다.

경계를 넘는 신뢰, K-의료의 심장부에서 세계를 품다

미국 뉴스위크의 '세계 최고 병원' 선정 타이틀은 단순한 순위가 아니었다. 2년 연속 지역 국립대병원 1위라는 영광 뒤에는 조강희 원장이 늘 강조해 온 '신뢰'라는 명제가 숨어있었다. 머나먼 타국 동포와 외국인 환자들에게 이 신뢰는 단순한 의료 서비스를 넘어, 고향의 품처럼 따뜻한 '마음의 안식처'와 동의어였다. 조 원장은 병원이 환자에게 주는 가장 큰 선물이 '심리적 안정감'이라 힘주어 말했다. 그의 리더십 아래 AI는 차가운 기계가 아닌, 언어의 장벽을 허물어 소통을 돕는 따뜻한 기술이 되었다. 이 모든 혁신은 결국 '아플 때 믿고 기댈 수 있는 고국의 병원'이라는 든든한 이름으로 기억되기 위한 치열한 노력이었다. 조 원장은 혁신을 환자의 삶의 더 나은 방향으로 이끌고자 하는 끊임없는 고민으로 정의했다. 한국 의료의 현재와 미래를 조망하는 의미 있는 시간이었고, K-의료의 위상을 높이는 그 길에는 이미 가장 순조로운 궤도에 올랐음을 확신할 수 있었다.

대전 충남대학교병원 전경.

대전과 세종, 두 개의 심장으로 완성되는 '원스톱 케어'의 약속

대전 본원과 세종 분원, 두 개의 공간은 단순한 물리적 거리를 넘어, 서로의 강점을 극대화하는 유기적인 생명체처럼 움직인다. 조 원장은 이를 '두 개의 심장이 뛰는 하나의 몸'에 비유했다. 상급종합병원인 대전 본원이 암, 뇌, 심장과 같이 생명을 다루는 중증질환의 최전선에서 싸우는 '강력한 심장'이라면, 세종 분원은 지역 주민의 삶 가장 가까이에서 건강을 돌보는 '따뜻한 심장'이다.

이 두 심장은 '진료 순환 체계'라는 혈관으로 긴밀하게 연결된다. 대전에서 고난도 수술을 받은 환자는 더 이상 낯선 도시에서 회복기를 보낼 필요가 없다. 자신의 생활권인 세종으로 돌아와 섬세하고 꾸준한 재활 및 추적 관리를 받으며 온전한 일상으로 복귀한다. 또한 대면으로 직접 소통하는 '다학제 협진 회의'는 이 두뇌 집단의 시너지를 폭발시키는 용광로다. 대전과 세종의 최고 의료진들이 한자리에 모여 환자의 영상 데이터와 임상 기록을 공유하며, 마치 한 사람의 환자를 위해 수십 명의 주치의가 머리를 맞대는 듯한 최적의 치료 계획을 공동으로 수립한다. 이는 단순한 협력을 넘어, 환자 한 사람을 중심으로 모든 의료 자원이 통합되는 '글로벌 메디컬 클러스터'로의 진화를 의미한다. 이제 해외의 한인 환자들은 진단부터 수술, 회복까지 한 곳에서 완결되는 진정한 의미의 '원스톱 케어'를 경험하게 될 것이다.

'서울병' 대신 '우리 곁에서', 최고를 완성하는 자부심

"왜 최고의 치료를 받기 위해 KTX에 몸을 실어야 합니까?" 조 원장의 이 질문에는 '지역 완결적 의료체계'에 대한 확고한 자부심이 담겨 있었다. 오랫동안 한국 사회는 '아프면 서울로 가야 한다'는 인식이 지배적이었다. 충남대학교병원은 이 당연하게 여겨졌던 명제에 온몸으로 도전장을 내밀었다. 중증, 고난도 질환을 지역 내에서 완벽하게 끝맺음하는 것, 이것이 충남대병원의 가장 강력한 차별점이자 경쟁력이다.

2017년 부인암 로봇수술로 시작된 혁신의 불씨는 2024년 다빈치 SP 로봇센터 개소로 대장암 200례 돌파라는 눈부신 성과로 타올랐다. 특히 생체 간이식 100례 달성은 대전·세종·충청·호남권을 통틀어 최초의 기록으로, 수도권 대형 병원과 어깨를 나란히 하는 실력을 증명한 사건이었다. 또한, 중부권 유일의 임상교육시뮬레이션센터는 '안전'이라는 가치를 실현하는 심장부다. 실제와 똑같이 구현된 수술실 환경에서 의료진은 수없이 반복적인 훈련을 통해 팀워크와 기술의 정점을 연마한다. 기술의 경쟁에서 인간 중심의 서비스를 놓치지 않는 노력, 이것이 바로 충남대학교병원이 지역을 넘어 글로벌 의료 허브로 성장하는 진짜 이유다.

숫자 너머의 가치, 환자의 미소로 증명된 107가지 혁신

2024년 공공기관 고객만족도 조사 '우수기관' 선정. 이 결과 뒤에는 '환자 경험'이라는 키워드를 중심으로 펼쳐진 107가지의 구체적인 변화가 있었다. 조 원장은 성과를 나열하기보다, 그 변화가 환자의 삶을 어떻게 바꾸었는지를 이야기했다.

병원 문턱을 넘는 순간부터 시작되는 불안감. 그 첫 관문인 예약 시스템은 단 1단계로 파격적으로 축소되었다. 스마트폰이든, 컴퓨터든, 병원 키오스크든 상관없다. 복잡한 절차에 진단 흘림 필요 없이 몇 번의 터치만으로 예약이 완료되자, 예약 누락률은 45%나 감소했다. 접수, 수납, 서류 발급을 위해 하염없이 기다리던 시간은 디지털 원무 시스템 도입으로 30%나 단축되었다. 환자에게 시간은 단순한 기다림이 아닌, 희망과 불안이 교차하는 소중한 순간이다. 그 시간을 되돌려준 것이다.

특히 조원장은 환자들의 작은 불편, 사소한 칭찬 하나까지 모든 직원이 공유하고 즉시 개선안을 도출하도록 관심을 기울였다. 이 살아있는 소통 덕분에 환자들의 낡은 커튼을 바꾸고, 개인 조명을 설치하고, 환자용 무선 리모컨을 도입하는 작은 변화들이 모여 병실 환경 만족도는 85점에서 93점으로 수직 상승했다. 이 모든 혁신은 결국 하나의 목표를 향한다. 바로 '환자의 미소'다.

AI의 냉철함에 인간의 온기를 더하다, 스마트 병원의 내일

간호사가 환자에게 다가가 눈을 맞추고 자신을 소개하며(Connect, Introduce), 소통하고(Communicate), 무엇이 필요한지 묻고(Ask), 그에 응답한 후(Respond), 자리를 떠날 때 인사를 건네는(Exit) 것. 'CICARE 매뉴얼'이라 불리는 이 약속은 충남대학교병원이 그리는 스마트 병원의 핵심 철학을 보여준다.

"AI가 문진표를 10초 만에 작성해주고, 디지털 펜 솔루션이 수기 차트를 자동으로 전산화해주면, 의료진은 그 아낀 시간을 오롯이 환자에게 쏟을 수 있습니다." 조강희 원장은 AI를 '의료진의 경쟁자'가 아닌 '환자를 위한 최고의 조력자'로 정의했다. 반복적인 서류 작업과 데이터 분석은 AI의 냉철한 이성에 맡기고, 의료진은 그 시간에 환자의 손을 한 번 더 잡아주고, 눈을 맞추고, 마음을 어루만지는 데 집중할 수 있다는 것이다. 기술이 발전할수록 역설적으로 인간적인 케어가 더욱 중요해진다는 그의 통찰은 깊은 울림을 주었다. 첨단 시스템의 차가움 뒤에 환자의 심장 박동 소리, 체온, 그리고 가슴속 희망이라는 따뜻함을 불어넣는 것. 그것이 충남대학교병원이 꿈꾸는 진정한 스마트 병원의 모습이었다.

'나'를 넘어 '우리'를 위한 헌신, 공공의료의 든든한 버팀목이 되다

충남대학교병원은 지역 최고의 의료기관이라는 타이틀에 만족하지 않았다. 그들은 대전·충남 지역 전체의 건강을 책임지는 '공공의료의 중추'로서의 역할을 자처한다. 공공부원장이라는 직제를 신설해 공공의료 컨트롤타워를 세운 것은 그 상징적인 조치다. 응급, 심뇌혈관, 암 등 필수의료 분야에서는 24시간 원스톱 대응 체계를 구축해 골든타임을 사수하고, 희귀병을 앓는 어린이, 재활이 필요한 환자, 만성질환을 앓는 어르신 등 의료 사각지대에 놓인 이들을 위한 전문 센터를 운영하며 따뜻한 의료 안전망을 펼친다.

특히 인상적인 것은 병원 담장을 넘어 지역사회와 손을 맞잡는 '다층 협력 네트워크'다. 대전시, 소방서, 보건소, 동네 병·의원까지 모두가 하나의 팀이 되어 환자의 퇴원 이후 삶까지 돌보는 시스템을 구축했다. 보건복지부 평가 최우수 등급은 이러한 헌신에 대한 당연한 결과였다. '예방-치료-재활-돌봄'으로 이어지는 통합적 서비스를 통해 '한 사람의 시민도 소외되지 않는 건강한 공동체'를 만들겠다는 이들의 묵직한 책임감이 느껴졌다.

마음에서 마음으로, 희망을 잇는 다리가 되어

인터뷰가 끝날 무렵, 조강희 원장은 마지막이 말했다. "궁극적인 목표는 기술로 사람을 치료하는 것을 넘어, 기술이 사람을 더 깊이 이해하게 만드는 것입니다." 환자의 삶 전체를 책임지겠다는 그의 굳은 의지는, 단순한 슬로건이 아니라 그의 삶을 관통하는 철학 그 자체였다.

머나먼 이국땅에서 고국을 그리워하며 살아가는 우리 동포들에게, 충남대학교병원의 이러한 도약은 단순한 의료 기술의 발전을 넘어선 의미를 지닌다. 무더위 속에서도 식지 않는 열정으로 환자 중심의 새로운 의료 생태계를 만들어가는 조강희 원장과 충남대학교병원 모든 구성원의 빛나는 헌신에, 그들이 만들어갈 새로운 의료의 미래가, 전 세계 한인들에게 더 큰 희망과 자부심이 되어주기를 진심으로 기원한다.

이가희 시카고한국일보 한국특파원
한국스토리텔링연구원장
시인/칼럼니스트

　조강희 충남대학교병원장은 재활의학 전문의로서 오랫동안 환자의 고통과 회복의 과정을 현장에서 마주해 온 인물이다. 그 경험은 '환자 중심'이라는 그의 신념을 더욱 단단하게 만들었고, 병원을 이끄는 오늘의 철학으로 이어졌다.

　그의 시선은 늘 환자에게 맞닿아 있다. 재활의학과에서 쌓아온 임상 경험은 한 사람의 아픔을 줄이는 일이 곧 의료의 본질이라는 확신으로 이어졌다. 병원장으로서 그는 의료의 미래를 고민하며, 한정된 자원 속에서도 환자의 삶의 질을 높이는 체계를 만들기 위해 힘쓰고 있다.

　조강희 원장은 의료의 본령은 기술이나 시설이 아니라 사람이라고 말한다. 환자와 의료진이 함께 회복의 길을 만들어 갈 수 있도록 환경을 조성하는 것, 그 과정에서 의료의 공공성을 지키는 것, 이를 그는 병원의 가장 중요한 사명으로 여긴다.

　뜨거운 계절보다 더 뜨겁게 의료의 미래를 고민해 온 그의 신념은, 충남대학교병원이 지향하는 가치와도 맞닿아 있다. 환자를 중심에 두고 의료의 본질을 묵묵히 지켜나가는 그의 행보는 지역 거점 대학병원이 나아갈 방향을 명확하게 보여준다.

환자의 마음에서 길을 찾다: 재활의학, 나의 시작과 끝

　"환자는 제게 스승이었습니다." 조강희 원장의 의사 인생은 '재활'이라는 두 글자로 요약된다. 그는 1987년 충남대학교 의과대학을 졸업하고 동 대학원에서 재활의학으로 박사학위를 받은 후, 줄곧 환자의 곁을 지켰다. 척수손상, 근골격계 재활 등 고통과 싸우는 환자들이 다시 일상으로 돌아가는 기나긴 여정에 동행하며, 그는 단순히 질병을 치료하는 의사를 넘어 환자의 삶 전체를 보듬는 법을 배웠다. "재활의학의 본질은 '기능의 회복'을 넘어 '삶의 복귀'를 돕는 것입니다. 환자가 병원 문을 나서는 순간 끝나는 것이 아니라, 사회의 한 구성원으로 당당히 살아갈 수 있도록 길을 열어주는 것이죠." 그의 목소리에는 환자에 대한 깊은 애정과 존중이 묻어났다. 수많은 환자들의 좌절과 희망의 순간들을 함께하며 다져진 그의 내공은, 병원 전체를 아우르는 따뜻한 리더십의 자양분이 되었다.

50년 거목, 새로운 가지를 뻗다: 미래 의료를 향한 담대한 포부

1972년 개원 이래 반세기가 넘는 시간 동안 충청권 의료의 중추적 역할을 감당해 온 충남대학교병원. 조강희 원장은 이 50년 거목에 '미래 의료'라는 새로운 가지를 뻗어 나가기 위한 담대한 청사진을 제시했다. "과거의 명성에만 안주할 수는 없습니다. 급변하는 의료 환경 속에서 선도적인 역할을 수행하기 위해서는 끊임없는 혁신이 필수적입니다." 그의 비전의 중심에는 환자 중심의 스마트 병원 구축이 자리하고 있다. 진료 예약부터 수납까지, 환자의 동선을 최소화하고 편의를 극대화하는 시스템을 도입하는 것은 그 시작에 불과하다. 그는 인공지능(AI), 빅데이터를 활용한 맞춤형 정밀 의료를 실현하고, 로봇 수술과 같은 첨단 기술을 적극 도입하여 의료 서비스의 질을 한 단계 끌어올리겠다는 강한 의지를 보였다.

수도권 쏠림 현상에 던지는 출사표: '1000병상 암병원' 건립

"암 환자들이 더 이상 치료를 위해 서울로 향하는 고통을 겪어서는 안 됩니다." 대한민국 의료계의 고질적인 문제인 수도권 환자 쏠림 현상에 대해 이야기할 때, 그의 목소리는 단호해졌다. 그는 지역 환자들이 거주지에서 최고 수준의 의료 서비스를 받을 수 있는 '의료 자치'의 중요성을 역설했다. 그 해법으로 제시한 것이 바로 '1000병상 규모의 최첨단 암병원' 건립이다. 이는 단순히 병상의 수를 늘리는 것을 넘어, 수도권 빅5 병원과 견주어도 손색없는 암 치료의 새로운 메카를 만들겠다는 야심 찬 계획이다. "최신 장비와 최고의 의료진을 갖추고, 다학제 협진을 통해 암 환자에게 최적의 맞춤형 치료를 제공할 것입니다. 지역에서 암을 진단받고, 치료받고, 완치될 수 있는 완결적 의료 체계를 구축하는 것이 저의 가장 큰 목표 중 하나입니다."

위기 속에서 더욱 빛나는 리더십: 공공의료의 최전선을 지키다

최근 대한민국 의료계는 전공의 집단 사직 사태로 인해 큰 혼란을 겪고 있다. 국립대병원으로서 충남대학교병원 역시 그 파고를 비켜갈 수 없었다. 조강희 원장은 이 위기 상황 속에서 '공공의료'의 가치를 다시 한번 되새기며, 병원의 중심을 잡기 위해 동분서주했다. "어떠한 상황 속에서도 환자의 생명과 안전을 지키는 것은 병원의 최우선 과제입니다. 비상 경영 체제 속에서도 중증·응급 환자 진료에 차질이 없도록 모든 의료진이 한마음으로 힘을 모으고 있습니다." 그는 남아있는 의료진을 격려하고, 진료 공백을 최소화하기 위한 대책 마련에 부심하며 위기관리 리더십을 유감없이 발휘하고 있다. 이번 사태를 계기로 지역 공공의료의 중요성이 더욱 부각된 만큼, 이를 더욱 강화하고 내실을 다지는 계기로 삼겠다는 그의 다짐에서 굳은 책임감이 느껴졌다.

소통과 공감, 병원을 치유하는 힘

"병원은 의사 혼자 이끌어가는 곳이 아닙니다." 조강희 원장은 병원 경영에 있어 소통과 공감의 가치를 무엇보다 중요하게 생각한다. 의사, 간호사, 행정직원 등 모든 구성원이 각자의 자리에서 존중받고, 유기적으로 협력할 때 비로소 환자에게 최상의 의료 서비스를 제공할 수 있다는 믿음 때문이다. 그는 권위적인 원장실의 문턱을 낮추고, 직원들의 목소리에 귀 기울이는 '소통하는 리더'가 되겠다고 약속했다. 역대 병원 장들의 지혜를 구하고, 젊은 직원들의 참신한 아이디어를 적극 수용하며 병원의 미래를 함께 그려나가고 있다. 그의 이러한 수평적 리더십은 병원 내에 긍정적인 에너지를 불어넣으며, '함께 성장하는 병원'이라는 새로운 문화를 만들어가고 있다.

대전을 넘어 세계로: 글로벌 연구 중심 병원으로의 도약

조강희 원장의 시선은 국내를 넘어 세계를 향하고 있다. 그는 충남대학교병원이 단순한 진료 기관을 넘어, 세계적인 수준의 연구 역량을 갖춘 '연구 중심 병원'으로 도약해야 한다고 강조한다. 의공학연구소장 등을 역임하며 쌓아온 연구 분야에 대한 깊은 이해를 바탕으로, 임상과 기초 연구의 시너지를 극대화하고, 바이오헬스 산업을 선도할 수 있는 연구 생태계를 조성하겠다는 구상이다. "세계적인 연구 성과들이 우리 병원에서 나오고, 그것이 다시 환자들에게 돌아가는 선순환 구조를 만들어야 합니다. 이는 우리 병원의 미래 경쟁력이자, 대한민국 의료 발전에 기여하는 길이 될 것입니다." 그의 눈빛에서 세계 유수의 병원들과 어깨를 나란히 할 충남대학교병원의 미래가 선명하게 그려졌다.

사람을 향하는 따뜻한 기술, 그것이 우리의 길

조강희 원장에게 궁극적으로 어떤 병원을 만들고 싶은지 물었다. 그는 잠시의 망설임도 없이 답했다. "최고의 기술을 갖추되, 그 기술이 언제나 사람을 향하는 따뜻한 병원." 결국 그가 꿈꾸는 병원의 중심에는 '사람', 즉 '환자'가 있었다. 아무리 뛰어난 기술이라도 환자의 고통에 공감하고, 그 마음을 어루만지는 '인술'이 바탕이 되지 않으면 의미가 없다는 것이다. 재활의학과 의사로서 환자의 가장 낮은 곳을 살폈던 초심을 잃지 않고, 그 마음으로 병원 전체를 이끌어가겠다는 그의 진심이 묵직한 울림으로 다가왔다.

희망의 씨앗을 심는 사람

조강희 원장은 단순히 병을 고치는 의사를 넘어, 절망의 땅에 희망의 씨앗을 심는 사람이었다. 환자의 아픔을 자신의 아픔처럼 여기는 따뜻한 마음과, 대한민국 의료의 미래를 꿰뚫어 보는 날카로운 지성을 겸비한 리더. 그가 이끄는 충남대학교병원이 앞으로 어떤 모습으로 지역사회를 넘어 대한민국의 의료 지형을 바꾸어 나갈지 자못 기대가 크다. 찌는 듯한 더위 속에서도 묵묵히 자신의 길을 걸어가는 그의 발걸음에, 그리고 그와 함께 희망을 만들어가는 충남대학교병원 모든 이들에게 뜨거운 격려와 응원의 박수를 보낸다. 그들의 헌신이 있기에, 우리의 내일은 오늘보다 더 건강하고 행복할 것이라 믿어 의심치 않는다.

바이오 인재의 '실리콘밸리'를 일구는 K-교육의 선구자

❖ **정인학** 한국폴리텍 특성화대학 학장

정인학은 현재 한국폴리텍특성화대학의 제5대 학장으로, 오랜 기간 직업 교육 및 기술 인재 양성 분야에서 탁월한 리더십을 발휘하는 전문가이다. 그는 중앙대학교 전기공학과에서 학사, 석사, 박사 학위를 모두 취득하며 직업교육훈련 분야의 전문성을 갖추었다. 한국폴리텍대학 서울강서캠퍼스 산학협력팀장과 학교법인 한국폴리텍 학사 팀장 등을 역임하며 실무 중심 교육 혁신에 기여했다. 특히 한국폴리텍대학 화성캠퍼스 지역대학장을 지내면서 스마트자동차 중심의 혁신 기술 인력 양성을 주도했다. 현재 학장으로서 교육 경쟁력을 더욱 강화하고, 현장 맞춤형 교육을 확대하여 산업체가 필요로 하는 실무형 인재를 양성하는 데 주력한다. 그는 4차 산업혁명 시대에 맞는 미래형 인재 양성을 위한 새로운 비전을 제시하며 대학의 도약을 이끌고 있다.

바이오 인재의 '실리콘밸리'를 일구는 K-교육의 선구자 - 정인학 한국폴리텍 특성화대학 학장

'현장'과 '실무'라는 나침반으로 미래를 항해하다

정인학 한국폴리텍 특성화대학 학장.

충남 논산의 한국폴리텍대학 바이오 캠퍼스에서 정인학학장과 본지 특파원이 인터뷰를 하고 있다.

2025년 8월 28일, 충남 논산 한국폴리텍대학 바이오캠퍼스 가을의 문턱, 8월의 끝자락에 찾은 충남 논산의 한국폴리텍대학 바이오 캠퍼스는 묘한 긴장감과 생기로 가득했다. 캠퍼스에서 만난 젊은 청춘들의 눈빛은 날카롭게 빛났고, 최첨단 실험 장비들이 늘어선 복도를 지날 때마다 느껴지는 후끈한 공기는 단순한 대학 캠퍼스가 아닌, 대한민국 바이오 산업의 미래를 잉태하는 거대한 심장부처럼 느껴졌다.

그 심장부의 중심에서 정인학 학장을 만났다. 온화한 미소와 단단한 눈빛이 교차하는 그 얼굴에는 교육자로서의 깊은 연륜과 미래 산업을 이끄는 혁신가의 예리함이 동시에 담겨 있었다. 그는 단순한 지식 전달자가 아니었다. 그는 시대의 흐름을 읽고, 산업의 지도를 그리며, 그 위를 달려갈 인재들을 길러내는 전략가이자, 꿈을 현실로 만드는 연금술사였다. 그와의 대화는 딱딱한 교육 정책에 대한 브리핑이 아니었다. 한 편의 감동적인 성장 드라마였고, 미래를 향한 담대한 선언이었다.

"취업률 87.1%, 숫자가 증명하는 '진짜 교육의 힘'"

이야기는 자연스럽게 숫자로 시작됐다. 취업률 평균 87.1%, 그중에서도 정규직 취업률 93.6%라는 경이로운 수치. 학령인구 감소와 청년 실업의 그늘이 짙게 드리운 지금, 어떻게 이런 '취업 신화'가 가능했을까. 정인학 학장은 '현장'이라는 단어를 유독 강조했다. 그의 목소리에는 단순한 자부심을 넘어선 확고한 철학이 담겨 있었다.

'우리 대학 교육의 핵심은 '현장 친화적인 수요자 중심 교육시스템입니다.' 그의 설명은 명쾌했다. 단순히 교과서를 외우고 학점을 이수하는 방식이 아니었다. 실제 기업에서 이루어지는 프로젝트의 전 과정을 그대로 교실로 옮겨와 학생들이 체계적으로 실무를 경험하게 한다는 것이다. 여기에 대해 '소그룹 지도교수제'는 학생 한 명 한 명을 입학부터 졸업, 그리고 졸업 후 첫번째 취업자리까지 든든하게 지켜보는 역할을 한다. 단순히 학생을 가르치는 것을 넘어, 그들의 성장 경로 전체를 함께 설계하고 동행하는 것이다.

특히 한국폴리텍대학이 자랑하는 '기업전담제'는 단순한 산학협력을 뛰어넘는다. 우량 기업 정보를 데이터베이스화하여 선별하고, 교수들이 직접 기업별 네트워크를 관리하며 학생과 기업을 가장 효과적으로 연결한다. 이 긴밀한 시스템 덕분에 학생들은 졸업과 동시에 현장에 즉시 적응할 수 있고, 기업은 맞춤형 인재를 얻는 '윈-윈(Win-Win)' 구조가 완성되는 것이다. 이것이 바로 숫자가 증명하는 '진짜 교육의 힘'이었다.

"교실이 아닌 '산업 현장'을 옮겨오다, 국내 최초 GMP 러닝 팩토리'"

바이오 캠퍼스만의 특별함은 무엇일까. 이 질문에 정 학장의 눈빛이 한층 더 깊어졌다. 그의 대답은 '러닝팩토리(Learning Factory)'라는 개념으로 귀결됐다. 특히 국내 전문대학 최초로 실제 제약회사의 우수의약품 제조 및 품질관리 기준(GMP)에 맞춘 시설을 구축했다는 점은 타의 추종을 불허하는 강점이다.

'이곳은 단순한 교육용 실습실이 아닙니다. 실제 산업 현장의 축소판입니다. 학생들은 이곳에서 세포를 배양하고, 단백질을 정제하며, 완제품을 분석하는 전 공정을 직접 경험합니다.' 그의 말처럼, 학생들은 단편적인 지식이 아닌 산업의 전체 흐름을 몸으로 체득하고 있었다. 더 나아가 학과 간의 벽을 허물고 융합 프로젝트를 통해 복잡한 문제 해결 능력을 키우는 것은 기존 대학 교육의 고질적인 문제로 지적되던 '과목별 칸막이'를 뛰어넘는 혁신적인 시도였다. 세포를 중심으로 한 팀 프로젝트 방식은 학생들의 창의성과 소통 능력을 극대화하며, 인성 교육까지 아우르는 전인적 교육의 새로운 모델을 제시하고 있었다.

"씨앗부터 틔우는 10년의 약속, 고교생과 함께 그리는 바이오의 꿈"

정인학 학장의 비전은 대학의 울타리 안에만 머무르지 않았다. 그는 더 멀리, 더 깊게 바라보고 있었다. 바이오 산업의 미래를 이끌 인재를 키우기 위해 고교 단계에서부터 '씨앗'을 심고 있었다. 우수한 교수진이 직접 고등학교를 찾아가 재능기부 형태로 진로 특강을 진행하고, 인문계와 이공계, 마이스터고를 가리지 않고 모든 학생에게 바이오산업을 미리 체험할 기회를 제공한다.

그 백미는 올해로 14회째를 맞은 '전국 고교생 바이오 기술경진대회'다. 이것은 단순한 경연 대회가 아니다. 미래의 바이오 인재들이 한자리에 모여 실제 실험 과제를 수행하며 자신의 잠재력을 확인하고, 대학과 산업계의 전문가들로부터 직접 피드백을 받는 소통과 성장의 축제다. 정 학장은 여기서 멈추지 않고 고교생 체험 활동, 모의 바이오 프로젝트, 지역사회 연계 캠프 등을 더욱 활성화할 계획이라고 밝혔다. 이는 1, 2년 앞을 내다보는 단기적인 성과주의가 아닌, 10년, 20년 후 대한민국 바이오산업의 큰 튼튼한 뿌리를 내리려는 그의 긴 호흡과 혜안을 엿볼 수 있는 대목이었다.

"기술에 '가치'를 더하다, ESG로 피어나는 도시와 농촌의 상생"

최근 바이오캠퍼스는 사단법인 도시공동체본부와의 ESG 중심 업무협약(MOU)으로 또 한 번 세간의 주목을 받았다. 기술 인재 양성이라는 대학 본연의 임무를 넘어, ESG라는 시대적 가치를 교육에 녹여내려는 담대한 시도였다. 정 학장은 ESG가 더 이상 선택이 아닌, 지속 가능한 사회를 위한 필수 가치라고 단언했다.

'우리는 바이오 전문성에 ESG 가치를 결합한 융합형 인재를 길러내고자 합니다.' 이번 협약을 통해 교육과정 전반에 ESG를 적용하고, 청년층은 물론 중장년층에게까지 사회적 책무를 교육하는 프로그램을 공동 개발할 예정이다. 더 나아가 도시와 농촌 공동체를 연결하는 바이오 기반 사업을 발굴하여 지역 균형 발전에 기여하고, 교육-산업-지역이 연계된 새로운 형태의 일자리를 창출하는 것이 그의 목표다. 이는 단순히 기술자를 키우는 것이 아닌, 기술과 가치, 교육과 사회적 책임을 아우르는 새로운 고등 교육 모델을 제시하는 혁신적인 발걸음이었다.

"단 120시간의 기적, '바이오 부트캠프로 잠재력을 깨우다'"

바이오 캠퍼스의 혁신적인 교육 모델이 집약된 사례가 바로 충남대학교와 함께 2년 연속 진행한 '바이오의약품 부트캠프'다. 교육부 지원으로 운영되는 이 프로그램은 단기간의 집중 실무 훈련을 통해 현장형 기술 인력을 양성하는 것을 목표로 한다. 바이오의약품 생산과 품질 관리 두 과정으로 나뉘어 진행된 1기 캠프는 참여 학생들로부터 '실제 산업 현장과 똑같은 교육이었다'는 폭발적인 반응을 얻었고, 이는 2년 연속 선정이라는 쾌거로 이어졌다.

'우리의 교육 철학은 명확합니다. '현장 중심 실무 교육'입니다.' 정 학장의 목소리에는 자부심이 가득했다. 강의실에서 배우는 이론이 아닌, 산업 현장에서 즉시 적용 가능한 지식과 기술을 훈련시키는 것. 특히 최근 학과 개편과 함께 도입된 최첨단 고가 장비들은 학생들이 실제 기업에서 사용하는 것과 동일한 것들이다. 학생들은 모의실험 수준을 넘어 실제 공정을 다루며 문제 해결 능력을 기르고, '교과서에서만 보던 장비를 직접 다뤄보니 실무에 대한 자신감이 생겼다'며 뜨거운 반응을 보였다. 기업들 역시 '즉시 투입 가능한 인재'에 대한 높은 기대감을 보이며, 2026년부터 본격화될 채용 연계에 큰 관심을 나타내고 있다.

"벽을 허문 상생, 기업의 연구실이 곧 대학의 강의실이 되다"

바이오 캠퍼스의 힘은 내부의 혁신에만 있지 않다. 산업 현장과의 경계 없는 협력은 또 다른 성장 동력이다. 줄기세포 및 엑소좀 기술을 활용한 기능성 화장품 개발 기업 '엑소메디(ExoMedi)'와의 협력이 대표적인 사례다. 이는 미래 바이오산업의 핵심 기술이자 고부가가치 분야로 주목받는 영역이다.

단순히 공동 연구를 수행하는 수준을 넘어, 대학의 실습 프로그램을 함께 운영하고, 우수 졸업예정자를 우선 채용하며, 새로운 연구 과제를 공동으로 발굴하는 실질적인 상생 모델을 구축했다. 이를 통해 학생들은 최신 연구 트렌드를 현장에서 직접 경험하고, 기업은 필요한 인재를 조기에 확보하는 선순환 구조를 만들어가고 있다. 대학의 강의실이 곧 기업의 연구실이 되고, 기업의 연구실이 다시 대학의 살아있는 교육 현장이 되는. 진정한 의미의 '벽을 허문 상생'이 이곳에서 이루어지고 있었다.

"'AI 날개를 단 K-바이오, 세계를 향한 담대한 비상을 꿈꾸다'"

정인학 학장이 그리는 미래는 더욱 역동적이었다. 그는 스마트 팩토리, AI 데이터 기반의 품질 관리 시스템과 같은 차세대 산업 구조에 맞춘 혁신적인 교육 모델을 끊임없이 연구하고 있다. 특히 글로벌 바이오·제약 기업과의 네트워크를 강화해 기술 교류를 활성화하고, 해외 시장의 흐름을 실시간으로 교육에 반영할 계획이다.

그가 이끄는 한국폴리텍 특성화대학은 2020년 바이오(논산), 항공(사천), 반도체(안성), 로봇(영천) 캠퍼스가 하나로 통합되어 출범한 미래 산업 인재 양성의 허브다. 각 분야의 특화된 전문성을 바탕으로 시너지를 창출하며, 미래 성장 동력의 핵심 실무 인재들을 배출하고 있다. 그의 비전은 이 모든 혁신을 통해 학생들에게는 최첨단 기술과 산업 트렌드를 접할 기회를 제공하고, 기업들과의 긴밀한 협력을 통해 대한민국을 넘어 세계 바이오산업을 선도하는 인재를 키워내는 것이다.

사람이 답이다, 기술 너머의 '사람'을 키우는 교육

인터뷰를 마치며 시카고를 비롯한 미주 한인 동포 사회와 차세대들에게 전하고 싶은 메시지를 부탁했다. 정 학장은 따뜻하지만 힘 있는 목소리로 화답했다.

'빠르게 성장하는 바이오산업은 우리 사회의 미래를 이끌 중요한 분야이자, 한인 동포 사회와 차세대들에게도 무궁무진한 기회의 장이 될 것입니다. 우리 대학은 대한민국 전문대학 최초로 GMP 시설을 구축하며 산업 현장이 요구하는 실력 있고 준비된 인재를 키워내고 있습니다.' 그의 말에는 대한민국은 물론, 세계 무대를 아우르는 K-바이오 실무 중심 대학으로 도약하겠다는 굳은 의지가 담겨 있었다.

정인학 학장과의 만남은 단순한 인터뷰를 넘어 대한민국 교육의 희망을 목격하는 시간이었다. 낡은 관념의 틀을 깨고, 현실에 안주하지 않으며 오직 '현장'과 '사람'이라는 본질에 집중하는 그의 중심 속에서 K-바이오의 눈부신 내일을 보았다. 기술의 진화가 아무리 빨라도 결국 그 중심에는 사람이 있었다. 정인학 학장은 바로 그 '사람'을 키워내고 있었다. 그의 손끝에서, 그리고 바이오 캠퍼스 젊은 인재들의 빛나는 눈동자 속에서, 우리는 대한민국 교육의 새로운 미래와 세계로 뻗어 나갈 K-바이오의 힘찬 날갯짓을 본다. 그들의 담대한 항해에 아낌없는 격려와 응원의 박수를 보낸다.

이가희 시카고한국일보 한국특파원
한국스토리텔링연구원장
시민칼럼니스트

'현장'과 '실무'라는 나침반으로 미래를 항해하다

정인학 한국폴리텍 특성화대학 학장은 바이오산업의 성장과 함께 교육의 역할을 누구보다 선명하게 제시해 온 인물이다. 그는 현장과 실무 중심의 교육을 기반으로, 산업 변화에 능동적으로 대응할 수 있는 인재 양성 체계를 구축해 왔다.

한국폴리텍대학 바이오 캠퍼스는 그의 철학이 녹아 있는 공간이다. 실험 장비와 실습 환경을 교육의 중심에 놓고 학생들이 직접 경험하며 배울 수 있도록 만든 시스템은 단순한 학문 교육을 넘어 산업 현장과 연결된 실전형 인재를 길러내는 데 초점을 둔다. 이러한 방향성은 캠퍼스 전체를 하나의 '바이오 인재 생태계'로 기능하게 만들었다.

정인학 학장은 교육을 단순한 지식 전달로 보지 않는다. 변화하는 산업 지형을 읽고, 그 위에서 학생들이 걸어갈 길을 설계하는 것을 교육자의 중요한 책무로 여긴다. 그는 산업이 필요로 하는 기술과 역량을 빠르게 포착하고, 그에 맞는 교육과정을 개발하며, 학생들이 미래의 현장에서 경쟁력을 갖출 수 있도록 돕는다.

그가 만들어가는 교육의 현장은 정책이 아니라 실행에 기반을 둔 전략이다. 바이오산업의 미래를 이끌 인재들이 이곳에서 성장하고 있으며, 그 과정에는 정 학장의 일관된 비전과 방향성이 깊게 자리하고 있다.

정인학 학장은 교육의 목적을 '산업을 움직이는 사람을 만드는 일'로 정의한다. 그가 구축한 시스템은 바로 그 목표를 향해 움직이며, 한국 바이오산업의 미래를 지탱하는 중요한 축이 되고 있다.

취업률 87.1%, 숫자가 증명하는 '진짜 교육'의 힘

취업률 평균 87.1%, 그중에서도 정규직 취업률 93.6%라는 경이로운 수치. 학령인구 감소와 청년 실업의 그늘이 짙게 드리운 지금, 어떻게 이런 '취업 신화'가 가능했을까. 정인학 학장은 '현장'이라는 단어를 유독 강조했다. 그의 목소리에는 단순한 자부심을 넘어선 확고한 철학이 담겨 있었다.

"우리 대학 교육의 핵심은 '현장 친화적인 수요자 중심 교육시스템'입니다." 그의 설명은 명쾌했다. 단순히 교과서를 외우고 학점을 이수하는 방식이 아니었다. 실제 기업에서 이루어지는 프로젝트의 전 과정을 그대로 교실로 옮겨와 학생들이 체계적으로 실무를 경험하게 한다는 것이다. 여기에 더해 '소그룹 지도교수제'는 학생 한 명 한 명을 입학부터 졸업, 그리고 졸업 후 3년까지 책임지는 든든한 동반자 역할을 한다. 단순히 학생을 가르치는 것을 넘어, 그들의 성장 경로 전체를 함께 설계하고 동행하는 것이다.

특히 한국폴리텍대학이 자랑하는 '기업전담제'는 단순한 산학협력을 뛰어넘는다. 우량 기업 정보를 데이터베이스화하여 선별하고, 교수들이 직접 기업별 네트워크를 관리하며 학생과 기업을 가장 효과적으로 연결한다. 이 정교한 시스템 덕분에 학생들은 졸업과 동시에 현장에 즉시 적응할 수 있고, 기업은 맞춤형 인재를 얻는 '윈-윈(Win-Win)' 구조가 완성되는 것이다. 이것이 바로 숫자가 증명하는 '진짜 교육'의 힘이었다.

교실이 아닌 '산업 현장'을 옮겨오다, 국내 최초 GMP 러닝팩토리

바이오 캠퍼스만의 특별함은 무엇일까. 이 질문에 정 학장의 눈빛이 한층 더 깊어졌다. 그의 대답은 '러닝팩토리(Learning Factory)'라는 개념으로 귀결됐다. 특히 국내 전문대학 최초로 실제 제약회사의 우수 의약품 제조 및 품질관리 기준(GMP)에 맞춘 시설을 구축했다는 점은 타의 추종을 불허하는 강점이다.

"이곳은 단순한 교육용 실험실이 아닙니다. 실제 산업 현장의 축소판입니다. 학생들은 이곳에서 세포를 배양하고, 단백질을 정제하며, 완제품을 분석하는 전 공정을 직접 경험합니다." 그의 말처럼, 학생들은 단편적인 지식이 아닌 산업의 전체 흐름을 몸으로 체득하고 있었다. 더 나아가 학과 간의 벽을 허물고 융합 프로젝트를 통해 복잡한 문제 해결 능력을 키우는 것은 기존 대학 교육의 고질적인 문제로 지적되던 '과목별 칸막이'를 뛰어넘는 혁신적인 시도였다. AI를 중심으로 한 팀 프로젝트 방식은 학생들의 창의성과 소통 능력을 극대화하며, 인성 교육까지 아우르는 전인적 교육의 새로운 모델을 제시하고 있었다.

씨앗부터 틔우는 10년의 약속, 고교생과 함께 그리는 바이오의 꿈

정인학 학장의 비전은 대학의 울타리 안에만 머무르지 않았다. 그는 더 멀리, 더 깊게 바라보고 있었다. 바이오산업의 미래를 이끌 인재를 키우기 위해 고교 단계에서부터 '씨앗'을 심고 있었다. 우수한 교수진이 직접 고등학교를 찾아가 재능기부 형태로 진로 특강을 진행하고, 인문계와 이공계, 마이스터고를 가리지 않고 모든 학생에게 바이오산업을 미리 체험할 기회를 제공한다.

그 백미는 올해로 14회째를 맞은 '전국 고교생 바이오 기술경진대회'다. 이것은 단순한 경연 대회가 아니다. 미래의 바이오 인재들이 한자리에 모여 실제 실험 과제를 수행하며 자신의 잠재력을 확인하고, 대학과 산업계의 전문가들로부터 직접 피드백을 받는 소통과 성장의 축제다. 정 학장은 여기서 멈추지 않고 고교생 체험 활동, 모의 바이오 프로젝트, 지역사회 연계 캠프 등을 더욱 활성화할 계획이라고 밝혔다. 이는 1, 2년 앞을 내다보는 단기적인 성과주의가 아닌, 10년, 20년 후 대한민국 바이오산업의 튼튼한 뿌리를 내리려는 그의 긴 호흡과 혜안을 엿볼 수 있는 대목이었다.

기술에 '가치'를 더하다, ESG로 피어나는 도시와 농촌의 상생

최근 바이오캠퍼스는 사단법인 도시공동체본부와의 ESG 중심 업무협약(MOU)으로 또 한 번 세간의 주목을 받았다. 기술 인재 양성이라는 대학 본연의 임무를 넘어, ESG라는 시대적 가치를 교육에 녹여내려는 담대한 시도였다. 정 학장은 ESG가 더 이상 선택이 아닌, 지속 가능한 사회를 위한 필수 가치라고 단언했다.

"우리는 바이오 전문성에 ESG 가치를 결합한 융합형 인재를 길러내고자 합니다." 이번 협약을 통해 교육과정 전반에 ESG를 적용하고, 청년층은 물론 중장년층에게까지 사회적 책무를 교육하는 프로그램을 공동 개발할 예정이다. 더 나아가 도시와 농촌 공동체를 연결하는 바이오 기반 사업을 발굴하여 지역 균형 발전에 기여하고, 교육–산업–지역이 연계된 새로운 형태의 일자리를 창출하는 것이 그의 목표다. 이는 단순히 기술자를 키우는 대학이 아닌, 기술과 가치, 교육과 사회적 책임을 아우르는 새로운 고등 교육 모델을 제시하는 혁신적인 발걸음이었다.

단 120시간의 기적, '바이오 부트캠프'로 잠재력을 깨우다

바이오 캠퍼스의 혁신적인 교육 모델이 집약된 사례가 바로 충남대학교와 함께 2년 연속 진행한 '바이오의약품 부트캠프'다. 교육부 지원으로 운영되는 이 프로그램은 단기간의 집중 실무 훈련을 통해 현장형 기술 인력을 양성하는 것을 목표로 한다. 바이오의약품 생산과 품질 관리 두 과정으로 나뉘어 진행된 1기 캠프는 참여 학생들로부터 "실제 산업 현장과 똑같은 교육이었다"는 폭발적인 반응을 얻었고, 이는 2년 연속 선정이라는 쾌거로 이어졌다.

"우리의 교육 철학은 명확합니다. '현장 중심 실무 교육'입니다." 정 학장의 목소리에는 자부심이 가득했다. 강의실에서 배우는 이론이 아닌, 산업 현장에서 즉시 적용 가능한 지식과 기술을 훈련시키는 것. 특히 최근 학과 개편과 함께 도입된 최첨단 고가 장비들은 학생들이 실제 기업에서 사용하는 것과 동일한 것들이다. 학생들은 모의실험 수준을 넘어 실제 공정을 다루며 문제 해결 능력을 기르고, "교과서에서만 보던 장비를 직접 다뤄보니 실무에 대한 자신감이 생겼다"며 뜨거운 반응을 보였다. 기업들 역시 '즉시 투입 가능한 인재'에 대한 높은 기대 감을 보이며, 2026년부터 본격화될 채용 연계에 큰 관심을 나타내고 있다.

벽을 허문 상생, 기업의 연구실이 곧 대학의 강의실이 되다

바이오 캠퍼스의 힘은 내부의 혁신에만 있지 않다. 산업 현장과의 경계 없는 협력은 또 다른 성장 동력이다. 줄기세포 및 엑소좀 기술을 활용한 기능성 화장품 개발 기업 '엑소메디(ExoMedi)'와의 협력이 대표적인 사례다. 이는 미래 바이오산업의 핵심 기술이자 고부가가치 분야로 주목받는 영역이다.

단순히 공동 연구를 수행하는 수준을 넘어, 대학의 실습 프로그램을 함께 운영하고, 우수 졸업예정자를 우선 채용하며, 새로운 연구 과제를 공동으로 발굴하는 실질적인 상생 모델을 구축했다. 이를 통해 학생들은 최신 연구 트렌드를 현장에서 직접 경험하고, 기업은 필요한 인재를 조기에 확보하는 선순환 구조를 만들어가고 있다. 대학의 강의실이 곧 기업의 연구실이 되고, 기업의 연구실이 다시 대학의 살아있는 교육 현장이 되는, 진정한 의미의 '벽을 허문 상생'이 이곳에서 이루어지고 있었다.

AI 날개를 단 K-바이오, 세계를 향한 담대한 비상을 꿈꾸다

정인학 학장이 그리는 미래는 더욱 역동적이었다. 그는 스마트 팩토리, AI 데이터 기반의 품질 관리 시스템과 같은 차세대 산업 구조에 맞춘 혁신적인 교육 모델을 끊임없이 연구하고 있다. 특히 글로벌 바이오·제약 기업과의 네트워크를 강화해 기술 교류를 활성화하고, 해외 시장의 흐름을 실시간으로 교육에 반영할 계획이다.

그가 이끄는 한국폴리텍 특성화대학은 2020년 바이오(논산), 항공(사천), 반도체(안성), 로봇(영천) 캠퍼스가 하나로 통합되어 출범한 미래 산업 인재 양성의 허브다. 각 분야의 특화된 전문성을 바탕으로 시너지를 창출하며, 미래 성장 동력의 핵심 실무 인재들을 배출하고 있다. 그의 비전은 이 모든 혁신을 통해 학생들에게는 최첨단 기술과 산업 트렌드를 접할 기회를 제공하고, 기업들과의 긴밀한 협력을 통해 대한민국을 넘어 세계 바이오산업을 선도하는 인재를 키워내는 것이다.

사람이 답이다, 기술 너머의 '사람'을 키우는 교육

인터뷰를 마치며 시카고를 비롯한 미주 한인 동포 사회와 차세대들에게 전하고 싶은 메시지를 부탁했다. 정 학장은 따뜻하지만 힘 있는 목소리로 화답했다.

"빠르게 성장하는 바이오산업은 우리 사회의 미래를 이끌 중요한 분야이자, 한인 동포 사회와 차세대들에게도 무궁무진한 기회의 장이 될 것입니다. 우리 대학은 대한민국 전문대학 최초로 GMP 시설을 구축하며 산업 현장이 요구하는 실력 있고 준비된 인재를 키워내고 있습니다.” 그의 말에는 대한민국은 물론, 세계 무대를 아우르는 교육을 통해 글로벌 바이오 실무 중심 대학으로 도약하겠다는 굳은 의지가 담겨 있었다.

정인학 학장과의 만남은 대한민국 교육의 희망을 목격하는 시간이었다. 낡은 관념의 틀을 깨고, 현실에 안주하지 않으며, 오직 '현장'과 '사람'이라는 본질에 집중하는 그의 뚝심 속에서 K-바이오의 눈부신 내일을 보았다. 기술의 진화가 아무리 빨라도 결국 그 중심에는 사람이 있다. 정인학 학장은 바로 그 '사람'을 키워내고 있었다. 그의 손끝에서, 그리고 바이오 캠퍼스 젊은 인재들의 빛나는 눈동자 속에서, 우리는 대한민국 교육의 새로운 미래와 세계로 뻗어 나갈 K-바이오의 힘찬 날갯짓을 본다. 그들의 담대한 항해에 아낌없는 격려와 응원의 박수를 보낸다.

위기를 기회로 바꾸는 힘,
세계로 뻗어가는 소상공인의
미래를 묻다

❖ **박성효** 소상공인시장진흥공단이사장

박성효는 현재 소상공인시장진흥공단의 제4대 이사장으로, 소상공인과 전통시장의 활력 제고를 위한 정책 지원을 주도한다. 그는 행정고시(제23회)에 합격하여 공직에 입문하였으며, 대전광역시 서구청장과 정무부시장 등 대전 지역의 주요 행정 요직을 두루 거쳤다. 이후 정계에 진출하여 민선 4기 제9대 대전광역시장을 역임하며 지역 행정 경험을 쌓았으며, 제19대 국회의원(대전 대덕구)과 한나라당 최고위원을 지내는 등 중앙 정치 무대에서도 활동했다. 행정 관료, 선출직 시장, 국회의원 경험을 바탕으로 국정 운영에 대한 높은 이해와 폭넓은 정책 실행력을 갖춘 인물로 평가받는다. 이사장 재임 기간 동안 저신용 소상공인 금융 지원 확대와 소상공인 365 플랫폼 운영, 해외 진출 지원 강화 등의 성과를 창출한다.

위기를 기회로 바꾸는 힘, 세계로 뻗어가는 소상공인의 미래를 묻다

박성효 소상공인시장진흥공단 이사장 인터뷰

본지는 5월 29일 오후 2시, 대전 지족동으로 새롭게 둥지를 튼 소상공인시장진흥공단 접견실에서 박성효 이사장을 만났다. 소상공인을 위한 추경 예산부터 글로벌 진출 전략, 조직 혁신에 이르기까지, 공단이 추진하는 핵심 정책 전반을 두고 깊이 있는 대화를 나눴다. 인터뷰 말미, 박 이사장은 단호한 어조로 말했다.

"소상공인은 대한민국 경제의 뿌리입니다. 공단은 이들이 다시 일어설 수 있도록 함께 뛰는 동반자가 되어야 합니다."

대전 중구 대흥동을 떠나 지족동으로 이전한 공단의 새 청사는 단순한 주소 변경이 아닌, 조직의 철학적 진화를 상징한다. 외형부터 분위기까지, 변화는 명확했다. 오픈형으로 설계된 사무실은 칸막이를 없애고 탁 트인 공간을 강조했으며, 구성원 간의 자유로운 소통과 협업을 유도하는 설계가 돋보였다.

무엇보다 눈에 띄는 장면은 젊은 인력의 활약이다. 접견실에서 회의 공간, 중앙 복도까지 마주치는 직원 대부분이 젊고 에너지가 넘쳐보였다. 그들은 낯선 방문자에게도 환한 미소로 먼저 인사를 건네며, 공단이 지향하는 '열린 조직', '사람 중심 행정'의 정체성을 자연스럽게 체현하고 있었다.

조용하고 딱딱했던 과거의 공공기관 이미지 대신, 활기와 세련미가 가득한 이 공간의 중심에 선 이는 바로 박성효 이사장이다. 그는 2022년 7월 취임 이후 '정책은 현장에서 살아야 한다'는 철학 아래, 단순 지원기관을 넘어서 실질적인 성장 플랫폼으로서의 공단 체질 개선에 주력해왔다.

소상공인을 위한 추경 예산 중 소진공에 관련된 예산

박 이사장은 인터뷰 서두에서 "2025년 제1차 추가경정 예산 중 약 3조 5,553억 원이 소상공인을 위해 편성됐다"며 "이는 추경 민생지원 예산 5.1조 원 중 약 70%에 해당하는 수치로, 정부의 강한 의지를 보여준다"고 밝혔다. 특히 산불 피해지역 지원을 위해 디지털 상품권 환급과 지역 상권 회복을 위한 민간주도의 지역상권 활성화 지원이 포함되었고, 유동성 위기를 겪는 소상공인을 위한 고정비용(공과금, 보험료 등) '부담경감 크레딧' 제도도 눈에 띈다.

"전통시장과 상점가 소비를 촉진하기 위한 '상생페이백' 제도도 준비 중입니다. 카드 소비액의 20%를 디지털 상품권으로 환급해주는 방식으로, '소비 촉진'과 '매출 확대' 두 마리 토끼를 잡을 수 있죠." 박 이사장은 이 제도의 확대 시행을 통해 전통시장과 상점가의 활력 회복에 가속이 붙을 것이라 강조했다.

소상공인의 해외 진출

내수 시장의 한계를 뛰어넘기 위해, 소진공은 '국가대표 소상공인'이라는 슬로건을 내걸고 글로벌 무대로의 진출을 적극 추진 중이다. 박 이사장은 "베트남 하노이에 오프라인 상설매장 '두근두근'을 개장하며 K-소상공인의 저력을 직접 보여주고 있다"고 소개했다.

"특히 '강한 소상공인 글로벌 진출 트랙'을 확대하고, 통해 뷰티 상설매장을 태국에 추가 개소 할 예정이고, 글로벌 쇼핑몰 입점을 지원 중입니다." 박 이사장은 또한 관세청, KOTRA, 중진공 등 유관기관과의 협업을 통해 통관, 인증 등 실무 장벽 해소에도 주력하고 있다고 덧붙였다.

이처럼 소진공은 현장 밀착형 수출 지원을 위해 전담 인력을 양성하고, 지역본부와 연계한 상시 수출상담 인프라 구축을 통해 실질적 수출 실행력을 높이고 있다. "소상공인의 수출은 더 이상 꿈이 아닙니다. 정부의 지원과 현장의 열정이 맞물릴 때, 우리는 글로벌 성공 스토리를 만들 수 있습니다." 박 이사장의 이 말은 인터뷰의 무게를 더했다.

전통시장 활성화를 위한 노력

"전통시장은 단순한 유통 공간이 아닙니다. 지역의 삶과 문화, 공동체가 살아 숨 쉬는 현장입니다." 박 이사장은 온누리상품권의 활용 확대를 중심으로 전통시장에 활기를 불어넣기 위한 다양한 시도를 설명했다.

올해 온누리상품권은 사상 최대 규모인 5조 5,000억 원 규모로 발행될 예정이다. 박 이사장은 "사용처 확대와 디지털 상품권의 편의성 개선을 통해 더욱 손쉽게 사용할 수 있도록 하고 있다"고 강조했다. 골목형 상점 600곳 이상 추가 발굴, 부정유통 감시 체계 강화, 통합 앱 구축 등은 사용자 중심의 실질적 개선책이다.

디지털 전환이 낯선 고령 상인을 위한 교육도 확대된다. "유통환경이 빠르게 변하는 만큼, 소상공인들의 디지털 역량 강화는 선택이 아니라 생존 전략입니다." 또한 그는 상권육성전문가 자격증의 활용범위를 지방자치단체와 상권기관 등으로 확대할 예정이라고 밝혔다.

또한 소방본부, 노인인력개발원, 장의과학재단 등 유관기관과의 협업을 통해 안전한 시장 조성하고 어린이 전통시장 체험행사 확대도 추진 중이다. "동행축제, 지역 야시장과 연계한 차별화된 관광 상품 개발로 백화점과는 다른 전통시장의 매력을 살리고 있습니다."

소상공인 재기 지원 등 사회안전망 확보를 위한 정책

"경영 위기는 예고 없이 찾아옵니다. 하지만 실패했다고 끝은 아닙니다." 박 이사장은 소진공의 재기 지원 정책을 단순한 복지 정책이 아닌, '두 번째 기회를 위한 기반'이라고 설명했다.

우선, 7월부터 시행 예정인 연 매출 3억 원 이하 소상공인을 대상으로 한 '부담경감 크레딧' 제도는 공과금, 보험료 등의 고정비를 지원해 경영 부담을 완화해준다. 또 배달·택배비 지원을 통해 소상공인의 물류비용을 절감하고, 희망리턴패키지를 통한 교육·자금·재창업 연계 지원이 병행된다.

"사회안전망이란 말 그대로 실패해도 다시 일어설 수 있는 '안전한 바닥'이어야 합니다." 그는 자영업자 고용보험료 지원을 예로 들며, 폐업 이후 최대 80%까지 보험료를 지원하는 정책이 특히 의미 있는 성과를 낼 수 있다고 강조했다.

현재 공단은 홈페이지 및 지역센터를 통해 경영위기 소상공인에게 상시 상담 및 맞춤형 지원을 제공하고 있다. 박 이사장은 "힘든 상황에서도 상담을 받기만 해도 첫걸음이 시작된다"며 현장 방문을 적극 권했다.

현장 맞춤형 재편, 구조적 지원의 힘… 소상공인 정책의 다음 단계

소상공인 정책이 단기적 '지원'에서 장기적 '성장 인프라'로 진화하고 있다. 이는 단순히 예산 규모나 항목의 확대에 머무르지 않는다. 정책 실행의 핵심 축인 '자금'과 '현장 조직'을 어떻게 설계하고 운용하느냐에 따라 결과는 극명하게 달라진다. 박성효 소상공인시장진흥공단 이사장은 이에 대해 "실제 돈이 돌고, 사람이 찾아오는 구조를 만들지 않으면 종이 위 정책에 불과하다"고 단호히 말했다.

박성효 소상공인시장진흥공단 이사장.

대전 유성구 지족동으로 이전한 소상공인시장진흥공단의 전경.

박성효 소상공인시장진흥공단 이사장(위)과 인터뷰를 마치고 본지 특파원이 공단 접견실에서 포즈를 취하고 있다.

"올해 정책자금 예산은 기존 3조 7,700억 원에서 추경 예산을 포함한 4조 2,700억 원으로 대폭 증액됐습니다. 이는 단순한 금융 지원이 아니라, 경제의 허리를 지키겠다는 의지입니다."

박 이사장은 특히 정책자금이 단순히 '서류 처리'에 그치지 않도록, 시중은행과의 협력을 통해 신청부터 자금까지 절차를 간소화했다고 설명했다. KB국민은행의 업무협약으로 비대면 서비스 기반의 대리대출 시스템이 본격 가동되며, 4월부터는 실제 실행 중이다.

민간 금융의 사각지대에 놓인 유망 소상공인을 위해서도 특별한 정책이 마련됐다. 대표적으로 '일시적 경영애로자금'은 원부자재 가격 상승 등 일시적 위기로 경영 곤란을 겪는 업체를 폭넓게 지원한다. '대환대출 지원은 고금리 보증부 대출까지 대환하는 방식으로, 2년 거치 후 원금 상환 방식을 신설해 원리상환 부담을 완화해주고 있다.

또한, '상생성장지원자금' 1,000억 원을 신규로 설치해 온라인 플랫폼 입점 소상공인의 디지털 전환과 성장을 유도하고 있다. 박 이사장은 "이제는 단순한 자금 수혈이 아닌, 지속 가능한 성장 기반을 만들어줘야 할 때"라고 강조했다.

전국 소상공인지원센터의 재편을 통해 소상공인 지원 기능을 강화

현장 지원의 핵심은 '기동성'과 '조직 효율'이다. 박 이사장은 전국 단위의 지원센터 조직을 개편한 배경에 대해 이렇게 설명했다.

"그동안 7개 광역 본부 체계로는 지역 밀착 지원에 한계가 있었습니다. 그래서 광역 시·도를 중심으로 12개 지역본부로 확대 재편했습니다."

특히, 지역본부는 자치단체 및 유관기관과 협업의 주체로서 역할 및 기능을 확대하고, 지역센터는 정책자금 실행, 사후관리, 현장형 컨설팅 등의 역할을 하게 된다. 지원 수요가 적거나 교통 접근성이 낮은 곳은 사무소화해 운영 효율성을 극대화하는 방안도 병행 중이다.

"이제 정책의 무게 중심은 중앙에서 지역으로, 개념에서 실행으로 이동하고 있습니다. 공단은 실행력을 갖춘 파트너로서 현장을 가장 잘 아는 '문제 해결자'가 되겠습니다."

사람이 정책을 움직인다! 교육과 철학으로 다지는 지속가능한 내일

소상공인을 향한 정책이 효과를 내려면, 그 정책을 실행하는 사람부터 바뀌어야 한다. 박성효 이사장이 가장 강하게 믿는 것도 바로 이 '사람 중심'의 변화다. 그는 인터뷰 말미에 "조직의 혁신은 외부보다 내부에서 먼저 시작되어야 한다"고 힘주어 말했다.

"정책의 디테일은 결국 사람이 만듭니다. 우리가 현장에서 어떤 질문을 던지고, 어떤 설명을 하느냐에 따라 지원 효과는 천차만별이죠."

박 이사장은 변화하는 경영 환경에 대응하기 위한 핵심 전략으로 직원 교육을 꼽았다. 지난해 첫 운영을 시작한 '자격증반'은 창업지도사, 신용분석사 등 실무 중심 자격 취득을 지원하며, 246명을 선발해 절반 이상인 128명이 이미 자격을 취득했다. 올해는 교육 범위를 넓혀 OA자격, 신용상담사 등 총 7종의 자격으로 확대됐으며, 1,200명 선발을 목표로 하고 있다.

특히 눈에 띄는 것은 'SEMAS AI 캠퍼스' 운영이다. 인공지능(AI), 빅데이터 등 디지털 기술의 급속한 발전에 대응해 공단 전 직원을 대상으로 맞춤형 교육이 시작되었고, 이 교육은 단순 지식 전달이 아닌, 실제 업무에 적용 가능한 수준 높은 강의로 구성되어 있다.

"AI를 현장에 적용하려면 직원 스스로 '데이터로 사고하는 법'을 배워야 합니다. 그래서 대학과 협업해 교수진을 직접 모셨고, 교육 인프라도 따로 구축했죠." 박 이사장의 목소리에는 자신감과 절실함이 함께 묻어났다.

아울러 올해부터는 자격 취득과 AI 시험 결과에 따라 인사 혜택을 부여하는 평가제도도 도입하고자 한다. 우수사례를 선정해 전파하는 내부 성과 공유 문화도 병행해, 공단의 조직 문화를 한층 선진화 할 계획이다.

인터뷰의 마지막, 박 이사장은 책상 너머를 바라보며 조용히 말했다. "공단은 소상공인과 전통시장 상인 여러분이 매출을 잘 올릴 수 있도록 돕기 위해 존재하는 기관입니다. 그리고 그 중심에는 '사람'이 있습니다."

그는 최근 지속되는 고물가와 고금리로 어려움을 겪는 소상공인을 두고, "이분들이야말로 대한민국 서민경제의 뿌리"라고 표현했다. 단순히 생존이 아니라 회복과 도약을 돕는 것이 공단의 사명이자 자신의 책임이라고 덧붙였다.

정책은 시스템이지만, 그 시작과 끝은 결국 사람이다. 박성효 이사장과의 대화는 행정의 언어 너머에 있는 '의지'와 '현장'의 결합을 느끼게 한다. 공단의 움직임이 단지 숫자에 머물지 않고, 대한민국 골목 구석구석에서 진짜 변화를 이끌어 내기를 기대해본다.

이가희 시카고한국일보 한국특파원
한국스토리텔링연구원장
시인/칼럼니스트

박성효 소상공인시장진흥공단 이사장은 소상공인을 대한민국 경제의 핵심 기반으로 바라보며, "공단은 이들이 다시 일어설 수 있도록 함께 뛰는 동반자가 되어야 한다"는 확고한 원칙을 중심에 두고 있다. 그는 취임 이후 어려움에 직면한 소상공인의 회복과 성장 지원을 최우선 과제로 삼아, 정책의 실효성을 높이는 현장 중심 행정을 강화해왔다.

새롭게 마련된 공단의 지족동 청사는 이러한 변화의 방향을 상징적으로 보여준다. 이전보다 한층 개방적인 공간 구조는 조직 내 소통과 협업을 촉진하기 위한 의도를 담고 있다. 단순한 업무 공간의 변화가 아니라, 공단이 추구하는 가치와 철학을 반영한 재설계였다.

특히 눈에 띄는 점은 젊은 인재들의 활발한 활동이다. 조직 곳곳에서 마주하는 직원들의 밝고 능동적인 태도는 공단이 지향하는 '열린 조직', '사람 중심 행정'을 자연스럽게 보여준다. 이는 단순한 분위기의 변화가 아니라, 소상공인의 변화와 도전을 함께 이끌어갈 실행력의 기반이 되고 있다.

박성효 이사장은 취임 이후 공단의 역할을 기존의 지원 기능에 머무르지 않고 실질적인 성장 플랫폼으로 확장하는 데 주력해 왔다. 그는 소상공인 정책이 책상 위의 논의에서 끝나는 것이 아니라, 현장에서 작동해야 비로소 의미가 있다고 말한다. 정책 설계뿐 아니라 조직의 체질 개선까지 아우르며, 소상공인의 지속 가능한 성장을 위한 기반을 마련해온 것이다.

위기를 기회로 전환하는 힘, 그리고 소상공인의 미래를 글로벌 시장까지 확장하려는 그의 구상은 공단의 변화 속에 구체적으로 녹아 있다. 박성효 이사장의 방향성은 결국 대한민국 경제의 근간을 단단하게 만드는 일과 맞닿아 있다.

소상공인을 위한 추경 예산 중 소진공에 관련된 예산

박 이사장은 인터뷰 서두에서 "2025년 제1차 추가경정예산 중 약 3조 5,553억 원이 소상공인을 위해 편성됐다"며 "이는 추경 민생지원 예산 5.1조 원 중 약 70%에 해당하는 수치로, 정부의 강한 의지를 보여준다"고 말했다. 특히 산불 피해지역 지원을 위해 디지털상품권 환급과 지역 상권 회복을 위한 민간주도의 지역상권 활성화 지원이 포함되었고, 유동성 위기를 겪는 소상공인을 위한 고정비용(공과금, 보험료 등) 지원책인 '부담경감 크레딧' 제도도 눈에 띈다.

"전통시장과 상점가 소비를 촉진하기 위한 '상생페이백' 제도도 준비 중입니다. 카드 소비액의 20%를 디지털 상품권으로 환급해주는 방식으로, '소비 촉진'과 '매출 확대' 두 마리 토끼를 잡을 수 있죠." 박 이사장은 이 제도의 확대 시행을 통해 전통시장과 상점가의 활력 회복에 가속이 붙을 것이라 강조했다.

소상공인의 해외 진출

내수 시장의 한계를 뛰어넘기 위해, 소진공은 '국가대표 소상공인'이라는 슬로건을 내걸고 글로벌 무대로의 진출을 적극 추진 중이다. 박 이사장은 "베트남 하노이에 오프라인 상설매장 '두근두근'을 개장하며 K-소상공인의 저력을 직접 보여주고 있다"고 소개했다.

"특히 '강한 소상공인 글로벌 진출 트랙'을 확대하고, 통해 뷰티 상설매장을 태국에 추가 개소할 예정이고, 글로벌 쇼핑몰 입점을 지원 중입니다.” 박 이사장은 또한 관세청, KOTRA, 중진공 등 유관기관과의 협업을 통해 통관, 인증 등 실무 장벽 해소에도 주력하고 있다고 덧붙였다.

이처럼 소진공은 현장 밀착형 수출 지원을 위해 전담 인력을 양성하고, 지역본부와 연계한 상시 수출상담 인프라 구축을 통해 실질적 수출 실행력을 높이고 있다. “소상공인의 수출은 더 이상 꿈이 아닙니다. 정부의 지원과 현장의 열정이 맞물릴 때, 우리는 글로벌 성공 스토리를 만들 수 있습니다.” 박 이사장의 이 말은 인터뷰의 무게를 더했다.

전통시장 활성화를 위한 노력

“전통시장은 단순한 유통 공간이 아닙니다. 지역의 삶과 문화, 공동체가 살아 숨 쉬는 현장입니다.” 박 이사장은 온누리상품권의 활용 확대를 중심으로 전통시장에 활기를 불어넣기 위한 다양한 시도를 설명했다.

올해 온누리상품권은 사상 최대 규모인 5조 5,000억 원 규모로 발행될 예정이다. 박 이사장은 “사용처 확대와 디지털 상품권의 편의성 개선을 통해 더욱 손쉽게 사용할 수 있도록 하고 있다”고 강조했다. 골목형 상점 600곳 이상 추가 발굴, 부정유통 감시 체계 강화, 통합 앱 구축 등은 사용자 중심의 실질적 개선책이다.

디지털 전환이 낯선 고령 상인을 위한 교육도 확대된다. “유통환경이 빠르게 변하는 만큼, 소상공인들의 디지털 역량 강화는 선택이 아니라 생존 전략입니다.” 또한 그는 상권육성전문가 자격증의 활용범위를 지방자치단체와 상권기관 등으로 확대할 예정이라고 밝혔다.

또한 소방본부, 노인인력개발원, 창의과학재단 등 유관기관과의 협업을 통해 안전한 시장 조성하고 어린이 전통시장 체험행사 확대도 추진 중이다. "동행축제, 지역 야시장과 연계한 차별화된 관광 상품 개발로 백화점과는 다른 전통시장의 매력을 살리고 있습니다."

소상공인 재기 지원 등
사회 안전망 확보를 위한 정책

"경영 위기는 예고 없이 찾아옵니다. 하지만 실패했다고 끝은 아닙니다." 박 이사장은 소진공의 재기 지원 정책을 단순한 복지 정책이 아닌, '두 번째 기회를 위한 기반'이라고 설명했다.

우선, 7월부터 시행 예정인 연 매출 3억 원 이하 소상공인을 대상으로 한 '부담경감 크레딧' 제도는 공과금, 보험료 등의 고정비를 지원해 경영 부담을 완화해준다. 또 배달·택배비 지원을 통해 소상공인의 물류비용을 절감하고, 희망리턴패키지를 통한 교육·자금·재창업 연계 지원이 병행된다.

"사회안전망이란 말 그대로 실패해도 다시 일어설 수 있는 '안전한 바닥'이어야 합니다." 그는 자영업자 고용보험료 지원을 예로 들며, 폐업 이후 최대 80%까지 보험료를 지원하는 정책이 특히 의미 있는 성과를 낼 수 있다고 강조했다.

현재 공단은 홈페이지 및 지역센터를 통해 경영위기 소상공인에게 상시 상담 및 맞춤형 지원을 제공하고 있다. 박 이사장은 "힘든 상황에서도 상담을 받기만 해도 첫걸음이 시작된다"며 현장 방문을 적극 권했다.

현장 맞춤형 재편, 구조적 지원의 힘…
소상공인 정책의 다음 단계

소상공인 정책이 단기적 '지원'에서 장기적 '성장 인프라'로 진화하고 있다. 이는 단순히 예산 규모나 항목의 확대에 머무르지 않는다. 정책 실행의 핵심 축인 '자금'과 '현장 조직'을 어떻게 설계하고 운용하느냐에 따라 결과는 극명하게 달라진다. 박성효 소상공인시장진흥공단 이사장은 이에 대해 "실제 돈이 돌고, 사람이 움직이는 구조를 만들지 않으면 종이 위 정책에 불과하다"고 단호히 말했다.

"올해 정책자금 예산은 기존 3조 7,700억 원에서 추경 예산을 포함한 4조 2,700억 원으로 대폭 증액됐습니다. 이는 단순한 금융 지원이 아니라, 경제의 허리를 지키겠다는 의지입니다."

박 이사장은 특히 정책자금이 단순히 '서류 처리'에서 끝나지 않도록, 시중은행과의 협력을 통해 신청부터 지급까지 절차를 간소화했다고 설명했다. KB국민은행과의 업무협약으로 비대면 서비스 기반의 대리대출 시스템이 본격 가동되며, 4월부터는 실제 실행 중이다.

민간 금융의 사각지대에 놓인 유망 소상공인을 위해서도 특별한 정책이 마련됐다. 대표적으로 '일시적 경영애로자금'은 원부자재 가격 상승 등 일시적 위기로 경영 곤란을 겪는 업체를 폭넓게 지원하며, '대환대출 지원'은 고금리 보증부 대출까지 대환을 지원하고, 2년 거치 후 원금 상환 방식을 신설해 원금상환 부담을 완화해주고 있다.

또한, '상생성장지원자금' 1,000억 원을 신규로 설치해 온라인 플랫폼 입점 소상공인의 디지털 전환과 성장을 유도하고 있다. 박 이사장은 "이제는 단순한 자금 수혈이 아닌, 지속 가능한 성장 기반을 만들어줘야 할 때"라고 강조했다.

전국 소상공인지원센터의 재편을 통해 소상공인 지원 기능을 강화

현장 지원의 핵심은 '기동성'과 '조직 효율'이다. 박 이사장은 전국 단위의 지원센터 조직을 개편한 배경에 대해 이렇게 설명했다.

"그동안 7개 광역 본부 체계로는 지역 밀착 지원에 한계가 있었습니다. 그래서 광역시·도를 중심으로 12개 지역본부로 확대 재편했습니다."

특히, 지역본부는 자치단체 및 유관기관과 협업의 주체로서 역할 및 기능을 확대하고, 지역센터는 정책자금 실행, 사후 관리, 현장형 컨설팅 등의 역할을 하게된다. 지원 수요가 적거나 교통 접근성이 낮은 곳은 사무소화해 운영 효율성을 극대화하는 방안도 병행 중이다.

"이제 정책의 무게 중심은 중앙에서 지역으로, 개념에서 실행으로 이동하고 있습니다. 공단은 실행력을 갖춘 파트너로서 현장을 가장 잘 아는 '문제 해결자'가 되겠습니다."

사람이 정책을 움직인다! 교육과 철학으로 다지는 지속 가능한 내일

소상공인을 향한 정책이 효과를 내려면, 그 정책을 실행하는 사람부터 바뀌어야 한다. 박성효 이사장이 가장 강하게 믿는 것도 바로 이 '사람 중심'의 변화다. 그는 인터뷰 말미에 "조직의 혁신은 외부보다 내부에서 먼저 시작되어야 한다"고 힘주어 말했다.

"정책의 디테일은 결국 사람이 만듭니다. 우리가 현장에서 어떤 질문을 던지고, 어떤 설명을 하느냐에 따라 지원 효과는 천차만별이죠."

박 이사장은 변화하는 경영 환경에 대응하기 위한 핵심 전략으로 직원 교육을 꼽았다. 지난해 첫 운영을 시작한 '자격증반'은 창업지도사, 신용분석사 등 실무 중심 자격 취득을 지원하며, 246명을 선발해 절반 이상인 128명이 이미 자격을 취득했다. 올해는 교육 범위를 넓혀 OA자격, 신용상담사 등 총 7종의 자격으로 확대됐으며, 1,200명 선발을 목표로 하고 있다.

특히 눈에 띄는 것은 'SEMAS AI 캠퍼스' 운영이다. 인공지능(AI), 빅데이터 등 디지털 기술의 급속한 발전에 대응해 공단 전 직원을 대상으로 맞춤형 교육이 시작되었고, 이 교육은 단순 지식 전달이 아닌, 실제 업무에 적용 가능한 수준 높은 강의로 구성되어 있다.

"AI를 현장에 적용하려면 직원 스스로 '데이터로 사고하는 법'을 배워야 합니다. 그래서 대학과 협업해 교수진을 직접 모셨고, 교육 인프라도 따로 구축했죠." 박 이사장의 목소리에는 자신감과 절실함이 함께 묻어났다.

아울러 올해부터는 자격 취득과 AI 시험 결과에 따라 인사 혜택을 부여하는 평가제도도 도입하고자 한다. 우수사례를 선정해 전파하는 내부 성과 공유 문화도 병행해, 공단의 조직 문화를 한층 선진화 할 계획이다.

마지막으로 박 이사장은 책상 너머를 바라보며 조용히 말했다. "공단은 소상공인과 전통시장 상인 여러분이 매출을 잘 올릴 수 있도록 돕기 위해 존재하는 기관입니다. 그리고 그 중심에는 '사람'이 있습니다."

그는 최근 지속되는 고물가와 고금리로 어려움을 겪는 소상공인을 두고, "이분들이야말로 대한민국 서민경제의 뿌리"라고 표현했다. 단순히 생존이 아니라 회복과 도약을 돕는 것이 공단의 사명이자 자신의 책임이라고 덧붙였다.

정책은 시스템이지만, 그 시작과 끝은 결국 사람이다. 박성효 이사장과의 대화는 행정의 언어 너머에 있는 '의지'와 '현장'의 결합을 느끼게 한다. 공단의 움직임이 단지 숫자에 머물지 않고, 대한민국 골목 구석구석에서 진짜 변화를 이끌어내기를 기대해본다.

대전을 문화예술의 허브로

❖ 김덕규 대전문화예술의전당 관장

김덕규는 작곡가, 합창지휘자, 예술행정가를 두루 경험한 폭넓은 예술 분야 전문가다. 그는 중부대학교 교수를 28년간 역임했으며, 대전시립 청소년 합창단의 예술 감독을 12년간 지낸 지역 예술 전문가로 활동했다. 2023년 4월, 대전예술의전당 제8대 관장으로 취임하여 대전 문화예술계의 수장이 된다. 관장으로서 그는 '과학과 예술의 융합'을 핵심 브랜드로 내세우고, 과학도시 대전만의 차별화된 콘텐츠를 구현한다. 또한 '청년 예술가 육성'과 '지역 예술 발전'을 주요 키워드로 삼아 대전 문화예술의 세계화를 적극적으로 추진한다. 시민이 편안하게 찾고 국제적인 경쟁력을 갖춘 공연장 조성을 목표로 한다.

"대전을 문화예술의 허브로" 예술이 도시를 바꾼다

김덕규 관장이 그리는 문화지도

2025년 5월 14일 수요일, 늦은 봄 햇살이 따사롭게 관장실 창을 적신 그날 오후, 대전예술의전당에서 김덕규 관장을 만났다. 2023년 부임 이래, 그는 단순한 공연장 운영자를 넘어 지역 문화예술의 지평을 새롭게 열어가고 있는 선구자다. 인터뷰는 공연장을 둘러싼 대담한 비전, 예술과 기술의 융합, 그리고 대전을 세계 무대로 이끄는 포부로 가득했다.

'시민과 예술의 경계를 허물다' - '시그니처 대전'의 탄생

"예술이란 결국 사람의 마음을 움직이는 일이며, 그 중심엔 시민이 있어야 합니다." 김덕규 관장은 그렇게 말했다. 그의 말처럼 올해 새롭게 선보인 '시그니처 대전'은 단순한 축제 브랜드 변경이 아니라, 예술의 본질을 되새기며 시민과 예술의 거리를 좁히려는 철학적 선언이다.

기존 '스프링페스티벌'을 과감히 재구성해 연중형 공연예술축제로 확장한 이 프로젝트는 클래식, 연극, 뮤지컬, 전통예술 네 장르를 중심으로 대전 시민의 다양한 문화 욕구를 충족시키고, 지역 예술인에게는 장르 간 협업의 장을 제공한다. 단순히 장르를 나열한 것이 아니라, 각각의 시리즈마다 관객과 예술의 접점을 어떻게 확장할 수 있을까를 고민한 결과물이다.

첫 시리즈였던 클래식 공연 'Night of Big Bang'은 신선한 기획과 실험적 무대 연출로 젊은 관객층의 호응을 끌어냈고, 이후 연극 '봄의 고리'가 관객을 만날 준비를 하고 있다. 이 연극은 대전이라는 공간과 시민의 삶을 주제로, 사회적 메시지를 담은 스토리텔링으로 무장해 지역 관객들에게 깊은 울림을 전할 것으로 기대된다.

김 관장은 "예술은 무대 밖 현실과 연결돼야 한다"며, '시그니처 대전'을 단순한 공연이 아닌 '시민의 삶이 녹아든 무대'로 만들고자 한다. 그는 이 축제를 '공연예술의 민주화'로 정의한다. 시민은 단순한 소비자가 아니라, 작품의 동반자이며 창작의 일부라는 것이다. 예술의전당이 시민과 예술이 함께 숨 쉬는 공간이 되기를 바라는 그의 의지가 곳곳에 묻어난다.

"공연장은 더 이상 관객이 조용히 앉아 감상하는 공간에 머물러선 안 됩니다. 예술은 이곳에 오는 것과 상관없는 일이 아니라, 바로 나의 이야기여야 합니다." 김 관장의 말엔 예술을 생활로 끌어오려는 분명한 철학이 담겨 있다.

그는 이어 "문화예술은 도시의 브랜드입니다. 예술의전당이 만들어내는 축제는 곧 대전이라는 도시가 만들어내는 이야기죠. 우리는 이 축제를 통해 대전을 전국적이고 세계적인 예술 중심지로 키워가고자 합니다."라고 밝혔다. 실제로 그는 이번 프로젝트가 일회성 행사가 아닌 장기적인 도시 전략의 핵심으로 기능하는 길 바라고 있다.

'시그니처 대전'은 시민 참여, 예술 창작, 도시 정체성이 어우러진 대전의 새로운 봄이다. 김덕규 관장은 이 축제가 시간이 지날수록 시민들에게 '기대되는 계절'의 상징으로 자리잡기를 희망한다. 그의 말에는 예술이 소수의 전유물이 아닌, 시민 모두의 일상이 되는 도시를 향한 분명한 비전이 담겨 있다.

장한나와 함께, 대전을 세계로 - '대전그랜드페스티벌'

"장한나 예술감독은 젊고 열정적인 음악가들을 대전으로 불러들이는 힘을 가진 예술가입니다."

김덕규 관장은 장한나와의 협업이 대전의 공연예술에 불러올 변화에 깊은 신뢰를 보냈다. 그가 추진 중인 '장한나의 대전그랜드페스티벌'은 단순한 음악축제를 넘어, 도시의 정체성과 문화적 자심을 드러내는 대표 브랜드로 성장하고 있다.

2024년에 첫 선을 보인 이 페스티벌은 기존 클래식 음악제의 보수적 틀을 깨고, 파격적 구성과 젊은 연주자 중심의 무대로 신선한 반향을 일으켰다. 축제의 두 번째 해인 올해는 주제를 '불멸의 사랑(Immortal Beloved)'으로 정하고, 베토벤의 삶과 예술에서 영감을 받은 사랑 이야기를 무대에 펼친다. 김 관장은 "사랑이라는 인류 보편의 감정을 클래식으로 풀어낸다는 시도가 시민의 감성을 따뜻하게 자극할 것"이라고 기대감을 전했다.

특히 가장 주목할 프로그램은 '투티(Tutti)'다. 장한나의 지휘 아래 시민 아마추어 연주자와 프로 오케스트라가 한 무대에서 호흡하는 이 무대는 '예술의 민주화'가 실현되는 상징적 장면이라며 김 관장은 강조했다. "공연장이 단순히 관람 공간이 아니라, 직접 연주하고 교감하는 곳이 될 때 문화는 비로소 살아 숨 쉽니다."

이 밖에도 마스터클래스, 오픈 리허설, 아티스트와의 대화 등 부대 프로그램이 풍성하게 마련되어 있다. 클래식 음악에 익숙하지 않은 시민도 쉽게 접근할 수 있도록 구성된 이 프로그램들은, 예술의 문턱을 낮추려는 김 관장의 의지를 보여준다. "예술은 전문가들만의 것이 아닙니다. 시민 한 사람 한 사람이 예술의 주체가 되어야 진짜 문화도시가 완성됩니다."

김 관장은 이번 축제를 단순한 관람이 아닌, '예술과 함께 존재하는 경험'으로 만들고자 한다. 대전이라는 도시가 예술을 통해 사람과 사람을 연결하고, 도시의 미래를 함께 설계하는 플랫폼이 되기를 바라는 것이다.

그는 또 "올해부터는 해외 음악 관계자들도 일부 초청할 예정입니다. 궁극적으로는 이 페스티벌이 아시아를 대표하는 클래식 음악제로 성장하길 바랍니다"라고 포부를 밝혔다. 그 중심에는 세계적인 지휘자 장한나와 지역을 세계와 잇는 김덕규 관장이 있다. 그들이 빚어내는 무대의 진정한 주인공은, 바로 시민 한 사람 한 사람이다.

"예술은 도시를 풍요롭게 만들고, 사람을 연결하는 가장 강력한 힘입니다. 우리가 함께 만드는 이 축제가 대전을 다시 보게 하고, 스스로의 삶을 돌아보게 하는 계기가 되기를 바랍니다."

기술과 예술의 융합, 그리고 세계를 향한 도약 - AAPPAC 대전총회

올해 대전예술의전당에서 가장 주목해야 할 행사를 단 하나만 꼽자면, 단연 아시아태평양공연예술센터연합회(AAPPAC) 대전총회일 것이다. 오는 10월 21일부터 29일까지 열리는 이번 총회는 전 세계 20개국, 80여 개 공연기관의 대표자들이 한자리에 모이는 대형 국제행사로, 공연 예술계에 있어서는 '올림픽'과도 같은 의미를 지닌다. 김덕규 관장은 이 총회를 단순한 회의 이상의 플랫폼으로 보고 있다.

"이번 총회의 주제는 'From Local Inspiration to Global Influence'(지역에서 영감받아 세계적 영향으로)입니다. 이는 대전이라는 도시가 가진 정체성, 즉, 과학기술의 뿌리 위에 창조성을 더해 전 세계 공연예술의 미래를 이끌겠다는 의지의 표현입니다."

대전은 오랜 시간 '과학의 도시'라는 정체성을 지녀왔다. KAIST와 대덕연구단지를 중심으로 축적된 과학기술 인프라는 한국 내에서도 독보적이다. 김 관장은 바로 이 점에 주목했다. "우리가 가진 과학기술 자산을 예술과 접목한다면, 대전만의 독창적인 공연예술 모델을 창출할 수 있습니다. 그리고 그 모델은 곧 세계 무대에서도 통할 수 있죠."

실제로 이번 총회에서는 미디어 아트, 인공지능, 센서 기술, 인터랙티브 플랫폼 등을 활용한 융복합 공연이 집중 조명될 예정이다. 단순히 무대 위에 기술을 적용하는 데 그치지 않고, 기술이 공연의 서사와 감성에 어떻게 융합될 수 있는지를 실험하고 공유하는 장이 마련되는 것이다.

"예술과 기술이 단순히 나란히 서 있는 것이 아니라, 서로 영향을 주고받으며 완전히 새로운 형태의 '무대 언어'를 창조해 내는 것입니다. 이것이야말로 21세기형 공연예술의 방향이라고 생각합니다."

김 관장은 이번 총회를 '대전 예술의 르네상스를 여는 신호탄'으로 본다. 그리고 그 중심에는 실험과 혁신이 있다. 이를 구체적으로 구현하는 공간이 바로 총회 기간 중 함께 열리는 '공연실험실 X-SPACE' 쇼케이스다.

"X-SPACE는 올해 대전예술의전당이 추진한 융복합 공연 중 가장 도전적인 시도들을 국제 무대에 소개하는 자리입니다. 단순한 발표회가 아니라, 새로운 공연예술의 미래를 논의하고 공유하는 실험의 현장이죠."

이 쇼케이스에서는 국내외 예술인과 기술자들이 협업해 완성한 프로젝트들이 무대에 오른다. 예술작품이 관객과 '상호작용'하며 변화하거나, AI가 연주의 일부를 실시간으로 생성해 내는 등, 전통적인 공연 문법을 뒤흔드는 실험들이 펼쳐질 예정이다. 김 관장은 이를 "미래 공연예술의 생태계를 가늠해 볼 수 있는 리트머스 시험지"라고 표현했다.

또한 AAPPAC 총회 자체도 하나의 국제 교류의 플랫폼으로 기능하게 된다. 공연예술 기관장들과 기획자들 간의 포럼, 협력 사업 논의, 네트워크 미팅 등 다층적인 프로그램이 계획되어 있으며, 이를 통해 대전은 단순한 개최지를 넘어 실질적인 협업과 창작의 '허브 도시'로 발돋움하게 된다.

"이제는 콘텐츠도, 무대도 국경을 초월해야 합니다. 대전에서 출발한 공연이 뉴욕, 도쿄, 싱가포르에서 울려 퍼질 수 있어야 하고, 반대로 전 세계의 흐름이 대전으로 흘러들어올 수 있어야 합니다. 이번 총회는 그 흐름을 만드는 시작점입니다."

결국 이번 AAPPAC 대전총회는 대전예술의전당이라는 물리적 공간을 넘어, 도시 전체를 창의성과 혁신의 '생태계'로 바꾸는 촉매 역할을 하게 될 것이다. 그리고 그 변화는 일시적인 이벤트가 아닌, 향후 10년, 20년을 내다보는 미래 비전의 시발점이다.

"예술의 도시 대전, 기술의 도시 대전. 이 두 개의 얼굴을 하나로 이어주는 무대가 바로 AAPPAC 대전총회입니다. 우리는 지금 대전의 새로운 정체성을 쓰고 있습니다."

김덕규 관장의 이 말은 단순한 홍보성 수사가 아니다. 그것은 예술과 기술, 지역과 세계, 지금과 미래를 하나로 잇는 '창조의 도시 대전'이라는 새로운 비전의 실현 선언이었다.

예술로 도시의 얼굴을 바꾸다

김덕규 관장은 예술을 통해 도시의 정체성을 새롭게 정의하고 있다. 그의 계획은 단순한 공연기획에 그치지 않는다. 시민의 일상에 스며드는 예술, 지역 예술인의 역량을 극대화할 수 있는 무대, 그리고 세계와 대등하게 교류할 수 있는 플랫폼 구축이 목표다.

"예술의전당은 공연장일 뿐 아니라, 이 도시의 문화 자존심입니다. 이곳이 변해야 대전이 변하고, 한국의 문화예술 생태계도 함께 진화할 수 있습니다."

그의 말은 이상이 아닌 현실이다. 취임 2년이 채 되지 않아 그는 굵직한 축제들을 성공적으로 재정비했고, 국제 무대와의 연결점도 빠르게 넓혀가고 있다. 무엇보다 지역 시민들과의 접점을 소중히 여긴다는 점에서 그는 대전예술의전당의 '외연'을 넘어 '내실'을 다지는 중이다.

"문화는 멀리 있지 않습니다." 인터뷰 말미, 그는 조용히 한 문장을 남겼다.

"문화는 거창한 것이 아닙니다. 우리 일상 속에 있고, 우리가 손 내밀면 언제든 함께 할 수 있는 것이죠."

김덕규 관장이 그리는 미래는 대전이라는 도시를 넘어, 예술이 삶과 만나는 모든 공간을 향하고 있다. 대전예술의전당은 그 중심에서, 시민과 예술을 이어주는 든든한 다리가 되어가고 있다.

김덕규 대전예술의전당 관장이 예술은 도시를 바꾸는 힘이 있다고 설명하고 있다.

김덕규관장(우)과 본지 특파원(좌)이 인터뷰를 하고 있다.

대전 예술의 전당의 전경.

이가희 시카고한국일보 한국특파원
한국스토리텔링연구원장
시민/칼럼니스트

김덕규 관장은 2023년 부임 이후 대전예술의전당을 단순한 공연장이 아닌 지역 문화예술의 중심 플랫폼으로 재정립해 왔다. 그는 공연 기획과 운영을 넘어, 대전이 지닌 문화적 잠재력과 예술 생태계를 넓히기 위한 장기적 비전을 제시해왔다.

그의 방향성은 명확하다. 예술과 기술의 융합을 통해 새로운 공연 문화를 창출하고, 대전이 아시아의 주요 예술 무대와 연결될 수 있는 기반을 만드는 일이다. 지역 예술가의 역량을 키우고, 시민들이 보다 쉽게 문화예술에 접근할 수 있도록 생태계를 확장하는 것도 그의 중요한 과제다.

김덕규 관장은 대전예술의전당이 지역을 넘어 국제적 예술 교류의 중심이 되기를 기대한다. 대전을 세계 무대로 이끌겠다는 그의 포부는 단순한 구호가 아니라, 공연장 구조 개선, 프로그램 개발, 예술가 지원 등 구체적인 실행 계획 속에 담겨 있다.

그가 그려가는 미래는 대전을 문화예술의 도시로 성장시키는 든든한 기반이 되고 있다.

시민과 예술의 경계를 허물다
'시그니처 대전'의 탄생

"예술이란, 결국 사람의 마음을 움직이는 것입니다. 그렇다면 그 중심엔 시민이 있어야죠."

김덕규 대전예술의전당 관장이 조용하지만, 확신에 찬 어조로 꺼낸 이 말은 그가 지향하는 예술의 방향성을 여실히 드러낸다.

2025년, 대전의 봄을 알리는 새로운 이름 하나가 주목받기 시작했다. '시그니처 대전'. 이 이름은 단순한 브랜드 변경이 아니라, 대전 시민과 지역 예술계에 던지는 선언과도 같은 프로젝트다. 과거 매년 봄 개최되던 '스프링페스티벌'을 과감히 재구성해, 보다 넓고 깊은 콘텐츠를 담아낸 연중형 공연예술축제로 탈바꿈시킨 것이다.

'시그니처 대전'은 클래식, 연극, 뮤지컬, 전통예술이라는 네 개의 축으로 구성되어 있다. 이는 대전 시민의 다양한 문화적 욕구를 충족시키는 동시에, 지역예술인들에게 보다 넓은 무대와 장르 간 협업의 기회를 제공하려는 전략적 포석이다. 김 관장은 이를 "지역을 기반으로 하되, 지역에 갇히지 않는" 예술로 정의했다.

지난 4월, 그 첫 번째 시리즈였던 클래식 장르의 '아벤트 시리즈 - Night of Big Bang'은 신선한 기획과 대담한 해석으로 관객과 평단의 주목을 받으며 성공적으로 막을 내렸다. 기존 클래식 공연에서 보기 힘들었던 실험적인 구성과 무대 연출은 젊은 관객층의 유입을 유도하며, 지역 공연계에 새로운 활기를 불어넣었다.

이제 '시그니처 대전'의 두 번째 시리즈인 연극 '불의 고리'가 무대에 오른다. 이 작품은 대전이라는 공간과 시민의 삶을 이야기 중심에 두고, 사회적 메시지를 예술로 풀어내는 실험적 시도를 담고 있다. 김 관장은 "지역 예술인들이 단순한 제작자가 아닌 창작자로서 주체적인 역할을 하게 되는 무대"라고 강조했다.

"예술이 시민의 삶에 스며들기 위해선, 무대 위의 이야기와 무대 밖의 현실이 연결되어야 합니다. 그래서 이번 '시그니처 대전'은 단순히 공연을 보여주는 행사가 아니라, 예술을 매개로 한 시민 참여의 장이기도 합니다."

그는 이 프로젝트를 '공연예술의 민주화'라고 표현했다. 관객은 단순한 소비자가 아니라, 작품을 함께 만들어가는 동반자이며, 지역은 단순한 배경이 아닌 콘텐츠의 원천이라는 뜻이다.

'시그니처 대전'은 또한 장기적인 도시 전략의 일환이기도 하다. 김 관장은 "문화예술은 도시의 브랜드입니다. 예술의전당이 만들어내는 축제는 곧 대전이라는 도시가 만들어내는 이야기죠. 우리는 이 축제를 통해 대전을 전국적이고 세계적인 예술 중심지로 키워가고자 합니다."라고 밝혔다.

이처럼 '시그니처 대전'은 지역 예술의 실험장이자, 시민 참여의 장이며, 도시 브랜드의 새로운 상징이다. 김덕규 관장은 이 프로젝트가 시간이 지날수록 시민들에게 '기대되는 계절의 상징'으로 자리잡기를 바란다고 했다.

"봄이 오면 벚꽃이 피듯, 이제 '시그니처 대전'도 대전 시민의 일상에 자연스럽게 피어나는 축제가 되길 바랍니다."

그의 말에는 분명한 미래에 대한 그림이 담겨 있다. 예술이 소수의 전유물이 아닌, 시민 모두의 일상이 되는 도시. 김덕규 관장은 지금 그 비전을 현실로 만들어가고 있다.

장한나와 함께, 대전을 세계로 '대전그랜드페스티벌'

"장한나 예술감독과의 협업은 정말 특별한 경험입니다. 그녀는 젊고 열정적인 음악가들을 대전으로 불러 모으는 힘을 가지고 있죠."

김덕규 관장은 장한나라는 이름에 깃든 에너지와 리더십, 그리고 그녀가 지역에 불어넣는 변화의 바람에 대해 큰 신뢰를 표했다. 그는 장한나 예술감독이야말로 대전을 국제적인 음악도시로 이끄는 데 결정적인 동력이라고 강조했다.

'장한나의 대전그랜드페스티벌'은 지난해 첫선을 보이며 지역 음악계에 신선한 충격을 안겼다. 기존의 클래식 음악제들이 보수적인 구성과 형식에 머물러 있었다면, 이 페스티벌은 파격적인 무대 구성과 젊은 음악가 중심의 캐스팅으로 새로운 전통을 만들기 시작했다. 장한나의 지휘 아래, 젊은 세대 음악가들이 저마다의 개성과 창의력을 발휘하며 클래식의 울타리를 넘어섰다.

올해는 그 두 번째 해. 김 관장은 "이제 막 태동한 축제지만, 가능성은 무궁무진합니다. 단순히 유명 아티스트를 초청하는 방식이 아니라, 대전에서 함께 호흡하고 성장하는 축제로 나아가고 있습니다."라고 말했다. 올해의 주제는 '불멸의 사랑(Immortal Beloved)'. 이는 베토벤의 미완의 편지에서 착안한 주제로, 인간 감정 중 가장 보편적이고도 깊은 감정인 '사랑'을 다룬다. 클래식 음악 속에 깃든 사랑의 다양한 형태를 무대 위에서 예술적으로 풀어낸다는 점에서 시민들의 감성을 자극할 것으로 기대된다.

특히 이 페스티벌의 백미는 '투티(Tutti)' 프로그램이다. 작년에 이어 올해도 이어지는 이 프로젝트는 시민이 직접 무대에 오르는 특별한 경험을 선사한다. "장한나 지휘자와 프로 오케스트라, 그리고 아마추어 시민 연주자들이 함께 어우러지는 이 무대는 그야말로 예술의 민주화를 실현하는 상징적인 순간입니다."라고 김 관장은 말했다. "공연장이 단순히 감상하는 공간이 아니라, 직접 연주하고 교감하는 공간이 될 때, 문화는 비로소 살아 숨 쉬게 됩니다."

시민참여형 무대 외에도 이번 대전그랜드페스티벌은 마스터클래스, 오픈 리허설, 아티스트와의 대화, 교육 워크숍 등 다양한 부대 프로그램으로 채워진다. 클래식 음악에 익숙하지 않은 시민들도 자연스럽게 예술적 흐름에 녹아들 수 있도록 한 이 구성은, 김 관장이 지향하는 '열린 예술의 장'을 구체적으로 구현한 사례다. "예술은 전문가들만의 세계가 아닙니다. 누구나 경험하고 참여할 수 있어야 합니다. 그 과정이 바로 시민 한 사람 한 사람을 예술의 일원으로 만드는 길이죠."

그는 이번 축제를 통해 시민들에게 단순한 공연 이상의 체험을 선사하고 싶다고 했다. 공연을 관람하는 것이 아니라, 예술이라는 흐름 속에 함께 존재하는 경험 말이다.

더불어, 그는 이 페스티벌이 향후 세계적인 클래식 축제로 성장할 가능성도 염두에 두고 있다고 밝혔다. "올해부터는 해외 음악 관계자들도 일부 초청할 예정입니다. 궁극적으로는 대전그랜드페스티벌이 한국을 넘어 아시아를 대표하는 음악축제가 되기를 바라고 있습니다."

그 중심에 장한나가 있고, 김덕규 관장이 있다. 세계 무대에서 활약하는 지휘자와 지역 예술 기관장이 만나, 지역을 뛰어넘는 예술의 무대를 함께 빚어가고 있는 것이다. 그리고 그 무대의 주인공은 결국 시민 한 사람 한 사람이다.

"예술은 도시를 풍요롭게 만들고, 사람을 연결하는 가장 강력한 힘입니다. 우리가 함께 만드는 이 축제가, 대전이라는 도시를 다시 보게 하고, 스스로의 삶을 돌아보게 하는 계기가 되기를 바랍니다.”

김덕규 관장의 이 말은 단지 축제 기획자의 소감이 아니라, 예술이 지닌 사회적 책임과 비전을 담은 선언처럼 들렸다. ‘대전그랜드페스티벌’은 이제 막 두 번째 발걸음을 내디뎠지만, 그 발걸음은 대전을 넘어 세계를 향하고 있다.

기술과 예술의 융합, 그리고 세계를 향한 도약 AAPPAC 대전총회

올해 대전예술의전당에서 가장 주목해야 할 행사를 단 하나만 꼽자면, 단연 아시아태평양공연예술센터연합회(AAPPAC) 대전총회일 것이다. 오는 10월 21일부터 23일까지 열리는 이번 총회는 전 세계 20개국, 80여 개 공연기관의 대표자들이 한자리에 모이는 대형 국제행사로, 공연예술계에 있어서는 ‘올림픽’과도 같은 의미를 지닌다. 김덕규 관장은 이 총회를 단순한 회의 이상의 플랫폼으로 보고 있다.

“이번 총회의 주제는 ‘From Local Inspiration to Global Influence(지역적 영감에서 세계적 영향으로)’입니다. 이는 대전이라는 도시가 가진 정체성 — 즉, 과학기술의 뿌리 위에 창조성을 더해 전 세계 공연예술의 미래를 이끌겠다는 의지의 표현입니다.”

대전은 오랜 시간 ‘과학의 도시’라는 정체성을 지녀왔다. KAIST와 대덕연구단지를 중심으로 축적된 과학기술 인프라는 한국 내에서도 독보적이다. 김 관장은 바로 이 점에 주목했다. “우리가 가진 과학기술

자산을 예술과 접목한다면, 대전만의 독창적인 공연예술 모델을 창출할 수 있습니다. 그리고 그 모델은 곧 세계 무대에서도 통할 수 있죠."

실제로 이번 총회에서는 미디어아트, 인공지능, 센서 기술, 인터랙티브 플랫폼 등을 활용한 융복합 공연이 집중 조명될 예정이다. 단순히 무대 위에 기술을 적용하는 데 그치지 않고, 기술이 공연의 서사와 감성에 어떻게 융합될 수 있는지를 실험하고 공유하는 장이 마련되는 것이다.

"예술과 기술이 단순히 나란히 서 있는 것이 아니라, 서로 영향을 주고받으며 완전히 새로운 형태의 '무대 언어'를 창조해내는 것입니다. 이것이야말로 21세기형 공연예술의 방향이라고 생각합니다."

김 관장은 이번 총회를 '대전 예술의 르네상스를 여는 신호탄'으로 본다. 그리고 그 중심에는 실험과 혁신이 있다. 이를 구체적으로 구현하는 공간이 바로 총회 기간 중 함께 열리는 '공연실험실 X-SPACE' 쇼케이스다.

"X-SPACE는 올해 대전예술의전당이 추진한 융복합 공연 중 가장 도전적인 시도들을 국제 무대에 소개하는 자리입니다. 단순한 발표회가 아니라, 새로운 공연예술의 미래를 논의하고 공유하는 실험의 현장이죠."

이 쇼케이스에서는 국내외 예술인과 기술자들이 협업해 완성한 프로젝트들이 무대에 오른다. 예술작품이 관객과 '상호작용'하며 변화하거나, AI가 연주의 일부를 실시간으로 생성해내는 등, 전통적인 공연 문법을 뒤흔드는 실험들이 펼쳐질 예정이다. 김 관장은 이를 "미래 공연

예술의 생태계를 가늠해볼 수 있는 리트머스 시험지"라고 표현했다.

또한 AAPPAC 총회 자체도 하나의 국제 교류의 플랫폼으로 기능하게 된다. 공연예술 기관장들과 기획자들 간의 포럼, 협력 사업 논의, 네트워크 미팅 등 다층적인 프로그램이 계획되어 있으며, 이를 통해 대전은 단순한 개최지를 넘어 실질적인 협업과 창작의 '허브 도시'로 발돋움하게 된다.

"이제는 콘텐츠도, 무대도 국경을 초월해야 합니다. 대전에서 출발한 공연이 뉴욕, 도쿄, 싱가포르에서 울려 퍼질 수 있어야 하고, 반대로 전 세계의 흐름이 대전으로 흘러들어올 수 있어야 합니다. 이번 총회는 그 흐름을 만드는 시작점입니다."

이와 같은 국제적 구심점으로서의 역할 외에도, 김 관장은 시민 참여와 교육적 효과에도 큰 비중을 두고 있다. 총회 기간 중 일부 세션은 공개 포럼 형태로 진행되어 일반 시민들도 참석할 수 있으며, 청소년과 대학생을 위한 아트앤테크 워크숍도 병행될 예정이다.

"대전시민들이 이 총회를 통해 예술이 시대의 최전선에서 어떻게 변화하고 있는지를 체험하셨으면 합니다. 기술과 예술이 하나가 되는 이 흥미로운 진화를 직접 보고, 듣고, 느끼는 것만으로도 강력한 문화적 자극이 될 것입니다."

결국 이번 AAPPAC 대전총회는 대전예술의전당이라는 물리적 공간을 넘어, 도시 전체를 창의성과 혁신의 '생태계'로 바꾸는 촉매 역할을 하게 될 것이다. 그리고 그 변화는 일시적인 이벤트가 아닌, 향후 10년, 20년을 내다보는 미래 비전의 시발점이다.

"예술의 도시 대전, 기술의 도시 대전. 이 두 개의 얼굴을 하나로 이어주는 무대가 바로 AAPPAC 대전총회입니다. 우리는 지금 대전의 새로운 정체성을 쓰고 있습니다."

김덕규 관장의 이 말은 단순한 홍보성 수사가 아니다. 그것은 예술과 기술, 지역과 세계, 지금과 미래를 하나로 잇는 '창조의 도시 대전'이라는 새로운 비전의 실현 선언이었다.

예술로 도시의 얼굴을 바꾸다

김덕규 관장은 예술을 통해 도시의 정체성을 새롭게 정의하고 있다. 그의 계획은 단순한 공연기획에 그치지 않는다. 시민의 일상에 스며드는 예술, 지역예술인의 역량을 극대화할 수 있는 무대, 그리고 세계와 대등하게 교류할 수 있는 플랫폼 구축이 목표다.

"예술의전당은 공연장일 뿐 아니라, 이 도시의 문화 자존심입니다. 이곳이 변해야 대전이 변하고, 한국의 문화예술 생태계도 함께 진화할 수 있습니다."

그의 말은 이상이 아닌 현실이다. 취임 2년이 채 되지 않아 그는 굵직한 축제들을 성공적으로 재정비했고, 국제 무대와의 연결점도 빠르게 넓혀가고 있다. 무엇보다 지역 시민들과의 접점을 소중히 여긴다는 점에서 그는 대전예술의전당의 '외연'을 넘어 '내실'을 다지는 중이다.

"문화는 멀리 있지 않습니다"
인터뷰 말미, 그는 조용히 한 문장을 남겼다.
"문화는 거창한 것이 아닙니다. 우리 일상 속에 있고, 우리가 손 내밀면 언제든 함께할 수 있는 것이죠."

　김덕규 관장이 그리는 미래는 대전이라는 도시를 넘어, 예술이 삶과 만나는 모든 공간을 향하고 있다. 대전예술의전당은 그 중심에서, 시민과 예술을 이어주는 든든한 다리가 되어가고 있다.

K-바이오 수도 오송,
세계를 향해 뻗다

❖ **이명수** 오송첨단의료산업진흥재단 이사장

이명수는 1955년생으로, 제22회 행정고시에 합격한 후 공직에 입문하여 성균관대학교
에서 행정학 박사 학위를 취득했다. 그는 공직 생활 동안 충청남도 행정부지사 및 대통
령실 행정관을 역임하며 풍부한 행정 경험과 정책 전문성을 쌓았다. 이후 정계에 진출
하여 고향인 충남 아산에서 제18대부터 제21대까지 4선 국회의원을 지낸 중진 정치인
이다. 국회 재임 기간 중 보건복지위원회 간사 및 위원장을 역임하며 보건 및 복지 정
책 분야의 전문성을 심화했다. 또한 건양대학교 부총장과 나사렛대학교 부총장을 역임
하며 교육 행정가로서의 경력도 갖추었다. 2024년 10월부터 오송첨단의료산업진흥재
단(KBIOHealth)의 이사장으로 취임하여, 국회와 행정 경험을 바탕으로 오송단지의 글
로벌 바이오 클러스터 도약과 국내 보건산업 발전을 위해 노력한다.

K-바이오 수도 오송, 세계를 향해 뻗다

이명수 오송첨단의료산업진흥재단 이사장 인터뷰

오송첨단의료산업진흥재단 이명수이사장(좌)과 이명수 오송첨단의료진흥재단이사장(좌)과 본지 특파원(우)이 인터뷰를 하고 있다.

생명을 살리는 과학의 도시, 오송의 비전

10월의 마지막 날, 오송 하늘은 유난히 맑고 청명했다. 가을 햇살이 유리창을 스치며 들어오던 오후, 오송첨단의료산업진흥재단 이사장실에서 만난 이명수 이사장은 특유의 차분한 미소로 우리를 맞았했다.

그의 책상 뒤 창으로는 오송역을 향해 뻗은 도로와 단지의 풍경이 한눈에 들어왔다. 이곳은 이제 단순한 산업단지가 아니라, 인간의 생명과 건강을 지키는 대한민국 바이오산업의 심장이다. "오송은 다섯 그루의 소나무처럼, 뿌리 깊은 신뢰와 협력으로 세계를 향해 뻗어나가야 합니다." 그의 말에는 국가 바이오산업을 향한 확신과 비전이 담겨 있었다.

다섯 그루의 소나무, 오송의 심장이 되다

이명수 이사장은 취임 직후 재단 앞마당에 다섯 그루의 소나무를 직접 심었다. 오송의 미래를 그 소나무에 비유하며 그는 이렇게 설명했다.

"그 다섯 그루는 산·학·연·병·관의 협력을 뜻합니다. 산업, 대학, 연구기관, 병원, 그리고 정부가 한 울타리 안에서 움직여야 대한민국 바이오가 성장할 수 있습니다."

'오송(五松)'이라는 지명은 말 그대로 '다섯 그루의 소나무'에서 유래했다. 천여 년 전 최치원 선생이 심었다는 이야기가 전해질 만큼 유서 깊은 이름이다. 이명수 이사장은 그 이름의 상징을 오늘날 바이오산업의 가치로 다시 되살리고 있다. 그는 '천년 전에는 사람이 나무를 심어 마을의 터전을 세웠다면, 오늘의 오송은 과학과 기술, 그리고 신뢰를 심어 인류의 생명을 지키는 터전을 만들고 있다'고 말했다.

현재 오송에는 충북대 의대와 약대, 청주대, 도립대, 베스티안 병원을 비롯해 식품의약품안전처, 질병관리청, 국립보건연구원, 보건산업진흥원 등 여섯 개의 국가기관이 집결해 있다. 단순히 기관이 모여 있는 수준을 넘어, 연구개발(R&D), 임상, 인허가, 생산, 유통까지 전 주기를 아우르는 바이오 혁신 생태계가 구축되어 가고 있다.

이명수 이사장은 이를 "사람과 제도, 기술이 맞물려 돌아가는 살아 있는 산업도시라 표현했다. 그러나 그는 동시에 현실적인 과제도 잊지 않았다. "이제는 연구 중심지를 넘어 인재와 기술, 제도가 하나로 엮어야 합니다. 특히 AI와 데이터 기반의 바이오 4.0 시대에는 융합형 전문인재의 양성과 신속한 인허가 제도 정비가 병행되어야 합니다."

그에게 오송은 단순한 행정 중심지가 아니라, 대한민국의 바이오 주권을 상징하는 실험장이자 미래 전략의 거점이다. "이 다섯 가지 축이 곧 대한민국 바이오의 뿌리이자 줄기입니다. 오송은 그 중심에서 K-바이오가 세계로 뻗어 나가는 출발점이 될 것입니다."

그의 목소리에는 오송에 대한 깊은 확신과 자부심, 그리고 사람과 기술이 함께 자라는 생명의 숲을 향한 신념이 담겨 있었다.

사람 중심의 혁신, 재단을 새롭게 세우다

부임 후 1년, 이명수 이사장은 재단의 체질 개선부터 시작했다.

"혁신은 제도를 고치는 일이 아니라 방향을 바로 세우는 일입니다. 미래비전, 조직개선, 복리후생 세 가지 TF를 집중 운영했고, 이후 성과 혁신팀을 신설했습니다."

그는 조직의 관성보다 '사람의 의지'를 우선시했다. 현장의 목소리를 직접 듣기 위해 전 부서를 순회하며 간담회를 열었고, 실무자들이 느끼는 불편함과 제안이 곧 제도 개선의 출발점이 되었다.

"직원 참여형 상시 혁신시스템을 도입해, 실제 아이디어가 즉시 정책으로 반영되는 구조를 만들었습니다. 그 결과, 유연근무제·장기재직휴가·육아시간제 같은 제도가 실질적으로 자리 잡았고, 출산·질병 관련 복지제도도 강화됐습니다."

그는 조직을 '성과를 내는 집단'보다 '사람이 성장하는 공동체'로 보고 있다.

"조직이 지속가능하려면 구성원이 행복해야 합니다. 행복한 직원이 만든 성과는 결국 국민의 신뢰로 이어집니다."

공공기관의 역할에 대해서도 그는 분명한 철학을 갖고 있다.

"공공기관의 진정한 경쟁력은 투명성과 신뢰입니다. 국민의 세금으로 운영되는 기관이라면, 효율과 성과 못지않게 신뢰를 기반으로 한 경영이 필수입니다."

그는 거창한 혁신보다 꾸준한 변화를 중시한다. "혁신은 한 번의 이벤트가 아닙니다. 일상 속에서 쌓이고, 결국 조직의 DNA로 스며들어야 합니다."

그의 말처럼 오송 재단의 혁신은 제도보다 사람, 정책보다 마음에서 출발하고 있었다.

'글로컬 청바지 전략' : 청년, 바이오, 지역의 선순환

이명수 이사장은 오송재단의 경영 철학을 '글로컬(Global+Local)'로 표현했다.

"세계적 안목으로 보되, 발은 지역에 단단히 뿌리내려야 합니다. 저는 이를 '청바지 전략'으로 구체화했습니다. 청년(靑) 인재를 키우고, 바이오(生) 벤처를 육성하며, 지역(地)과 함께 성장하는 구조입니다."

그의 말처럼 오송재단의 중심에는 '사람', 그중에서도 '청년'이 있다. 그는 청년이 곧 바이오산업의 미래이며, 지역이 키운 인재가 세계로 나아가는 구조가 만들어져야 한다고 강조한다.

"바이오산업은 단순히 연구개발의 영역이 아닙니다. 청년이 주체가 되어 창업하고, 기술을 세계 시장으로 연결할 때 비로소 산업이 성장합니다."

재단은 충북대·청주대·도립대뿐 아니라 전국의 바이오 마이스터고와 연계해 청년들의 실무 역량을 키우는 프로그램을 운영하고 있다. 실험과 임상, 인허가 절차를 직접 체험할 수 있는 현장 중심의 교육으로, 졸업 후 바로 산업 현장에 투입될 수 있는 '즉시 전력형 인재' 양성을 목표로 한다.

또한 오송 이노랩스 단지를 중심으로 스타트업 창업 지원, 기술 상용화, 시제품 실증까지 전 과정을 지원하며 젊은 연구자들이 글로벌 무대와 직접 연결될 수 있도록 돕고 있다.

그는 말한다. "청년의 열정과 기술, 지역의 인프라가 결합하면 그것이 곧 K-바이오의 성장엔진이 됩니다. 이제는 '한국 내 최고'가 아니라, '세계와 경쟁하는 한국형 바이오 생태계'로 도약해야 합니다. 그 중심에 청년이 서야 합니다."

그의 청바지 전략은 단순한 구호가 아니라, 지역과 산업, 청년이 함께 순환하며 성장하는 오송의 새로운 경제 생태계 구상이다.

오송첨단의료산업진흥재단 본부 가을 전경.

"지역이 키운 인재가 세계를 움직이고, 세계가 다시 지역을 성장시키는 선순환. 그것이 제가 꿈꾸는 오송의 미래입니다."

K-바이오 4.0 시대, 기술보다 사람을 향하다

이명수 이사장이 강조하는 바이오 4.0은 단순한 기술 혁신이 아닌 산업 질서의 재편이다.

"천안, 대전, 오송, 세종을 잇는 'CDOS 밸리'는 국가 단위의 바이오 협력 플랫폼입니다. 연구개발, 임상, 인허가, 생산이 하나로 이어지는 구조죠."

그는 AI와 데이터 기반의 자율랩을 통해 맞춤형 신약개발 생태계를 실현하고 있다.

"바이오 4.0은 데이터를 다루는 산업이지만, 그 목적은 인간의 삶을 구하는 일입니다. 오송이 그 사명을 실천하는 현장이 되게 하겠습니다."

세계와 연결되는 오송, 글로벌 협력의 허브로

오송재단은 최근 미국 텍사스 메디컬센터(TMC)와 업무협약을 맺고, 보스턴의 랩센트럴(LabCentral)과도 협약을 추진 중이다.

"한국 바이오 벤처들이 미국 시장 진출 시 임상시험과 FDA 승인, 유통까지 지원받을 수 있도록 창구를 마련했습니다. 내년에는 오송 이노랩스에 랩센트럴 지부를 개소할 예정입니다."

그는 보스턴과 텍사스를 예로 들며 이렇게 말했다.

"보스턴은 세계 최고의 바이오 클러스터지만, 텍사스는 석유산업 이후 바이오로 전환하며 놀라운 속도로 성장하고 있습니다. 한국은 이제 '퍼스트 무버'가 되어야 합니다. 복제약 시대는 끝났습니다. 우리가 원천 기술로 세상을 선도해야 합니다."

AI 바이오 융합, 혁신 기업이 자란다

이명수 이사장은 오송의 혁신 기업들을 'K-바이오의 미래'라 표현했다.

그중 대표적인 사례는 알테오젠이다. "정맥주사를 피하주사로 바꾼 Hybrozyme 기술은 환자의 삶을 편하게 만든 혁신이자 글로벌 성공의 신호탄입니다."

또 다른 기업 바이오니아는 AI를 활용해 신약 후보 물질을 탐색하고 임상 성공률을 높이고 있다.

"AI는 신약개발의 패러다임을 완전히 바꾸고 있습니다. 재단은 이런 기업들이 실증·평가·임상으로 이어질 수 있도록 공공 인프라를 적극 개방하고 있습니다."

그는 단호하게 말했다. "바이오산업의 경쟁력은 기술의 크기가 아니라 연결의 속도에 있습니다. 오송은 그 연결의 중심이 될 것입니다."

KAIST와 함께 여는 완결형 바이오 생태계

오송 제3산업단지에는 KAIST 의과대학원의 입주가 추진 중이다.

"KAIST가 오송에 들어오면, 배우고·만들고·검증하는 바이오 혁신의 전 주기가 한 공간에서 완성됩니다. 이는 대한민국 바이오 교육과 연구의 전환점이 될 것입니다."

이명수 이사장은 KAIST의 오송 이전이 단순한 기관 입주를 넘어 '국가 바이오 시스템의 진화'라고 강조한다.

KAIST의 의과대학원은 의과학, 생명과학, 의공학을 융합한 다학제 연구를 통해 창의적인 바이오 인재를 배출하고 있다. 여기에 오송재단의 R&D·임상·인허가·제조 인프라가 결합하면, 교육과 산업이 실시간으로 이어지는 새로운 형태의 '지식 순환형 생태계'가 형성된다.

오송은 이미 충북대병원 오송 분원, 베스티안 병원 등 임상 연계가 가능한 의료기관을 보유하고 있다. 이러한 환경 속에서 KAIST의 연구 성과가 실험실을 넘어 실제 임상과 환자 치료, 그리고 산업화로 빠르게 이어질 수 있는 길이 열리게 된다.

그는 "KAIST, 대학, 병원, 기업이 하나로 연결되면, '실험실에서 병원으로, 병원에서 산업으로' 이어지는 완결형 연구개발 체계가 만들어집니다. 그 중심이 바로 오송입니다"라고 말했다.

또한 그는 이 협력 모델이 향후 한국 바이오산업의 글로벌 경쟁력을 좌우할 것이라 전망했다.

"보스턴의 바이오 허브가 MIT와 하버드의 융합으로 탄생했듯, 오송은 KAIST와 함께 대한민국형 바이오 허브로 진화해야 합니다. 교육, 연구, 산업, 그리고 임상이 한 축으로 움직이는 구조! 그것이 진정한 K-바이오 4.0의 완성입니다."

KAIST의 입주는 단순한 연구시설의 이전이 아니다. 그것은 곧 대한민국 바이오 미래의 지도가 새로 그려지는 순간이며, 오송이 세계 바이오 혁신의 무대 중심으로 나아가는 출발점이다.

사람을 살리는 과학의 숲, 오송

인터뷰가 끝날 무렵, 창밖으로 저녁 햇살이 서서히 기울었다. 붉게 물든 하늘 아래, 재단 앞 다섯 그루의 소나무가 바람에 고개를 흔들고 있었다.

이명수 이사장은 마지막으로 이렇게 말했다.

"오송은 사람을 살리는 과학의 숲이 될 것입니다. 바이오는 단순한 산업이 아닙니다. 인류의 복지와 생명을 위한 과학의 약속입니다."

그의 말처럼, 오송은 이제 한국의 기술이 세계로 향하는 교두보이자, 인류의 생명을 지키는 최전선이다. 다섯 그루의 소나무는 오늘도 푸르게 자라며, K-바이오의 미래를 향해 뻗고 있다.

이가희 시카고한국일보 한국특파원
한국스토리텔링연구원장
시인/칼럼니스트

생명을 살리는 과학의 도시, 오송의 비전

오송은 이제 단순한 산업단지를 넘어, 생명과학과 의료기술이 집약된 대한민국 바이오산업의 중심지로 성장하고 있다. 이명수 오송첨단의료산업진흥재단 이사장은 이러한 변화의 한가운데서 오송의 미래를 설계하는 핵심 역할을 맡고 있다.

그는 오송을 "다섯 그루의 소나무처럼 뿌리 깊은 신뢰와 협력으로 세계를 향해 뻗어나갈 도시"라고 정의한다. 이는 단순한 비유가 아니라, 국내 바이오산업의 경쟁력을 결집하고 글로벌 시장으로 확장하기 위한 전략적 방향을 상징한다.

오송은 신약 개발, 의료기기 혁신, 임상·평가 인프라, 바이오 생산시설, 전문 인력 양성 등 바이오산업의 전 주기를 한 공간에 모아 놓은 '국가 바이오 클러스터'다. 이명수 이사장은 이러한 강점을 기반으로, 오송이 국내 기업의 성장을 넘어 세계 바이오 기업과 어깨를 나란히 하는 국제적 허브로 발전해야 한다고 강조한다.

그의 목표는 명확하다. 오송을 K-바이오의 수도로 자리매김시키고, 생명을 살리는 과학이 세계로 확산될 수 있도록 지속 가능한 기반을 구축하는 것이다. 이명수 이사장의 비전은 오송이 지닌 산업적·공공적 가치와 맞물리며, 한국 바이오산업의 미래 방향을 더욱 선명하게 만들고 있다.

다섯 그루의 소나무, 오송의 상징이 되다

이명수 이사장은 취임 직후 재단 앞마당에 다섯 그루의 소나무를 직접 심었다. 오송의 미래를 그 소나무에 비유하며 그는 이렇게 설명했다.

"그 다섯 그루는 산·학·연·병·관의 협력을 뜻합니다. 산업, 대학, 연구기관, 병원, 그리고 정부가 한 울타리 안에서 움직여야 대한민국 바이오가 성장할 수 있습니다."

'오송(五松)'이라는 지명은 말 그대로 '다섯 그루의 소나무'에서 유래했다. 천여 년 전 최치원 선생이 심었다는 이야기가 전해질 만큼 유서 깊은 이름이다. 이명수 이사장은 그 이름의 상징을 오늘날 바이오산업의 가치로 다시 되살리고 있다. 그는 "천 년 전에는 사람이 나무를 심어 마을의 터전을 세웠다면, 오늘의 오송은 지식과 기술, 그리고 신뢰를 심어 인류의 생명을 지키는 터전을 만들고 있다"고 말했다.

현재 오송에는 충북대 의대와 약대, 청주대, 도립대, 베스티안 병원을 비롯해 식품의약품안전처, 질병관리청, 국립보건연구원, 보건산업진흥원 등 여섯 개의 국가기관이 집결해 있다. 단순히 기관이 모여 있는 수준을 넘어, 연구개발(R&D), 임상, 인허가, 생산, 유통까지 전 주기를 아우르는 바이오 혁신 생태계가 구축되어 가고 있다.

이명수 이사장은 이를 "사람과 제도, 기술이 맞물려 돌아가는 살아 있는 산업도시"라 표현했다. 그러나 그는 동시에 현실적인 과제도 잊지 않았다. "이제는 연구 인프라를 넘어 인재와 기술, 제도가 하나로 엮여야 합니다. 특히 AI와 데이터 기반의 바이오 4.0 시대에는 융합형 전문 인재의 양성과 신속한 인허가 제도 정비가 병행되어야 합니다."

그에게 오송은 단순한 행정 중심지가 아니라, 대한민국의 바이오 주권을 상징하는 실험장이자 미래 전략의 거점이다.

"이 다섯 가지 축이 곧 대한민국 바이오의 뿌리이자 줄기입니다. 오송은 그 중심에서 K-바이오가 세계로 뻗어나가는 출발점이 될 것입니다."

그의 목소리에는 오송에 대한 깊은 확신과 자부심, 그리고 사람과 기술이 함께 자라는 생명의 숲을 향한 신념이 담겨 있었다.

사람 중심의 혁신, 재단을 새롭게 세우다

부임 후 1년, 이명수 이사장은 재단의 체질 개선부터 시작했다.

"혁신은 제도를 고치는 일이 아니라 방향을 바로 세우는 일입니다. 미래비전, 조직개선, 복리후생 세 가지 TF를 집중 운영했고, 이후 성과혁신팀을 신설했습니다."

그는 조직의 관성보다 '사람의 의지'를 우선시했다. 현장의 목소리를 직접 듣기 위해 전 부서를 순회하며 간담회를 열었고, 실무자들이 느끼는 불편함과 제안이 곧 제도 개선의 출발점이 되었다.

"직원 참여형 상시 혁신시스템을 도입해, 실제 아이디어가 즉시 정책으로 반영되는 구조를 만들었습니다. 그 결과, 유연근무제·장기재직휴가·육아시간제 같은 제도가 실질적으로 자리 잡았고, 출산·질병 관련 복지제도도 강화됐습니다."

그는 조직을 '성과를 내는 집단'보다 '사람이 성장하는 공동체'로 보고 있다.

"조직이 지속가능하려면 구성원이 행복해야 합니다. 행복한 직원이 만든 성과는 결국 국민의 신뢰로 이어집니다."

공공기관의 역할에 대해서도 그는 분명한 철학을 갖고 있다.

"공공기관의 진정한 경쟁력은 투명성과 신뢰입니다. 국민의 세금으로 운영되는 기관이라면, 효율과 성과 못지않게 신뢰를 기반으로 한 경영이 필수입니다."

그는 거창한 혁신보다 꾸준한 변화를 중시한다. "혁신은 한 번의 이벤트가 아닙니다. 일상 속에서 쌓이고, 결국 조직의 DNA로 스며들어야 합니다."

그의 말처럼 오송 재단의 혁신은 제도보다 사람, 정책보다 마음에서 출발하고 있었다.

'글로컬 청바지 전략': 청년, 바이오, 지역의 선순환

이명수 이사장은 오송재단의 경영철학을 '글로컬(Global+Local)'로 표현했다.

"세계적 안목으로 보되, 발은 지역에 단단히 뿌리내려야 합니다. 저는 이를 '청바지 전략'으로 구체화했습니다. 청년(靑) 인재를 키우고, 바이오(生) 벤처를 육성하며, 지역(地)과 함께 성장하는 구조입니다."

그의 말처럼 오송재단의 중심에는 '사람', 그중에서도 '청년'이 있다. 그는 청년이 곧 바이오산업의 미래이며, 지역이 키운 인재가 세계로 나아가는 구조가 만들어져야 한다고 강조한다.

"바이오산업은 단순히 연구개발의 영역이 아닙니다. 청년이 주체가 되어 창업하고, 기술을 세계 시장으로 연결할 때 비로소 산업이 성장합니다.”

재단은 충북대·청주대·도립대뿐 아니라 전국의 바이오 마이스터고와 연계해 청년들의 실무 역량을 키우는 프로그램을 운영하고 있다. 실험과 임상, 인허가 절차를 직접 체험할 수 있는 현장 중심의 교육으로, 졸업 후 바로 산업 현장에 투입될 수 있는 ‘즉시 전력형 인재’ 양성을 목표로 한다. 또한 오송 이노랩스 단지를 중심으로 스타트업 창업 지원, 기술 상용화, 시제품 실증까지 전 과정을 지원하며 젊은 연구자들이 글로벌 무대와 직접 연결될 수 있도록 돕고 있다.

그는 말한다. “청년의 열정과 기술, 지역의 인프라가 결합하면 그것이 곧 K-바이오의 성장엔진이 됩니다. 이제는 ‘한국 내 최고’가 아니라, ‘세계와 경쟁하는 한국형 바이오 생태계’로 도약해야 합니다. 그 중심에 청년이 서야 합니다.”

그의 청바지 전략은 단순한 구호가 아니라, 지역과 산업, 청년이 함께 순환하며 성장하는 오송의 새로운 경제 생태계 구상이다.

“지역이 키운 인재가 세계를 움직이고, 세계가 다시 지역을 성장시키는 선순환. 그것이 제가 꿈꾸는 오송의 미래입니다.”

K-바이오 4.0 시대, 기술보다 사람을 향하다

이명수 이사장이 강조하는 바이오 4.0은 단순한 기술 혁신이 아닌 산업 질서의 재편이다.

“천안, 대전, 오송, 세종을 잇는 ‘CDOS 밸리’는 국가 단위의 바이오 협력 플랫폼입니다. 연구개발, 임상, 인허가, 생산이 하나로 이어지는 구조죠.”

그는 AI와 데이터 기반의 자율랩을 통해 맞춤형 신약개발 생태계를
실현하고 있다.

“바이오 4.0은 데이터를 다루는 산업이지만, 그 목적은 인간의 삶을
구하는 일입니다. 오송이 그 사명을 실천하는 현장이 되게 하겠습니
다.”

세계와 연결되는 오송, 글로벌 협력의 허브로

오송재단은 최근 미국 텍사스 메디컬 센터(TMC)와 업무협약을 맺
고, 보스턴의 랩센트럴(LabCentral)과도 협약을 추진 중이다.

“한국 바이오 벤처들이 미국 시장 진출 시 임상시험과 FDA 승인,
유통까지 지원받을 수 있도록 창구를 마련했습니다. 내년에는 오송 이
노랩스에 랩센트럴 지부를 개소할 예정입니다.”

그는 보스턴과 텍사스를 예로 들며 이렇게 말했다.

“보스턴은 세계 최고의 바이오 클러스터지만, 텍사스는 석유산업 이
후 바이오로 전환하며 놀라운 속도로 성장하고 있습니다. 한국은 이제
‘퍼스트 무버’가 되어야 합니다. 복제약 시대는 끝났습니다. 우리가 원
천기술로 세상을 선도해야 합니다.”

AI 바이오 융합, 혁신 기업이 자란다

이명수 이사장은 오송의 혁신 기업들을 ‘K-바이오의 미래’라 표현했
다.

그중 대표적인 사례는 알테오젠이다. "정맥주사를 피하주사로 바꾼 Hybrozyme 기술은 환자의 삶을 편하게 만든 혁신이자 글로벌 성공의 신호탄입니다."

또 다른 기업 바이오니아는 AI를 활용해 신약 후보 물질을 탐색하고 임상 성공률을 높이고 있다.

"AI는 신약개발의 패러다임을 완전히 바꾸고 있습니다. 재단은 이런 기업들이 실증·평가·임상으로 이어질 수 있도록 공공 인프라를 적극 개방하고 있습니다."

그는 단호하게 말했다. "바이오산업의 경쟁력은 기술의 크기가 아니라 연결의 속도에 있습니다. 오송은 그 연결의 중심이 될 것입니다."

KAIST와 함께 여는 완결형 바이오 생태계

오송 제3산업단지에는 KAIST 의과대학원의 입주가 추진 중이다.

"KAIST가 오송에 들어오면, 배우고·만들고·검증하는 바이오 혁신의 전 주기가 한 공간에서 완성됩니다. 이는 대한민국 바이오 교육과 연구의 전환점이 될 것입니다."

이명수 이사장은 KAIST의 오송 이전이 단순한 기관 입주를 넘어 '국가 바이오 시스템의 진화'라고 강조한다.

KAIST의 의과대학원은 의과학, 생명과학, 의공학을 융합한 다학제 연구를 통해 창의적인 바이오 인재를 배출하고 있다. 여기에 오송재단의 R&D·임상·인허가·제조 인프라가 결합하면, 교육과 산업이 실시간으로 이어지는 새로운 형태의 '지식 순환형 생태계'가 형성된다.

오송은 이미 충북대병원 오송 분원, 베스티안 병원 등 임상 연계가 가능한 의료기관을 보유하고 있다. 이러한 환경 속에서 KAIST의 연구 성과가 실험실을 넘어 실제 임상과 환자 치료, 그리고 산업화로 빠르게 이어질 수 있는 길이 열리게 된다.

그는 "KAIST, 대학, 병원, 기업이 하나로 연결되면, '실험실에서 병원으로, 병원에서 산업으로' 이어지는 완결형 연구개발 체계가 만들어집니다. 그 중심이 바로 오송입니다."라고 말했다.

또한 그는 이 협력 모델이 향후 한국 바이오산업의 글로벌 경쟁력을 좌우할 것이라 전망했다.

"보스턴의 바이오 허브가 MIT와 하버드의 융합으로 탄생했듯, 오송은 KAIST와 함께 대한민국형 바이오 허브로 진화해야 합니다. 교육, 연구, 산업, 그리고 임상이 한 축으로 움직이는 구조! 그것이 진정한 K-바이오 4.0의 완성입니다."

KAIST의 입주는 단순한 연구시설의 이전이 아니다. 그것은 곧 대한민국 바이오 미래의 지도가 새로 그려지는 순간이며, 오송이 세계 바이오 혁신의 무대 중심으로 나아가는 출발점이다.

사람을 살리는 과학의 숲, 오송

인터뷰가 끝날 무렵, 창밖으로 저녁 햇살이 서서히 기울었다. 붉게 물든 하늘 아래, 재단 앞 다섯 그루의 소나무가 바람에 고개를 흔들고 있었다.

이명수 이사장은 마지막으로 이렇게 말했다.

"오송은 사람을 살리는 과학의 숲이 될 것입니다. 바이오는 단순한 산업이 아닙니다. 인류의 복지와 생명을 위한 과학의 약속입니다."

　그의 말처럼, 오송은 이제 한국의 기술이 세계로 향하는 교두보이
자, 인류의 생명을 지키는 최전선이다. 다섯 그루의 소나무는 오늘도
푸르게 자라며, K-바이오의 미래를 향해 뻗고 있다.

민주주의 정신

❖ **이양희** 3·8민주의거기념사업회 회장

이양희는 제15대와 제16대 국회의원(2선)을 지낸 전직 국회의원 출신으로, 청와대 대통령 정무비서관과 정무 제1차관 등 주요 공직을 역임하며 국정 운영에 참여했다. 그는 국회 재직 당시 국회 농림해양수산위원회 위원장을 맡았으며, 자유민주연합 원내총무 및 사무총장 등 주요 당직을 맡아 리더십을 발휘한 경력이 있다. 이러한 정치 및 행정 경험을 바탕으로 2024년 7월 (사)3·8민주의거기념사업회의 제9대 회장으로 선출되어 기념사업을 이끈다. 회장으로서 3·8민주의거 당시 학생으로 직접 참여했던 초심을 되새기며 기념사업에 헌신하고 있다. 그는 2024년 10월 개관 예정인 3·8민주의거 기념관 사업의 원활한 추진과 유공자 발굴에 집중하며 민주의거 정신 계승에 힘쓴다. 이양희 회장은 자유민주주의를 굳건히 지키고 국민의 민주 시민 의식을 함양하는 국가적 명령을 수행하는 데 최선을 다하겠다는 포부를 밝힌다.

이양희 회장이 전하는 민주주의의 불꽃, 3.8 민주의거

2025년 2월 25일, 대전 중구 선화동 3.8민주의거 기념관. 이곳은 대한민국 현대사에 굵직한 흔적을 남긴 3.8민주의거의 정신을 기리는 공간이다. 올해로 65주년을 맞은 이 뜻깊은 날, 3.8민주의거기념사업회를 이끌며 민주주의 정신을 계승하는 이양희 회장을 만나 3.8민주의거의 가치와 미래에 대해 이야기를 나눴다. 이 회장은 15·16대 국회의원과 정무차관을 지냈고, 작년부터 3.8민주의거기념사업회 9대 회장으로 활동하고 있다. 그와의 인터뷰를 통해 과거와 현재, 미래를 잇는 민주주의의 소중함을 되새길 수 있었다.

3.8민주의거기념회 이양희 9대 회장.

대전시 중구 선화동에 위치한 3.8민주의거기념관.

3.8민주의거 임원 총회에서 이양희회장(가운데) 회의를 주도하고 계신다.

3.8민주의거, 그날의 기억

Q: 3.8민주의거에 대해 간략히 설명해 주시겠습니까?

A: "1960년 3월 8일, 대전에서 민주주의를 향한 역사적 사건이 일어났습니다. 당시 자유당 정권은 부정선거를 자행했고, 이를 목격한 대전 지역 7개 학교 학생들이 행동에 나서기로 결의했습니다. 대전고, 대전공고, 대전상고, 보문고, 대전사범학교, 대전여고, 호수돈여고의 학생 대표들이 사전에 만나 '3.8 행동'을 결정한 겁니다. 당시는 4월 1일이 새 학기 시작이라 3학년은 졸업했고, 1학년은 아직 등교 전이라 2·3학년 학생들이 주축이 됐습니다. 저 역시 당시 대전고등학교 1학년 말이었는데, 2학년 선배들과 함께 약 1,000명이 학교 정문을 박차고 거리로 나섰죠. 진압 경찰의 곤봉과 소총 개머리판에 맞아 머리에 출혈상을 입고 쓰러지는 학생들이 나왔고, 백여 명의 학생과 교사들이 연행돼 고초를 겪기도 했습니다. 하지만 그날의 외침은 대구 2.28민주화운동, 마산 3.15의거와 함께 전국적인 4.19혁명의 도화선이 됐습니다.

이후 3.8민주의거는 2.28민주운동, 3.15민주의거, 부마항쟁, 6.10민주의거와 함께 민주화운동기념사업회에 의해 국가기념일로 지정되었고, 국비와 시비로 기념관이 세워졌습니다. 이곳은 단순한 전시관이 아닙니다. 민주주의 정신을 되새기고, 후대에 전하는 교육의 장이자 대한민국 민주주의 역사의 성소(聖所)입니다."

민주주의의 힘, 연대에서 시작되다

Q: 3.8민주의거가 현대사에서 중요한 이유는 무엇인가요?

A: "3.8민주의거는 지역적 항거를 넘어 대한민국 민주주의 발전의 기폭제가 됐다는 점에서 중요한 역사적 사건입니다. 당시 대전의 학생들은 정권의 부당함을 목격하고 '우리가 나서야 한다'는 사명감으로 거리로 나왔습니다. 그들의 용기 있는 외침은 전국으로 확산되어 4.19혁명으로 이어졌죠. 이 사건이 주는 가장 큰 교훈은 '연대의 힘'입니다. 고등학생들이 주축이 되어 외친 정의의 목소리에 지역 사회와 시민들이 하나로 힘을 모았습니다. 민주주의는 특정 계층이나 나이의 전유물이 아닙니다. 함께 목소리를 내고 행동할 때 비로소 꽃피는 가치임을 3.8민주의거가 보여주었습니다."

3.8민주의거 정신, 교육을 통해 이어가다

Q: 3.8민주의거 정신을 다음 세대에 전하기 위한 계획은 무엇인가요?

A: "유럽의 민주주의는 오랜 시간 시민들의 투쟁을 통해 발전해 왔습니다. 영국의 마그나 카르타, 명예혁명, 프랑스의 대혁명이 대표적 사례죠. 이들은 이 과정을 교과서에 담아 학생들에게 민주주의의 소중함을 가르칩니다. 하지만 우리는 1960년 자유당 정권의 부정선거에 맞선 시민들의 외침으로 민주주의를 배우기 시작했습니다. 대구 2.28민주화운동, 대전 3.8민주의거, 마산 3.15의거, 그리고 4.19혁명으로 이어진 민주화의 첫 변곡점을 교과서에 반드시 실어야 합니다. 그리고 역사 시험문제로 출제되어야 미래 세대들이 공부합니다. 3.8민주의거 정신은 단순한 과거의 사건이 아니라, 민주주의를 살아 있는 가치로 만드는 열쇠입니다."

대한민국 현대사, 성공의 역사로 재조명해야

Q: 대전 3.8민주의거 기념사업회의 향후 목표는 무엇인가요?

A: "대한민국 현대사는 세계가 '기적'이라 부를 정도로 놀라운 성취를 이뤘습니다. 2차 세계대전과 6.25전쟁을 거친 신생 독립국이 70달러 수준에서 출발해, 불과 60여 년 만에 1인당 국민소득 3만 5천 달러를 돌파하고, 인구 5천만 명 이상 국가 중 세계 6위 경제 대국으로 성장했습니다. 조선, 자동차, 반도체, 방위산업, IT 등 여러 분야에서 세계를 선도하고 있습니다. 이 성공의 밑바탕은 바로 자유민주주의와 시장경제 체제였습니다. 제임스 로빈슨 시카고대 교수가 말했듯, 대한민국은 국민 모두가 참여할 수 있는 체제를 선택했기에 성공할 수 있었습니다. 하지만 우리는 현대사의 성과를 폄하하고, 역대 정부와 대통령을 부정하는 경향이 있습니다. 공과(功過)는 누구에게나 있는 법입니다. 이제는 잘한 부분을 인정하고, 이를 바탕으로 미래를 준비해야 합니다. 기념사업회는 대한민국 현대사를 '성공한 역사로 재조명하며, 3.8민주의거를 중심으로 민주주의 정신을 되살리고자 합니다. 이를 위해 기념관을 역사 교육의 중심지로 발전시키고, 국제 학술 세미나를 개최해 세계에 우리의 민주주의 경험을 공유할 계획입니다."

3.8민주의거 정신 계승을 위하여

Q: 3.8민주의거 정신을 다음 세대에 전하기 위해 어떤 노력이 필요하다고 생각하십니까?

A: "민주주의는 단순히 제도적 틀을 마련하는 것으로 완성되는 것이 아닙니다. 교육이 가장 중요한 역할을 합니다. 유럽의 사례를 보면, 그들이 민주주의의 소중함을 어떻게 후대에 전해왔는지 잘 알 수 있습니다.

영국의 마그나 카르타와 명예혁명, 프랑스의 대혁명은 산업혁명 이후 시민사회가 왕권에 맞서 300년 이상 자유를 쟁취하며 민주주의의 뿌리를 내린 과정에서 나온 역사적 사건들입니다. 이들은 이러한 사건들을 단순히 과거의 일로만 기억하지 않고, 교과서에 담아 학생들에게 가르칩니다. 어린 시절부터 시민들이 민주주의의 소중함을 체득할 수 있도록 하는 거죠. 하지만 대한민국은 이러한 역사적 경험이 부족합니다. 우리는 자유민주주의라는 체제를 이승만 대통령이 도입하면서 민주주의의 첫발을 내디뎠습니다. 자유민주주의가 무엇인지도 모르는 상황에서, 말 그대로 배우고, 연습하며 민주주의를 발전시켜 온 것입니다. 이 과정에서 대한민국 현대사에서 민주주의의 첫 변곡점이 등장했습니다. 바로 1960년 자유당 정권의 부정선거에 맞서 대구, 대전, 마산에서 일어난 민주화 운동이죠. 대구의 2.28민주화운동, 대전의 3.8민주의거, 마산의 3.15의거는 학생들과 시민들이 앞장서서 민주주의의 가치를 지켜낸 사건입니다. 특히 대전에서 일어난 3.8민주의거는 지역의 7개 학교 학생들이 주도적으로 기획하고 실행한 운동으로, 자발적이고 용기 있는 행동이었습니다.

당시 학생들은 '민주주의는 주어지는 것이 아니라, 행동으로 지켜나는 것이라는 점을 몸소 증명했습니다. 경찰의 진압에 곤봉과 소총 개머리판에 맞아 다친 학생들이 생겼고, 많은 학생과 교사가 연행되어 고초를 겪었습니다. 하지만 이들의 외침은 마산 3.15의거로 이어졌고, 결국 전국적인 민주화 열망을 불러일으켜 4.19혁명으로 승화됐습니다. 이 사건들은 모두 국가기념일로 지정되었습니다. 하지만 안타깝게도 오늘날 이를 아는 국민은 많지 않습니다. 3.8민주의거가 국가기념일이라는 사실조차 모르는 경우도 많습니다. 이는 교육의 부재에서 비롯된 문제입니다. 민주주의의 정신을 계승하려면 반드시 교과서에 이 사건들을 포함하고, 교육 현장에서 학생들이 이를 배우도록 해야 한다는 것을 다시 한번 강조합니다."

Q: 다음 세대가 3.8민주의거 정신을 바르게 이해하도록 하기 위해 기념사업회는 어떤 활동을 추진하고 계신가요?

A: "3.8민주의거 정신을 다음 세대에 전하기 위해 기념사업회는 교육, 체험, 그리고 디지털 콘텐츠를 아우르는 다양한 사업을 추진하고 있습니다. 무엇보다 교육 콘텐츠 개발에 집중하고 있습니다. 대한민국 민주화의 첫 변곡점인 대구 2.28민주화운동, 대전 3.8민주의거, 마산 3.15의거, 그리고 4.19혁명의 과정이 교과서에서 충분히 다뤄지지 않는 현실을 개선하기 위해 관련 기관과 협력해 교과서 등재를 추진 중입니다. 또한, 학생들이 역사를 직접 체험할 수 있도록 기념관 내에 VR 체험관을 설치하고 있습니다. 당시 시위 현장의 함성과 긴장감을 가상으로 경험하며, 선배 세대의 희생과 3.8민주의거의 정신을 온몸으로 느낄 수 있죠. 청소년 역사캠프도 정기적으로 운영하고 있습니다. 학생들이 강연을 듣고 토론하며 3.8민주의거를 비롯한 민주화 운동의 흐름을 배우는 시간입니다. 특히, 3.8민주의거 탐구 프로젝트를 통해 학생들이 직접 자료를 조사하고 발표하며 역사적 이해를 깊이 있게 다지고 있습니다.

디지털 콘텐츠 제작도 활발히 진행 중입니다. 애니메이션과 다큐멘터리를 제작해 SNS와 유튜브를 통해 젊은 세대에게 3.8민주의거의 의미를 쉽고 친근하게 전달하고 있습니다. 이와 함께 국제적 교류를 통해 3.8민주화운동을 세계 민주화 운동의 사례로 알리고 있습니다. 해외 민주화운동 단체와 협력해 국제 학술 세미나를 개최하며, 대한민국의 민주주의 경험을 공유하고 있습니다. 민주주의는 한 세대의 노력으로 완성되는 것이 아닙니다. 1960년 3월 8일, 대전 학생들이 외친 '자유의 소중함을 다음 세대에게 전하는 것. 그것이 바로 기념사업회의 사명입니다."

교민들에게 전하는 메시지

Q: 마지막으로, 시카고 교민 여러분께 전하고 싶은 말씀이 있으면요?

A: "시카고 교민 여러분, 충청도 제1의 도시 대전을 방문해 보신 적이 있으신가요? 대전은 대청호를 품은 아름다운 도시로, 대청호 오백리 길은 사계절 내내 아름다운 풍광을 자랑합니다. 대전시티투어를 이용하면 3.8민주의거 기념관도 쉽게 방문하실 수 있습니다. 이 기념관은 대한민국 민주주의의 소중한 역사를 담고 있는 장소입니다. 학생들에게는 민주주의를 배우는 살아 있는 교실이자, 어른들에게는 역사적 교훈을 되새기는 공간이죠. 언제든 귀국하실 기회가 있으면 대전을 찾아 3.8민주의거 정신을 직접 체험해 보시길 바랍니다."

3.8민주의거는 고동학생들이 중심이 되어 자유와 민주주의를 외쳤던 사건으로, 1960년 대전에서 시작된 작은 울림은 전국으로 퍼져나가 독재에 맞선 국민적 저항을 이끌어냈다. 이양희 회장은 본지와 인터뷰를 진행하는 내내 그날의 기억을 생생히 떠올리며 말했다. "민주주의는 결코 주어지는 것이 아닙니다. 싸워서 지키고, 후대에 전해야 하는 가치입니다." 그의 말 속에 3.8민주의거 정신을 전하려는 굳건한 사명감이 고스란히 묻어나고 있었다.

이가희 시카고한국일보 한국특파원
한국스토리텔링연구원장
시인/칼럼니스트

3·8 민주의거란

Q: 요즘 젊은 사람들은 3·8 민주의거가 어떻게 된 일인가 뭔지 잘 모릅니다. 3·8에 대해 간략하게 설명해 주시죠?

A: "먼저 아름다운 호반의 도시 시카고 교민 여러분께 인사드립니다. 대단히 반갑고 영광스럽게 생각합니다. 지금부터 64년 전인 1960년 3월 8일 일어난 옛일이어서 당시 의거 참여 세대인 80대 90대를 제외하고 그 이하 세대들은 잘 알지 못하는 것이 사실입니다. 자유당 대통령 후보 이승만 부통령 후보 이기붕과 민주당 대통령 후보 조병옥 부통령 후보 장면의 정부 부통령 선거에서 부정이 있다고 하여 대전 지역의 7개의 학교(대전고, 대전공고, 대전상고, 보문고, 대전사범학교, 대전여고, 호수돈여고) 학생 대표들이 모여 3월 8일날 데모를 하기로 사전 약속을 하고 3·8의 행동을 제시하였습니다.

당시는 새 학기 시작이 4월 1일이어서 3학년은 졸업을 하였고, 1학년은 아직 등교를 하지 않던 시기였습니다. 나는 당시 대전고 1학년 말이어서 2학년 형들과 함께 약 1,000명의 학생들이 아침 등교 후 선생들의 만류를 뿌리치고 학교 정문을 박차고 나갔던 것입니다. 가두데모 과정에서 진압 경찰의 방망이와 총 개머리판에 맞아 머리에 출혈상을 입는 등 부상자도 다수 발생하였고 백여 명의 학생들과 교사들이 경찰에 연행되어 많은 고초를 겪었습니다. 대구의 2·28 민주화 운동, 대전 3·8민주의거, 마산 3·15의거가 도화선이 되어 전국적인 4·19혁명으로 연결되었습니다. 이에 4·19와 함께 이 2·8대구민주화 운동, 대전

3·8민주의거, 마산 3·15의거, 부마항쟁, 6·10항쟁과 함께 민주화 기념사업회 회에 의거하여 3·8은 국가기념일로 지정받았고, 국비, 시비로 아름다운 3·8민주의거기념관을 건립 준공하였습니다. 3·8민주의거기념관은 자유민주주의의 요람이고 성소이며 3·8민주의거기념사업회는 자유민주 정치를 지키는 파수꾼의 의무를 국가로부터 하명받은 법에 의한 사단법인입니다."

대전 3·8 민주의거기념사업회의 향후 목표

Q: 대전 3·8민주의거기념사업회에 향후 방향 설정과 목표는?

A: "많은 다른 나라에서 우리 대한민국의 현대사를 기적이라고까지 합니다. 또 많은 나라 지도자들이 우리 한국을 본받고 배우려고도 한다. 제2차 세계대전과 6·25 두 번의 전쟁을 거치면서도 우리는 70달러 내외의 가난 속에서 신생 독립국으로 출발하여 오늘날 3만 5,000불에 상회하는 일본을 앞지르고 인구 5,000만 이상의 대국 중미 영독불 이태리 다음에 여섯 번째 경제 대국으로 불과 육칠십 년의 짧은 기간에 이를 달성하였습니다. 핸드폰은 세계 최선두 그룹이며 세계인들 두세 사람 중 한 사람은 우리 핸드폰을 사용하고 있습니다. 조선은 세계 오대양을 떠다니는 배의 거의 절반을 한국 제조 배달 핵잠수함도 건조 중으로 알고 있습니다. 자동차는 세계 3위로 접근하고 있습니다. 자율주행 2차전기도 선두그룹입니다. 원자료와 원자력 발전도 많은 나라들이 우리 기술을 도입하고자 애쓰고 있습니다. 탱크 전투기 자주포 미사일 등 방위산업 분야의 수출 얘기가 급증하며 많은 나라가 우리

무기 수입을 희망하고 있습니다. 반도체 또한 최선두입니다.

우리 한글은 전자 문화에 최적화된 과학적인 문자로 세계 언어학자들의 투표로 매년 1위를 뽑고 있습니다. 세계 공용어를 한글로 해야겠다는 학자들도 있고 문자가 없는 나라에서 우리 한글을 채택한 곳도 존재합니다. 영화와 K-POP의 인기, 소설의 노벨상 수상 등 우리의 문화 전파를 한류화 할 만큼 국제적인 대바람을 일으키고 있습니다. 이상과 같이 우리는 우리의 현대사를 성공적으로 쓰는 중입니다.

근본 노벨경제상을 받은 제임스 로빈슨 시카고 대학 교수는 남북한을 제도적으로 비교하였습니다. 우리 대한민국은 다수의 참여가 가능한 자유 민주 정치 제도를 택하여 성공하였고 반면에 북한은 공산당 일 당 독재 체제로 소수집단의 부와 권력이 집중된 지적 제도를 택하여 실패하였다고 비교 분석합니다. 우리는 자유민주주의의 정치체제와 자유 경제 시장 경제를 채택한 거와 함께 이를 이끌어온 역대 대통령과 정부 그리고 온 국민이 합심 노력한 결과 명실공히 세계가 인정하는 기적을 이루어냈습니다.

만일 역대 대통령과 정보가 공보다 과가 크다면 우리 대한민국은 실패한 현대사로 나라가 망해 가야 할 것입니다. 그런데 현대사의 결과는 다른 나라들이 부러워할 만큼 좋은데 우리는 역대 대통령과 정부를 모두 비난해 왔습니다. 어느 지도자든지 공도 있고 허물도 있기 마련입니다. 그러나 허물보다 공이 크기에 우리는 성공한 현대사, 남들이 부러워하는 현대사, 기적의 현대사를 쓰고 있습니다. 우리는 우리의 현대사를 재조명하고 성공한 역사로, 아름답고 자랑스러운 현대사로 재평가

할 때가 됐다고 봅니다. 역대 대통령의 잘한 점을 찾아 칭찬하고 그분들을 모두 사랑하는 분위기로 전환해야 합니다. 좌파 우파 갈린 잣대로 단점만 허물만 얘기하던 상황을 이제는 털어버려야 합니다. 국회에 역대 대통령의 동상도 세워드리고 기념관도 고향 땅에 지어드려 국민 대통합 시대의 눈을 활짝 열어야 합니다.

우리 현대사를 아름답고 성공적인 현대사로 올바르게 분석 평가하는 재조명을 통해 우리는 지역감정의 벽도 뛰어넘고 좌우 이념 대결의 강도 건널 수 있다고 확신합니다. 인구 감소 고령화 기후 변화 급변하는 국제 정세, 청년 실업 등 편한 해결을 위해서도 국민 대통합을 향한 현대사 재조명이 기묘한 상황이라 판단됩니다. 장차 통일을 위해서도 지속 가능한 경제 성장을 위해서도 자유민주 정치체제를 한층 더 굳건히 다지기 위해서도 현대사 재평가에 우리 모두 정성을 모읍시다."

3·8 민주의거 정신 계승

Q: 3·8 민주의거 정신을 다음 세대에게 전파하기 위한 계획은?

A: "영국, 프랑스 등 유럽의 민주주의 발달사와 우리 대한민국 민주주의의 전개 과정은 큰 차이가 있습니다. 유럽의 경우 증기 기관의 발명과 함께 산업혁명이 일어났습니다. 산업혁명 후 형성된 시민사회를 중심으로 자유 확대를 위한 왕권투쟁이 300년 이상 지속되면서 점진적으로 발전했습니다. 영국의 명예혁명 마그나 카르타 프랑스 대혁명 등 긴 세월 동안 크고 작은 역사적 사건들이 발생하였습니다. 민주주

의 발달 과정에서 커다란 변곡점이 되는 이 같은 대사건들은 그 나라의 근대사로 학생들에게 교과서에 실어 가르치고 있습니다. 전개 과정과 함께 자유민주주의의 소중함도 시민사회의 투쟁으로 자유민주주의를 쌓아 올리고 지켜왔다는 사실도 어릴 때부터 가르치고 있습니다. 그러나 우리의 경우 유럽과는 달리 자유민주주의가 무엇인지 알지도 못하고 한 번도 경험해 본 적도 없이 이승만 대통령의 자유 민주 정치 체제의 도입으로 시작되었습니다. 우리는 배우면서 연습하면서 민주주의를 발전시켜 왔습니다.

이 과정에서 첫 번째 변곡점인 자유당의 부정선거에 항거한 1960년 대구 2·28, 대전 3·8, 마산 3·15, 전국 4·19혁명을 모두 국가 기념일로 정하고 법으로 민주의거를 규정하였으나, 이 성스러운 날을 국가 기념일이라고 아는 국민은 소수입니다. 태어날 때부터 자유민주주의를 알고 태어나는 사람은 없습니다. 자유민주주의는 가르치고 배워야 하는 제도이며 우리 인류가 개발해 낸 현재까지 최선의 제도이며 인권과 자유를 누릴 수 있는 제도입니다.

우리나라는 경제적인 선진화와 함께 평화적 정권 교체가 여야간 이루어지는 민주화도 이룬 자랑스러운 나라입니다. 이 대구 2·28, 대전 3·8, 마산 3·15, 전국 4·19로 이어진 우리나라 민주 발전의 제1 변곡점을 교과서에 등재하여 자라나는 다음 세대에게 우리나라 민주주의 발전 과정을 바르게 가르쳐야 합니다."

교민과 함께

Q: 교민에게 하고 싶은 말씀은?

A: "충청도 제1의 도시 대전을 방문하실 일이 있으신지요. 대전도 아름다운 호반의 도시입니다. 시카고처럼 큰 호수는 아닙니다만 대청 댐을 건설하면서 제법 호수 면적도 커지고 대청호 오백 리 길이 아름다 워졌습니다. 서울 등 타지에서 대청호의 아름다움을 즐기려고 관광버스도 많이 온답니다. 또 대전은 세종시와 함께 통일 한국의 장차 수도로서 착실히 성장하고 있습니다.

아울러 대한민국 제1의 과학 단지가 있어. 과학 인재 성장과 함께 선진 한국을 향한 전초기지입니다. 자녀분들과 교육적 차원에서 볼거리가 많은 고장입니다. 대전역에서 지하철 1호선 두 정거장인 중구청역에서 300m 거리에 3·8민주의거기념관이 있습니다. 대전시티투어로도 기념관 방문이 가능합니다. 대한민국 제일의 라듐 샘 유성온천도 대전의 자랑거리입니다. 귀국하실 기회가 있으시면 대전에서 뵙길 소망합니다. 친애하는 시카고 지역 교민 여러분 모두의 가정 위에 주님의 사랑과 은총이 강물처럼 넘쳐나길 추원합니다."

본질의 역습

Chapter 4

공감을 확장하는 소프트 파워

K-컬처와 휴먼 커뮤니케이션
– 문화 · 예술 · 콘텐츠의 글로벌 리더십

한국 가요의 진화,
그리고 '임영웅에서 뉴진스까지'

❖ **오풍연** 한국교직원공제회 상임이사

오풍연은 1960년 충남 보령에서 태어나 대전고, 고려대 철학과를 나왔다. KBS PD 공채시험에 합격했으나 포기하고 1986년 12월 서울신문에 입사했다. 시경캡, 법조반장, 국회반장, 노조위원장, 청와대 출입기자, 공공정책부장, 논설위원, 제작국장, 법조大기자를 지냈다. 2010년 현재 언론계를 대표해 법무부 정책위원회 정책위원을 맡고 있다. 기자라는 외길 인생을 걸어온 오풍연은 칼럼을 통해 매일매일 다양한 삶의 프레임을 조명해 왔다. 현재 한국교직원공제회 상임이사, 회원 사업 이사로 일하고 있다.

한국 가요의 진화, 그리고 '임영웅에서 뉴진스까지'

■ 오풍연 작가와의 인터뷰

오풍연 작가는 16번째 저서 '임영웅에서 뉴진스까지'를 통해 한국 가요의 과거, 현재, 미래를 진단하며 트로트와 K-팝이라는 두 축을 중심으로 분석했다. 이 책은 국내 최초의 가요비평서로, 임영웅과 뉴진스를 비롯해 BTS와 블랙핑크까지 아우르며 대중음악의 변화를 추적하고 있다. 이번 인터뷰에서는 그가 전하고자 하는 메시지와 한국 가요계에 대한 깊이 있는 통찰을 들어보았다.

Q1: 작가님, 이번 책을 집필하게 된 특별한 동기가 있으셨나요?

A: "저는 한국 가요를 오랜 시간 애정 어린 시선으로 바라보며 분석해 왔습니다. 예전부터 한국 대중음악에 대해 글을 쓰면서 대중들이 어떻게 음악을 받아들이고 변화하는지 지켜봤죠. 그런데 최근 몇 년간 특히 트로트의 부흥과 K-팝 아이돌의 세계적 성공이 두드러지더군요. '미스트롯', '미스터트롯'을 통해 임영웅과 같은 새로운 스타들이 탄생했고, 동시에 BTS, 블랙핑크, 뉴진스 같은 그룹들이 빌보드 차트를 석권하는 시대가 되었으니, 이 변화를 기록하지않을 수 없었습니다. 이번 책은 단순한 비평서라기보다는, 제가 경험하고 느낀 한국 가요의진화를 담고자 한 기록입니다."

Q2: '임영웅에서 뉴진스까지'라는 제목은 트로트와 K-팝이라는 두 가지 큰 축을 상징하는데요, 이 제목을 선택하신 이유가 궁금합니다.

A: "제목에서 알 수 있듯이, 저는 한국 대중음악의 두 가지 중요한 흐름을 상징하고 싶었습니다. 임영웅은 전통과 현대를 잇는 새로운 트로트의 아이콘이고, 뉴진스는 K-팝의 신세대 대표주자입니다. 임영웅은 과거와 현재를 연결하며 폭넓은 세대에게 사랑받고 있고, 뉴진스는 세대불문만 아니라 글로벌 무대에서도 주목받고 있죠. 이렇게 두 가지 장르가 대중음악의 중심에 서서 각기 다른 매력으로 사랑받고 있다는 점이 한국 가요의 독특한 현상이라 생각합니다. 저는 이 두 명을 통해 한국 가요의 과거와 미래, 전통과 혁신을 표현하고자 했습니다."

Q3: 책에서 임영웅의 성장사를 상당히 상세하게 다루셨는데요, 그가 한국 가요계에서 갖는 상징성은 무엇이라고 생각하시나요?

A: "임영웅은 그야말로 한국 트로트의 새로운 상징입니다. '미스터트롯'을 통해 국민적인 사랑을 받기 시작했지만, 그 인기는 단순한 유행을 넘어섰습니다. 임영웅은 트로트라는 장르의 부활을 상징하면서도, 동시에 세대를 아우르는 가수로 자리 잡았어요. 그의 음악은 전통적인 트로트에만 얽매이지 않고 발라드, 팝 등 다양한 장르를 소화하는데, 이런 점이 젊은 세대에게도매력적으로 다가간 것이죠. 이 책에서는 그의 성장 과정과 그가 어떻게 트로트의 부흥을 이끌었는지를 연대기적으로 기록했습니다. 이를 통해 트로트가 단순히 과거의 음악이 아니라 현재대중음악의 중요한 축으로 자리 잡았다는 것을 보여주고 싶었습니다."

Q4: 임영웅의 성공을 가능하게 한 요인으로는 무엇이 있을까요?

A: "임영웅의 성공은 그 자신의 노력뿐만 아니라, 한국 대중음악의 변화와 맞물려 있습니다. '미스트롯', '미스터트롯' 같은 오디션 프로그램이 큰 역할을 했죠. 이 프로그램들은 젊은 세대가 트로트를 재발견하게 만들었고, 이를 통해 임영웅은 폭넓은 팬층을 형성할 수 있었습

니다. 또, 임영웅은 단순한 트로트 가수가 아니라 여러 장르를 넘나들며 다양한 음악적 시도를 하고있습니다. 특히 발라드 장르에서도 탁월한 능력을 보여주고 있죠. 이렇게 다재다능한 면모가 임영웅을 장기적으로 성공하게 만든 중요한 요소라고 봅니다."

Q5: 임영웅의 팬덤도 그 자체로 하나의 문화 현상으로 평가받고 있는데요, 팬덤 문화가 갖는의미에 대해서는 어떻게 보시나요?

A: "임영웅의 팬덤은 단순히 가수를 사랑하는 것에서 더 나아가, 사회적인 영향력까지 미치는존재가 되었습니다. 팬들이 기부를 하고, 사회적 문제에 관심을 가지며 긍정적인 영향을 미치는 일들이 많습니다. 이는 단순한 스타에 대한 열광을 넘어, 하나의 공동체적 문화로 자리잡았다고 할 수 있습니다. 특히 임영웅의 팬클럽은 매우 조직적이고 활동적이며, 이들은 가수를넘어 한국 트로트라는 장르에 대한 애정까지 보여주고 있습니다. 이러한 팬덤 현상은 임영웅이 앞으로도 오랫동안 사랑받을 수 있는 강력한 기반이 될 것입니다."

Q6: '임영웅은 한국의 테일러 스위프트'라는 비유가 인상 깊었는데요, 좀 더 자세히 설명해주실 수 있을까요?

A: "테일러 스위프트는 미국 대중음악의 상징적인 인물이죠. 그녀는 다양한 음악 장르를 소화하고, 팬들과의 강력한 유대감을 바탕으로 미국 음악계를 대표하는 아이콘으로 자리 잡았습니다. 임영웅도 마찬가지입니다. 그는 트로트라는 장르를 기반으로 하지만, 다양한 음악적 색깔을 가지고 있으며, 팬들과의 소통을 통해 단단한 기반을 쌓고 있죠. 임영웅 팬클럽이 보여주는 단결력과 열정은 테일러 스위프트의 팬덤 못지않은 에너지를 가지고 있습니다. 그래서 저는 임영웅이 한국의 테일러 스위프트라고 표현했습니다. 그만큼 그의 음악적 영향력과 팬덤이앞으로도 계속해서 발전할 것으로 확신합니다."

Q7: 이번 책에서 K-팝 아이돌에 대한 분석도 포함되어 있습니다. BTS, 블랙핑크, 뉴진스 같은 그룹들이 세계적으로 성공한 비결은 무엇일까요?

A: "BTS, 블랙핑크, 뉴진스 같은 그룹들은 단순히 좋은 음악을 만들어서 성공한 것이 아닙니다. 그들의 성공에는 전략적이고 체계적인 기획이 뒷받침되었습니다. 방시혁 프로듀서가 BTS를 글로벌 무대에 올리기 위해 치밀한 전략을 세웠듯이, 이들 아이돌 그룹들은 각국의 팬들과 소통하고 문화적으로 공감대를 형성하는 데 주력했습니다. 특히 BTS는 팬들과 진솔하게 소통하며 '아미'라는 강력한 팬덤을 구축했고, 그 과정에서 글로벌 스타로 성장할 수 있었습니다.블랙핑크 역시 독특한 패션과 음악적 색깔로 전 세계의 젊은 층을 사로잡았죠. 그들의 성공비결은 단순한 음악적 재능을 넘어서는 것이며, 그들은 대중과 교감하는 능력이 탁월합니다."

Q8: 뉴진스와 같은 신세대 아이돌 그룹이 빠르게 주목받는 이유는 무엇이라고 보시나요?

A: "뉴진스는 신세대의 감각을 매우 잘 반영하고 있습니다. 그들은 K-팝이 가진 기존의 화려함을 유지하면서도, 독창적인 음악과 퍼포먼스로 차별화를 두고 있습니다. 특히 뉴진스는 데뷔 초부터 신선하고 감각적인 음악으로 많은 주목을 받았죠. 이들은 비주얼뿐만 아니라, 음악적으로도 굉장히 매력적입니다. 글로벌 팬들이 K-팝에 대해 이미 높은 관심을 가지고 있기때문에, 신예 그룹들이 더 빠르게 주목받고 성장하는 환경이 조성된 것도 큰 이유입니다. 앞으로도 이런 신예 그룹들이 더욱 많은 가능성을 보여줄 것입니다."

Q9: 방시혁 프로듀서와 BTS의 성공 스토리도 많은 이들의 관심을 받고 있습니다. 방시혁 프로듀서의 역할을 어떻게 평가하시나요?

A: "방시혁 프로듀서는 K-팝의 역사에서 매우 중요한 인물입니다. 그는 단순한 음악 제작자가아니라, K-팝을 글로벌 무대로 확장시킨 혁신가입니다. BTS를 세계적인 그룹으로 성장시킨 그의 전략적 비전은 정말 놀랍습니다. 방시혁은 처음부터 글로벌 팬들과 어떻게 소통할지를고려했고, 이를 바탕으로 BTS는 음악뿐만 아니라 그들의 메시지로도 전 세계 팬들과 교감했습니다. 그의 프로듀싱 방식은 기존 K-팝의 틀을 넘어서며, 앞으로도 K-팝의 글로벌 확장을이끌어갈 것입니다."

Q10: 책에서 한국 가요의 세계적 잠재력에 대해서도 논의하셨는데요, 앞으로 한국 가요가 세계에서 더 주목받을 수 있을까요?

A: "물론입니다. 이미 한국 가요는 K-팝을 중심으로 세계적 관심을 받고 있지만, 앞으로는 트로트와 같은 다른 장르들도 충분히 세계에서 주목받을 수 있다고 봅니다. 무엇보다 중요한 것은, 어떻게 글로벌 팬들과 소통하고 공감대를 형성하느냐입니다. 한국 가요의 음악적 수준은이미 세계적입니다. 이제는 한국의 다양한 장르가 어떻게 세계 무대에서 자신만의 매력을 발산할 것인가가 관건이 될 것입니다."

Q11: 앞으로 한국 가요계에서 더 주목해야 할 흐름이나 변화가 있다면 무엇일까요?

A: "앞으로는 기술이 음악 산업에 더 큰 영향을 미칠 것으로 보입니다. AI가 음악 제작이나 퍼포먼스에 활용되면서, 전통적인 음악 제작 방식에서 벗어나 새로운 흐름이 형성될 것입니다. 또한, 장르 간의 경계가 점점 흐려지면서 다양한 음악적 융합이 일어날 것으로 기대됩니다. K-팝뿐만 아니라 트로트, 발라드, 힙합 등의 장르도 서로 영향을 주고받으면서 새로운 스타일이 탄생할 것입니다. 이런 흐름 속에서 한국 가요는 더욱 다채롭고 풍부해질 것입니다."

Q12: 이번 책을 통해 독자들에게 전하고 싶은 메시지가 있다면 무엇인가요?

A: "이 책은 단순히 가요를 비평하는 것이 아니라, 한국 가요의 변화를 관찰하고 기록한 것입니다. 독자들이 이 책을 통해 한국 대중음악의 다채로운 매력을 발견하고, 한국 가요가 가진 잠재력과 가능성에 대해 생각해보는 기회가 되었으면 좋겠습니다. 임영웅과 뉴진스뿐만 아니라, 다양한 장르의 아티스트들이 앞으로도 얼마나 놀라운 성장을 할 수 있을지 기대해주시기바랍니다."

오풍연 작가는 그의 책 '임영웅에서 뉴진스까지'를 통해 한국 가요의 변천사를 깊이 있게 분석하며, 앞으로의 가요계가 더 많은 변화를 이끌어갈 것이라는 기대감을 드러냈다. 한국 가요가 세계 무대에서 주목받는 이유와 그 미래에 대한 그의 통찰은 독자들에게 깊은 인상을 남긴다.

작가 오풍연은 한국교직원공제회 상임이사로 일하면서 필자와는 초등학교 선후배 사이다. 필자는 IP 스토리텔러로, 시인과 칼럼니스트로서 그의 신작 '임영웅에서 뉴진스까지'와 최근 근황을 인터뷰했다. 그의 양손은 오랫동안 류마티스를 앓아 손가락이 다 굳어 있었다. 검지손가락 두 개가 그나마 감각이 살아 있어 감사하다고 했다. 환하게 웃는 그의 모습에 너무 멀쩡한 내 손이 부끄러웠다. 감동을 주는 사람들이 세상을 끌어가는 힘이다. 그에게 감동적인 힘이배어 나오는 걸 느낀다.

이가희 시카고한국일보 한국특파원
한국스토리텔링연구원장
시인/칼럼니스트

오풍연 작가는 16번째 저서 『임영웅에서 뉴진스까지』를 통해 한국 가요의 과거, 현재, 미래를 진단하며 트로트와 K-POP이라는 두 축을 중심으로 분석했다. 이 책은 국내 최초의 가요비평서로, 임영웅과 뉴진스를 비롯해 BTS와 블랙핑크까지 아우르며 대중음악의 변화를 추적하고 있다. 이번 인터뷰에서는 그가 전하고자 하는 메시지와 한국 가요계에 대한 깊이 있는 통찰을 들어보았다.

Q: 작가님, 이번 책을 집필하게 된 특별한 동기가 있으셨나요?

A: "저는 한국 가요를 오랜 시간 애정 어린 시선으로 바라보며 분석해 왔습니다. 예전부터 한국 대중음악에 대해 글을 쓰면서 대중들이 어떻게 음악을 받아들이고 변화하는지 지켜봤죠. 그런데 최근 몇 년간 특히 트로트의 부흥과 K-POP 아이돌의 세계적 성공이 두드러지더군요. '미스트롯', '미스터트롯'을 통해 임영웅과 같은 새로운 스타들이 탄생했고, 동시에 BTS, 블랙핑크, 뉴진스 같은 그룹들이 빌보드 차트를 석권하는 시대가 되었으니, 이 변화를 기록하지 않을 수 없었습니다. 이번 책은 단순한 비평서라기보다는, 제가 경험하고 느낀 한국 가요의 진화를 담고자 한 기록입니다."

Q: '임영웅에서 뉴진스까지'라는 제목은 트로트와 K-POP이라는 두 가지 큰 축을 상징하는데요, 이 제목을 선택하신 이유가 궁금합니다.

A: "제목에서 알 수 있듯이, 저는 한국 대중음악의 두 가지 중요한 흐름을 표현하고 싶었습니다. 임영웅은 전통과 현대를 잇는 새로운 트로트의 아이콘이고, 뉴진스는 K-POP의 신세대 대표 주자입니다. 임영웅은 과거와 현재를 연결하며 폭넓은 세대에게 사랑받고 있고, 뉴진

스는 젊은 세대뿐만 아니라 글로벌 무대에서도 주목받고 있죠. 이렇게 두 가지 장르가 대중음악의 중심에 서서 각기 다른 매력으로 사랑받고 있다는 점이 한국 가요의 독특한 현상이라 생각합니다. 저는 이 두 명을 통해 한국 가요의 과거와 미래, 전통과 혁신을 표현하고자 했습니다."

Q: 책에서 임영웅의 성장사를 상당히 상세하게 다루셨는데요, 그가 한국 가요계에서 갖는 상징성은 무엇이라고 생각하시나요?

A: "임영웅은 그야말로 한국 트로트의 새로운 상징입니다. '미스터트롯'을 통해 국민적인 사랑을 받기 시작했지만, 그 인기는 단순한 유행을 넘어섰습니다. 임영웅은 트로트라는 장르의 부활을 상징하면서도, 동시에 세대를 아우르는 가수로 자리 잡았어요. 그의 음악은 전통적인 트로트에만 머물지 않고 발라드, 팝 등 다양한 장르를 소화하는데, 이런 점이 젊은 세대에게도 매력적으로 다가간 것이죠. 이 책에서는 그의 성장 과정과 그가 어떻게 트로트의 부흥을 이끌었는지를 연대기적으로 기록했습니다. 이를 통해 트로트가 단순히 과거의 음악이 아니라 현대 대중음악의 중요한 축으로 자리 잡았다는 것을 보여주고 싶었습니다."

Q: 임영웅의 성공을 가능하게 한 요인으로는 무엇이 있을까요?

A: "임영웅의 성공은 그 자신의 노력뿐만 아니라 한국 대중음악의 변화와 맞물려 있습니다. '미스트롯', '미스터트롯' 같은 오디션 프로그램이 큰 역할을 했죠. 이 프로그램들은 젊은 세대가 트로트를 재발견하게 만들었고, 이를 통해 임영웅은 폭넓은 팬층을 형성할 수 있었습

니다. 또, 임영웅은 단순한 트로트 가수가 아니라 여러 장르를 넘나들
며 다양한 음악적 시도를 하고 있습니다. 특히 발라드 장르에서도 탁월
한 능력을 보여주고 있죠. 이렇게 다재다능한 면모가 임영웅을 장기적
으로 성공하게 만든 중요한 요소라고 봅니다."

Q: 임영웅의 팬덤도 그 자체로 하나의 문화 현상으로 평가받고 있는
데요, 팬덤 문화가 갖는 의미에 대해서는 어떻게 보시나요?

A: "임영웅의 팬덤은 단순히 가수를 사랑하는 것에서 더 나아가, 사
회적인 영향력까지 미치는 존재가 되었습니다. 팬들이 기부를 하고, 사
회적 문제에 관심을 가지며 긍정적인 영향을 미치는 일들이 많습니다.
이는 단순한 스타에 대한 열광을 넘어, 하나의 공동체적 문화로 자리
잡았다고 할 수 있습니다. 특히 임영웅의 팬클럽은 매우 조직적이고 활
동적이며, 이들은 가수를 넘어 한국 트로트라는 장르에 대한 애정까지
보여주고 있습니다. 이러한 팬덤 현상은 임영웅이 앞으로도 오랫동안
사랑받을 수 있는 강력한 기반이 될 것입니다."

Q: '임영웅은 한국의 테일러 스위프트'라는 비유가 인상 깊었는데요,
좀 더 자세히 설명해 주실 수 있을까요?

A: "테일러 스위프트는 미국 대중음악의 상징적인 인물이죠. 그녀
는 다양한 음악 장르를 소화하고, 팬들과의 강력한 유대감을 바탕으로
미국 음악계를 대표하는 아이콘으로 자리 잡았습니다. 임영웅도 마찬
가지입니다. 그는 트로트라는 장르를 기반으로 하지만, 다양한 음악적
색깔을 가지고 있으며, 팬들과의 소통을 통해 단단한 기반을 쌓고 있
죠. 임영웅 팬클럽이 보여주는 단결력과 열정은 테일러 스위프트의 팬

덤 못지않은 에너지를 가지고 있습니다. 그래서 저는 임영웅이 한국의 테일러 스위프트라고 표현했습니다. 그만큼 그의 음악적 영향력과 팬덤이 앞으로도 계속해서 발전할 것으로 확신합니다."

Q: 이번 책에서 K-POP 아이돌에 대한 분석도 포함되어 있습니다. BTS, 블랙핑크, 뉴진스 같은 그룹들이 세계적으로 성공한 비결은 무엇일까요?

A: "BTS, 블랙핑크, 뉴진스 같은 그룹들은 단순히 좋은 음악을 만들어서 성공한 것이 아닙니다. 그들의 성공에는 전략적이고 체계적인 기획이 뒷받침되었습니다. 방시혁 프로듀서가 BTS를 글로벌 무대에 올리기 위해 치밀한 전략을 세웠듯이, 이들 아이돌 그룹들은 각국의 팬들과 소통하고 문화적으로 공감대를 형성하는 데 주력했습니다. 특히 BTS는 팬들과 진솔하게 소통하며 '아미'라는 강력한 팬덤을 구축했고, 그 과정에서 글로벌 스타로 성장할 수 있었습니다. 블랙핑크 역시 독특한 패션과 음악적 색깔로 전 세계의 젊은 층을 사로잡았죠. 그들의 성공 비결은 단순한 음악적 재능을 넘어서는 것이며, 그들은 대중과 교감하는 능력이 탁월합니다."

Q: 뉴진스와 같은 신세대 아이돌 그룹이 빠르게 주목받는 이유는 무엇이라고 보시나요?

A: "뉴진스는 신세대의 감각을 매우 잘 반영하고 있습니다. 그들은 K-POP이 가진 기존의 화려함을 유지하면서도, 독창적인 음악과 퍼포먼스로 차별화를 두고 있습니다. 특히 뉴진스는 데뷔 초부터 신선하고 감각적인 음악으로 많은 주목을 받았죠. 이들은 비주얼뿐만 아니

라, 음악적으로도 굉장히 매력적입니다. 글로벌 팬들이 K-POP에 대해 이미 높은 관심을 가지고 있기 때문에, 신예 그룹들이 더 빠르게 주목받고 성장하는 환경이 조성된 것도 큰 이유입니다. 앞으로도 이런 신예 그룹들이 더욱 많은 가능성을 보여줄 것입니다."

Q: 방시혁 프로듀서와 BTS의 성공 스토리도 많은 이들의 관심을 받고 있습니다. 방시혁 프로듀서의 역할을 어떻게 평가하시나요?

A: "방시혁 프로듀서는 K-POP의 역사에서 매우 중요한 인물입니다. 그는 단순한 음악 제작자가 아니라, K-POP을 글로벌 무대로 확장시킨 혁신가입니다. BTS를 세계적인 그룹으로 성장시킨 그의 전략적 비전은 정말 놀랍습니다. 방시혁은 처음부터 글로벌 팬들과 어떻게 소통할지를 고려했고, 이를 바탕으로 BTS는 음악뿐만 아니라 그들의 메시지로도 전 세계 팬들과 교감했습니다. 그의 프로듀싱 방식은 기존 K-POP의 틀을 넘어서며, 앞으로도 K-POP의 글로벌 확장을 이끌어 갈 것입니다."

Q: 책에서 한국 가요의 세계적 잠재력에 대해서도 논의하셨는데요, 앞으로 한국 가요가 세계에서 더 주목받을 수 있을까요?

A: "물론입니다. 이미 한국 가요는 K-POP을 중심으로 세계적 관심을 받고 있지만, 앞으로는 트로트와 같은 다른 장르들도 충분히 세계에서 주목받을 수 있다고 봅니다. 무엇보다 중요한 것은, 어떻게 글로벌 팬들과 소통하고 공감대를 형성하느냐입니다. 한국 가요의 음악적 수준은 이미 세계적입니다. 이제는 한국의 다양한 장르가 어떻게 세계 무대에서 자신만의 매력을 발산할 것인가가 관건이 될 것입니다."

Q: 앞으로 한국 가요계에서 더 주목해야 할 흐름이나 변화가 있다면 무엇일까요?

A: "앞으로는 기술이 음악 산업에 더 큰 영향을 미칠 것으로 보입니다. AI가 음악 제작이나 퍼포먼스에 활용되면서, 전통적인 음악 제작 방식에서 벗어나 새로운 흐름이 형성될 것입니다. 또한, 장르 간의 경계가 점점 흐려지면서 다양한 음악적 융합이 일어날 것으로 기대됩니다. K-POP뿐만 아니라 트로트, 발라드, 힙합 등의 장르도 서로 영향을 주고받으면서 새로운 스타일이 탄생할 것입니다. 이런 흐름 속에서 한국 가요는 더욱 다채롭고 풍부해질 것입니다."

Q: 이번 책을 통해 독자들에게 전하고 싶은 메시지가 있다면 무엇인가요?

A: "이 책은 단순히 가요를 비평하는 것이 아니라, 한국 가요의 변화를 관찰하고 기록한 것입니다. 독자들이 이 책을 통해 한국 대중음악의 다채로운 매력을 발견하고, 한국 가요가 가진 잠재력과 가능성에 대해 생각해보는 기회가 되었으면 좋겠습니다. 임영웅과 뉴진스뿐만 아니라, 다양한 장르의 아티스트들이 앞으로도 얼마나 놀라운 성장을 할 수 있을지 기대해주시기 바랍니다."

오풍연 작가는 그의 책 『임영웅에서 뉴진스까지』를 통해 한국 가요의 변천사를 깊이 있게 분석하며, 앞으로의 가요계가 더 많은 변화를 이끌어갈 것이라는 기대감을 드러냈다. 한국 가요가 세계 무대에서 주목받는 이유와 그 미래에 대한 그의 통찰은 독자들에게 깊은 인상을 남긴다.

작가 오풍연은 한국교직원공제회 상임이사로 일하면서 필자와는 초등학교 선후배 사이다. 필자는 IP 스토리텔러로, 시인과 칼럼니스트로서 그의 신작 『임영웅에서 뉴진스까지』와 최근 근황을 인터뷰했다. 그의 양손은 오랫동안 류마티스를 앓아 손가락이 다 굳어 있었다. 검지 손가락 두 개가 그나마 감각이 살아있어 감사하다고 했다. 환하게 웃는 그의 모습에 너무 멀쩡한 내 손이 부끄러웠다. 감동을 주는 사람들이 세상을 끌어가는 힘이다. 그에게 감동적인 힘이 배어 나오는 걸 느낀다.

콘텐츠로 세계 무대에 서다

❖ 이은학 대전정보문화산업진흥원장

이은학은 1990년 공직에 입문하여 33년간 대전광역시청에서 근무하며 풍부한 행정 경험을 쌓은 행정가이다. 그는 대전광역시 관광진흥과장, 자치분권과장, 정책기획관 등 시청 내 주요 보직을 두루 역임했다. 특히 대전광역시 동구 부구청장을 지내며 기초 행정의 경험까지 갖춘 시정 전문가로 평가받는다. 2023년 9월, 제7대 대전정보문화산업진흥원장으로 임명되어 본격적으로 업무를 시작했다. 원장으로서 이장우 대전시장의 민선 8기 시정 방향에 맞춰 출연기관의 비전을 설계하고 혁신을 이끌 적임자로 기대를 받는다. 현재 그는 대전시의 IT 산업 미래 성장 동력을 확보하고 융·복합 문화콘텐츠 산업을 육성하는 핵심적인 역할을 수행한다.

콘텐츠로 세계 무대에 서다

이은학 대전정보문화산업진흥원장의 도약

지난 4월 25일, 대전시 도룡동 대전정보문화산업진흥원 원장실. 창 너머로 봄빛이 출렁이고, 싱그러운 나무 잎새들이 바람결에 속삭이고 있었다. 맑은 햇살 아래 만난 이은학 원장은 부드러운 미소 뒤에 숨은 단단한 신념을 드러냈다.

그가 전하는 이야기는 한 도시의 비전 그 이상이었다. 대전이라는 이름에 담긴 가능성, 그리고 그것을 현실로 끌어당기는 사람들의 뜨거운 노력, 대전이 걸어가는 길은 한 사람의 개인적 신념과도 닿아 있었다. 과학과 문화, 데이터와 청년이 어우러진 미래. 이날의 대화는, 대전이라는 도시가 어디를 향해 나아가고 있는지 보여주는 한 편의 설계도였다.

대전, 과학과 문화가 만나는 창조도시

'대전은 과학을 기반으로 문화 콘텐츠 산업을 꽃피울 수 있는 도시입니다.'

이은학 원장은 또박또박 힘주어 말했다. 대전은 오랫동안 '과학 도시'라는 별칭을 갖고 있었지만, 이제 그 위에 '문화'라는 날개를 달아 새로운 도약을 준비하고 있다는 것이다. 그는 대전정보문화산업진흥원이 주도하는 대전 콘텐츠 산업의 3대 전략으로 특수영상, 웹툰, e스포츠 세 가지 분야를 꼽았다.

'특수영상은 과학 기술을 기반으로 한 대전만의 독특한 강점이며, 웹툰은 젊은 창작자들이 끊임없이 새로운 이야기를 만들어내는 분야입니다. 이스포츠는 전 세계 청년 세대와 직접 소통할 수 있는 가장 역동적인 플랫폼이죠.'

특히 이은학 원장은 지역적 특성과 시민들의 역량이 콘텐츠 산업 성장의 튼튼한 토대가 되고 있다고 강조했다.

'대전은 다양한 지역 출신 인구가 어우러져 살아가는 포용적 도시입니다. 과학과 문화가 자연스럽게 결합할 수 있는 이 독특한 환경이야말로, 대전을 미래 콘텐츠 산업의 중심지로 성장시키는 가장 큰 자산입니다.'

이어 그는 힘주어 말했다.

'우리는 문화를 활성화하고, 인재를 양성하며, 산업 생태계를 탄탄히 구축해나갈 것입니다. 이를 통해 대전을 글로벌 경제 인류도시로 성장시키는 것이 우리 모두의 사명입니다.'

특수영상 클러스터와 웹툰, 대전의 새 심장

대전은 현재 1599억 원 규모의 거대한 특수영상 클러스터 조성 사업을 추진 중이다.

2028년 완공을 목표로, 지상 10층 규모의 건물에 80여 개 특수영상 전문 기업과 최첨단 스튜디오 4개가 들어설 예정이다. 이 프로젝트는 단순한 부지 개발이 아니라, 대전을 특수영상 산업의 중심지로 발돋움시키기 위한 야심찬 계획이다.

'그동안 수도권에 집중되어 있던 특수영상 산업을 대전으로 끌어오겠습니다.'

이은학 원장은 힘주어 말했다.

'대전은 과학기술과 연계된 특수영상 제작에 있어 독보적인 경쟁력을 가질 수 있는 도시입니다. 이를 통해 지역 경제에 새로운 활력을 불어넣고, 청년들에게 다양한 일자리를 제공할 것입니다.'

웹툰 산업 역시 대전의 미래 성장 엔진 중 하나다.

현재 대전에는 대전대학교, 대덕대학교, 배재대학교, 우송정보대학 등 다섯 개 대학에 웹툰 관련 학과가 개설돼 있으며, 해마다 200명 이상의 웹툰 전문 인재가 배출되고 있다. 웹툰 IP 첨단 클러스터 조성 사업은 대전 동구 중동 일대에서 본격화되고, 이를 통해 웹툰 작가들의 창작 지원과 글로벌 시장 진출을 위한 인프라가 체계적으로 구축되고 있다.

'웹툰은 단순한 만화를 넘어, 영화, 드라마, 게임 등 다양한 콘텐츠 산업의 뿌리가 되는 분야입니다.'

이은학 원장은 강조했다.

'대전은 웹툰을 통해 콘텐츠 산업 전반을 선도할 수 있습니다. 대전을 웹툰의 성지로 만들겠다는 우리의 꿈은 이제 현실이 되어가고 있습니다.'

이스포츠, 도시 브랜드를 이끄는 동력

대전이스포츠경기장은 전국에서 유일하게 아레나형 구조를 갖춘 전용 경기장이다. 이는 일반 극장형과 달리, 모든 방향에서 경기를 생동감 있게 관람할 수 있어 선수와 관객 간 거리를 극적으로 좁힌다. 이 경기장은 가동률, 접근성, 선호도 등 모든 면에서 전국 1위를 기록하며 대전의 새로운 상징으로 자리잡았다.

'이스포츠는 지역 경제를 움직이는 강력한 엔진입니다.'

이은학 원장은 웃으며 말했다.

'대전이스포츠경기장은 1년에 30회가 넘는 크고 작은 대회를 개최하며, 이미 세계 140개국에 대전 경기가 송출되고 있습니다.'

그 효과는 숫자로도 증명된다. 숙박, 식음료, 교통, 문화산업 등 지역 상권이 이스포츠 대회 기간마다 눈에 띄게 활성화되고 있으며, 청년 세대의 문화 기반 형성에도 크게 기여하고 있다.

'젊은 세대가 자발적으로 모여드는 도시, 활력과 창의성, 그리고 경제적 파급효과를 동시에 이끌어내는 것, 그것이 바로 이스포츠가 만드는 도시 브랜드의 힘입니다.'

이은학 원장은 앞으로 이스포츠 산업을 대전 문화·경제 정책의 핵심 축으로 더 키워나갈 계획임을 밝혔다.

AI와 데이터, 대전의 새로운 성장축

이은학 원장이 특히 강조한 분야는 AI와 데이터 기반 콘텐츠 산업이다.

'AI는 이제 콘텐츠 산업의 필수가 됐습니다. 대전은 이 분야에서도 선도적인 입지를 구축하고 있습니다.'

대전은 현재 AI 기반 특수영상 제작 시스템, AI 웹툰 자동화 기술, 메타버스 연계형 콘텐츠 개발 등을 활발히 추진 중이다. 또한 데이터 기반 지원 인프라를 확충해, 창작자와 기업들이 보다 정교하고 경쟁력 있는 콘텐츠를 제작할 수 있도록 돕고 있다.

'21세기 산업의 쌀은 바로 데이터입니다. 데이터 없이는 콘텐츠도, AI도, 산업도 성장할 수 없습니다.'

그는 가령 정보 활용지원센터, 빅데이터 오픈넷, 국민의료 AI 서비스 구축 등의 프로젝트를 통해 대전이 데이터 산업의 허브로 자리매김하고 있다고 설명했다.

'대전은 데이터, AI, 콘텐츠를 결합해 글로벌 스마트 도시로 진화하고 있습니다.'

이은학 원장은 미래 첨단산업을 이끌 새로운 성장 축을 확고히 다지고 있다고 힘주어 말했다.

어린 시절의 꿈, 대전의 미래를 닮다

충남 서산의 한 작은 마을, 전기도 제대로 들어오지 않던 시골. 이은학 원장은 등잔불 아래에서 책을 읽으며 어린 시절을 보냈다. 당시 형편은 어려웠지만, 그는 여전히 상상가라는 꿈을 키웠다.

'가난했지만 마음만은 풍요로웠던 시절입니다. 음악과 책은 제게 세상을 꿈꾸게 해준 창이었습니다.'

현실은 녹록지 않았다. 생계를 위해 고등학교를 졸업하자마자 건설 현장에서 일했고, 이후 주경야독으로 공부해 행정직 공무원이 되었다. 33년 6개월 동안 공직에 몸담으며 도시 행정과 지역 발전에 헌신했다.

'사람은 어린 시절 품었던 꿈을 언젠가 현실로 만납니다. 꿈은 길을 잃지 않고 우리를 이끌어 줍니다.'

공직에서 행정을 했지만, 그는 다시 문화와 예술, 산업이 어우러진 세계로 발을 디뎠다. 대전정보문화산업진흥원 원장으로서 그는 매일 새로운 도전을 즐긴다고 말하고 있다.

'이곳에서 매일 배우고 성장하고 있습니다. 어린 시절 꿈꾸었던 창의의 세계가 이제는 제 현실입니다.'

청년들에게 길을 열어주는 콘텐츠

이은학 원장은 청년들을 위한 콘텐츠 산업 육성을 가장 중요한 사명 중 하나로 삼고 있다.

'청년이 살아야 도시가 살아납니다. 콘텐츠 산업은 청년들에게 새로운 길을 열어주는 강력한 힘입니다.'

이렇게 대전정보문화산업진흥원은 웹툰 아카데미, 영화 아카데미, 이스포츠 인재 육성 프로그램 등 다양한 플랫폼을 통해 청년 창작자들에게 실질적 지원을 제공하고 있다.

'우리는 단순히 교육하는 데 그치지 않습니다. 학생들이 실제 산업 현장에서 성장할 수 있도록 돕고 있습니다.'

또한 이은학 원장은 대전 내 여러 대학과 협약을 맺고, 진흥원의 시설과 프로그램을 개방해 지역 대학생들이 자유롭게 실습하고 창작 할 동을 펼칠 수 있는 기회를 넓혀 가고 있다.

'대전의 청년들이 이곳에서 배우고 성장해 세계로 뻗어 나가기를 바랍니다. 그들이 가진 가능성과 잠재력을 믿고, 우리는 계속 지원할 것입니다.'

ESG 경영, 조직의 철학을 바꾸다

2024년, 대전정보문화산업진흥원은 기관 경영 평가에서 1위를 차지하며 전국적인 주목을 받았다. 특히 ESG(환경, 사회, 지배구조) 경영을 모범적으로 실천한 기관으로 높은 평가를 받았다. 누구보다도 ESG를 잘 이해하고 실천하려고 노력한다고 말했다.

'우리는 시민을 위해 존재하는 조직입니다.'

이은학 원장은 인터뷰 내내 특히 이 신념을 반복해서 강조했다. 그는 취임 초기부터 수평적 리더십, 무병 경영, 헌신적 조직 문화를 진흥원의 핵심 가치로 삼았다.

'권위적이고 수직적인 조직이 아니라, 서로 존중하고 협력하는 수평적 조직이 진정한 힘을 갖게 됩니다.'

이은학 원장은 또한 ESG 경영이 단순히 보고서 작성을 위한 것이 아니라,

'지역 사회와 함께 성장하고, 시민과 함께 미래를 만들어가기 위한 철학'이라고 말했다.

'조직의 존재 이유를 분명히 하고, 그 목적에 헌신하면 자연스럽게 신뢰와 힘이 따라옵니다.'

그는 ESG 경영이 단기 성과에만 머무는 것이 아니라, 장기적으로 조직의 건강한 지속 가능성을 담보한다고 확신했다.

10년 후 대전, 세계를 향한 비상

이은학 원장은 10년 후 대전의 미래를 묻는 질문에 조금도 망설이지 않고 대답했다.

'과학, 데이터, 콘텐츠가 어우러진 글로벌 혁신 도시, 그게 바로 대전입니다.'

그는 대전이 바이오, 반도체, 국방 등 첨단 산업 분야에서 이미 전국 최고 수준의 성장세를 보이고 있다고 평가했다.

'카이스트, ETRI, 다양한 연구기관들이 대전에 있다는 것은 세계 어느 도시와 견주어도 강력한 경쟁력입니다.'

뿐만 아니라, AI와 데이터 기반 콘텐츠 산업이 융합되면서 대전은 새로운 경제 지도를 그리고 있다.

'단순한 행정 수도가 아니라, 지식과 혁신의 수도로 자리잡을 것입니다.'

이은학 원장은 마지막으로, 자신의 어린 시절 꿈을 빗대어 이렇게 말했다.

'어릴 적 등잔불 아래서 꿈꿨던 희망처럼, 지금 우리가 심는 작은 씨앗들은 머지않아 대전을 세계 속에서 가장 빛나는 도시로 키워낼 것입니다.'

그의 눈빛은 확신으로 빛나고 있었다.

작은 씨앗에서 거대한 숲으로

이은학 원장은 대전의 성장 스토리와 자신의 삶을 조용히 겹쳐 보았다.

가난했던 어린 시절, 등잔불 아래 품었던 작은 꿈이, 수십 년의 세월을 넘어 거대한 현실로 피어났다. 마찬가지로 지금 대전이 심고 있는 수많은 도전과 노력의 씨앗들도, 언젠가 세계를 뒤흔드는 거대한 숲으로 성장할 것임을 그는 굳게 믿고 있다.

'대전은 이미 준비되어 있습니다. 과학, 문화, 데이터, 그리고 인재라는 풍요로운 자양분을 가진 도시입니다. 이제는 세계가 대전을 주목할 차례입니다.'

그의 희망은 공허한 약속이 아니었다. 그것은 이미 대전 곳곳에서 자라고 있었다. AI 기술과 창작자 생태계, 글로벌 이스포츠 산업, 그리고 청년 세대의 도전이 그 증거다. 오늘 우리가 심은 씨앗은 반드시 자라난다. 그리고 언젠가, 대전은 혁신과 창조의 숲이 되어 세계를 감동시킬 것이다. 그 미래는 결코 먼 이야기가 아니다. 이미, 지금 이곳 대전에서 시작되고 있다.

이은학 대전정보문화산업진흥원장이 원장실에서 환하게 웃고 있다.

이은학 대전정보문화산업진흥원장(우)와 본지 특파원이 인터뷰를 하고 있다.

이가희 시카고한국일보 한국특파원
한국스토리텔링연구원장
사인/칼럼니스트

이은학 대전정보문화산업진흥원장은 대전이 보유한 잠재력을 문화·콘텐츠 산업의 영역까지 확장하며 새로운 도시 비전을 제시하고 있다. 그의 철학은 단순한 산업 육성을 넘어, 대전을 미래 도시로 성장시키는 전략적 기반을 만드는 데 있다.

그가 바라보는 대전은 과학기술, 문화예술, 데이터 인프라, 청년 인재가 함께 어우러진 가능성의 도시이다. 콘텐츠 산업을 중심으로 도시의 경쟁력을 강화하고, 지역의 창작 생태계를 촘촘하게 구축하는 것이 그의 목표다. 대전이 지닌 기술 기반과 창의적 역량을 결합해 세계 시장에 도전하는 도시로 성장시키겠다는 의지가 명확하다.

이은학 원장의 비전은 한 개인의 신념을 넘어 도시 전체가 나아갈 방향과 닮아 있다. 콘텐츠와 과학기술이 융합되는 새로운 산업 구조, 지역 청년들의 성장 기회, 그리고 지속 가능한 창작 환경. 그의 노력은 대전이 앞으로 어떤 모습으로 세계 무대에 등장하게 될지를 보여주는 일종의 설계도와도 같다.

대전, 과학과 문화가 만나는 창조도시

"대전은 과학을 기반으로 문화 콘텐츠 산업을 꽃피울 수 있는 도시입니다."

이은학 원장은 또박또박 힘주어 말했다. 대전은 오랫동안 '과학도시'라는 별칭을 갖고 있었지만, 이제 그 위에 '문화'라는 날개를 달아 새로운 도약을 준비하고 있다는 것이다. 그는 대전정보문화산업진흥원이 주도하는 대전 콘텐츠 산업의 3대 전략으로 특수영상, 웹툰, e스포츠 세 가지 분야를 꼽았다.

"특수영상은 과학기술을 기반으로 한 대전만의 독특한 강점이며, 웹툰은 젊은 창작자들이 끊임없이 새로운 이야기를 만들어내는 분야입니다. 이스포츠는 전 세계 청년 세대와 직접 소통할 수 있는 가장 역동적인 플랫폼이죠."

특히 이은학 원장은 지역적 특성과 시민들의 역량이 콘텐츠 산업 성장의 든든한 토대가 되고 있다고 강조했다.

"대전은 다양한 지역 출신 인구가 어우러져 살아가는 포용적 도시입니다. 과학과 문화가 자연스럽게 결합할 수 있는 이 독특한 환경이야말로, 대전을 미래 콘텐츠 산업의 중심지로 성장시키는 가장 큰 자산입니다."

이어 그는 힘주어 말했다.

"우리는 문화를 활성화하고, 인재를 양성하며, 산업 생태계를 탄탄히 구축해나갈 것입니다. 이를 통해 대전을 글로벌 경제 인류도시로 성장시키는 것이 우리 모두의 사명입니다."

특수영상 클러스터와 웹툰, 대전의 새 심장

대전은 현재 1,599억 원 규모의 거대한 특수영상 클러스터 조성 사업을 추진 중이다.

2028년 완공을 목표로, 지상 10층 규모의 건물에 80여 개 특수영상 전문 기업과 최첨단 스튜디오 4개가 들어설 예정이다. 이 프로젝트는 단순한 부지 개발이 아니라, 대전을 특수영상 산업의 중심지로 탈바꿈시키기 위한 야심찬 계획이다.

"그동안 수도권에 집중되어 있던 특수영상 산업을 대전으로 끌어오겠습니다."

이은학 원장은 힘주어 말했다.

"대전은 과학기술과 연계된 특수영상 제작에 있어 독보적인 경쟁력을 가질 수 있는 도시입니다. 이를 통해 지역 경제에 새로운 활력을 불어넣고, 청년들에게 다양한 일자리를 제공할 것입니다."

웹툰 산업 역시 대전의 미래 성장 엔진 중 하나다.

현재 대전에는 대전대학교, 대덕대학교, 배재대학교, 우송정보대학 등 다섯 개 대학에 웹툰 관련 학과가 개설돼 있으며, 해마다 200명 이상의 웹툰 전공 인재들이 배출되고 있다.

웹툰 IP 첨단 클러스터 조성 사업은 대전 동구 중동 일대에서 본격화되었고, 이를 통해 웹툰 작가들의 창작 지원과 글로벌 시장 진출을 위한 인프라가 체계적으로 구축되고 있다.

"웹툰은 단순한 만화를 넘어, 영화, 드라마, 게임 등 다양한 콘텐츠 산업의 뿌리가 되는 분야입니다."

이은학 원장은 강조했다.

"대전은 웹툰을 통해 콘텐츠 산업 전반을 선도할 수 있습니다. 대전을 웹툰의 성지로 만들겠다는 우리의 꿈은 이제 현실이 되어가고 있습니다."

e스포츠, 도시 브랜드를 이끄는 동력

대전이스포츠경기장은 전국에서 유일하게 아레나형 구조를 갖춘 전용 경기장이다. 이는 일반 극장형과 달리, 모든 방향에서 경기를 생동감 있게 관람할 수 있어 선수와 관객 간 거리를 극적으로 좁힌다. 이

경기장은 가동률, 접근성, 선호도 등 모든 면에서 전국 1위를 기록하며 대전의 새로운 상징으로 자리잡았다.

"e스포츠는 지역 경제를 움직이는 강력한 엔진입니다."

이은학 원장은 웃으며 말했다.

"대전이스포츠경기장은 1년에 30회가 넘는 크고 작은 대회를 개최하며, 이미 세계 140개국에 대전 경기가 송출되고 있습니다."

그 효과는 숫자로도 증명된다. 숙박, 식음료, 교통, 문화산업 등 지역 상권이 e스포츠 대회 개최 기간마다 눈에 띄게 활성화되고 있으며, 청년 세대의 문화 기반 형성에도 크게 기여하고 있다.

"젊은 세대가 자발적으로 모여드는 도시. 활력과 창의성, 그리고 경제적 파급효과를 동시에 이끌어내는 것. 그것이 바로 e스포츠가 만드는 도시 브랜드의 힘입니다."

이은학 원장은 앞으로 e스포츠 산업을 대전 문화·경제 정책의 핵심 축으로 더 키워나갈 계획임을 밝혔다.

AI와 데이터, 대전의 새로운 성장축

이은학 원장이 특히 강조한 분야는 AI와 데이터 기반 콘텐츠 산업이다.

"AI는 이제 콘텐츠 산업의 필수가 됐습니다. 대전은 이 분야에서도 선도적 입지를 구축하고 있습니다."

대전은 현재 AI 기반 특수영상 제작 시스템, AI 웹툰 자동화 기술, 메타버스 연계형 콘텐츠 개발 등을 활발히 추진 중이다. 또한 데이터 기반 지원 인프라를 확충해, 창작자와 기업들이 보다 정교하고 경쟁력 있는 콘텐츠를 제작할 수 있도록 돕고 있다.

"21세기 산업의 쌀은 바로 데이터입니다. 데이터 없이는 콘텐츠도, AI도, 산업도 성장할 수 없습니다."

그는 가명 정보 활용지원센터, 빅데이터 오픈넷, 국민 의료 AI 서비스 구축 등의 프로젝트를 통해 대전이 데이터 산업의 허브로 자리매김하고 있다고 설명했다.

"대전은 데이터, AI, 콘텐츠를 결합해 글로벌 스마트 도시로 진화하고 있습니다."

이은학 원장은 대전이 미래 첨단산업을 이끌 새로운 성장축을 확고히 다지고 있다고 힘주어 말했다.

어린 시절의 꿈, 대전의 미래를 열다

충남 서산의 한 작은 마을, 전기도 제대로 들어오지 않던 시절. 이은학 원장은 등잔불 아래에서 책을 읽으며 어린 시절을 보냈다. 당시 형편은 어려웠지만, 그는 여전히 성악가라는 꿈을 키웠다.

"가난했지만 마음만은 풍요로웠던 시절입니다. 음악과 책은 제게 세상을 꿈꾸게 해준 창이었습니다."

현실은 녹록지 않았다. 생계를 위해 고등학교를 졸업하자마자 건설 현장에서 일했고, 이후 죽기 살기로 공부해 행정직 공무원이 되었다. 33년 6개월 동안 공직에 몸담으며 도시 행정과 지역 발전에 헌신했다.

"사람은 어린 시절 품었던 꿈을 언젠가 현실로 만납니다. 꿈은 길을 잃지 않고 우리를 이끌어 줍니다."

공직에서 행정을 했지만, 그는 다시 문화와 예술, 산업이 어우러진 세계로 발을 디뎠다. 대전정보문화산업진흥원 원장으로서 그는 매일 새로운 도전을 즐기며 일하고 있다.

"이곳에서 매일 배우고 성장하고 있습니다. 어린 시절 꿈꾸었던 '창의의 세계'가 이제는 제 현실입니다."

청년들에게 길을 열어주는 콘텐츠

이은학 원장은 청년들을 위한 콘텐츠 산업 육성을 가장 중요한 사명 중 하나로 삼고 있다.

"청년이 살아야 도시가 살아납니다. 콘텐츠 산업은 청년들에게 새로운 길을 열어주는 강력한 힘입니다."

이렇게 대전정보문화산업진흥원은 웹툰 아카데미, 영화 아카데미, 이스포츠 인재 육성 프로그램 등 다양한 플랫폼을 통해 청년 창작자들에게 실질적 지원을 제공하고 있다.

"우리는 단순히 교육하는 데 그치지 않습니다. 학생들이 실제 산업 현장에서 성장할 수 있도록 돕고 있습니다."

또한 이은학 원장은 대전 내 여러 대학과 협약을 맺고, 진흥원의 시설과 프로그램을 개방했다. 이를 통해 지역 대학생들이 자유롭게 실습하고 창작 활동을 펼칠수 있는 기회를 넓혀가고 있다.

"대전의 청년들이 이곳에서 배우고 성장해 세계로 뻗어 나가기를 바랍니다. 그들이 가진 가능성과 잠재력을 믿고, 우리는 계속 지원할 것입니다."

ESG 경영, 조직의 철학을 바꾸다

2024년, 대전정보문화산업진흥원은 기관 경영 평가에서 1위를 차지하며 전국적인 주목을 받았다. 특히 ESG(환경, 사회, 지배구조) 경영을 모범적으로 실천한 기관으로 높은 평가를 받았다. 누구보다도 ESG를 잘 이해하고 실천하려고 노력한다고 말했다.

"우리는 시민을 위해 존재하는 조직입니다."

이은학 원장은 인터뷰 내내 특히 이 신념을 반복해서 강조했다. 그는 취임 초기부터 수평적 리더십, 투명 경영, 헌신적 조직 문화를 진흥원의 핵심 가치로 삼았다.

"권위적이고 수직적인 조직이 아니라, 서로 존중하고 협력하는 수평적 조직이 진정한 힘을 갖게 됩니다."

이은학 원장은 또한 ESG 경영이 단순히 보고서 작성을 위한 것이 아니라, "지역 사회와 함께 성장하고, 시민과 함께 미래를 만들어가기 위한 철학"이라고 말했다.

"조직의 존재 이유를 분명히 하고, 그 목적에 헌신하면 자연스럽게 신뢰와 힘이 따라옵니다."

그는 ESG 경영이 단기 성과에만 머무는 것이 아니라, 장기적으로 조직의 건강한 지속 가능성을 담보한다고 확신했다.

10년 후 대전, 세계를 향한 비상

이은학 원장은 10년 후 대전의 미래를 묻는 질문에 조금도 망설이지 않고 대답했다.

"과학, 데이터, 콘텐츠가 어우러진 글로벌 혁신 도시, 그게 바로 대전입니다."

그는 대전이 바이오, 반도체, 국방 등 첨단 산업 분야에서 이미 전국 최고 수준의 성장세를 보이고 있다고 평가했다.

"카이스트, ETRI, 다양한 연구기관들이 대전에 있다는 것은 세계 어느 도시와 견주어도 강력한 경쟁력입니다."

뿐만 아니라, AI와 데이터 기반 콘텐츠 산업이 융합되면서 대전은 새로운 경제 지도를 그리고 있다.

"단순한 행정 수도가 아니라, 지식과 혁신의 수도로 자리잡을 것입니다."

이은학 원장은 마지막으로, 자신의 어린 시절 꿈을 빗대어 이렇게 말했다.

"어릴 적 등잔불 아래서 꿈꿨던 희망처럼, 지금 우리가 심는 작은 씨앗들은 머지않아 대전을 세계 속에서 가장 빛나는 도시로 키워낼 것입니다."

그의 눈빛은 확신으로 빛나고 있었다.

작은 씨앗에서 거대한 숲으로

이은학 원장은 대전의 성장 스토리와 자신의 삶을 조용히 겹쳐 보았다.

가난했던 어린 시절, 등잔불 아래 품었던 작은 꿈이, 수십 년의 세월을 넘어 거대한 현실로 피어났다. 마찬가지로 지금 대전이 심고 있는 수많은 도전과 노력의 씨앗들도, 언젠가 세계를 뒤흔드는 거대한 숲으로 성장할 것임을 그는 굳게 믿고 있다.

"대전은 이미 준비되어 있습니다. 과학, 문화, 데이터, 그리고 인재라는 풍요로운 자양분을 가진 도시입니다. 이제는 세계가 대전을 주목할 차례입니다."

그의 희망은 공허한 약속이 아니었다. 그것은 이미 대전 곳곳에서 자라고 있었다. AI 기술과 창작자 생태계, 글로벌 e스포츠 산업, 그리고 청년 세대의 도전이 그 증거다. 오늘 우리가 심은 씨앗은 반드시 자라난다. 그리고 언젠가, 대전은 혁신과 창조의 숲이 되어 세계를 감동시킬 것이다. 그 미래는 결코 먼 이야기가 아니다. 이미, 지금 이곳 대전에서 시작되고 있다.

한복에 담은 외교의 철학과 공감의 세계

❖ **정사무엘** 한문화진흥협회 회장

정사무엘은 1983년생으로, 선친인 정재민 초대 회장이 1984년에 설립한 한문화진흥협회의 제2대 회장(2023년 취임)이자 한문화외교사절단 단장이다. 그는 '문화가 가장 강력한 외교적 언어'라는 확고한 신념 아래 20대 초반부터 각국 대사들과 교류하며 민간 문화외교 전문가로 활동해 왔다. 2009년부터 세계의상페스티벌을 총감독하고 대한민국 한복모델 선발대회를 기획하는 등 3,000건 이상의 국제 문화교류 행사를 주도했다. 특히 100여 개국 이상의 주한대사관과 직접적인 실무 채널을 구축하여 정부 지원 없이 국제 행사를 성공시키는 '민간형 선순환 시스템'을 구축했다. 이러한 문화외교 공로를 인정받아 외교부장관 표창을 비롯해 수십 개국 주한대사상 및 국내 다양한 기관장 상을 수상하며 글로벌 활동을 펼치고 있다. 그는 한복을 세계와의 공감을 위한 소통 수단이자 지속 가능한 산업 자산으로 규정하고, 유스앰버서더 아카데미 등을 통해 젊은 인재들을 문화 외교 전문가로 육성하는 데 전념한다.

'한복에 담은 외교의 철학', 정사무엘이 설계하는 공감의 세계

사단법인 한문화진흥협회 정사무엘회장

사단법인 한문화진흥협회 정사무엘회장.

서울 서초구 방배동에 위치한 한문화진흥협회에서 정사무엘 회장과 본지 특파원이 인터뷰를 하고 있다.

가을비가 유리창을 적시던 오후, 햇살 같은 사람을 만나다

가을을 재촉하는 비가 하염없이 내리던 9월 24일 오후, 본지 특파원은 서울 서초구 방배동에 위치한 한문화진흥협회에서 정사무엘 회장을 만났다. 그가 들어서는 순간 창밖의 궂은 날씨가 만든 스산함은 순식간에 그의 존재감 뒤로 밀려났다. 마주 앉아 몇 마디 나누기도 전에 그의 이야기에 설득당하고 있었다. 마음이 환해졌다는 감상적 표현보다, 그의 세계로 빠져들고 있었다는 고백이 더 정확했다. 마흔을 갓 넘긴 젊은 얼굴에는 소년 같은 미소가, 그러나 그의 입에서 나오는 문장들은 수십 년간 연마한 대가의 칼날처럼 단단하고 정교했다. 창밖의 빗줄기와 대조적으로, 그의 이야기는 따스한 햇살처럼 인터뷰 내내 마음을 환하게 밝혔다. 일과 사람, 그리고 세상을 대하는 그의 태도에는 억지로 꾸미지 않은 깊은 신뢰가 배어 있었다. 오늘밤 굵은 비 오는 날에도 햇살은 존재한다는 역설을 온전히 믿고 싶어졌다. 그는 단순한 문화 사업가가 아니었다. 한 나라의 품격을 디자인하고, 세계의 마음을 움직이는 '문화외교'라는 거대한 판을 설계하는 아키텍트(Architect)였다.

문화, 외교의 심장을 관통하는 가장 부드러운 언어

한문화진흥협회는 무엇을 하는 곳인가. 섣부른 질문에 그는 한 치의 망설임도 없이 명료한 언어로 조직의 정체성을 규정했다. "품격 가능한 의전과 상징, 그리고 경험을 통해 세계인의 마음을 움직여 궁극적으로 한국의 위상을 바꾸는 플랫폼입니다." 그의 설명에 따르면 협회의 활동은 8개의 단단한 기둥 위에 세워져 있었다. 문화 교류, 학술 포럼과 세미나, 글로벌 컬처 프로그램, 국내외에서 열리는 한복모델 선발대회, 세계 각국을 무대로 한 한복 패션쇼, 각국 외교 의전 설계, 그리고 한국의 문화외교를 체험하는 컬처럼 부어까지. 이 모든 활동을 관통하는 하나의 키워드는 바로 '공감'이다. "모든 것의 출발점은 상대 국가의 종교, 역사, 정치, 관습을 철저히 고려한 의전 설계에 있습니다. 한 나라의 국민이 '우리가 존중받고 있다'는 감각을 체험하게 만드는 것, 그것이 문화외교의 첫걸음입니다." 그의 말처럼 존중이라는 씨앗이 뿌려져야 비로소 공감의 싹이 튼다. 이 모든 섬세한 설계를 현실로 만드는 힘은 오랜 기간 축적된 100개 국가 이상의 대사 네트워크와 타의 추종을 불허하는 프로토콜 운영 능력이다. 놀라운 것은 이 거대한 프로젝트가 상근 직원 11명의 민간 조직 체제로 움직인다는 사실이었다.

보이지 않는 설계도: 프로토콜, 심볼, 네트워크, 미디어

그가 말하는 문화외교는 눈에 보이는 화려함이 전부가 아니다. 무대 뒤에는 치밀하게 계산된 네 개의 축이 유기적으로 작동하며, 거대한 톱니바퀴를 굴린다. 첫째는 '의전(Protocol)'이다. 그는 단호하게 말했다. "의전은 행사를 돕는 부수적 업무가 아니라, 전략 그 자체입니다." 상대의 역사와 종교, 관습을 존중하는 정신와 동선 하나하나가 모여 공감이라는 거대한 성을 쌓아 올린다. 둘째는 '심볼(Symbol)'이다. 국가나 전통의상 같은 민족의 상징을 상대의 정서에 맞춰 장외적으로 재해석하는 작업이다. 각국 대사들이 자국의 국기 문양으로 만든 한복을 입고 무대에 오르는 오프닝 세리머니는 그 대표적인 예다. 단순한 패션쇼가 외교적 메시지로 승화되는 순간이다. 셋째는 104개국과의 장기적인 신뢰를 바탕으로 구축된 '네트워크(Network)'다. 마지막 넷째는 '미디어(Media)'다. 행사의 기획 단계부터 리셉션, 콘텐츠 제작, 그리고 현지 인플루언서와의 협업을 통한 파급력 설계까지 아우른다. "이 네 개의 축이 하나의 무대 안에서 일관된 메시지로 작동할 때 비로소 외교는 탁월한 장치의 언어가 아닌 마음을 움직이는 문화의 언어로 설득력을 얻게 됩니다."

'존중'이라는 이름의 번역: 10초의 장벽을 넘어서

문화 교류의 현장은 언제나 예측 불가능한 변수와 장애물로 가득하다. 음악, 복식, 심지어 작은 카피라이팅 문구 하나까지 나라별로 금기는 한자밖 벗어난다. 한식을 소개할 때는 할 이유가, 전통 타악 공연에서는 금속성 음향에 대한 선호도 차이가, 한복을 입힐 때는 서구인의 체형과 동양 복식의 조화 문제가 어김없이 등장한다. 그는 이 모든 장벽을 '존중'이라는 열쇠로 풀어낸다. "첫 10초가 가장 중요합니다. 그 짧은 순간에 상대방이 마음의 빗장을 열게 만들어야 합니다." 그의 해결책은 놀랍도록 섬세하다. 이슬람 국가 여성을 위해 하잘을 대체할 우아한 '한국적 배일' 즉 쓰개치마를 제안하고, 체형이 드러나는 것을 부담스러워하는 이들을 위해 당의나 원삼 디자인으로 가품을 감싸준다. 그리고 결정적으로, 오프닝 무대에 각국의 '국기 한복'을 배치해 시작과 동시에 존중의 메시지를 강력하게 전달한다. 베트남에서는 한복 원단으로 그들의 전통 의상인 아오자이를 재해석해 선물함으로써 두 국가의 상징을 하나로 엮어내는 감동적인 장면을 연출하기도 한다. 일부 정상급 의전에서는 상대국 영부인에게 한복 적용을 성공적으로 설득해, 그 자체로 역사적인 상징이 되는 순간을 만들어냈다. 이는 단순한 '현지화'를 넘어, 문화에 대한 깊은 이해와 존중이 빚어낸 '번역'의 경지였다.

홀로 서는 외교, 후원 없는 무대의 미학

자본의 논리가 모든 것을 지배하는 시대, 그의 '무후원(無後援)' 원칙은 시대의 흐름에 대한 가장 날 선 반기(反旗)처럼 들린다. 정사무엘 회장은 지난 10여 년간 단 한 번도 기업이나 정부의 돈에 기대지 않았다. 그는 인터뷰 내내 단호했다. "후원은 반드시 대가와 요구를 동반합니다. 이는 콘텐츠의 공정성과 의전의 중립성을 훼손할 가장 큰 위험 요소입니다." 상업적 논리나 정치적 입김에 콘텐츠의 영혼을 담보 잡히는 순간, 문화외교의 진정성은 증발해 버린다는 것이 그의 신념이다. 그는 쉬운 길 대신 스스로 공을 파고 무대를 세우고 주인공이 되는 길을 택했다. 물론 그 선택은 살얼음판을 걷는 것과 같은 재정적 리스크를 동반한다. 하지만 그는 다년 계약, 행사 포트폴리오 운영이라는 정교한 위기관리 시스템으로 돌파한다. 무엇보다 그의 심장을 뛰게 하는 것은 '남의 잔치'를 대신 차려주지 않겠다는 예술가적 자존감이다. 스스로 가치를 창조하고 지켜내는 이 고독한 항해의 끝에서 그가 얻는 것은 돈으로 환산할 수 없는 '신뢰'라는 화폐다. 세계 각국의 외교 사절단이 이 그에게 보내는 절대적인 믿음은 바로 이 지점에서 비롯된다. 결국 그의 무후원 원칙은 단순한 재정적 독립 선언이 아니라, 문화의 가치를 그 무엇과도 바꾸지 않겠다는 가장 순수하고 강력한 선언인 셈이다.

행사가 끝난 뒤에 남는 것들에 대하여

"그래서, 행사가 끝나면 무엇이 남습니까?" 많은 이들이 던지는 질문에 그는 '지속 가능한 관계'라는 결과물로 답한다. 한문화진흥협회는 117개국 주재 대사단으로 구성된 외교 사절단 협의체(CDC)와 최초로 MOU를 체결한 민간단체라는 기념비적인 기록을 가지고 있다. 이는 일회성 행사를 넘어, 공동의 의제를 설정하고 함께 미래를 논의하는 파트너로서 인정받았다는 상징적인 사건이다. 이 강력한 합의 기반 네트워크는 '행사 이후의 실행'으로 이어진다. 공동 의제 포럼, 문화·교육 프로그램, 고위급 인사의 방한 시 재공되는 전통 의전 패키지 등은 모두 이 네트워크를 통해 살아 움직이는 결과물이다. 그는 장후 수의 증가, 공동 행사의 연속성, 그리고 상대국의 정책에 우리 문화가 긍정적으로 반영되는 사례 등을 통해 성과를 냉정하게 관리한다. 화려한 막이 내린 뒤, 더 깊고 단단한 관계의 막이 오르는 문화외교의 진짜 모습이다.

스물셋 청년의 꿈, 다음 세대의 외교를 그리다

그의 인생을 바꾼 결정적 순간은 스물셋, 우연히 만난 주한 코스타리카 대사와의 대화였다. "그분을 만나기 전까지 저는 그저 평범한 청년이었습니다. 하지만 그분과의 대화를 통해 세상의 지평이 열리는 경험을 했고, '프로토콜'이라는 세계에 눈을 뜨게 되었습니다." 자신이 겪었던 그 강렬한 경험을 다음 세대에게도 선물하고 싶었다. 그래서 청년들과 현직 대사가 1:1로 만나 대화하며 "훗날 국제 무대에서 다시 만나자"는 약속을 주고받는 '뉴 앰배서더 아카데미'를 설계했다. 그의 꿈은 여기서 멈추지 않는다. 앞으로는 AI 활용 능력, 미디어 리터러시, 크로스 컬처 마케팅 교육을 통합한 외교, 기업, 문화 현장을 잇는 실질적인 커리어 트랙을 만들 계획이다. 이미 아카데미 출신 제자 중 외교관이 된 사례도 나왔다. 그는 거듭 강조했다. "모든 교육의 본질은 기술이 아니라, 상대의 마음을 헤아리는 '품격 있는 공감 능력'을 기르는 데 있습니다."

아버지의 가르침, 그리고 한 사람의 결심

한 사람의 철학은 어디에서 비롯되는가. 그의 이야기는 아버지의 가르침으로 거슬러 올라갔다. "아버지는 제게 '10년은 네 마음대로 마음껏 해봐라'라고 말씀하시며 간섭 대신 기다림으로 저를 키우셨습니다." 스스로 빛을 내고 스스로 길을 찾는 과정을 통해 살아가는 신용의 가치를 배우게 한 실전 교육 역시 그의 단단한 자립심에 자양분이 되었다. 스물셋의 청년 정사무엘을 '공감 없는 외교와 문화는 교류가 아니다'라는 신념으로 이끈 코스타리카 대사와의 첫 만남, 그리고 그를 믿어준 아버지의 기다림. 이 두 경험이 오늘날 문화외교 설계자 정사무엘을 만든 뿌리였다. 그는 지금도 초심을 잊지 않기 위해 코스타리카와의 상징적인 협업을 계속 이어가고 있다고 말했다. 한 사람의 굳건한 믿음이 어떻게 세상을 바꾸는지를 보여주는 가슴 뭉클한 서사였다.

한 청년이 연 공감의 외교, 세계로 번지는 한류의 두 번째 장

정사무엘 회장과의 대화를 마치고 빗속으로 걸어 나오며, 한 청년이 스스로 닦은 길이 어떻게 한 나라의 품격을 드높이고 세계인의 마음을 움직이는지를 목도했다. 문화외교는 거창한 구호가 아니었다. 타인의 역사와 관습에 먼저 귀 기울이는 겸손한 태도, 그것이 전부였다. "외교는 결코 AI가 대신할 수 없는, 가장 인간적인 영역입니다." 그의 마지막 말은 깊은 울림으로 남았다. 진심이 담긴 공감은 때로 세상에서 가장 효율적인 설득의 기술이며, 상대를 향한 존중은 가장 바른 성장의 언어다. 오늘 그가 정성껏 지어 올린 한 벌의 한복, 한 번의 섬세한 의전, 한 자락의 따뜻한 리셉션이 내일의 국가 간 신뢰를 만들고 새로운 제도를 싹 틔울 것이다. 비 온 뒤 땅이 굳고 하늘이 맑아지듯, 그는 젊은 문화 전도사의 뜨거운 심장으로 한류의 영토를 넓히는 두 번째 장을 열고 있었다. 이제 세계는, 한국을 더 깊이 사랑하게 될 또 하나의 이유를 갖게 되었다.

이기획 시카고한국일보 한국복파원
한국스토리텔링연구원장
시민칼럼니스트

정사무엘 회장은 한복과 한국문화가 지닌 힘을 바탕으로 세계와 소통하는 새로운 방식의 문화외교를 설계했다. 젊은 얼굴 뒤에 담긴 그의 태도는 오랜 시간 축적된 전문성과 단단한 신념에서 비롯된다. 그는 한복을 단순한 전통 의상으로 바라보지 않는다. 한 나라의 품격을 드러내고, 문화가 문화를 이해하게 만드는 중요한 매개체로 본다.

그의 철학은 명확하다. 한복은 과거의 유물이 아니라 현재를 살고 있는 사람들이 세계와 만나게 하는 언어이며, 국가의 정체성과 아름다움을 가장 직관적으로 전달할 수 있는 도구다. 이를 기반으로 그는 한국의 미(美)를 세계 무대에서 동시대적 방식으로 재해석해 왔다.

정사무엘 회장은 문화가 단순한 산업의 영역을 넘어 "사람의 마음을 움직이는 힘"이라고 말한다. 한복을 통해 각국의 예술가·정치인·시민들과 직접 만나고, 그들의 문화를 존중하며 한국의 문화를 자연스럽게 전하는 것. 그가 말하는 문화외교는 강요나 과장이 아니라, 공감과 진정성 위에 세워진다.

그는 한복을 통해 한국의 정체성을 세계에 전달하는 아키텍트(Architect)라 할 수 있다. 전통과 현대, 한국과 세계를 잇는 문화적 설계자. 그의 작업은 단순히 한국문화를 알리는 차원을 넘어, 한 나라의 품격을 디자인하는 일과 닿아 있다.

문화, 외교의 심장을 관통하는 가장 부드러운 언어

한문화진흥협회는 무엇을 하는 곳인가. 섣부른 질문에 그는 한 치의 망설임도 없이 명료한 언어로 조직의 정체성을 규정했다. "공감 가능한 의전과 상징, 그리고 경험을 통해 세계인의 마음을 움직여 궁극적으로 한국의 위상을 바꾸는 플랫폼입니다." 그의 설명에 따르면 협회의 활동은 8개의 단단한 기둥 위에 세워져 있다. 문화 교류, 학술 포럼과 세미나, 글로벌 컬처 프로그램, 국내외에서 열리는 한복모델 선발대회, 세계 각국을 무대로 한 한복 패션쇼, 각국 외교 의전 설계, 그리고 한국의 정수를 체험하는 컬처럴 투어까지. 이 모든 활동을 관통하는 하나의 키워드는 바로 '공감'이다. "모든 것의 출발점은 상대 국가의 종교, 역사, 정치, 관습을 철저히 고려한 의전 설계에 있습니다. 한 나라의 국민이 '우리가 존중받고 있다'는 감각을 체험하게 만드는 것, 그것이 문화외교의 첫걸음입니다." 그의 말처럼 존중이라는 씨앗이 뿌려져야 비로소 공감의 싹이 튼다. 이 모든 섬세한 설계를 현실로 만드는 힘은 오랜 기간 축적된 100여 개국 이상의 대사 네트워크와 타의 추종을 불허하는 프로토콜 운용 능력이다. 놀라운 것은 이 거대한 프로젝트가 상근 직원 11명의 민간 독립 운영 체제로 움직인다는 사실이다.

보이지 않는 설계도: 프로토콜, 심벌, 네트워크, 미디어

그가 말하는 문화외교는 눈에 보이는 화려함이 전부가 아니다. 무대 뒤에는 치밀하게 계산된 네 개의 축이 유기적으로 작동하며 거대한 톱니바퀴를 굴린다. 첫째는 '의전(Protocol)'이다. 그는 단호하게 말했다. "의전은 행사를 돕는 부수적 업무가 아니라, 전략 그 자체입니다." 상대의 역사와 종교, 관습을 존중하는 절차와 동선 하나하나가 모여 공감이라는 거대한 성을 쌓아 올린다. 둘째는 '심벌(Symbol)'이다. 국기나 전통의상 같은 국가적 상징을 상대의 정서에 맞춰 창의적으로 재해석하는 작업이다. 각국 대사들이 자국의 국기 문양으로 만든 한복을 입고 무대에 오르는 오프닝 세리머니는 그 대표적인 예다. 단순한 패션 쇼가 외교적 메시지로 승화되는 순간이다. 셋째는 104개국과의 장기적인 신뢰를 바탕으로 구축된 '네트워크(Network)'다. 마지막 넷째는 '미디어(Media)'다. 행사의 기획 단계부터 리셉션, 콘텐츠 제작, 그리고 현지 인플루언서와의 협업을 통한 파급력 설계까지 아우른다. "이 네 개의 축이 하나의 무대 안에서 일관된 메시지로 작동할 때 비로소 외교는 딱딱한 정치의 언어가 아닌 마음을 움직이는 문화의 언어로 설득력을 얻게 됩니다."

'존중'이라는 이름의 번역: 10초의 장벽을 넘어서

문화 교류의 현장은 언제나 예측 불가능한 변수와 장애물로 가득하다. 음악, 복식, 심지어 작은 카피라이팅 문구 하나까지 나라별로 금기는 천차만별이다. 한식을 소개할 때는 할랄 이슈가, 전통 타악 공연에서는 금속성 음향에 대한 선호도 차이가, 한복을 입힐 때는 서구인의 체형과 동양 복식의 조화 문제가 어김없이 등장한다. 그는 이 모든 장벽을 '존중'이라는 열쇠로 풀어낸다. "첫 10초가 가장 중요합니다. 그 짧은 순간에 상대방이 마음의 빗장을 열게 만들어야 합니다." 그의 해결책은 놀랍도록 섬세하다. 이슬람 국가 여성을 위해 히잡을 대체할 우아한 '한국적 베일' 즉 쓰개치마를 제안하고, 체형이 드러나는 것을 부담스러워하는 이들을 위해 당의나 원삼 디자인으로 기품 있게 몸을 감싸준다. 그리고 결정적으로, 오프닝 무대에 각국의 '국기 한복'을 배치해 시작과 동시에 존중의 메시지를 강력하게 전달한다. 베트남에서는 한복 원단으로 그들의 전통의상인 아오자이를 재해석해 선물함으로써 두 국가의 상징을 하나로 엮어내는 감동적인 장면을 연출하기도 했다. 일부 정상급 의전에서는 상대국 영부인에게 한복 착용을 성공적으로 설득해, 그 자체로 역사적인 상징이 되는 순간을 만들어냈다. 이는 단순한 '현지화'를 넘어, 문화에 대한 깊은 이해와 존중이 빚어낸 '번역'의 경지였다.

홀로 서는 외교, 후원 없는 무대의 미학

자본의 논리가 모든 것을 지배하는 시대, 그의 '무후원(無後援)' 원칙은 시대의 흐름에 대한 가장 날 선 반기(叛旗)처럼 들린다. 정사무엘 회장은 지난 10여 년간 단 한 번도 기업이나 정부의 돈에 기대지 않았다. 그는 인터뷰 내내 단호했다. "후원은 반드시 대가와 요구를 동반합니다. 이는 콘텐츠의 공정성과 의전의 중립성을 훼손할 가장 큰 위험 요소입니다." 상업적 논리나 정치적 입김에 콘텐츠의 영혼을 담보 잡히는 순간, 문화외교의 진정성은 증발해 버린다는 것이 그의 신념이다.

그는 쉬운 길 대신 스스로 판을 짜고 무대를 세우고 주인공이 되는 길을 택했다. 물론 그 선택은 살얼음판을 걷는 것과 같은 재정적 리스크를 동반한다. 하지만 그는 다년 계약, 행사 포트폴리오 분산, 상시 전문 스태프 운영이라는 정교한 위기관리 시스템으로 그 위험을 정면으로 돌파한다. 무엇보다 그의 심장을 뛰게 하는 것은 '남의 잔치'를 대신 차려주지 않겠다는 예술가적 자존감이다. 스스로 가치를 창조하고 지켜내는 이 고독한 항해의 끝에서 그가 얻는 것은 돈으로 환산할 수 없는 '신뢰'라는 화폐다. 세계 각국의 외교 사절단이 그에게 보내는 절대적인 믿음은 바로 이 지점에서 비롯된다. 결국 그의 무후원 원칙은 단순한 재정적 독립 선언이 아니라, 문화의 가치를 그 무엇과도 바꾸지 않겠다는 가장 순수하고 강력한 선언인 셈이다.

행사가 끝난 뒤에 남는 것들에 대하여

"그래서, 행사가 끝나면 무엇이 남습니까?" 많은 이들이 던지는 질문에 그는 '지속 가능한 관계'라는 결과물로 답한다. 한문화진흥협회는 117개국 주한 대사단으로 구성된 외교 사절단 협의체(CDC)와 최초로 MOU를 체결한 민간단체라는 기념비적인 기록을 가지고 있다. 이는 일회성 행사를 넘어, 공동의 의제를 설정하고 함께 미래를 논의하는 파트너로서 인정받았다는 상징적인 사건이다. 이 강력한 합의 기반 네트워크는 '행사 이후'의 실행력으로 이어진다. 공동 의제 포럼, 문화·교육 프로그램, 고위급 인사의 방한 시 제공되는 전통 의전 패키지 등은 모두 이 네트워크를 통해 살아 움직이는 결과물이다. 그는 참여국 수의 증가, 공동 행사의 연속성, 그리고 상대국의 정책에 우리 문화가 긍정적으로 반영되는 사례 등을 통해 성과를 냉정하게 평가하고 관리한다고 덧붙였다. 화려한 막이 내린 뒤, 더 깊고 단단한 관계의 막이 오르는 것. 그것이 그가 설계하는 문화외교의 진짜 모습이다.

스물셋 청년의 꿈, 다음 세대의 외교를 그리다

그의 인생을 바꾼 결정적 순간은 스물셋, 우연히 만난 주한 코스타리카 대사와의 대화였다. "그분을 만나기 전까지 저는 그저 평범한 청년이었습니다. 하지만 그분과의 대화를 통해 세상의 지평이 열리는 경험을 했고, '프로토콜'이라는 세계에 눈을 뜨게 되었습니다." 자신이 겪었던 그 강렬한 경험을 다음 세대에게도 선물하고 싶었다. 그래서 청년들이 현직 대사와 1:1로 만나 대화하며 "훗날 국제 무대에서 다시 만나자"는 약속을 주고받는 '뉴스 앰배서더 아카데미'를 설계했다. 그의 꿈은 여기서 멈추지 않는다. 앞으로는 AI 활용 능력, 미디어 리터러시, 크로스컬처 마케팅 교육을 통합해 외교, 기업, 문화 현장을 잇는 실질적인 커리어 트랙을 만들 계획이다. 이미 아카데미 출신 제자 중 외교관이 된 사례도 나왔다. 그는 거듭 강조했다. "모든 교육의 본질은 기술이 아니라, 상대의 마음을 헤아리는 '품격 있는 공감 능력'을 기르는 데 있습니다."

아버지의 가르침, 그리고 한 사람의 결심

한 사람의 철학은 어디에서 비롯되는가. 그의 이야기는 아버지의 가르침으로 거슬러 올라갔다. "아버지는 제게 '10년은 네 마음대로 마음껏 해봐라'라고 말씀하시며 간섭 대신 기다림으로 저를 키우셨습니다." 스스로 빚을 내고 스스로 갚는 과정을 통해 살아있는 신용의 가치를 배우게 한 실전 교육 역시 그의 단단한 자립심에 자양분이 되었다. 스물셋의 청년 정사무엘을 '공감 없는 외교와 문화는 교류가 아니다'라는 신념으로 이끈 코스타리카 대사와의 첫 만남, 그리고 그를 믿어준 아버지의 기다림. 이 두 경험이 오늘날 문화외교 설계자 정사무엘을 만든 뿌리였다. 그는 지금도 초심을 잃지 않기 위해 코스타리카와의 상징적인 협업을 계속 이어가고 있다고 말했다. 한 사람의 굳건한 믿음이 어떻게 세상을 바꾸는지를 보여주는 가슴 뭉클한 서사였다.

한 청년이 연 공감의 외교, 세계로 번지는 한류의 두 번째 장

정사무엘 회장과의 대화를 마치고 빗속으로 걸어 나오며, 한 청년이 스스로 닦은 길이 어떻게 한 나라의 품격을 드높이고 세계인의 마음을 움직이는지를 목도했다. 문화외교는 거창한 구호가 아니었다. 타인의 역사와 관습에 먼저 귀 기울이는 겸손한 태도, 그것이 전부였다. "외교는 결코 AI가 대신할 수 없는, 가장 인간적인 영역입니다." 그의 마지막 말은 깊은 울림으로 남았다. 진심이 담긴 공감은 때로 세상에서 가장 효율적인 설득의 기술이며, 상대를 향한 존중은 가장 빠른 성장의 언어다. 오늘 그가 정성껏 지어 올린 한 벌의 한복, 한 번의 섬세한 의전, 한 차례의 따뜻한 리셉션이 내일의 국가 간 신뢰를 만들고 새로운 제도를 싹 틔울 것이다. 비 온 뒤 땅이 굳고 하늘이 맑아지듯 그는 젊은 문화 전도사의 뜨거운 심장으로 한류의 영토를 넓히는 두 번째 장을 열고 있었다. 이제 세계는 한국을 더 깊이 사랑하게 될 또 하나의 이유를 갖게 되었다.

김수환 추기경 탄생 103주년 기념
'바보음악회' 지휘하다

❖ 차인홍 교수

차인홍 교수는 대전 출신으로 소아마비 장애를 극복하고 한국 장애인 최초의 미국 음대 교수가 된 세계적인 바이올리니스트이자 지휘자이다. 그는 미국 오하이오 주 라이트 주립대학교 교수로 재직하며 후학을 양성하고 대학 오케스트라를 지휘하며, 귀국 후에는 5년간 대전시립교향악단 악장을 역임했다. 지휘자로서는 제20대 대통령 취임식에서 서울시향을 지휘했으며, 베네수엘라 국립 오케스트라 지휘 음반으로 라틴 그래미상 최종 후보에 오르는 등 국제적 활동을 펼쳤다. 그의 예술적 성취는 2006년 유공재외동포 대통령상과 2018년 펩시 음악상 '올해의 베스트 아티스트/음반상' 등 다수의 수상 경력으로 공인받았다. 그의 음악은 영혼을 매만지는 깊은 울림과 감성이 있어 '노래하는 바이올리니스트', '깊고 섬세한 지휘자'로 불린다. 이러한 감동적인 삶의 이야기를 담아 '미라클 콘서트'와 같은 무대를 통해 많은 이들에게 희망과 영감을 전하고 있다.

차인홍 교수, 김수환 추기경 탄생 103주년 기념 '바보음악회' 지휘하다

지난 3월 9일, 대전예술의전당 아트홀에서 뜻깊은 음악회가 열렸다. '바보음악회'라는 이름 아래, 고(故) 김수환 추기경의 탄생 103주년을 기념하며, 그의 철학을 음악으로 되새기는 자리다. 김 추기경이 생전 남긴 "거저 받았으니 거저 주어라"라는 가르침처럼, 이번 음악회는 서로를 위로하고 나누는 무대가 되었다. 특히, 장애를 딛고 세계적인 바이올리니스트이자 지휘자로 자리 잡은 '휠체어 탄 지휘자' 차인홍 교수가 이끄는 오케스트라가 감동의 선율을 선사했다. 본지는 한창 연습에 집중하고 있는 3월 8일 대전시 도룡동의 한 카페에서 만났다.

차인홍교수가 '2025년 KBS 사랑나눔 바보음악회'에서 지휘를 하고 있다.

음악이 가져온 기적 같은 인생

차인홍 교수에게 바이올린과의 만남은 단순한 취미 이상의 의미를 가진다. 그는 어린 시절 대전 성세재활원에서 바이올린을 처음 접했다.

"음악은 저에게 기적 같은 선물이었습니다. 누구나 배울 수 있는 것이었지만, 저의 형편에서는 불가능한 일이었죠. 너무나 가난했고, 부모님은 교육을 받지 못하셨고, 저는 소아마비로 인해 장애를 안고 살아야 했습니다. 그런 저에게 바이올린은 전혀 예상치 못한 길을 열어준 기적이었습니다."

그 기적을 가능하게 한 사람은 강민자 선생님이었다. 서울대에서 바이올린을 전공한 강 선생님은 어느 운명지겠장으로 발령을 받은 남편을 따라 대전으로 내려와 살게 되면서 우연히 성세재활원을 방문했다. 아이들을 위해 음악을 가르치기로 결심한 그녀는 차 교수에게 바이올린을 처음 쥐여 주었다.

"강민자 선생님이 아니었다면, 제 인생은 전혀 다른 방향으로 흘러갔을 것입니다. 그녀는 제가 음악을 만날 수 있도록 해주었고, 그것이 제 삶을 완전히 바꿔놓았습니다."

연탄창고에서 하루 10시간… 포기는 없었다

차 교수의 음악 인생은 고난의 연속이었다. 연습할 공간조차 마땅치 않던 그는 대전 대동이라는 곳에서 살면서 연탄창고에서 하루 10시간씩 연습하며 실력을 갈고닦았다.

"방에서 연습하면 방해가 될 것 같아서 연탄창고를 연습실로 삼았습니다. 겨울이면 손이 얼어붙을 정도로 추웠어요. 잠깐 쉬면 손이 굳어버려 다시 풀기가 어려웠죠. 하지만 그곳에서 저는 한계를 극복하는 법을 배웠습니다."

그는 단순한 노력만으로 성공할 수 없음을 알고 있었다. 기회가 필요했고, 도움을 받을 사람도 필요했다. 그러나 그는 직접 도움을 청하지 않았다.

"제가 누군가에게 도움을 요청한 적은 단 한 번도 없었습니다. 그런데도 제 삶에는 언제나 저를 돕는 사람들이 나타났어요. 이건 단순한 우연이 아니라 사랑의 힘이라고 생각합니다."

이러한 연탄창고의 기억은 지금도 그를 지탱하는 힘이 되고 있다. 얼마 전 50여년이 지나 지인들과 그곳을 찾아갔는데 많은 낙서 중에 '차인홍'이라는 이름도 흐린글씨로 벽에 남아 있는 것을 보고 감격스러웠다고 했다.

"그 어려웠던 시기에 저는 무언가를 이루기 위해서는 포기하지 않고 끝까지 버텨야 한다는 것을 배웠습니다. 그것이 지금의 저를 만든 원동력입니다."

장애는 나를 막을 수 없었다

초등학교 졸업 후, 차 교수에게 정규 교육을 받을 기회는 없었다. 그러나 그는 배움을 포기하지 않았다.

"정규 교육을 받지 못했지만, 검정고시를 통해 학업을 이어갔습니다. 그리고 결국 미국 유학을 결정했죠. 당시에는 장애를 가진 사람이 해외에서 공부한다는 것이 거의 불가능한 일이었어요. 하지만 저는 그 도전을 감행했고, 결국 신시내티 대학, 뉴욕 시립대학교, 사우스캐롤라이나 주립대학에서 각각 학사, 석사, 박사 학위를 받았습니다."

그에게 장애는 극복해야 할 대상이 아니라, 함께 살아가야 할 존재였다.

"장애가 저를 막을 수는 없었습니다. 오히려 저에게 더 강한 의지를 심어주었죠. 저는 장애가 불편할 수는 있어도, 무능함을 의미하는 것은 아니라고 믿습니다."

김수환추기경 탄생 103주년 기념 '바보음악회' 지휘를 하고 있는 차인홍교수.

그는 지금도 장애를 가진 학생들에게 같은 메시지를 전하고 있다.

"제가 이룬 것은 특별한 것이 아닙니다. 누구든지 포기하지 않고 끝까지 노력하면 길을 찾을 수 있습니다. 저는 그것을 제 삶으로 증명하고 싶습니다."

모든 것을 버리고 찾아온 사랑, 운명 같은 재회

차인홍 교수와 그의 아내의 이야기는 단순한 사랑이 아니라, 헌신과 믿음으로 완성된 특별한 인연이었다.

고등학교 시절, 차 교수는 연탄창고에서 연습하며 음악에 몰두하던 나날을 보냈다. 같은 공간에서 음악을 배우던 한 여학생이 있었다. 그녀는 조용히 자신의 연습에 집중했지만, 차 교수에 대한 마음을 간직하고 있었다. 그러나 차 교수는 오로지 음악에만 몰두하던 시절이었고, 사춘기적인 감정을 깊이 자각하지 못했다. 솔직히 이야기하면 장애와 가난으로 신분 차이를 느꼈다고 했다. 결국 두 사람은 각자의 길을 걸으며 자연스럽게 멀어졌다.

세월이 흐르고, 차 교수는 검정고시를 거쳐 미국 유학을 떠났다. 가족의 도움 없이 독립적인 삶을 살아야 했던 그는 학업과 생계를 병행하며 힘든 나날을 보냈다. 그러나 예상치 못한 순간, 과거의 인연이 다시 그의 삶에 찾아왔다.

어느 날, 작은 가방 하나만을 메고 차 교수를 찾아온 그녀. 그녀 역시 음악을 전공했지만, 모든 것을 내려놓고 미국으로 와 차 교수와 함께하기로 결심한 것이었다.

"그녀가 저를 찾아왔을 때, 솔직히 놀랐습니다. 자신의 꿈과 익숙한 환경을 뒤로하고, 오직 저를 위해 미국으로 왔다는 것이 믿기지 않았어요. 그때 저는 처음으로, 누군가가 저를 위해 자신의 삶을 걸 수 있다는 걸 실감했습니다."

그녀는 차 교수의 장애를 특별하게 생각하지 않았다. 단지 그를 있는 그대로 사랑했고, 그

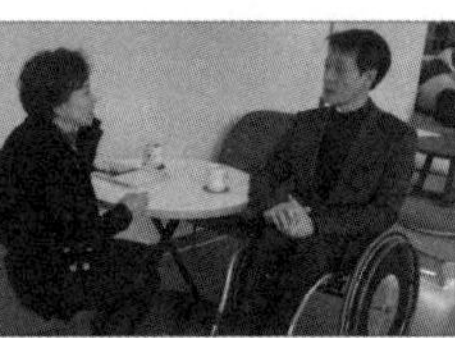

차인홍교수(우)가 본지 이가희 특파원과 인터뷰를 하고 있다.

의 곁에서 함께 걸어가기로 했다. 미국에서의 생활은 쉽지 않았다. 차 교수는 학업과 생활고를 견뎌야 했고, 그녀 역시 안정된 삶을 포기한 채 확인 가게에서 일을 하며 새로운 환경에 적응해야 했다. 그러나 두 사람은 서로를 의지하며 버텼고, 함께하는 시간이 쌓이며 더욱 단단한 관계가 되었다.

"음악이 저를 세상과 연결해 주었다면, 아내는 제 삶을 따뜻하게 만들어 준 사람입니다. 우리는 서로를 통해 더욱 강해졌고, 함께하기에 두려울 것이 없었습니다."

차 교수에게 그녀와의 인연은 단순한 사랑 이야기가 아니라, 인생의 가장 큰 선물이었다. 그의 음악 인생이 끊임없는 도전과 극복의 연속이었던 것처럼, 그의 사랑 또한 그러했다. 모든 것을 버리고 찾아온 그녀 덕분에, 차 교수는 자신의 음악뿐만 아니라 삶까지도 더욱 깊이 있게 완성할 수 있었다.

음악이 없었다면, 나는 지금의 내가 아니었을 것

차 교수에게 음악은 단순한 직업이 아니다. 그것은 그의 존재 이유이자, 삶의 목적이다.

"음악이 없었다면, 저는 존재하지 않았을 것입니다. 바이올린을 처음 잡던 날, 저는 새로운 세상을 발견했습니다. 그것이 저를 이 자리까지 오게 했습니다."

그는 음악을 통해 자신뿐만 아니라 다른 사람들에게도 희망을 전하고 싶어 한다.

"음악은 단순히 소리를 내는 것이 아니라, 마음을 움직이는 힘을 가졌습니다. 저는 그 힘을 통해 사람들에게 용기와 위로를 전하고 싶어요."

그는 특히 장애를 가진 아이들이 음악을 통해 자신의 가능성을 발견할 수 있도록 돕고 싶다고 말했다.

"제 꿈은 세계 각국의 장애 아동들이 모여 오케스트라를 만드는 것입니다. 그들이 음악을 통해 자신감을 얻고, 세상과 소통할 수 있도록 돕는 것이 제 목표입니다."

음악으로 전하는 희망, 소외계층 강연과 장애 예술인 지원 활동

음악이 단순한 예술을 넘어, 사람들의 마음을 위로하고 삶의 방향을 밝혀주는 힘이 될 수 있을까? 차인홍 교수는 오랜 시간 이 질문에 대한 답을 찾아왔다. 그리고 그는 자신이 직접 겪은 삶을 바탕으로, 음악이야말로 희망을 전하는 가장 강력한 도구임을 증명하고 있다.

최근 차 교수는 충북 지역의 초·중·고등학교 20여 곳을 방문해 강연을 진행했다. 특히, 전교생이 9명뿐인 작은 중학교에서도 학생들과 깊이 있는 대화를 나누며 의미 있는 시간을 보냈다.

"학생 수가 적다고 해서 그들의 꿈까지 작은 것은 아닙니다. 오히려 더 가까이 소통할 수 있어 보람이 컸어요. 음악을 통해 아이들에게 용기를 전하고 싶었습니다."

차 교수의 강연은 단순한 음악 수업이 아니다. 그는 자신의 경험을 바탕으로, 역경 속에서도 포기하지 않는 법을 이야기한다. 충북 교육청의 관심 속에서 진행된 이번 강연은 교장 선생님들과의 지속적인 교류를 통해 앞으로도 이어질 예정이다.

또한, 그는 송학중학교에서 열린 행사에 참석하며 장애 예술인들의 활동에 대한 중요성을 강조했다. 최근 그는 대규모 공연보다는 소규모 연주를 중심으로 활동하며, 장애를 가진 음악가들이 무대에 설 기회를 늘리는 데 힘쓰고 있다.

"장애를 가진 예술가들도 무대에서 당당히 설 수 있어야 합니다. 시대가 변하면서 기회는 점점 많아지고 있지만, 여전히 그 벽을 넘기가 쉽지 않아요. 저는 그들에게 다리가 되고 싶습니다."

차 교수는 장애 예술계가 점점 활성화되고 있다고 확신한다. 그는 2024년 대통령상을 수상한 경험을 언급하며, 장애를 가진 예술가들이 점차 사회에서 더 많은 인정과 기회를 얻고 있음을 강조했다.

"과거에는 장애 여부와 상관없이 자신의 재능을 발휘하는 것조차 어려웠습니다. 하지만 이제는 세상이 변했고, 장애 예술인들의 가능성이 주목받고 있어요. 음악을 통해 더 많은 가능성을 만들어낼 수 있습니다."

차 교수의 노력은 단순한 개인적인 활동이 아니다. 그것은 더 많은 이들이 음악을 통해 꿈을 꾸고, 자신의 가능성을 발견할 수 있도록 돕는 과정이다. 그는 단순한 연주자가 아니라, 음악을 통해 세상을 변화시키는 사람이다. 그리고 그의 강연과 장애 예술인 지원 활동은, 더 많은 이들에게 희망을 심어주고, 새로운 가능성을 열어가는 힘이 되고 있다.

나는 사랑받은 사람이다

차 교수는 자신의 삶을 '고생의 연속'으로 기억하지 않는다. 오히려 '사랑을 받은 인생'으로 여긴다.

"제 인생에는 많은 어려움이 있었습니다. 하지만 그것보다 더 큰 사랑이 있었습니다. 강민자 선생님을 비롯해 많은 분들이 저를 믿고 지원해 주셨습니다. 그분들이 없었다면 저는 지금의 자리에 오르지 못했을 거예요. 그래서 제 인생을 '고생'이 아닌 '사랑'으로 정의하고 싶습니다."

그가 받은 사랑을 이제는 음악을 통해 세상에 돌려주고자 한다.

"김수환 추기경님의 '거저 받았으니 거저 주어라'라는 말씀처럼, 저도 받은 것을 다시 나누고 싶습니다. 그것이 이번 바보음악회에서 제가 하고 싶은 일이었습니다."

그의 마지막 말은 마치 음악처럼 잔잔한 울림을 남겼다.

"포기하지 마세요. 길은 반드시 열립니다."

이가희 시카고한국일보 한국특파원
한국스토리텔링연구원장
시민칼럼니스트

대전예술의전당 아트홀에서 뜻깊은 음악회(2025.03.09.)가 열렸다. 김수환 추기경 탄생 103주년을 기념해 열린 '바보음악회'는 그의 삶과 철학을 음악으로 기리는 무대였다. "거저 받았으니 거저 주어라"라는 추기경의 가르침처럼, 이 음악회는 서로를 위로하고 나누는 메시지를 담아 관객에게 의미 있는 시간을 선사했다.

이 무대를 이끈 이는 세계 무대에서 활약해 온 바이올리니스트이자 지휘자, 차인홍 교수였다. 그는 장애를 딛고 오케스트라를 지휘하며 음악의 본질인 '나눔과 위로'를 가장 깊이 있게 구현해 온 인물로 평가받는다.

차 교수의 지휘 아래, 오케스트라는 김수환 추기경이 남긴 정신을 음악의 언어로 풀어내며 관객들에게 따뜻한 울림을 전했다. 그의 진정성 있는 음악 세계는 바보음악회의 취지와 맞닿아 있었고, 그 순간 무대는 단순한 공연을 넘어 한 사람의 삶과 정신을 기억하는 장으로 확장되었다.

음악이 가져온 기적 같은 인생

차인홍 교수에게 바이올린과의 만남은 단순한 취미 이상의 의미를 가진다. 그는 어린 시절 대전 성세재활원에서 바이올린을 처음 접했다.

"음악은 저에게 기적 같은 선물이었습니다. 누구나 배울 수 있는 것이었지만, 저의 형편에서는 불가능한 일이었죠. 너무나 가난했고, 부모님은 교육을 받지 못하셨고, 저는 소아마비로 인해 장애를 안고 살아야 했습니다. 그런 저에게 바이올린은 전혀 예상치 못한 길을 열어준 기적이었습니다."

그 기적을 가능하게 한 사람은 강민자 선생님이었다. 서울대에서 바이올린을 전공한 강 선생님은 어느 은행지점장으로 발령을 받은 남편을 따라 대전으로 내려와 살게 되면서 우연히 성세재활원을 방문했다. 아이들을 위해 음악을 가르치기로 결심한 그녀는 차 교수에게 바이올린을 처음 쥐어 주었다.

"강민자 선생님이 아니었다면, 제 인생은 전혀 다른 방향으로 흘러갔을 것입니다. 그녀는 제가 음악을 만날 수 있도록 해주었고, 그것이 제 삶을 완전히 바꿔놓았습니다."

연탄창고에서 하루 10시간… 포기는 없었다

차 교수의 음악 인생은 고난의 연속이었다. 연습할 공간조차 마땅치 않던 그는 대전 대동이라는 곳에서 살면서 연탄창고에서 하루 10시간씩 연습하며 실력을 갈고닦았다.

"방에서 연습하면 방해가 될 것 같아서 연탄창고를 연습실로 삼았습니다. 겨울이면 손이 얼어붙을 정도로 추웠어요. 잠깐 쉬면 손이 굳어버려 다시 풀기가 어려웠죠. 하지만 그곳에서 저는 한계를 극복하는 법을 배웠습니다."

그는 단순한 노력만으로 성공할 수 없음을 알고 있었다. 기회가 필요했고, 도움을 받을 사람도 필요했다. 그러나 그는 직접 도움을 청하지 않았다.

"제가 누군가에게 도움을 요청한 적은 단 한 번도 없습니다. 그런데도 제 삶에는 언제나 저를 돕는 사람들이 나타났어요. 이건 단순한 우연이 아니라 사랑의 힘이라고 생각합니다."

이러한 연탄창고의 기억은 지금도 그를 지탱하는 힘이 되고 있다. 얼마 전 50여 년 지나 지인들과 그곳을 찾아갔는데 많은 낙서 중에 '차인홍'이라는 이름도 흐린 글씨로 벽에 남아 있는 것을 보고 감격스러웠다고 했다.

"그 어려웠던 시기에 저는 무언가를 이루기 위해서는 포기하지 않고 끝까지 버텨야 한다는 것을 배웠습니다. 그것이 지금의 저를 만든 원동력입니다."

장애는 나를 막을 수 없었다

초등학교 졸업 후, 차 교수에게 정규 교육을 받을 기회는 없었다. 그러나 그는 배움을 포기하지 않았다.

"정규 교육을 받지 못했지만, 검정고시를 통해 학업을 이어갔습니다. 그리고 결국 미국 유학을 결정했죠. 당시에는 장애를 가진 사람이 해외에서 공부한다는 것이 거의 불가능한 일이었어요. 하지만 저는 그 도전을 감행했고, 결국 신시내티 대학, 뉴욕 시립대학교, 사우스 캐롤라이나 주립대학에서 각각 학사, 석사, 박사 학위를 받았습니다."

그에게 장애는 극복해야 할 대상이 아니라, 함께 살아가야 할 존재였다.

"장애가 저를 막을 수는 없었습니다. 오히려 저에게 더 강한 의지를 심어주었죠. 저는 장애가 불편할 수는 있어도, 무능함을 의미하는 것은 아니라고 믿습니다."

그는 지금도 장애를 가진 학생들에게 같은 메시지를 전하고 있다.

"제가 이룬 것은 특별한 것이 아닙니다. 누구든지 포기하지 않고 끝까지 노력하면 길을 찾을 수 있습니다. 저는 그것을 제 삶으로 증명하고 싶습니다."

모든 것을 버리고 찾아온 사랑, 운명 같은 재회

차인홍 교수와 그의 아내의 이야기는 단순한 사랑이 아니라, 헌신과 믿음으로 완성된 특별한 인연이었다.

고등학교 시절, 차 교수는 연탄창고에서 연습하며 음악에 몰두하던 나날을 보냈다. 같은 공간에서 음악을 배우던 한 여학생이 있었다. 그녀는 조용히 자신의 연습에 집중했지만, 차 교수에 대한 마음을 간직하고 있었다. 그러나 차 교수는 오로지 음악에만 몰두하던 시절이었고, 사춘기적인 감정을 깊이 자각하지 못했다. 솔직히 이야기하면 장애와 가난으로 신분 차이를 느꼈다고 했다. 결국 두 사람은 각자의 길을 걸으며 자연스럽게 멀어졌다.

세월이 흐르고, 차 교수는 검정고시를 거쳐 미국 유학을 떠났다. 가족의 도움 없이 독립적인 삶을 살아야 했던 그는 학업과 생계를 병행하며 힘든 나날을 보냈다. 그러나 예상치 못한 순간, 과거의 인연이 다시 그의 삶에 찾아왔다.

어느 날, 작은 가방 하나만을 메고 차 교수를 찾아온 그녀. 그녀 역시 음악을 전공했지만, 모든 것을 내려놓고 미국으로 와 차 교수와 함께하기로 결심한 것이었다.

"그녀가 저를 찾아왔을 때, 솔직히 놀랐습니다. 자신의 꿈과 익숙한 환경을 뒤로하고, 오직 저를 위해 미국으로 왔다는 것이 믿기지 않았어요. 그때 저는 처음으로, 누군가가 저를 위해 자신의 삶을 걸 수 있다는 걸 실감했습니다."

그녀는 차 교수의 장애를 특별하게 생각하지 않았다. 단지 그를 있는 그대로 사랑했고, 그의 곁에서 함께 걸어가기로 했다. 미국에서의 생활은 쉽지 않았다. 차 교수는 학업과 생활고를 견뎌야 했고, 그녀 역시 안정된 삶을 포기한 채 흑인 가게에서 일을 하며 새로운 환경에 적응해야 했다. 그러나 두 사람은 서로를 의지하며 버텼고, 함께하는 시간이 쌓이며 더욱 단단한 관계가 되었다.

"음악이 저를 세상과 연결해 주었다면, 아내는 제 삶을 따뜻하게 만들어 준 사람입니다. 우리는 서로를 통해 더욱 강해졌고, 함께하기에 두려울 것이 없었습니다."

차 교수에게 그녀와의 인연은 단순한 사랑 이야기가 아니라, 인생의 가장 큰 선물이었다. 그의 음악 인생이 끊임없는 도전과 극복의 연속이었던 것처럼, 그의 사랑 또한 그러했다. 모든 것을 버리고 찾아온 그녀 덕분에, 차 교수는 자신의 음악뿐만 아니라 삶까지도 더욱 깊이 있게 완성할 수 있었다.

음악이 없었다면, 나는 지금의 내가 아니었을 것

차 교수에게 음악은 단순한 직업이 아니다. 그것은 그의 존재 이유이자, 삶의 목적이다.

"음악이 없었다면, 저는 존재하지 않았을 것입니다. 바이올린을 처음 잡던 날, 저는 새로운 세상을 발견했습니다. 그것이 저를 이 자리까지 오게 했습니다."

그는 음악을 통해 자신뿐만 아니라 다른 사람들에게도 희망을 전하고 싶어 한다.

"음악은 단순히 소리를 내는 것이 아니라, 마음을 움직이는 힘을 가졌습니다. 저는 그 힘을 통해 사람들에게 용기와 위로를 전하고 싶어요."

그는 특히 장애를 가진 아이들이 음악을 통해 자신의 가능성을 발견할 수 있도록 돕고 싶다고 말했다.

"제 꿈은 세계 각국의 장애 아동들이 모여 오케스트라를 만드는 것입니다. 그들이 음악을 통해 자신감을 얻고, 세상과 소통할 수 있도록 돕는 것이 제 목표입니다."

음악으로 전하는 희망, 소외계층 강연과 장애 예술인 지원 활동

음악이 단순한 예술을 넘어, 사람들의 마음을 위로하고 삶의 방향을 밝혀주는 힘이 될 수 있을까? 차인홍 교수는 오랜 시간 이 질문에 대한 답을 찾아왔다. 그리고 그는 자신이 직접 겪은 삶을 바탕으로, 음악이야말로 희망을 전하는 가장 강력한 도구임을 증명하고 있다.

최근 차 교수는 충북 지역의 초·중·고등학교 20여 곳을 방문해 강연을 진행했다. 특히, 전교생이 9명뿐인 작은 중학교에서도 학생들과 깊이 있는 대화를 나누며 의미 있는 시간을 보냈다.

"학생 수가 적다고 해서 그들의 꿈까지 작은 것은 아닙니다. 오히려 더 가까이 소통할 수 있어 보람이 컸어요. 음악을 통해 아이들에게 용기를 전하고 싶었습니다."

차 교수의 강연은 단순한 음악 수업이 아니다. 그는 자신의 경험을 바탕으로, 역경 속에서도 포기하지 않는 법을 이야기한다. 충북 교육청의 관심 속에서 진행된 이번 강연은 교장 선생님들과의 지속적인 교류를 통해 앞으로도 이어질 예정이다.

또한, 그는 송학중학교에서 열린 행사에 참석하며 장애 예술인들의 활동에 대한 중요성을 강조했다. 최근 그는 대규모 공연보다는 소규모 연주를 중심으로 활동하며, 장애를 가진 음악가들이 무대에 설 기회를 늘리는 데 힘쓰고 있다.

"장애를 가진 예술가들도 무대에서 당당히 설 수 있어야 합니다. 시대가 변하면서 기회는 점점 많아지고 있지만, 여전히 그 벽을 넘기가 쉽지 않아요. 저는 그들에게 다리가 되고 싶습니다."

차 교수는 장애 예술계가 점점 활성화되고 있다고 확신한다. 그는 2024년 대통령상을 수상한 경험을 언급하며, 장애를 가진 예술가들이 점차 사회에서 더 많은 인정과 기회를 얻고 있음을 강조했다.

"과거에는 장애 여부와 상관없이 재능을 발견하는 것조차 어려웠습니다. 하지만 이제는 세상이 변했고, 장애 예술인들의 가능성이 주목받고 있어요. 음악을 통해 더 많은 가능성을 만들어낼 수 있습니다."

차 교수의 노력은 단순한 개인적인 활동이 아니다. 그것은 더 많은 이들이 음악을 통해 꿈을 꾸고, 자신의 가능성을 발견할 수 있도록 돕는 과정이다. 그는 단순한 연주자가 아니라, 음악을 통해 세상을 변화시키는 사람이다. 그리고 그의 강연과 장애 예술인 지원 활동은, 더 많은 이들에게 희망을 심어주고, 새로운 가능성을 열어가는 힘이 되고 있다.

나는 사랑받은 사람이다

차 교수는 자신의 삶을 '고생의 연속'으로 기억하지 않는다. 오히려 '사랑을 받은 인생'으로 여긴다.

"제 인생에는 많은 어려움이 있었습니다. 하지만 그것보다 더 큰 사랑이 있었습니다. 강민자 선생님을 비롯해 많은 분들이 저를 믿고 지원해 주셨습니다. 그분들이 없었다면 저는 지금의 자리에 오르지 못했을 거예요. 그래서 제 인생을 '고생'이 아닌 '사랑'으로 정의하고 싶습니다."

그가 받은 사랑을 이제는 음악을 통해 세상에 돌려주고자 한다.

"김수환 추기경님의 '거저 받았으니 거저 주어라'라는 말씀처럼, 저도 받은 것을 다시 나누고 싶습니다. 그것이 이번 바보음악회에서 제가 하고 싶은 일입니다."

그의 마지막 말은 마치 음악처럼 잔잔한 울림을 남겼다.

"포기하지 마세요. 길은 반드시 열립니다."

웨딩을 예술로, 공간을 작품으로

❖ **신상수** 헤리티크 제주 대표

신상수는 '나는 철학이 있는 기업을 만들고 싶다'는 신념을 실현하는 사상가형 기업인이다. 그는 '인생은 결혼이다'라는 철학을 바탕으로 서울·경기 지역에서 웨딩 브랜드를 성공적으로 경영하며 업계를 선도해왔다. 이러한 30년 웨딩 역사를 품은 그의 경영 정수는 제주에서 헤리티크 제주(Heritique Jeju)라는 이름의 예술복합문화공간으로 리브랜딩되어 새롭게 태어났다. 특히 헤리티크 제주는 스페인 현대 미술의 거장 헤수스 수스 몬떼의 미술관을 전층에 유치하고 프린트베이커리를 입점시키며 예술과 웨딩이 결합된 독특한 가치를 제공한다. 그는 하이엔드 웨딩을 넘어, 삶의 모든 순간을 예술과 문화로 채우는 라이프 스타일 공간을 창조하여 방문객에게 영감을 선사하고 있다. 신 대표는 자신의 이러한 경영 경험과 철학을 담아『스칼라티움 브랜딩 스토리』라는 저서를 통해 기업의 비전과 가치를 널리 공유하고 있다.

"웨딩을 예술로, 공간을 작품으로" 헤리티크 제주 신상수 대표의 혁신적 비전

헤리티크 제주, 웨딩을 예술로 승화하다

2025년 3월 1일, 제주의 봄비가 촉촉이 내리는 날, 제주시 오등동에 위치한 헤리티크 제주, 웨딩과 예술이 공존하는 이곳에서 신상수 대표를 만났다. 웨딩홀 안, 멋진 그림들이 걸린 카페, 공간을 가득 채운 예술적 감성 속에서, 그는 웨딩에 대한 새로운 철학과 비전을 이야기하기 시작했다.

웨딩 산업의 틀을 깨고, 결혼식을 하나의 예술 작품으로 승화시키겠다는 도전이 제주에서 펼쳐지고 있다. 헤리티크 제주(Heritique Jeju)는 단순한 웨딩홀이 아니다. 자연과 건축, 패션과 미디어 아트가 융합된 복합 문화공간으로, 결혼식을 단순한 의례가 아닌 하나의 작품으로 만들고자 하는 곳이다.

이 혁신적인 공간을 기획한 이는 웨딩 비즈니스에 30년 경력을 쌓아온 신상수 대표다. 그는 웨딩그룹 스칼라티움을 성공적으로 이끌며 웨딩 업계에서 독보적인 입지를 구축한 후, 청담동에서 명품 웨딩드레스 숍 헤리티크 뉴욕을 론칭했다. 그곳에서 뉴욕과 파리를 비롯한 세계적인 웨딩 트렌드를 접하며, 한국의 웨딩 문화에 대한 새로운 비전을 구상해 왔다. 그리고 그 결실이 바로 제주에서 탄생한 헤리티크 제주다.

신 대표는 웨딩을 단순한 결혼식의 장이 아니라, 인생에서 가장 특별한 순간을 연출하는 하나의 예술로 본다. 그는 자신의 저서 '나는 철학이 있는 기업을 만들고 싶다'에서 '결혼식은 한 사람의 인생에서 가장 아름답고도 예술적인 순간이 되어야 한다. 우리는 단순한 행사가 아닌, 기억 속에 영원히 남을 작품을 만들어야 한다'고 강조했다.

그는 또한 "웨딩 비즈니스는 단순한 서비스 산업이 아니다. 이는 한 사람의 삶에서 가장 중요한 순간을 책임지는 예술 경영이다"라고 말한다. 이러한 철학을 바탕으로, 신 대표는 결혼식을 준비하는 과정에서 신랑·신부가 예술적 감성을 느끼고, 단순한 예식을 넘어 한편의 아름다운 스토리가 탄생할 수 있도록 하는 데 집중하고 있다.

신 대표는 기존의 형식적인 웨딩에서 벗어나, 예술적인 감성과 개성을 담아낸 결혼식이 주목받아야 한다고 강조한다. 그는 '뉴욕과 파리에서 경험한 웨딩 트렌드는 단순한 장소 대관이 아니라, 한 쌍의 커플이 자신들만의 스토리를 만들어가는 것이었다. 헤리티크 제주는 그들의 사랑 이야기를 가장 감각적이고 아름다운 방식으로 표현하는 공간이 될 것'이라고 설명했다.

특히 그는 제주라는 공간이 가진 자연적인 요소와 문화적 감성을 살려, 세계적인 웨딩 명소로 발전시킬 계획을 갖고 있다. '하와이, 발리, 오키나와가 명품 웨딩 관광지로 자리 잡았듯, 제주도 역시 웨딩과 예술이 융합된 '평화의 섬'이 될 수 있다'고 말하는 신 대표의 눈빛은 확신에 차 있었다.

그는 '결혼이란 단순히 하루의 이벤트가 아니라, 두 사람이 함께 만들어가는 인생의 예술 작품이며, 헤리티크 제주에서는 모든 결혼식이 단순한 형식이 아니라, 신랑·신부의 감성과 개성을 담아낸 '하나의 걸작이 될 것'이라고 강조했다.

이처럼 헤리티크 제주는 단순한 웨딩홀이 아니라, 신 대표의 철학이 담긴 '예술과 웨딩의 융합 공간이자 '새로운 웨딩 문화의 실험장'으로 자리 잡고 있다. 30년간 웨딩 산업에 몸담으며 '결혼'이라는 개념을 끊임없이 고민해온 그의 도전이, 제주에서 어떤 변화를 가져올지 기대된다.

헤리티크 제주 신상수대표.

헤리티크 제주 신상수대표(좌)와 이가희 특파원(우)이 인터뷰를 하고 있다.

4,000평 규모의 복합문화공간, 헤리티크 제주

헤리티크 제주는 단순한 웨딩홀이 아니라, 약 4,000평의 부지에 웨딩과 예술, 그리고 자연이 조화를 이루는 공간으로 설계되었다. 이곳은 기존의 전형적인 웨딩홀 개념에서 벗어나, 건축, 패션, 미디어 아트가 융합된 복합문화공간으로 기획됐다. 웨딩을 단순한 의례가 아니라 하나의 예술 작품으로 승화시키겠다는 신상수 대표의 철학이 고스란히 녹아 있는 공간이라는 것을 알 수 있다.

헤리티크 제주의 웨딩 채플은 세계적인 건축가 승효상 선생이 설계했다. 승효상 건축가는 '빈자의 미학'이라는 철학을 바탕으로 자연과 건축이 조화를 이루는 공간을 창조하는 것으로 유명하다. 그의 디자인은 화려함보다는 절제미를 강조하며, 공간 자체가 하나의 작품처럼 기능할 수 있도록 설계한다.

신 대표는 '승효상 선생님의 건축 철학이 헤리티크 제주와 잘 맞아떨어졌다'며, "우리는 단순한 웨딩홀이 아니라, 공간 자체가 예술이 되는 웨딩을 만들고자 했다'고 설명했다. 채플 내부는 과장된 장식 없이 자연 채광과 절제된 구조미를 통해 성스러운 분위기를 연출하며, 예식에 집중할 수 있도록 설계되었다.

헤리티크 제주 복합문화공간.

뿐만 아니라, 헤리티크 제주는 단순한 웨딩홀이 아닌 복합 문화공간의 역할을 수행하기 위해 다양한 시설을 갖추고 있다. 이곳에는 하이엔드 웨딩드레스 부티크, 감각적인 카페와 레스토랑, 그리고 예술과 웨딩이 결합된 미디어 아트 갤러리까지 함께 자리하고 있다. 각각의 공간은 웨딩뿐만 아니라 다양한 문화 행사를 개최할 수 있도록 설계되었으며, 신랑·신부뿐만 아니라 방문객들에게도 특별한 경험을 선사한다.

비도 갤러리, 미디어 아트와 웨딩의 만남

그중에서도 비도 갤러리(VIDO Gallery)는 헤리티크 제주가 웨딩과 예술을 접목한 대표적인 공간이다. 단순히 웨딩을 장식의 일부가 아닌, 독립적인 문화 예술 공간으로 기획된 비도 갤러리는 웨딩이 하나의 예술적 퍼포먼스로 완성될 수 있도록 돕는다.

비도(VIDO)라는 이름은 VIDEO ART, VISUAL ART, VIRTUAL ART를 뜻하는 'VI'와, 작품들이 모이는 DOCK(부두)의 조합어로, 다양한 미디어 아트 작품들이 모이는 플랫폼이라는 의미를 담고 있다. 이곳에서는 세계적인 아티스트들의 미디어 아트 작품이 전시되며, 웨딩과 결합된 독창적인 퍼포먼스도 기획되고 있다.

신 대표는 "단순히 사진을 찍는 공간이 아니라, 신랑·신부가 예술 작품 속에서 결혼식을 올릴 수 있도록 공간을 구성했다"고 강조한다. 그는 또한 "제주의 자연과 신화를 현대적인 미디어 아트로 재해석한 공연도 준비 중"이라며, "제주에서만 경험할 수 있는 특별한 예술 웨딩을 선보일 것"이라고 밝혔다.

비도 갤러리는 단순한 전시 공간을 넘어, 제주를 대표하는 국제적인 미디어 아트 허브로 성장할 가능성을 지니고 있다. 스페인 화가 헤수스수스(Jesús Sus)의 작품을 비롯해, 한국을 대표하는 김창열, 전혁림 작가의 작품이 전시될 예정이며, 로버트 인디애나(Robert Indiana), 페르난도 보테로(Fernando Botero) 등 세계적인 거장들의 작품도 만날 수 있다. 신 대표는 이를 통해 "헤리티크 제주가 단순한 웨딩홀이 아니라, 제주를 대표하는 예술 공간으로 자리 잡기를 바란다'고 전했다.

비도 갤러리는 단순히 예술을 감상하는 공간에 머무르지 않는다. 이곳에서는 웨딩과 미디어 아트가 결합된 새로운 형식의 웨딩 퍼포먼스도 기획 중이다. 미디어 아트를 활용한 웨딩은 단순한 결혼식이 아니라, 신랑·신부가 주인공이 되는 하나의 공연이 된다. 벽면과 천장에 부사되는 디지털 영상, 공간 전체를 감싸는 사운드 아트, 그리고 빛과 색채가 어우러지는 퍼포먼스를 통해 웨딩은 그야말로 하나의 '예술 작품'으로 탄생한다.

신 대표는 "우리는 웨딩을 단순한 의식이 아니라, 하나의 감각적이고 철학적인 경험으로 만들고 싶었다"며, "헤리티크 제주는 결혼을 앞둔 모든 이들에게, 단순한 이벤트가 아닌 특별한 '인생의 한 장면'을 선사하는 공간이 될 것"이라고 말했다.

이처럼 헤리티크 제주는 건축과 예술, 그리고 미디어 아트가 결합된 복합문화공간으로서, 단순한 웨딩홀의 개념을 넘어 웨딩 산업의 새로운 패러다임을 제시하고 있다. 4,000평의 공간 안에서 웨딩과 예술이 융합되는 순간, 결혼식은 더 이상 단순한 의례가 아닌, 평생 기억될 예술 작품이 된다.

헤리스 가든과 헤민푸드, 제주 자연을 품은 웨딩

헤리티크 제주에서는 웨딩마저 하나의 예술이 된다. 신상수 대표는 '자연과 함께하는 웨딩'을 강조하며, 제주가 가진 천혜의 환경을 활용한 특별한 결혼식을 선보이고 있다.

야외 웨딩 공간 헤리스 가든(Herris Garden)은 한라산과 제주 바다가 한눈에 들어오는 곳으로, 신랑·신부가 자연 속에서 사랑을 맹세할 수 있도록 설계되었다. 이곳에서는 가든 웨딩, 채플 웨딩, 공연장 웨딩 등 다양한 스타일의 맞춤형 결혼식이 가능하다.

웨딩에서 음식 또한 중요한 요소다. 헤민푸드(海民 Food)는 제주에서 나는 신선한 식재료를 활용해 결혼식을 더욱 특별한 경험으로 만든다. 흑돼지, 방어, 한라봉 등 제주 고유의 재료를 현대적인 감각으로 풀어내, 웨딩 케이터링을 하나의 미식 예술로 승화시켰다.

신 대표는 '결혼식의 모든 요소는 하나의 예술이어야 합니다. 공간뿐만 아니라, 음식도 마찬가지입니다'라고 강조한다. 헤리스 가든과 헤민푸드를 통해 헤리티크 제주는 자연과 문화가 살아 숨 쉬는 웨딩 공간으로 자리 잡고 있다.

결혼은 예술이다, 웨딩을 앞둔 이들에게

웨딩 산업이 빠르게 변화하고 있다. 과거에는 호텔 웨딩이 대세였지만, 이제는 신랑·신부의 개성을 반영한 프라이빗 웨딩이 주목받고 있다. 신상수 대표는 "앞으로 웨딩은 더욱 개인화되고, 예술적인 연출이 중요한 요소가 될 것"이라며, 헤리티크 제주가 웨딩의 새로운 패러다임을 제시하는 공간이 되길 바란다고 말했다.

헤리티크 제주는 단순한 결혼식장이 아니라, 웨딩을 하나의 예술 작품으로 승화시키는 곳이다. "결혼은 한계단 한계단 신성을 향해 내딛는 첫걸음'이라는 그의 철학은 웨딩이 단순한 의례가 아닌, 두 사람이 함께 만들어가는 인생의 첫 번째 예술 작품이어야 한다는 신념을 담고 있다.

하지만 현실적으로 한국 사회에서 결혼을 기피하는 젊은 세대가 늘어나면서 저출산 문제는 심화되고 있다. 신 대표는 "결혼이 부담이 아닌, 다시 꿈꿀 수 있는 가치가 되도록 웨딩 문화가 변화해야 한다"고 강조한다. 기존의 확일적인 결혼식에서 벗어나, 신랑·신부가 주인공이 되어 자신들만의 이야기를 담아낼 수 있는 웨딩이 필요하다는 것이다.

"결혼은 한 사람과 한 사람이 만나 새로운 가정을 이루는 과정이며, 사회를 유지하는 가장 기본적인 힘입니다." 신 대표는 웨딩 산업이 단순히 결혼식을 치르는 것이 아니라, 결혼을 긍정적인 선택으로 만들 책임이 있다고 강조한다.

헤리티크 제주가 웨딩을 통해 결혼의 의미를 새롭게 조명하고, 더 많은 사람들이 결혼을 긍정적으로 바라볼 수 있는 계기가 되길 바란다. 웨딩과 예술, 그리고 자연이 공존하는 이곳에서 시작된 변화가 앞으로의 웨딩 문화와 저출산 시대 극복에 어떤 영향을 미칠지 사뭇 기대된다.

이가희 시카고한국일보 한국특파원
한국스토리텔링연구원장
시인/칼럼니스트

헤리티크 제주, 웨딩을 예술로 승화하다

기존 웨딩 산업의 틀을 깨고, 결혼식을 하나의 예술 작품으로 승화시키겠다는 도전이 제주에서 펼쳐지고 있다. 헤리티크 제주(Heritique Jeju)는 단순한 웨딩홀이 아니다. 자연과 건축, 패션과 미디어 아트가 융합된 복합 문화공간으로, 결혼식을 단순한 의례가 아닌 '하나의 작품'으로 만들고자 하는 곳이다.

이 혁신적인 공간을 기획한 이는 웨딩 비즈니스에서 30년 경력을 쌓아온 신상수 대표다. 그는 웨딩그룹 스칼라티움을 성공적으로 이끌며 웨딩 업계에서 독보적인 입지를 구축한 후, 청담동에서 명품 웨딩드레스 숍 헤리티크 뉴욕을 론칭했다. 그곳에서 뉴욕과 파리를 비롯한 세계적인 웨딩 트렌드를 접하며, 한국의 웨딩 문화에 대한 새로운 비전을 구상해 왔다. 그리고 그 결실이 바로 제주에서 탄생한 헤리티크 제주다.

신 대표는 웨딩을 단순한 결혼식의 장이 아니라, 인생에서 가장 특별한 순간을 연출하는 하나의 예술로 본다. 그는 자신의 저서 『나는 철학이 있는 기업을 만들고 싶다』에서 "결혼식은 한 사람의 인생에서 가장 아름답고도 예술적인 순간이 되어야 한다. 우리는 단순한 행사가 아닌, 기억 속에 영원히 남을 작품을 만들어야 한다"고 강조했다.

그는 또한 "웨딩 비즈니스는 단순한 서비스 산업이 아니다. 이는 한 사람의 삶에서 가장 중요한 순간을 책임지는 예술 경영이다"라고 말한다. 이러한 철학을 바탕으로, 신 대표는 결혼식을 준비하는 과정에서 신랑·신부가 예술적 감성을 느끼고, 단순한 예식을 넘어 '한 편의 아름다운 스토리'가 탄생할 수 있도록 하는 데 집중하고 있다.

신 대표는 기존의 형식적인 웨딩에서 벗어나, 예술적인 감성과 개성을 담아낸 결혼식이 주목받아야 한다고 강조한다. 그는 "뉴욕과 파리에서 경험한 웨딩 트렌드는 단순한 장소 대관이 아니라, 한 쌍의 커플이 자신들만의 스토리를 만들어가는 것이었다. 헤리티크 제주는 그들의 사랑 이야기를 가장 감각적이고 아름다운 방식으로 표현하는 공간이 될 것"이라고 설명했다.

특히 그는 제주라는 공간이 가진 자연적인 요소와 문화적 감성을 살려, 세계적인 웨딩 명소로 발전시킬 계획을 갖고 있다. "하와이, 발리, 오키나와가 명품 웨딩 관광지로 자리 잡았듯, 제주도 역시 웨딩과 예술이 융합된 '평화의 섬'이 될 수 있다"고 말하는 신 대표의 눈빛은 확신에 차 있었다.

그는 "결혼이란 단순히 한 날의 이벤트가 아니라, 두 사람이 함께 만들어가는 인생의 예술 작품"이라며, "헤리티크 제주에서는 모든 결혼식이 단순한 형식이 아니라, 신랑·신부의 감성과 개성을 담아낸 '하나의 걸작'이 될 것"이라고 강조했다.

이처럼 헤리티크 제주는 단순한 웨딩홀이 아니라, 신 대표의 철학이 집약된 '예술과 웨딩의 융합 공간'이자 '새로운 웨딩 문화의 실험장'으로 자리 잡고 있다. 30년간 웨딩 산업에 몸담으며 '결혼'이라는 개념을 끊임없이 고민해온 그의 도전이, 제주에서 어떤 변화를 가져올지 기대된다.

4,000평 규모의 복합문화공간, 헤리티크 제주

헤리티크 제주는 단순한 웨딩홀이 아니다. 약 4,000평의 부지에 웨딩과 예술, 그리고 자연이 조화를 이루는 공간으로 설계되었다. 이곳은 기존의 전형적인 웨딩홀 개념에서 벗어나, 건축, 패션, 미디어 아트가 융합된 복합문화공간으로 기획했다. 웨딩을 단순한 의례가 아니라 하나의 예술작품으로 승화시키겠다는 신상수 대표의 철학이 고스란히 녹아 있는 공간이라는 것을 알 수 있다.

헤리티크 제주의 웨딩 채플은 세계적인 건축가 승효상 선생이 설계했다. 승효상 건축가는 '빈자의 미학'이라는 철학을 바탕으로 자연과 건축이 조화를 이루는 공간을 창조하는 것으로 유명하다. 그의 디자인은 화려함보다는 절제미를 강조하며, 공간 자체가 하나의 작품처럼 기능할 수 있도록 설계한다.

신 대표는 "승효상 선생님의 건축 철학이 헤리티크 제주와 잘 맞아떨어졌다"며, "우리는 단순한 웨딩홀이 아니라, 공간 자체가 예술이 되는 웨딩을 만들고자 했다"고 설명했다. 채플 내부는 과장된 장식 없이 자연 채광과 절제된 구조미를 통해 성스러운 분위기를 연출하며, 예식에 집중할 수 있도록 설계되었다.

뿐만 아니라, 헤리티크 제주는 단순한 웨딩홀이 아닌 복합 문화공간의 역할을 수행하기 위해 다양한 시설을 갖추고 있다. 이곳에는 하이엔드 웨딩드레스 부티크, 감각적인 카페와 레스토랑, 그리고 예술과 웨딩이 결합된 미디어 아트 갤러리까지 함께 자리하고 있다. 각각의 공간은 웨딩뿐만 아니라 다양한 문화 행사를 개최할 수 있도록 설계되었으며, 신랑·신부뿐만 아니라 방문객들에게도 특별한 경험을 선사한다.

비도 갤러리, 미디어 아트와 웨딩의 만남

그중에서도 비도 갤러리(VIDO Gallery)는 헤리티크 제주가 웨딩과 예술을 접목한 대표적인 공간이다. 단순히 웨딩홀 장식의 일부가 아닌, 독립적인 문화 예술 공간으로 기획된 비도 갤러리는 웨딩이 하나의 예술적 퍼포먼스로 완성될 수 있도록 돕는다.

비도(VIDO)라는 이름은 VIDEO ART, VISUAL ART, VIRTUAL ART를 뜻하는 'VI'와, 여러 작품이 모이는 DOCK(부두)의 조합어로, 다양한 미디어 아트 작품들이 모이는 플랫폼이라는 의미를 담고 있다. 이곳에서는 세계적인 아티스트들의 미디어 아트 작품이 전시되며, 웨딩과 결합된 독창적인 퍼포먼스도 기획되고 있다.

신 대표는 "단순히 사진을 찍는 공간이 아니라, 신랑·신부가 예술 작품 속에서 결혼식을 올릴 수 있도록 공간을 구성했다"고 강조한다. 그는 또한 "제주의 자연과 신화를 현대적인 미디어 아트로 재해석한 공연도 준비 중"이라며, "제주에서만 경험할 수 있는 특별한 예술 웨딩을 선보일 것"이라고 밝혔다.

비도 갤러리는 단순한 전시 공간을 넘어, 제주를 대표하는 국제적인 미디어 아트 허브로 성장할 가능성을 지니고 있다. 스페인 화가 헤수스수스(Jesús Sus)의 작품을 비롯해, 한국을 대표하는 김창열, 전혁림 작가의 작품이 전시될 예정이며, 로버트 인디애나(Robert Indiana), 페르난도 보테로(Fernando Botero) 등 세계적인 거장들의 작품도 만날 수 있다. 신 대표는 이를 통해 "헤리티크 제주가 단순한 웨딩홀이 아니라, 제주를 대표하는 예술 공간으로 자리 잡기를 바란다"고 전했다.

비도 갤러리는 단순히 예술을 감상하는 공간에 머무르지 않는다. 이곳에서는 웨딩과 미디어 아트가 결합된 새로운 형식의 웨딩 퍼포먼스도 기획 중이다. 미디어 아트를 활용한 웨딩은 단순한 결혼식이 아니라, 신랑·신부가 주인공이 되는 하나의 공연이 된다. 벽면과 천장에 투사되는 디지털 영상, 공간 전체를 감싸는 사운드 아트, 그리고 빛과 색채가 어우러지는 퍼포먼스를 통해 웨딩은 그야말로 하나의 '예술 작품'으로 탄생한다.

신 대표는 "우리는 웨딩을 단순한 의식이 아니라, 하나의 감각적이고 철학적인 경험으로 만들고 싶었다"며, "헤리티크 제주는 결혼을 앞둔 모든 이들에게, 단순한 이벤트가 아닌 특별한 '인생의 한 장면'을 선사하는 공간이 될 것"이라고 말했다.

이처럼 헤리티크 제주는 건축과 예술, 그리고 미디어 아트가 결합된 복합문화공간으로서, 단순한 웨딩홀의 개념을 넘어 웨딩 산업의 새로운 패러다임을 제시하고 있다. 4,000평의 공간 안에서 웨딩과 예술이 융합되는 순간, 결혼식은 더 이상 단순한 의례가 아닌, 평생 기억될 예술 작품이 된다.

헤리스 가든과 해민푸드, 제주 자연을 품은 웨딩

헤리티크 제주에서는 웨딩마저 하나의 예술이 된다. 신상수 대표는 '자연과 함께하는 웨딩'을 강조하며, 제주가 가진 천혜의 환경을 활용한 특별한 결혼식을 선보이고 있다.

야외 웨딩 공간 헤리스 가든(Herris Garden)은 한라산과 제주 바다가 한눈에 들어오는 곳으로, 신랑·신부가 자연 속에서 사랑을 맹세할 수 있도록 설계되었다. 이곳에서는 가든 웨딩, 채플 웨딩, 공연장 웨딩 등 다양한 스타일의 맞춤형 결혼식이 가능하다.

웨딩에서 음식 또한 중요한 요소다. 해민푸드(海民 Food)는 제주에서 나는 신선한 식재료를 활용해 결혼식을 더욱 특별한 경험으로 만든다. 흑돼지, 방어, 한라봉 등 제주 고유의 재료를 현대적인 감각으로 풀어내, 웨딩 케이터링을 하나의 미식 예술로 승화시켰다.

신 대표는 "결혼식의 모든 요소는 하나의 예술이어야 합니다. 공간뿐만 아니라, 음식도 마찬가지입니다"라고 강조한다. 헤리스 가든과 해민푸드를 통해 헤리티크 제주는 자연과 문화가 살아 숨 쉬는 웨딩 공간으로 자리 잡고 있다.

결혼은 예술이다, 웨딩을 앞둔 이들에게

웨딩 산업이 빠르게 변화하고 있다. 과거에는 호텔 웨딩이 대세였지만, 이제는 신랑·신부의 개성을 반영한 프라이빗 웨딩이 주목받고 있다. 신상수 대표는 "앞으로 웨딩은 더욱 개인화되고, 예술적인 연출이 중요한 요소가 될 것"이라며, 헤리티크 제주가 웨딩의 새로운 패러다임을 제시하는 공간이 되길 바란다고 말했다.

헤리티크 제주는 단순한 결혼식장이 아니라, 웨딩을 하나의 예술 작품으로 승화시키는 곳이다. "결혼은 한계단 한계단 신성을 향해 내딛는 첫걸음"이라는 그의 철학은 웨딩이 단순한 의례가 아닌, 두 사람이 함께 만들어가는 인생의 첫 번째 예술 작품이어야 한다는 신념을 담고 있다.

하지만 현실적으로 한국 사회에서 결혼을 기피하는 젊은 세대가 늘어나면서 저출산 문제는 심화되고 있다. 신 대표는 "결혼이 부담이 아닌, 다시 꿈꿀 수 있는 가치가 되도록 웨딩 문화가 변화해야 한다"고 강조한다. 기존의 획일적인 결혼식에서 벗어나, 신랑·신부가 주인공이 되어 자신들만의 이야기를 담아낼 수 있는 웨딩이 필요하다는 것이다.

"결혼은 한 사람과 한 사람이 만나 새로운 가정을 이루는 과정이며, 사회를 유지하는 가장 기본적인 힘입니다." 신 대표는 웨딩 산업이 단순히 결혼식을 치르는 것이 아니라, 결혼을 긍정적인 선택으로 만들 책임이 있다고 강조한다.

헤리티크 제주가 웨딩을 통해 결혼의 의미를 새롭게 조명하고, 더 많은 사람들이 결혼을 긍정적으로 바라볼 수 있는 계기가 되길 바란다. 웨딩과 예술, 그리고 자연이 공존하는 이곳에서 시작된 변화가 앞으로의 웨딩 문화와 저출산 시대 극복에 어떤 영향을 미칠지 사뭇 기대된다.

말은 인격입니다

❖ **신은경** 전)KBS앵커, 에이멘에이 부사장

신은경은 성신여자대학교 영어영문학과를 졸업하고 웨일스 대학교 대학원에서 언론학 박사 학위를 취득한 교육인이다. 그녀는 1981년 KBS 아나운서로 입사하여 1992년까지 11년간 KBS 〈9시 뉴스〉의 앵커로 활동했으며, 한국 최초의 메인뉴스 여성 단독 진행 사례를 남긴 전설적인 방송인이다. 특히 1983년에는 〈이산가족을 찾습니다〉의 서브 진행자로 활약하여 1985년 국민포장을 수여받는 등 공로를 인정받았다. 이후 한세대학교, 국민대학교, 차의과학대학교 등에서 교수를 역임하며 언론 및 의료홍보미디어 분야의 후학을 양성하는 교육인으로 활동했다. 또한 2016년 3월부터 2018년까지 한국청소년활동진흥원 이사장을 역임하는 등 청소년 관련 공익 활동에도 적극적으로 참여했다. 차의과학대학교 의료홍보미디어학과 교수 및 글로벌경영연구원장으로 재직하였고, 현재는 활발한 저술 및 강연 활동을 이어가고 있다.

"말은 인격입니다"

신은경 전 아나운서가 전하는 품격 있는 삶의 언어

한남대학교 DIP 강의차 대전을 찾은 신은경 KBS 9시 뉴스 앵커 출신 아나운서.

한남대학교 DIP 강의차 대전을 찾은 신은경 전 KBS 아나운서(좌)와 본지 특파원(우)이 AI 시대, 리더십, 신앙 그리고 말의 본질에 대해 인터뷰를 하고 있다.

지난 5월 27일, 본지는 한남대학교 56주년 기념관 소회의실에서 DIP(AI기반 디지털혁신전략최고위과정) 강의를 위해 대전을 찾은 신은경 전 KBS 아나운서이자 작가를 만났다. KBS 9뉴스에서 오랜 시간 믿음직한 목소리로 뉴스를 전하던 그였기에, 직접 마주한 순간의 설렘은 감출 수 없었다. 화면 속 그 모습 그대로, 단정한 외모와 단아한 언어, 그리고 사람을 편안하게 감싸는 미소는 여전했다. 인터뷰는 자연스럽게 '말'과 '삶'에 대한 깊은 대화로 이어졌다.

신앙에서 길어 올린 말의 지혜, 작가로 다시 태어난 신은경

"저는 말로 사람을 살리는 일을 하고 싶었습니다."

KBS 아나운서로 수십 년간 방송 현장을 지켜온 신은경 전 아나운서는 은퇴 이후 '말'의 본질을 찾기 위해 성경, 그중에서도 '잠언'에 천착했다. 최근 펴낸 책 『잠언 읽고 잠언 쓰자』는 화려한 언어 뒤에 숨어 있는 책임, 절제, 진정성을 어떻게 회복할 수 있을지를 묻는 작업이었다. "젊은 시절엔 말을 잘하는 게 중요하다고 생각했지만, 시간이 지나면서 말은 결국 인격이라는 걸 깨달았습니다."

특히 신앙은 그녀의 말하기 철학에 깊은 전환점을 가져왔다. 말은 단지 정보를 전달하는 도구가 아니라, 듣는 이의 마음에 흔적을 남기고 따른 삶을 변화시키는 씨앗이라는 인식. 신은경 전 아나운서는 "신앙은 제 말의 태도를 바꿨습니다. 겸손하게 듣고, 쉽게 판단하지 않게 만들었죠"라고 고백한다. 그녀는 말의 근원을 잠언에서 배운다. 그중에서도 특히 마음에 새기고 있는 구절은 "지혜로운 자의 혀는 양약과 같으나, 미련한 자의 입은 패망에 이르게 한다"(잠언 12:18)이다. 그 말처럼, 말은 누군가를 세울 수도, 무너뜨릴 수도 있으며 우리는 말 앞에서 늘 조심스럽고 겸허해야 한다고 그녀는 강조한다.

"말은 결국, 내가 누구인지를 드러내는 가장 정직한 도구입니다." 그녀에게 '신앙'은 단지 종교적 고백이 아니라, 매일의 언어생활을 다듬는 가장 깊은 원천이기도 하다. 실제 그녀는 전 아나운서라는 말보다 '신권사'라는 불리는 것을 좋아한다.

DIP 강의에서 던지는 화두, 말은 기술이 아니라 인격입니다

AI가 인간의 일자리를 대체하고, 데이터가 모든 결정을 이끄는 시대. 그 속에서 "말은 여전히 인간 고유의 능력으로 남을 수 있을까? 신은경 전 KBS 아나운서는 이에 대해 분명한 목소리를 낸다. "말은 인공지능이 흉내 낼 수는 있어도, 그 책임과 무게까지 대신할 수는 없습니다." 그녀가 한남대학교 AI기반 디지털혁신전략 최고위과정(DIP)에서 맡은 강의는 바로 이런 질문에서 시작됐다.

DIP는 '디지털 혁신', '인간다움(Integrity)', '품격(Dignity)'을 중심 주제로 삼아, 단순한 커뮤니케이션 기술이 아닌, 언어를 통한 리더십의 본질을 탐색하는 수업이다. 신은경 전 아나운서는 이 강의에서 말의 형태보다 말의 출처를 묻는다. "AI는 정보를 줄 수 있지만, 말은 삶에서 나옵니다. 리더의 말에는 그 사람의 역사와 철학, 책임이 담겨 있어야 해요."

그녀는 강의에서 단지 말 잘하는 법을 가르치려 하지 않는다. 오히려 말에 앞서 '어떻게 살고 있는가'를 묻는다. 말은 리더의 그림자이며, 말의 온도는 곧 조직의 기후라는 게 그녀의 생각이다. 말로 조직을 움직이려 하기 전에, 그 말이 스스로를 증명할 수 있어야 합니다. 그래서 저는 단지 정보를 남기는 대신, '자기 성찰'의 거울로서의 언어를 나누고 싶었습니다."

"말이 곧 사람입니다. 그 사람의 말이 진실하다면, 아무리 꾸며도 오래간다. 진심이 느껴지는 말 한마디는…" DIP 강의의 마지막 순간, 그녀가 전한 이 문장은 단지 강의의 결론이 아니라, 오늘날 리더가 다시 돌아봐야 할 말의 본질을 담은 선언이었다.

리더십의 말, 조직은 결국 말의 온도로 움직인다

"리더의 말은 단순한 전략이 아니다. 그것은 그 사람의 인격이며, 기업의 매출액을 바꾼다." 신은경 전 아나운서는 DIP 강의에서 수차례 이 문장을 반복했다. 그녀는 수많은 CEO와 고위 리더들을 대상으로 언어와 리더십에 대한 강의를 하며, 한 가지 공통점을 발견했다고 말한다. 바로 말하는 방식이 곧 조직의 방향성을 결정짓는다는 사실이다.

최근 출간한 신은경 전 KBS 아나운서의 저서 『잠언 읽고 잠언 쓰자』

성경 잠언은 그녀에게 리더 언어의 철학적 근거이기도 하다. "온유한 대답은 분노를 쉬게 한다"(잠언 15:1), "말에는 죽고 사는 권세가 있다"(잠언 18:21)와 같은 구절은 리더가 반드시 새겨야 할 말의 윤리를 담고 있다. 그녀는 『잠언 읽기』에서 "말은 사람을 세우는 도구이자, 공동체를 지탱하는 언어적 구조물"이라며, 말은 감정의 표출이 아니라 존재의 표현이라고 서술한다(『잠언 읽기』, 92쪽).

특히 진정성과 영향력을 갖춘 말하기를 위해 신은경 강사는 세 가지를 강조한다.

첫째, 일관성으로 리더는 말과 행동이 다르면 조직은 신뢰를 잃는다. 둘째, 공감력이다. 말은 상대의 마음에 닿기 위해, 이해보다 공감의 깊이를 요구한다. 셋째, 책임감이다. 말은 조직 내 결정에 영향을 주는 만큼 쉽게 내뱉지 말고 끝까지 책임질 각오가 필요하다.

그녀는 또한 리더가 말의 기술보다 '말의 품격'을 고민해야 한다고 말한다. "조직은 말의 분위기를 따라갑니다. 진심이 느껴지는 말 한마디는 백 번의 회의보다 강력할 수 있습니다." 그녀에게 언어는 단지 전달의 수단이 아니라, 리더십의 핵심 기초이며, 성경적 통찰과 인격적 수양이 함께 녹아야 할 '영향력의 통로'인 것이다.

말의 품격, 나이 들어가는 방식이 곧 말의 방식이다

"말은 나이를 먹습니다. 젊을 때는 기술이지만, 나이가 들면 품격이 됩니다."

신은경 전 아나운서는 인생 후반기에 말이 갖는 무게와 온도를 누구보다 깊이 실감하고 있다. 디지털 플랫폼이 일상이 된 지금, 말은 가볍고 빠르게 소비되지만, 그녀는 오히려 이 시대야말로 '말의 품격'을 가장 깊이 고민해야 할 때라고 말한다. "속도가 진실을 대신하지는 못합니다. 말의 핵심은 여전히 진정성과 책임감입니다."

품격 있는 말은 저절로 생기지 않는다. 신은경 전 아나운서는 이를 절제된 표현, 겸손한 태도, 공감하는 귀로 정의한다. 나이 듦은 단순히 시간의 경과가 아니라, 말의 온도를 낮추고 그 깊이를 더해가는 과정이다. "말이 많아질수록 품위는 줄어듭니다. 오히려 꼭 필요한 말만 할 줄 아는 사람이 되기를, 저 자신에게도 끊임없이 훈련시키고 있습니다."

그녀는 특히 나이 든 사람일수록 말에 대한 책임감을 더욱 가져야 한다고 강조한다. 살아온 세월만큼 언어는 가볍지 않아야 하며, 후배 세대에게 전달하는 말일수록 따뜻함과 신중함을 겸비해야 한다고 말한다. '경험'이라는 무게가 더해진 말은 공동체를 지탱하는 토대가 될 수 있기 때문이다.

그녀는 자신의 인생을 돌아보며, '말'이라는 도구가 단지 작업의 수단이 아니라 인생을 다듬는 연장의 역할을 했다고 말한다. 방송을 하며 수없이 다듬었던 문장들, 사람들과의 대화를 통해 배운 경청의 미덕, 그리고 신앙을 통해 터득한 침묵의 지혜, 이 모든 것이 그녀를 오늘의 말하는 사람으로 만들었다. "말은 타인을 훈계하기 전에 나 자신을 먼저 훈련시킵니다. 품격 있는 말은 결국 성숙한 삶이 전제되어야 가능한 일입니다."

결국 말의 품격은 그 사람의 삶의 품격이다. 그녀에게 있어서 '어떻게 말하느냐'는 질문은 곧 '어떻게 살아왔느냐'에 대한 대답이다. 말의 품격은 나이와 함께 깊어져야 한다. 품위 있는 말은 삶의 누적이며, 조용하지만 강한 설득력을 지닌다.

또한 그녀는 말의 책임감을 산앙과 성경 말씀에서 찾는다. "말에는 죽고 사는 권세가 있다"(잠언 18:21)는 구절처럼, 언어는 단지 도구가 아니라 영혼을 살리는 힘이 될 수 있다는 믿음이 그녀의 언어 철학의 중심에 자리한다.

AI 시대의 언어, 기계가 흉내 낼 수 없는 '말의 책임'

"기계는 말을 할 수 있지만, 말의 책임까지는 지지 않습니다."

신은경 전 아나운서는 AI 시대에 인간의 말이 왜 여전히 중요한지에 대해 단호한 입장을 견지한다. 정보의 전달만 놓고 보면 AI는 인간보다 훨씬 빠르고 효율적이다. 하지만 그 말에 진심이 담겨 있는가, 공감할 수 있는가, 책임질 수 있는가! 이 질문 앞에서 AI는 한계를 드러낸다. "말은 감정이고, 관계이고, 존재의 고백입니다. 인간만이 그 말에 책임을 질 수 있는 존재입니다."

AI가 모방하는 언어는 '정확함'과 '속도'는 갖출 수 있지만, '깊이'와 '영혼'은 담을 수 없다. 그렇기에 그녀는 지금이야말로 인간 고유의 말하기 능력을 되돌아보고, 더욱 윤리적이고 정제된 언어로 무장해야 할 시기라고 강조한다. 특히 디지털 플랫폼의 확산은 말의 무게를 가볍게 만들고, 책임 없는 말이 난무하게 된 원인 중 하나라고 진단한다. "말의 진정성이 희미해질수록, 우리는 더 큰 고립 속에 살아가게 됩니다."

그녀는 인간의 말은 단순한 소통 수단이 아니라, 삶을 나누는 행위라고 말한다. 말에는 기억이 담기고, 관계가 깃들며, 그 사람의 철학이 배어난다. 따라서 우리는 AI 시대일수록 더욱 조심하고 성찰하며 말해야 한다는 것이다. "진짜 리더는 말 앞에서 조심스럽고, 듣는 사람 앞에서 겸손합니다. 기술이 커버할 수 없는 그 부분이 바로 인간 언어의 본질입니다."

그녀는 이 시대의 리더들에게 '말을 기계처럼 다루지 말라'고 당부한다. 말은 기술이 아니라 태도이며, 결국 말이 곧 사람의 얼굴이기 때문이다. 특히 CEO의 말은 단순한 메시지가 아니라 브랜드 그 자체다. 말의 온도와 방향이 조직 문화를 형성하고, 때로는 기업의 이미지와 매출에도 직결된다. 조율되지 않은 한 마디가 수십억 원의 가치를 흔들 수 있으며, 반대로 진정성 있는 언어는 고객의 신뢰를 얻고 시장에서 살아남는 가장 강력한 무기가 된다. 품격 있는 말은 결국 품격 있는 기업으로 이어진다는 것이 그녀의 믿음이다.

신은경 전 아나운서와의 인터뷰는 단지 '말에 대한 이야기'가 아니었다. 그것은 곧 '어떻게 살 것인가'에 대한 물음이었다. AI 시대에도 인간의 말은 여전히 감정과 책임, 신앙과 철학을 담는 깊이 있는 도구임을 그녀는 조용하지만 단단한 어조로 전해주었다. 리더십, 품격, 인격, 그리고 신앙의 언어까지! 그녀의 말은 삶에서 길어 올린 통찰이었다. 말이 곧 사람이라는 메시지가 이 시대 우리 모두에게 깊은 울림으로 남는다.

이가희 시카고한국일보 한국특파원
한국스토리텔링연구원장
시인/칼럼니스트

품격 있는 삶의 언어

　신은경 전 KBS 아나운서는 오랜 시간 뉴스 현장에서 단정한 언어와 품격 있는 말투로 신뢰를 쌓아온 인물이다. 화면을 통해 전해지던 그의 차분한 목소리와 안정된 태도는 단순한 방송 스킬이 아니라, 말과 삶을 대하는 깊은 철학에서 비롯된 것이다.

　그가 강조하는 핵심은 "말은 인격"이라는 신념이다. 언어는 단순한 의사소통 수단이 아니라 그 사람의 태도, 품성, 가치관이 고스란히 드러나는 삶의 방식이라는 것이다. 그는 말 한마디에 담긴 힘을 누구보다 잘 이해하며, 말의 품격이 곧 삶의 품격으로 이어진다고 말한다.

　신 전 아나운서는 방송 현장에서의 경험을 바탕으로, 말을 통해 사람을 세우고 관계를 단단하게 만드는 방법을 다양한 강의와 저술 활동으로 전하고 있다. 정확한 발음이나 기술적인 전달력을 넘어, 상대를 존중하는 마음과 따뜻한 태도가 언어의 진정한 가치를 만든다는 것이 그의 철학이다.

　그에게 '말'은 직업적 도구를 넘어 삶의 원칙이었다. 단정한 언어, 배려가 담긴 표현, 그리고 듣는 이를 편안하게 하는 태도는 그가 오랜 시간 지켜온 기준이자, 오늘날 그가 많은 사람들에게 전하고자 하는 메시지이다.

신앙에서 길어 올린 말의 지혜, 작가로 다시 태어난 신은경

"저는 말로 사람을 살리는 일을 하고 싶었습니다."

KBS 아나운서로 수십 년간 방송 현장을 지켜온 신은경 전 아나운서는 은퇴 이후 '말의 본질'을 찾기 위해 성경, 그중에서도 '잠언'에 천착했다. 최근 펴낸 책『잠언 읽고 잠언 쓰자』는 화려한 언어 뒤에 숨어 있는 책임, 절제, 진정성을 어떻게 회복할 수 있을지를 묻는 작업이었다. "젊은 시절엔 말을 잘하는 게 중요하다고 생각했지만, 시간이 지나면서 말은 결국 인격이라는 걸 깨달았습니다."

특히 신앙은 그녀의 말하기 철학에 깊은 전환점을 가져왔다. 말은 단지 정보를 전달하는 도구가 아니라, 듣는 이의 마음에 흔적을 남기고 때론 삶을 변화시키는 씨앗이라는 인식. 신은경 전 아나운서는 "신앙은 제 말의 태도를 바꿨습니다. 겸손하게 듣고, 쉽게 판단하지 않게 만들었죠"라고 고백한다. 그녀는 말의 윤리를 잠언에서 배운다. 그중에서도 특히 마음에 새기고 있는 구절은 "지혜로운 자의 혀는 양약과 같으나, 미련한 자의 입은 폐망에 이르게 한다"(잠언 12:18)이다. 그 말처럼, 말은 누군가를 세울 수도, 무너뜨릴 수도 있기에 우리는 말 앞에서 늘 조심스럽고 겸허해야 한다고 그녀는 강조한다.

"말은 결국, 내가 누구인지를 드러내는 가장 정직한 도구입니다." 그녀에게 '신앙'은 단지 종교적 고백이 아니라, 매일의 언어생활을 다듬는 가장 깊은 원천이자 삶의 나침반이 되고 있다. 실제 그녀는 전 아나운서라는 말보다 '신권사'라는 불리는 것을 좋아한다.

DIP 강의에서 던지는 화두, 말은 기술이 아니라 인격입니다

　AI가 인간의 일자리를 대체하고, 데이터가 모든 결정을 이끄는 시대. 그 속에서 '말'은 여전히 인간 고유의 능력으로 남을 수 있을까? 신은경 전 KBS 아나운서는 이에 대해 분명한 목소리를 낸다. "말은 인공지능이 흉내 낼 수는 있어도, 그 책임과 무게까지 대신할 수는 없습니다." 그녀가 한남대학교 AI기반 디지털혁신전략 최고위과정(DIP)에서 맡은 강의는 바로 이런 질문에서 시작됐다.

　DIP는 '디지털 혁신', '인간다움(Integrity)', '품격(Dignity)'을 중심 주제로 삼아, 단순한 커뮤니케이션 기술이 아닌, 언어를 통한 리더십의 본질을 탐색하는 수업이다. 신은경 전 아나운서는 이 강의에서 말의 형태보다 말의 출처를 묻는다. "AI는 정보를 줄 수 있지만, 통찰은 삶에서 나옵니다. 리더의 말에는 그 사람의 역사와 철학, 책임이 담겨 있어야 해요."

　그녀는 강의에서 단지 말 잘하는 법을 가르치려 하지 않는다. 오히려 말에 앞서 '어떻게 살고 있는가'를 묻는다. 말은 리더의 그림자이며, 말의 온도는 곧 조직의 기후라는 게 그녀의 생각이다. "말로 조직을 움직이려 하기 전에, 그 말이 스스로를 증명할 수 있어야 합니다. 그래서 저는 단지 정보를 넘기는 대신, '자기 성찰의 거울'로서의 언어를 나누고 싶었습니다."

"말이 곧 사람입니다. 그 사람의 말이 진실하다면, 아무리 짧아도 울림이 있고, 오래 갑니다." DIP 강의의 마지막 순간, 그녀가 전한 이 문장은 단지 강의의 결론이 아니라, 오늘날 리더가 다시 돌아봐야 할 말의 본질을 담은 선언이었다.

리더십의 말, 조직은 결국 말의 온도로 움직인다

"리더의 말은 단순한 전략이 아닙니다. 그것은 그 사람의 인격이며, 기업의 매출액을 바꿔줍니다." 신은경 전 아나운서는 DIP 강의에서 수차례 이 문장을 반복했다. 그녀는 수많은 CEO와 고위 리더들을 대상으로 언어와 리더십에 대한 강의를 하며, 한 가지 공통점을 발견했다고 말한다. 바로 '말하는 방식'이 곧 조직의 방향성을 결정짓는다는 사실이다.

성경 잠언은 그녀에게 리더 언어의 철학적 근거이기도 하다. "온유한 대답은 분노를 쉬게 한다"(잠언 15:1), "말에는 죽고 사는 권세가 있다"(잠언 18:21)와 같은 구절은 리더가 반드시 새겨야 할 말의 윤리를 담고 있다. 그녀는 『잠언 읽기』에서 "말은 사람을 세우는 도구이자, 공동체를 지탱하는 언어적 구조물"이라며, 말은 감정의 표출이 아니라 존재의 표현이라고 서술한다(『잠언 읽기』, 92쪽).

특히 진정성과 영향력을 갖춘 말하기를 위해 신은경 강사는 세 가지를 강조한다.

첫째, 일관성으로 리더는 말과 행동이 다르면 조직은 신뢰를 잃는다.

둘째, 공감력이다. 말은 상대의 마음에 닿기 위해, 이해보다 공감의 깊이를 요구한다. 셋째, 책임감이다. 말은 조직 내 결정에 영향을 주는 만큼 쉽게 내뱉지 말고 끝까지 책임질 각오가 필요하다.

그녀는 또한 리더가 말의 기술보다 '말의 품격'을 고민해야 한다고 말한다. "조직은 말의 분위기를 따라갑니다. 진심이 느껴지는 말 한마디는 백 번의 회의보다 강력할 수 있습니다." 그녀에게 언어는 단지 전달의 수단이 아니라, 리더십의 핵심 기초이며, 성경적 통찰과 인격적 수양이 함께 녹아야 할 '영향력의 통로'인 것이다.

말의 품격, 나이 들어가는 방식이 곧 말의 방식이다

"말은 나이를 먹습니다. 젊을 때는 기술이지만, 나이가 들면 품격이 됩니다."

신은경 전 아나운서는 인생 후반기에 말이 갖는 무게와 온도를 누구보다 깊이 실감하고 있다. 디지털 플랫폼이 일상이 된 지금, 말은 가볍고 빠르게 소비되지만, 그녀는 오히려 이 시대야말로 '말의 품격'을 가장 깊이 고민해야 할 때라고 말한다. "속도가 진실을 대신하지는 못합니다. 말의 핵심은 여전히 진정성과 책임감입니다."

품격 있는 말은 저절로 생기지 않는다. 신은경 전 아나운서는 이를 절제된 표현, 겸손한 태도, 공감하는 귀로 정의한다. 나이 듦은 단순히 시간의 경과가 아니라, 말의 온도를 낮추고 그 깊이를 더해가는 과정이다. "말이 많아질수록 품위는 줄어듭니다. 오히려 꼭 필요한 말만 할 줄 아는 사람이 되기를, 저 자신에게도 끊임없이 훈련시키고 있습니다."

그녀는 특히 나이 든 사람일수록 말에 대한 책임감을 더욱 가져야 한다고 강조한다. 살아온 세월만큼 언어는 가볍지 않아야 하며, 후배 세대에게 전달하는 말일수록 따뜻함과 신중함을 겸비해야 한다고 말한다. '경험'이라는 무게가 더해진 말은 공동체를 지탱하는 토대가 될 수 있기 때문이다.

그녀는 자신의 인생을 돌아보며, '말'이라는 도구가 단지 직업의 수단이 아니라 인생을 다듬는 연장의 역할을 했다고 말한다. 방송을 하며 수없이 다듬었던 문장들, 사람들과의 대화를 통해 배운 경청의 미덕, 그리고 신앙을 통해 터득한 침묵의 지혜, 이 모든 것이 그녀를 오늘의 말하는 사람으로 만들었다. "말은 타인을 훈계하기 전에 나 자신을 먼저 훈련시킵니다. 품격 있는 말은 결국 성숙한 삶이 전제되어야 가능한 일입니다."

결국 말의 품격은 그 사람의 삶의 품격이다. 그녀에게 있어서 '어떻게 말하느냐'는 질문은 곧 '어떻게 살아왔느냐'에 대한 대답이다. 말의 품격은 나이와 함께 깊어져야 한다. 품위 있는 말은 삶의 누적이며, 조용하지만 강한 설득력을 지닌다.

또한 그녀는 말의 책임감을 신앙과 성경 말씀에서 찾는다. "말에는 죽고 사는 권세가 있다"(잠언 18:21)는 구절처럼, 언어는 단지 도구가 아니라 영혼을 살리는 힘이 될 수 있다는 믿음이 그녀의 언어 철학의 중심에 자리한다.

AI 시대의 언어,
기계가 흉내낼 수 없는 '말의 책임'

"기계는 말을 할 수 있지만, 말의 책임까지는 지지 않습니다."

신은경 전 아나운서는 AI 시대에 인간의 말이 왜 여전히 중요한지에 대해 단호한 입장을 견지한다. 정보의 전달만 놓고 보면 AI는 인간보다 훨씬 빠르고 효율적이다. 하지만 그 말에 진심이 담겨 있는가, 공감할 수 있는가, 책임질 수 있는가! 이 질문 앞에서 AI는 한계를 드러낸다. "말은 감정이고, 관계이고, 존재의 고백입니다. 인간만이 그 말에 책임을 질 수 있는 존재입니다."

AI가 모방하는 언어는 정확함과 속도는 갖출 수 있지만, 깊이와 영혼은 담을 수 없다. 그렇기에 그녀는 지금이야말로 인간 고유의 말하기 능력을 되돌아보고, 더욱 윤리적이고 정제된 언어로 무장해야 할 시기라고 강조한다. 특히 디지털 플랫폼의 확산은 말의 무게를 가볍게 만들고, 책임 없는 말이 난무하게 된 원인 중 하나라고 진단한다. "말의 진정성이 희미해질수록, 우리는 더 큰 고립 속에 살아가게 됩니다."

그녀는 인간의 말은 단순한 소통 수단이 아니라, 삶을 나누는 행위라고 말한다. 말에는 기억이 담기고, 관계가 깃들며, 그 사람의 철학이 배어난다. 따라서 우리는 AI 시대일수록 더욱 조심하고 성찰하며 말해야 한다는 것이다. "진짜 리더는 말 앞에서 조심스럽고, 듣는 사람 앞에서 겸손합니다. 기술이 커버할 수 없는 그 부분이 바로 인간 언어의 본질입니다."

그녀는 이 시대의 리더들에게 '말을 기계처럼 다루지 말라'고 당부한다. 말은 기술이 아니라 태도이며, 결국 말이 곧 사람의 얼굴이기 때문이다.

특히 CEO의 말은 단순한 메시지가 아니라 브랜드 그 자체다. 말의 온도와 방향이 조직 문화를 형성하고, 때로는 기업의 이미지와 매출에도 직결된다. 조율되지 않은 한 마디가 수십억 원의 가치를 흔들 수 있으며, 반대로 진정성 있는 언어는 고객의 신뢰를 얻고 시장에서 살아남는 가장 강력한 무기가 된다. 품격 있는 말은 결국 품격 있는 기업으로 이어진다는 것이 그녀의 믿음이다.

신은경 전 아나운서와의 인터뷰는 단지 '말'에 대한 이야기가 아니었다. 그것은 곧 '어떻게 살 것인가'에 대한 물음이었다. AI 시대에도 인간의 말은 여전히 감정과 책임, 신앙과 철학을 담는 깊이 있는 도구임을 그녀는 조용하지만 단단한 어조로 전해주었다. 리더십, 품격, 인격, 그리고 신앙의 언어까지! 그녀의 말은 삶에서 길어 올린 통찰이었다. 말이 곧 사람이라는 메시지가 이 시대 우리 모두에게 깊은 울림으로 남는다.

마음의 언어가
이 시대에 필요한 이유

❖ 이승연 웰니스 리더

이승연은 인하공업전문대학 항공운항과를 졸업한 후 대한항공에서 약 2년 간 객실 승무원으로 근무했으며, 1992년 미스코리아 선발대회 '미(美)'에 선발되며 연예계에 공식 데뷔했다. 그녀는 1990년대를 대표하는 톱스타로, 공식 시청률 최고 기록을 세운 드라마 〈첫사랑〉을 비롯해 〈모래시계〉, 〈사랑을 그대 품안에〉 등 다수의 히트작 주연을 맡아 큰 인기를 누렸다. 또한 대한민국 여성 최초로 자신의 이름을 내건 토크쇼 〈이승연의 세이 세이 세이〉의 MC를 맡는 등 진행자로서도 능숙한 면모를 보여주었다. 최근에는 지식재산과 ESG에 깊은 관심을 보여 카이스트 지식재산전략최고위과정(AIP)을 수료하고 ESG전문지도사 자격증까지 취득할 정도로 학구열을 보인다. 이러한 자기계발 노력과 함께 드라마 〈비밀의 집〉이나 예능 〈아빠하고 나하고〉 등 다방면에서 꾸준히 활동하며 대중과 소통한다.

마음의 언어가 이 시대에 필요한 이유

배우 이승연, 치유자이자 웰니스 리더로 다시 서다

AI 시대의 진짜 중심은 사람의 마음이다

AI 기술이 세상의 판도를 바꾸는 시대, 한 배우는 조용히, 그러나 깊이 있는 언어로 리더십의 새로운 좌표를 제시하고 있다. 배우이자 MAGO12대표인 이승연 씨가 바로 그 주인공이다. 지난 6월 17일 늦은 저녁, 한남대학교에서 열린 'AI기반 디지털혁신전략 최고위과정(DIP)' 강연장에서 그녀는 'CEO를 위한 멘탈 웰니스'를 주제로 무대에 섰다. 강단에 선 그녀는 더 이상 화려한 드라마 속 주인공이 아니었다. 대신 삶의 상처를 가졌던 사람으로서, 이제는 '마음을 경영하는 법'을 이야기하는 진정한 리더로 자리했다. 처음에 강의 요청을 몇 차례 고사했다. CEO들 앞에 나서는 것이 주제넘다는 생각이 들어 망설였다는 것이다. 그러나 자신의 이야기가 누군가에게 작은 울림이 될 수 있다면 그 이유만으로도 마다할 수 없었다며 결국 강연을 수락했다.

강연장은 고요하면서도 강렬했다. 기술과 데이터, 알고리즘이 리더십을 좌우하는 듯 보이는 시대에 이승연은 뜻밖의 화두를 던졌다. "AI 시대에도 중심은 결국 사람의 마음입니다." 청중을 향한 그녀의 이 한 문장은 디지털 문명의 가장 바깥을 걷고 있던 이들에게 오히려 가장 안쪽에 있는 '자기 자신'으로의 회귀를 제안했다.

그녀는 마음경영의 핵심을 단순한 명상이나 힐링이 아닌, 자기감정에 대한 인식과 주도권의 회복이라고 정의했다. 특히 CEO나 조직의 리더들은 자기 면을 제대로 들여다볼 줄 알아야 한다며, "자신의 감정에 무지한 리더는 결국 조직 전체를 피로하게 만든다"고 단언했다.

이날 강연에서는 컬러 심리학을 접목한 리더십 전략부터 감정 회복 훈련, 섭식과 수면의 균형이 주는 심리적 안정감까지 다양한 주제를 녹여냈다. 무엇보다 주목받은 것은 이승연 자신이 과거 겪었던 우울의 터널을 고백하며 전한 회복의 서사였다. "우울이라는 어두운 골짜기를 지나며 깨달은 건, 결국 사람을 살리는 건 감동과 따스한 눈길이라는 사실이었어요." 그 말은 단순한 공감의 기술을 넘어 인간 본연의 회복력을 되새기게 했다.

진심을 꺼내 가족을 마주하다

최근 이승연은 TV조선 가족 힐링 예능 프로인 <아빠하고 나하고>에 출연 중이다. 이 프로그램에서 그녀는 진행자이자 동시에 관찰자, 그리고 공감자로서 복잡한 가족 감정의 풍경을 심세하게 이끌어간다. 프로그램은 아버지와 자녀 간의 관계를 중심으로 삼지만, 그 안에는 모든 세대가 공감할 수 있는 '가족'이라는 이름의 상처와 화해가 담겨 있다.

이승연은 이 프로그램에 대해 "나의 상처를 마주하고, 다른 이의 아픔을 보듬는 시간이기도 하다"라고 말했다. 처음엔 개인적인 경험을 공론화하는 것이 두려웠다고 고백했지만, "오히려 그 과정을 통해 저 자신도 치유되고 있다는 걸 알게 됐다"며 환하게 웃었다.

그녀가 이 프로그램에서 보여주는 태도는 단순한 연기자가 아니라, 한 사람의 엄마이자 딸, 그리고 가족의 복잡한 감정을 경험한 사람으로서의 깊은 공감이다. 이승연은 여기서 더 나아가 '가족'이라는 가장 기본적인 단위의 정서적 중요성을 오늘날 우리 사회가 다시 배워야 한다고 강조한다. "치유되지 않은 감정 상태로 일터에 나가고 조직으로 향하면 결국 그 감정은 어떤 형태로든 드러나게 됩니다. 가정의 회복이 곧 사회 전체의 회복으로 이어지는 이유죠."

이승연은 배우로서도 성공을 거뒀지만, 지금 그녀가 걸어가는 길은 과거보다 더 빛나고 그러나 더 깊하다. 마음을 중심에 두는 그녀의 메시지는 단순한 트렌드가 아니다. 그건 인간과 인간이 어떻게 연결될 수 있는지를 묻는 본질의 언어다. 그리고 그 언어는 지금 AI보다 더 절실한 시대의 해답이 되고 있다.

상처 위에 공감으로 길을 놓다

"가족은 가장 가까우면서도 가장 멀리 있는 존재 같아요."

<아빠하고 나하고> 프로그램에서 배우 이승연이 보여주는 태도는 단순한 진행자의 그것과는 다르다. 그는 마이크를 든 사회자가 아니라 같은 상처를 경험한 사람으로서, 한 사람의 아픔을 있는 그대로 꺼안는다. 프로그램 속 출연자들은 감춰왔던 아버지와의 갈등, 말로 표현되지 못한 오해와 아픔을 처음으로 꺼낸다. 그리고 그 곁에 이승연이 있다.

카메라 앞에서 그는 말없이 고개를 끄덕이고, 긴 침묵에 눈망울이 촉촉해지는 시선을 건네기도 한다. "그들의 이야기를 듣는 내내, 제가 진행자라는 걸 잊게 돼요. 오히려 저 자신도 딸로서, 엄마로서 그 장면에 함께 서 있는 거죠." 실제로 그녀는 가족 간의 감정이 얼마나 얕은 실처럼 이어져 있는지를 누구보다 잘 안다. 오랜 시간 자신의 마음을 다스리며 살아온 사람이기에 그는 출연자들의 감정에 쉽게 다가갈 수 있었고, 그 감정은 프로그램을 넘어 시청자들에게 진한 여운으로 남는다.

특히 프로그램의 중심 타깃인 중년 여성들, 즉 기혼 여성과 어머니들이 이승연의 공감에 강하게 반응하고 있다. 이들은 흔히 가족 안에서 '감정의 허브' 역할을 하면서도 정작 자신의 감정은 눌러야 했던 세대다. 그런 그들에게 이승연은 '자기 감정을 말해도 괜찮다'는 허락이자 위로로 다가간다.

"딸이면서 아내이고, 동시에 엄마인 그 복잡한 정체성은 여성에게만 요구되는 무언의 책임이에요. 그걸 알아주는 사람이 없을 때, 여성은 자신이 사라지는 기분을 느끼죠. 저는 그걸 너무 잘 알아요. 그래서 더 조심스럽게, 그러나 절실하게 다가가고 싶었어요."

<아빠하고 나하고>는 그래서 단순한 가족 재결합 프로그램이 아니다. 그것은 상처의 구조를 해체하고, 감정을 회복하는 공공의 장이다. 그리고 그 안에서 이승연은, 배우를 넘어 마음을 번역해 내는 진심의 언어로 새로운 길을 만들어 가고 있다.

치유의 시선으로 바라본 다음 세대

그녀는 말한다. 유독 마음이 가는 건 어린 시절부터 상처를 안고 자라는 아이들이라고. "3세에서 8세 사이의 아이들, 그 또래는 말도 감정도 온전히 표현하지 못하잖아요. 특히 한부모 가정이나 미혼모의 아이들은 더더욱 그렇죠. 말없이 참는 시간이 길수록 마음의 골은 깊어질 수밖에 없어요."

그래서 언젠가 여건이 된다면 그런 아이들을 위한 대안학교를 만들고 싶다는 꿈도 꾸고 있다. 그곳은 단순히 공부를 가르치는 공간이 아니라, 아이들의 감정을 알아주고 따뜻하게 품어주는 울타리 같은 곳이어야 한다고 했다. "지식보다 더 중요한 건 누군가 내 이야기를 들어줬다는 경험이에요. 그걸 어릴 때 배우지 못하면, 어른이 되어서도 늘 외롭고 단절된 감정을 안고 살아가게 되거든요." 그녀는 지금도 종종 그런 아이들을 떠올리며, 자신이 걸어가는 이 치유의 길이 결국 그들을 향한 여정이기도 하다는 걸 되새긴다고 했다.

기술의 시대, 감정은 어떻게 살아남는가

"AI가 감정을 대체할 수는 없지만, 감정을 도와줄 수는 있어요."

이승연은 AI를 맹목적으로 경계하지 않는다. 오히려 그녀는 기술이 인간 정서에 기여할 수 있는 가능성에 주목한다. 특히 가족관계처럼 섬세한 감정이 얽힌 영역에서, AI는 '중재자'나 '촉진자' 역할을 할 수 있다고 본다.

예를 들어, 감정 분석 기술을 활용해 부모와 자녀 간의 정서 상태를 시각화하거나, 감정 일기를 자동으로 정리해주는 챗봇 기능 등은 이승연이 실제 관심이 가고, 연구해 보고 싶은 주제라 했다. "엄마가 아이의 말투나 표정을 놓쳤을 때, AI가 그 감정을 감지해 알려줄 수 있어요. 그 작은 알림 하나가, 큰 오해를 막을 수 있는 거죠."

그녀는 특히 정서적 언어가 서툰 아이들에게 AI가 유용한 매개체가 될 수 있다고 말한다. "어떤 아이들은 말로 감정을 표현하는 걸 무척 어려워하거든요. AI가 그림이나 표정으로 아이의 기분을 보여줄 수 있다면, 아이는 '나도 이해받을 수 있다'는 경험을 하게 돼요."

그녀의 시선 속 AI는 차가운 기계가 아니라, 따뜻한 감정을 복원할 수 있는 도구다. 결국 기술이 아무리 정교해져도 그것을 사용하는 사람이 '마음'을 잃지 않아야 한다는 것, 그것이 이승연이 말하는 'AI 시대의 마음경영'이다.

배우에서 치유자로, 마음의 전환이 시작된 순간

사람들은 여전히 그녀를 '화려했던 배우 이승연'으로 기억하지만, 정작 그녀는 그 화려함 뒤에서 조용히 무너졌던 시간을 먼저 떠올린다. "어느 순간, 겉으로 보이는 모든 것이 무의미하게 느껴졌어요. 사람들 앞에서는 웃고 있었지만, 제 안은 공허하고 텅 빈 느낌이었죠."

그녀가 담담히 고개를 숙이며 털어놓은 그 말속에서, 우리는 스크린 속 배우가 아닌 한 사람의 고통과 상처를 마주하게 된다. 이승연의 변화는 가족에서 시작됐다. 엄마가 되고, 아내가 되고, 또 딸로서 부모를 돌보는 역할을 해나가며 비로소 깨달은 진실은 "내가 치유되지 않으면, 내 아이도, 내 가족도 진정으로 치유될 수 없다."는 거였다. 그 깨달음은 그녀를 연기자에서 치유자로 이끌었고, 지금의 삶으로 이어졌다.

그 말은 단순한 감상이나 회고가 아니다. 그것은 실제로 그녀의 삶을 바꾼 자각이었고, 이후 그녀가 웰니스 콘텐츠 기업 MAGO12를 만들고 마음 경영 강연자로 나서게 된 동력이었다.

"저는 배우로서보다 이제는 사람들과 마음을 나누는 사람이 되고 싶어요. 연기가 감정을 표현하는 예술이었다면, 지금 제 삶은 그 감정을 회복하는 예술이에요."

그녀는 지금도 매일 자신의 감정을 점검하고, 작은 일에도 고마움을 느끼려 노력한다. 그것이 이승연이 말하는 진짜 '웰니스'다. 그리고 그 길 끝에는 늘 '사람'이 있다. 스포트라이트에서 시작해 고요한 마음으로 돌아온 여정, 그것이 바로 지금 이승연이 살아가는 방식이다.

리더에게 필요한 마지막 한 마디, '자신을 돌보는 용기'

이승연은 DIP 강의에서 "리더는 조직을 움직이는 엔진이 아니라, 감정을 이끄는 등불'이라고 말했다. 그 말은 단순한 수사가 아니라, 수많은 경험과 성찰 끝에 도달한 철학이었다.

가정에서의 리더, 일터에서의 리더 즉 모든 리더는 결국 자신 안의 '마음'과 먼저 대면해야 한다고 그녀는 강조한다. 감정을 감추는 것이 강함이었던 시대는 이미 지났다. 지금 필요한 건, 감정을 인정하고 품을 수 있는 내면의 강인함이다.

그래서 이승연은 지금 이 시대를 살아가는 리더들에게 꼭 전하고 싶은 말을 남긴다.

"무너지지 않기 위해 버티는 데만 힘을 쓰지 마세요. 오히려 중요한 건 회복하는 법을 배우는 거예요. 진짜 리더는 강한 척하는 사람이 아니라, 자기 감정을 들여다볼 줄 아는 사람입니다."

그녀는 말한다. 감정을 외면한 채 성공을 좇다 보면 결국 어느 지점에서는 삶이 균형을 잃게 된다고. 그렇기에 지금 필요한 리더십은 성과 중심이 아니라 감정 중심의 리더십이며, 그 출발점은 자신을 돌보는 용기에서 시작된다고 강조한다.

이승연은 감정과 치유, 연결과 회복이라는 오랜 언어들을 다시 꺼내 사람들 앞에 놓고 있다. 잊혀져 가면 마음의 언어를 복원하고, 삶과 조직, 그리고 공동체 안에서 그 언어가 얼마나 소중한지 다시금 일깨우고 있는 것이다. 그녀의 메시지는 조용하지만 강하다. 그리고 그 목소리는 지금, 더 많은 이들의 마음으로 번져가고 있다.

이승연 배우가 대전 문지동 한 갤러리에서 인터뷰를 하고 있다.

이승연 배우(우)와 본지 특파원(좌)이 한남대 DIP강의 전에 인터뷰를 하고 있다.

이가희 시카고한국일보 한국특파원
한국스토리텔링연구원장
시인/칼럼니스트

AI 시대의 진짜 중심은 사람의 마음이다

AI 기술이 삶의 전 영역을 뒤흔드는 시대, 배우 이승연은 '마음의 언어'로 리더십의 새로운 방향을 제시하고 있다. 배우로서의 화려한 경력을 넘어, 현재 MAGO12 대표로서 그는 치유와 웰니스를 기반으로 한 리더십의 본질을 말한다.

한남대학교에 'AI기반 디지털혁신전략 최고위과정(DIP)' 강연장에서 그녀는 'CEO를 위한 멘탈 웰니스'를 주제로 무대에 섰다. 강단에 선 그녀는 더 이상 화려한 드라마 속 주인공이 아니었다. 대신 삶의 상처를 가졌던 사람으로서, 이제는 '마음을 경영하는 법'을 이야기하는 진정한 리더로 자리했다. 처음에 강의 요청을 몇 차례 고사했다. CEO들 앞에 나서는 것이 주제넘다는 생각이 들어 망설였다는 것이다. 그러나 자신의 이야기가 누군가에게 작은 울림이 될 수 있다면 그 이유만으로도 마다할 수 없었다며 결국 강연을 수락했다.

강연장은 고요하면서도 강렬했다. 기술과 데이터, 알고리즘이 리더십을 좌우하는 듯 보이는 시대에 이승연은 뜻밖의 화두를 던졌다. "AI 시대에도 중심은 결국 사람의 마음입니다." 청중을 향한 그녀의 이 한 문장은 디지털 문명의 가장 바깥을 걷고 있던 이들에게 오히려 가장 안쪽에 있는 '자기 자신'으로의 회귀를 제안했다.

그녀는 마음경영의 핵심을 단순한 명상이나 힐링이 아닌, 자기감정에 대한 인식과 주도권의 회복이라고 정의했다. 특히 CEO나 조직의 리더들은 자기 내면을 제대로 들여다볼 줄 알아야 한다며, "자신의 감정에 무지한 리더는 결국 조직 전체를 피로하게 만든다"고 단언했다.

이날 강연에서는 컬러 심리학을 접목한 리더십 전략부터 감정 회복 훈련, 섭식과 수면의 균형이 주는 심리적 안정감까지 다양한 주제를 녹여냈다. 무엇보다 주목받은 것은 이승연 자신이 과거 겪었던 우울의 터널을 고백하며 전한 회복의 서사였다. "우울이라는 어두운 골짜기를 지나며 깨달은 건, 결국 사람을 살리는 건 감동과 따스한 눈길이라는 사실이었어요." 그 말은 단순한 공감의 기술을 넘어 인간 본연의 회복력을 되새기게 했다.

진심을 꺼내 가족을 마주하다

최근 이승연은 TV조선 가족 힐링 예능 프로인 〈아빠하고 나하고〉에 출연 중이다. 이 프로그램에서 그녀는 진행자이자 동시에 관찰자, 그리고 공감자로서 복잡한 가족 감정의 풍경을 섬세하게 이끌어간다. 프로그램은 아버지와 자녀 간의 관계를 중심으로 삼지만, 그 안에는 모든 세대가 공감할 수 있는 '가족'이라는 이름의 상처와 화해가 담겨 있다.

이승연은 이 프로그램에 대해 "나의 상처를 마주하고, 다른 이의 아픔을 보듬는 시간"이라고 말했다. 처음엔 개인적인 경험을 공론화하는 것이 두려웠다고 고백했지만, "오히려 그 과정을 통해 저 자신도 치유되고 있다는 걸 알게 됐다"며 환하게 웃었다.

그녀가 이 프로그램에서 보여주는 태도는 단순한 연기자가 아니라, 한 사람의 엄마이자 딸, 그리고 가족의 복잡한 감정을 경험한 사람으로서의 깊은 공감이다. 이승연은 여기서 더 나아가 '가족'이라는 가장 기본적인 단위의 정서적 중요성을 오늘날 우리 사회가 다시 배워야 한다고 강조한다. "치유되지 않은 감정 상태로 일터에 나가고 조직으로 향하면 결국 그 감정은 어떤 형태로든 드러나게 됩니다. 가정의 회복이 곧 사회 전체의 회복으로 이어지는 이유죠."

이승연은 배우로서도 성공을 거뒀지만, 지금 그녀가 걸어가는 길은 과거보다 더 빛나고 그러나 더 강하다. 마음을 중심에 두는 그녀의 메시지는 단순한 트렌드가 아니다. 그건 인간과 인간이 어떻게 연결될 수 있는지를 묻는 본질의 언어다. 그리고 그 언어는 지금 AI보다 더 절실한 시대의 해답이 되고 있다.

상처 위에 공감으로 길을 놓다

"가족은 가장 가까우면서도 가장 멀리 있는 존재 같아요."

〈아빠하고 나하고〉에서 배우 이승연이 보여주는 태도는 단순한 진행자의 그것과는 다르다. 그는 마이크를 든 사회자가 아니라 깊은 상처를 경험한 사람으로서, 한 사람 한 사람의 이야기를 있는 그대로 껴안는다. 프로그램 속 출연자들은 감춰왔던 아버지와의 갈등, 말로 표현되지 못한 오해와 아픔을 처음으로 꺼낸다. 그리고 그 곁에 이승연이 있다.

카메라 앞에서 그는 말없이 고개를 끄덕이고, 긴 침묵에 눈망울이 촉촉해지는 시선을 건네기도 한다. "그들의 이야기를 듣는 내내, 제가 진행자라는 걸 잊게 돼요. 오히려 저 자신도 딸로서, 엄마로서 그 장면에 함께 서 있는 거죠." 실제로 그녀는 가족 간의 감정이 얼마나 얇은 실처럼 얽혀 있는지를 누구보다 잘 안다. 오랜 시간 자신의 마음을 다스리며 살아온 사람이기에 그는 출연자들의 감정에 쉽게 다가갈 수 있었고, 그 감정은 프로그램을 넘어 시청자들에게 진한 여운으로 남는다.

특히 프로그램의 중심 타깃인 중년 여성들, 즉 기혼 여성과 어머니들이 이승연의 공감에 강하게 반응하고 있다. 이들은 흔히 가족 안에서 '감정의 허브' 역할을 하면서도 정작 자신의 감정은 눌러야 했던 세대다. 그런 그들에게 이승연은 '자기 감정을 말해도 괜찮다'는 허락이자 위로로 다가간다.

"딸이면서 아내이고, 동시에 엄마인 그 복잡한 정체성은 여성에게만 요구되는 무언의 책임이에요. 그걸 알아주는 사람이 없을 때, 여성은 자신이 사라지는 기분을 느끼죠. 저는 그걸 너무 잘 알아요. 그래서 더 조심스럽게, 그러나 절실하게 다가가고 싶었어요."

〈아빠하고 나하고〉는 그래서 단순한 가족 재결합 프로그램이 아니다. 그것은 상처의 구조를 해체하고, 감정을 회복하는 공공의 장이다. 그리고 그 안에서 이승연은, 배우를 넘어 마음을 번역해 내는 진심의 언어로 새로운 길을 만들어 가고 있다.

치유의 시선으로 바라본 다음 세대

그녀는 말한다. 유독 마음이 가는 건 어린 시절부터 상처를 안고 자라는 아이들이라고. "3세에서 8세 사이의 아이들, 그 또래는 말도 감정도 온전히 표현하지 못하잖아요. 특히 한부모 가정이나 미혼모의 아이들은 더더욱 그렇죠. 말없이 참는 시간이 길수록 마음의 골은 깊어질 수밖에 없어요."

그래서 언젠가 여건이 된다면 그런 아이들을 위한 대안학교를 만들고 싶다는 꿈도 품고 있다. 그곳은 단순히 공부를 가르치는 공간이 아니라, 아이들의 감정을 알아주고 따뜻하게 품어주는 울타리 같은 곳이어야 한다고 했다. "지식보다 더 중요한 건 누군가 내 이야기를 들어줬다는 경험이에요. 그걸 어릴 때 배우지 못하면, 어른이 되어서도 늘 외롭고 단절된 감정을 안고 살아가게 되거든요." 그녀는 지금도 종종 그런 아이들을 떠올리며, 자신이 걸어가는 이 치유의 길이 결국 그들을 향한 여정이기도 하다는 걸 되새긴다고 했다.

기술의 시대, 감정은 어떻게 살아남는가

"AI가 감정을 대체할 수는 없지만, 감정을 도와줄 수는 있어요."

이승연은 AI를 맹목적으로 경계하지 않는다. 오히려 그녀는 기술이 인간 정서에 기여할 수 있는 가능성에 주목한다. 특히 가족관계처럼 섬세한 감정이 얽힌 영역에서, AI는 '중재자'나 '촉진자' 역할을 할 수 있다고 본다.

예를 들어, 감정 분석 기술을 활용해 부모와 자녀 간의 정서 상태를 시각화하거나, 감정 일기를 자동으로 정리해주는 챗봇 기능 등은 이승연이 실제 관심이 가고, 연구해 보고 싶은 주제라 했다. "엄마가 아이의 말투나 표정을 놓쳤을 때, AI가 그 감정을 감지해 알려줄 수 있어요. 그 작은 알림 하나가, 큰 오해를 막을 수 있는 거죠."

그녀는 특히 정서적 언어가 서툰 아이들에게 AI가 유용한 매개체가 될 수 있다고 말한다. "어떤 아이들은 말로 감정을 표현하는 걸 무척 어려워하거든요. AI가 그림이나 표정으로 아이의 기분을 보여줄 수 있다면, 아이는 '나도 이해받을 수 있다'는 경험을 하게 돼요."

그녀의 시선 속 AI는 차가운 기계가 아니라, 따뜻한 감정을 복원할 수 있는 도구다. 결국 기술이 아무리 정교해져도 그것을 사용하는 사람이 '마음'을 잃지 않아야 한다는 것, 그것이 이승연이 말하는 'AI 시대의 마음경영'이다.

배우에서 치유자로, 마음의 전환이 시작된 순간

사람들은 여전히 그녀를 '화려했던 배우 이승연'으로 기억하지만, 정작 그녀는 그 화려함 뒤에서 조용히 무너졌던 시간을 먼저 떠올린다. "어느 순간, 겉으로 보이는 모든 것이 무의미하게 느껴졌어요. 사람들 앞에서는 웃고 있었지만, 제 안은 공허하고 텅 빈 느낌이었죠."

그녀가 담담히 고개를 숙이며 털어놓은 그 말속에서, 우리는 스크린 속 배우가 아닌 한 사람의 고통과 상처를 마주하게 된다. 이승연의 변화는 가족에서 시작됐다. 엄마가 되고, 아내가 되고, 또 딸로서 부모를 돌보는 역할을 해나가며 비로소 깨달은 진실은 "내가 치유되지 않으면, 내 아이도, 내 가족도 진정으로 치유될 수 없다."는 거였다. 그 깨달음은 그녀를 연기자에서 치유자로 이끌었고, 지금의 삶으로 이어졌다.

그 말은 단순한 감상이나 회고가 아니다. 그것은 실제로 그녀의 삶을 바꾼 자각이었고, 이후 그녀가 웰니스 콘텐츠 기업 MAGO12를 만들고 마음 경영 강연자로 나서게 된 동력이었다.

"저는 배우로서보다 이제는 사람들과 마음을 나누는 사람이 되고 싶어요. 연기가 감정을 표현하는 예술이었다면, 지금 제 삶은 그 감정을 회복하는 예술이에요."

그녀는 지금도 매일 자신의 감정을 점검하고, 작은 일에도 고마움을 느끼려 노력한다. 그것이 이승연이 말하는 진짜 '웰니스'다. 그리고 그 길 끝에는 늘 '사람'이 있다. 스포트라이트에서 시작해 고요한 마음으로 돌아온 여정, 그것이 바로 지금 이승연이 살아가는 방식이다.

리더에게 필요한 마지막 한 마디, '자신을 돌보는 용기'

이승연은 DIP 강의에서 "리더는 조직을 움직이는 엔진이 아니라, 감정을 이끄는 등불"이라고 말했다. 그 말은 단순한 수사가 아니라, 수많은 경험과 성찰 끝에 도달한 철학이었다.

가정에서의 리더, 일터에서의 리더 즉 모든 리더는 결국 자신 안의 '마음'과 먼저 대면해야 한다고 그녀는 강조한다. 감정을 감추는 것이 강함이었던 시대는 이미 지났다. 지금 필요한 건, 감정을 인정하고 품을 수 있는 내면의 강인함이다.

그래서 이승연은 지금, 이 시대를 살아가는 리더들에게 꼭 전하고 싶은 말을 남긴다.

"무너지지 않기 위해 버티는 데만 힘을 쓰지 마세요. 오히려 중요한 건 회복하는 법을 배우는 거예요. 진짜 리더는 강한 척하는 사람이 아니라, 자기감정을 들여다볼 줄 아는 사람입니다."

그녀는 말한다. 감정을 외면한 채 성공을 좇다 보면 결국 어느 지점에서는 삶이 균형을 잃게 된다고. 그렇기에 지금 필요한 리더십은 성과 중심이 아니라 감정 중심의 리더십이며, 그 출발점은 자신을 돌보는 용기에서 시작된다고 강조한다.

　이승연은 감정과 치유, 연결과 회복이라는 오랜 언어들을 다시 꺼내 사람들 앞에 놓고 있다. 잊혀져 가던 마음의 언어를 복원하고, 삶과 조직, 그리고 공동체 안에서 그 언어가 얼마나 소중한지 다시금 일깨우고 있는 것이다. 그녀의 메시지는 조용하지만 강하다. 그리고 그 목소리는 지금, 더 많은 이들의 마음으로 번져가고 있다.

여정의 끝, 새로운 퀀텀 점프의 시작

시카고 한국일보 특파원으로서의 지난 여정을 되돌아본다. 이 책의 페이지마다 기록된 33인의 목소리는 단순한 정보의 나열을 넘어, 격랑의 시대를 건너는 리더들에게 '흔들리지 않는 좌표'를 제공하는 살아 있는 나침반이었다. 나는 그들과의 대화를 통해, 노벨상에 가장 근접한 과학자가 '정직과 우직함'이라는 바보 같은 신념이 결국 최후의 승리를 이끈다는 것을 평생의 궤적으로 증명해 내는 순간을 만났다. 또한, 거대 기업과의 15년 법정 싸움에도 굴하지 않고 '전원이 꺼져도 작동하는 생명의 기술'을 지켜낸 한 엔지니어의 처절하고 숭고한 증명 앞에서, 기술의 본질이 이윤이 아닌 '인간을 살리는 소명'에 있음을 깨달았다. 벤처 1세대 '나눔의 구루'가 고독한 개척의 길에서 후배들에게 '연대'와 '인문학적 통찰'을 건네는 따뜻한 철학은, 고난의 통로를 지난 자만이 나눌 수 있는 가장 깊은 축복이었다.

이들의 경험을 네 개의 거대한 동력으로 압축한 『본질의 역습』은 바로 여러분의 책상 위에 놓일 '리더십 설계도'다. 이 책을 덮는 순간, 독자 여러분의 가슴에는 이 33인이 공유한 네 가지 공통의 핵심 원칙이 선명히 새겨져 있을 것이다.

첫째, 미래를 코딩하는 거인들(Chapter 1)이 가르쳐준 것은, 기술의 속도를 숭배하는 시대일수록 인간 고유의 내면 리듬, 즉 '감정 시계'를 지켜야 한다는 역설이다. AI가 지적 영역을 빠르게 잠식하는 세상에서, 감정의 영역이야말로 인간 존재의 마지막 영토이자, 우리가 기술을 통제하고 주체적인 삶을 살 수 있는 유일한 열쇠다. 혁신은 '치유'라는 가장 인간적인 목적을 향할 때 비로소 완성된다.

둘째, 경계를 허문 게임체인저(Chapter 2)들은 위기를 기회로 바꾸는 '역발상과 정면 돌파'의 담대함을 보여주었다. 이들은 '마케팅은 생존이다'라는 철학 아래, 경쟁자가 설정한 틀을 깨부수고 강점을 극대화하여 1등의 자리에 올랐다. 특히, '경력 단절의 위기'를 '자율주행 CEO의 내공'으로 승화시킨 여성 리더의 사례는, 외부 환경에 기대지 않고 스스로 경쟁력을 갖추는 것이 퀀텀 점프의 선행 조건임을 명확히 한다.

셋째, 영속성을 위한 설계(Chapter 3)의 리더들은 '개인의 성공을 넘어 공동체의 가치'를 향한 책임감(The Law of Sacrifice)을 실천했다. 재난에 취약한 도시 시스템을 재설계하고, 소상공인의 디지털 전환이라는 생존 과제를 정면으로 돌파하며, 민주주의의 정신을 다음 세대의 교과서에 새기려 노력하는 이들의 모습은, 리더의 역할이 '결과'를 넘어

'지속 가능한 시스템(유산)'을 구축하는 데 있음을 보여준다.

넷째, 공감을 확장하는 소프트 파워(Chapter 4)는 K-컬처의 폭발력과 휴먼 커뮤니케이션의 힘을 통해 국경을 허물었다. '가장 한국적인 것'이 어떻게 '가장 세계적인 것'이 되는지를 증명한 이들은, AI가 흉내낼 수 없는 '품격 있는 공감 능력'과 '말의 책임'이야말로 글로벌 무대에서 신뢰를 구축하는 가장 강력하고 부드러운 무기임을 역설한다.

이 책은 여러분의 삶을 대신 살아주지는 않는다. 하지만 이 책에 담긴 33인의 지혜와 4개의 전략적 나침반은 여러분이 현재 마주한 불확실한 시장 상황에서 '총을 먼저 만든 나라가 전쟁을 주도하듯' 담대한 공격 시기(Time to Attack)를 포착할 용기와 통찰력을 선사할 것이다.

이제, 책을 덮고 여러분의 '퀀텀 점프'를 위한 항해를 시작하라. 이 위대한 여정의 마지막 순간, 이 책의 가장 깊은 힘이 되어준 33인의 리더들에게 진심으로 감사한다. 귀한 시간을 내어주시고, 때로는 감추고 싶었을 고난과 그럼에도 지켜낸 신념을 솔직하게 나누어 주신 덕분에 이 책은 단순한 기록을 넘어 생생한 지혜의 나침반이 될 수 있었다. 여러분의 용기와 통찰이 이 책의 영혼이다. 이들의 퀀텀 점프 공식이 독자 여러분의 삶에 새로운 비상(飛上)의 엔진이 되기를 기원한다.

본질의 역습

초판 1쇄　2025년 12월 22일

지은이　이가희
발행인　김재홍
교정/교열　김혜린
디자인　박효은
마케팅　이연실

발행처　도서출판지식공감
등록번호　제2019-000164호
주소　서울특별시 영등포구 경인로82길 3-4 센터플러스 1117호(문래동1가)
전화　02-3141-2700
팩스　02-322-3089
홈페이지　www.bookdaum.com
이메일　jisikwon@naver.com

가격　25,000원
ISBN　979-11-5622-975-9　03320